PASSE NA OAB 2ª fase COMPLETAÇO

MARCELO HUGO DA ROCHA
Coordenação

PRÁTICA
CIVIL

PASSE NA OAB 2ª fase COMPLETAÇO®

MARCELO HUGO DA ROCHA
Coordenação

MARCELO HUGO DA ROCHA
VANDERLEI GARCIA JR.

PRÁTICA CIVIL

9ª edição
2025

gen | saraiva jur

- Os autores deste livro e a editora empenharam seus melhores esforços para assegurar que as informações e os procedimentos apresentados no texto estejam em acordo com os padrões aceitos à época da publicação, e todos os dados foram atualizados pelos autores até a data de fechamento do livro. Entretanto, tendo em conta a evolução das ciências, as atualizações legislativas, as mudanças regulamentares governamentais e o constante fluxo de novas informações sobre os temas que constam do livro, recomendamos enfaticamente que os leitores consultem sempre outras fontes fidedignas, de modo a se certificarem de que as informações contidas no texto estão corretas e de que não houve alterações nas recomendações ou na legislação regulamentadora.

- Data do fechamento do livro: 06/12/2024

- Os autores e a editora se empenharam para citar adequadamente e dar o devido crédito a todos os detentores de direitos autorais de qualquer material utilizado neste livro, dispondo-se a possíveis acertos posteriores caso, inadvertida e involuntariamente, a identificação de algum deles tenha sido omitida.

- Direitos exclusivos para a língua portuguesa
  Copyright ©2025 by
  Saraiva Jur, um selo da SRV Editora Ltda.
  Uma editora integrante do GEN | Grupo Editorial Nacional
  Travessa do Ouvidor, 11
  Rio de Janeiro – RJ – 20040-040

- **Atendimento ao cliente: https://www.editoradodireito.com.br/contato**

- Reservados todos os direitos. É proibida a duplicação ou reprodução deste volume, no todo ou em parte, em quaisquer formas ou por quaisquer meios (eletrônico, mecânico, gravação, fotocópia, distribuição pela Internet ou outros), sem permissão, por escrito, da **SRV Editora Ltda**.

- Esta obra possui material suplementar via *QR Code*. Esse conteúdo será disponibilizado somente durante a vigência da respectiva edição. Não obstante, a editora poderá franquear o acesso por mais uma edição.

- Capa: Tiago Dela Rosa

DADOS INTERNACIONAIS DE CATALOGAÇÃO NA PUBLICAÇÃO (CIP)
DE ACORDO COM ISBD
ELABORADO POR ODILIO HILARIO MOREIRA JUNIOR – CRB-8/9949

R672p   Rocha, Marcelo Hugo da
       Passe na OAB 2ª fase – completaço® – prática civil / Marcelo Hugo da Rocha, Vanderlei Garcia Jr.; coordenado por Marcelo Hugo da Rocha. – 9. ed. - São Paulo: Saraiva Jur, 2025.

       420 p. – (Passe na OAB 2ª fase – Completaço®)
       ISBN: 978-85-5362-732-5 (Impresso)

       1. Direito. 2. OAB. 3. Exame de ordem. 4. Prática civil. I. Garcia Jr., Vanderlei. II. Rocha, Marcelo Hugo da. III. Título. IV. Série.

2024-4056   CDD 340
                      CDU 34

Índice para catálogo sistemático:
1. Direito 340
2. Direito 34

Agradeço e dedico este trabalho à minha inspiração diária, Luigi e Tatiana. Meus agradecimentos também ao prof. Rennan Thamay pela sua colaboração até a 7ª edição. Em memória do prof. Thiago Faria (autor do volume *Passe na OAB 2ª Fase Teoria e Modelos – Civil*).

Marcelo Hugo da Rocha

Dedico esta obra a Deus, meu eterno guia e protetor; À minha amada esposa e meu eterno amor, Priscila Ferreira; aos meus pais, Sandra Lúcia e Vanderlei Garcia, responsáveis por tudo. Dedico, especialmente, ao querido amigo Marcelo Hugo da Rocha pela parceria e confiança de sempre. Por fim, dedico esta obra aos meus queridos alunos, fontes diárias de inspiração.

Vanderlei Garcia Jr.

Sobre os autores

Coordenação
MARCELO HUGO DA ROCHA

Autores
MARCELO HUGO DA ROCHA
Advogado e Psicólogo. Mestre em Direito (PUCRS) e especialista em Direito Empresarial (PUCRS). Especialista em Psicologia Positiva e *Coaching* (Faculdade Unyleya). Graduado em Psicologia (Atitus Educação). Coordenador, autor e coautor de inúmeras obras para Exame da OAB e concursos públicos. Destaque para a série *Completaço® Passe na OAB* e *Passe em Concursos Públicos*, ambas publicadas pelo selo Saraiva Jur. Palestrante motivacional.
Site: www.marcelohugo.com.br

VANDERLEI GARCIA JR.
Advogado, Consultor Jurídico e Árbitro. Doutor em Direito Civil pela USP. Mestre em Direito pela FADISP e pela Università degli Studi di Roma II – Tor Vergata. Especialista em Direito Processual Civil pela Escola Paulista da Magistratura (EPM/SP). Pós-graduado em Direito Privado pela Faculdade de Direito Damásio de Jesus (FDDJ/SP). Bacharel em Direito pela Universidade de Ribeirão Preto (UNAERP/SP). Professor da graduação em Direito da Universidade São Judas Tadeu (USJT). Professor da pós-graduação da Universidade Presbiteriana Mackenzie. Professor convidado do programa de pós-graduação da Escola Paulista de Direito (EPD) e da Escola Judicial dos Servidores do Tribunal de Justiça de São Paulo (EJUS/EPM). Professor do Estratégia OAB e Carreiras Jurídicas. Membro e Secretário-Geral da Comissão Permanente de Estudos de Processo Constitucional do Instituto dos Advogados de São Paulo (IASP). Membro efetivo do Instituto Brasileiro de Direito Processual (IBDP) e do Centro de Estudos Avançados de Processo (CEAPRO). Foi assessor jurídico do Tribunal de Justiça do Estado de São Paulo. Palestrante, autor de livros e artigos jurídicos.

Nota da coordenação

A coleção **Passe na OAB 2ª Fase** com sete volumes, um para cada disciplina optativa, nasceu na primeira série "**Questões & Peças Comentadas**", lançada em 2011. Nesse período, foi lançada outra série para completar a preparação: "**Teoria & Modelos**". Então, em 2017, lançamos a primeira edição do **Passe na OAB 2ª Fase – Completaço**®, que reunia a experiência de ambas as abordagens das séries anteriores num único livro para cada disciplina.

Com o tempo, reunimos novas ferramentas para seguir pelo caminho mais rápido para aprovação na OAB. Incluímos roteiros passo a passo, súmulas selecionadas, cronograma de estudos, quadro de incidência de peças e vídeos, além de melhorias na apresentação do conteúdo com quadros, esquemas e uma diagramação mais amigável e didática. A experiência dos autores, todos professores reconhecidos, também está presente no livro que você tem em mãos e no conteúdo *online* disponível por meio do acesso ao *QR Code* ao longo da obra. Você encontrará mais questões dissertativas comentadas, peças processuais exemplificadas e vídeo. O cronograma de estudos para 40 dias de preparação e as súmulas selecionadas também estão disponíveis para acessar de forma *online*, incluindo novas atualizações dos autores. É por isso que escolhemos "Completaço" como título para esta coleção: o conteúdo é mais que completo, é Completaço!

Bons estudos e ótima aprovação!

Marcelo Hugo da Rocha
@profmarcelohugo

Acesse o *QR Code* e assista ao vídeo *Mentoria para aprovação na 2ª Fase OAB*.

> http://uqr.to/1y5q5

Apresentação

Sabemos quão importante é este momento de estudar para a 2ª fase do Exame da OAB. Cientes disso, preocupamo-nos com os aspectos centrais do estudo prático para esta importante etapa de vida dos examinandos, preparando um livro que seja apto a dar segurança, seja na resolução de questões, seja na forma de elaborar peças processuais.

Esta obra se dirige à prática das questões e peças, trazendo as justificativas para as questões da prova do Exame de Ordem, bem como dicas tipo "passo a passo" para a realização das peças de forma segura.

Com a finalidade de demonstrar como as peças devem ser feitas, preocupamo-nos em trabalhar todas as que já caíram no Exame da OAB – totalmente em conformidade com o CPC – até este momento, fazendo com que o examinando possa ter a segurança de observar as peças que de forma efetiva já foram exigidas.

Importante mencionar que as peças práticas exigidas pela FGV/OAB, ainda quando da vigência do CPC/73, foram devidamente atualizadas para o atual CPC, no entanto, mantendo a essência do gabarito original e definitivo da banca examinadora, mas com as disposições da nova sistemática processual civil.

Cada peça vem com destaque das questões mais relevantes, bem como com informações e dicas pontuais para que o examinando possa entender como identificar a peça, observar seus elementos, bem como vislumbrar, no direito material, aquilo que precisa ser alegado e tratado.

Quanto ao cronograma de estudos (*vide* conteúdo *online*), é uma sugestão de indicação de como estudar os temas deste livro. Importa destacar que se deve, simultaneamente, consultar não só o *Vade Mecum* – e fazer as marcações necessárias de acordo com o edital, como um livro de direito material se achar pertinente para revisar o Direito Civil. Não só faça as peças processuais, mas resolva as questões dissertativas durante a preparação, apesar de não constar essa indicação no referido cronograma.

Desejamos que a didática empregada atenda ao objetivo principal: vencer a última batalha do Exame da OAB e a conquista do registro definitivo de advogado(a)!

Os Autores

Sumário

Sobre os autores VII
Nota da coordenação IX
Apresentação XI
Quadro de incidência de peças XXIII
Cronograma de estudos XXV

1. Introdução... 1
   1.1. Como gabaritar a peça prática 1
   1.2. Dicas para a correta construção das peças 1
2. Regras especiais para a correta estruturação da peça profissional 7
   2.1. Competência 7
   2.2. Regras de honorários advocatícios 10
   2.3. Justiça gratuita 12
   2.4. Tutelas provisórias 13
      2.4.1. Procedimento da tutela antecipada antecedente 17
      2.4.2. Estabilização da tutela antecipada antecedente 18
      2.4.3. Procedimento da tutela cautelar antecedente..................................... 18
      2.4.4. Principais peças processuais da tutela provisória 20
         2.4.4.1. Modelo de tutela provisória de urgência – tutela antecipada requerida em caráter antecedente 20
         2.4.4.2. Modelo de tutela provisória de urgência – cautelar de arresto requerida em caráter antecedente 21
         2.4.4.3. Modelo de tutela provisória de urgência – cautelar de sequestro requerida em caráter antecedente 22
         2.4.4.4. Modelo de tutela provisória de urgência – cautelar de arrolamento de bens requerida em caráter antecedente 23
         2.4.4.5. Modelo de tutela provisória de urgência – cautelar de busca e apreensão requerida em caráter antecedente 24
         2.4.4.6. Modelo de tutela provisória de evidência................................... 25
3. Processo de conhecimento 27
   3.1. Petição inicial.. 27
      3.1.1. Apresentação 27
      3.1.2. Como identificar a peça 27
      3.1.3. Requisitos essenciais, fundamentos legais e estrutura da petição inicial 27
      3.1.4. Estrutura resumida da peça 35

    3.1.5. Modelo de petição inicial 36
  3.2. Emenda à petição inicial 38
    3.2.1. Apresentação 38
    3.2.2. Como identificar a peça 38
    3.2.3. Requisitos essenciais, fundamentos legais e estrutura da emenda à petição inicial 38
    3.2.4. Estrutura resumida da peça 39
    3.2.5. Modelo de emenda da petição inicial 39
4. Contestação 41
  4.1. Apresentação 41
  4.2. Como identificar a peça 41
  4.3. Requisitos essenciais, fundamentos legais e estrutura da contestação 42
  4.4. Estrutura resumida da peça 45
  4.5. Modelo de contestação 46
5. Reconvenção 49
  5.1. Apresentação 49
  5.2. Como identificar a peça 49
  5.3. Requisitos essenciais, fundamentos legais e estrutura da reconvenção 50
  5.4. Estrutura resumida da peça 50
  5.5. Modelo de contestação com reconvenção 52
6. Réplica 55
  6.1. Apresentação 55
  6.2. Como identificar a peça 55
  6.3. Requisitos essenciais, fundamentos legais e estrutura da réplica 55
  6.4. Estrutura resumida da peça 56
  6.5. Modelo de réplica 57
7. Do cumprimento de sentença e da execução 59
  7.1. Cumprimento provisório e definitivo de sentença que reconhece exigibilidade de obrigação de pagar quantia certa 59
    7.1.1. Apresentação 59
    7.1.2. Como identificar a peça 60
    7.1.3. Requisitos essenciais, fundamentos legais e estrutura do cumprimento provisório e definitivo de sentença 61
    7.1.4. Estrutura resumida da peça 62
    7.1.5. Modelo de petição requerendo o cumprimento provisório de sentença que reconhece exigibilidade de obrigação de pagar quantia certa 63
    7.1.6. Modelo de petição requerendo o cumprimento definitivo de sentença que reconhece exigibilidade de obrigação de pagar quantia certa 63

PRÁTICA CIVIL

XV

8. Impugnação ao cumprimento de sentença 65
   8.1. Apresentação 65
   8.2. Como identificar a peça 66
   8.3. Requisitos essenciais, fundamentos legais e estrutura da impugnação ao cumprimento de sentença 66
   8.4. Estrutura resumida da peça 67
   8.5. Modelo de impugnação ao cumprimento de sentença por excesso de execução 68
9. Execução de título extrajudicial por quantia certa 71
   9.1. Apresentação 71
   9.2. Como identificar a peça 75
   9.3. Requisitos essenciais, fundamentos legais e estrutura da execução por quantia certa 75
   9.4. Estrutura resumida da peça 76
   9.5. Modelo de execução de título extrajudicial por quantia certa 77
10. Embargos à execução 79
    10.1. Apresentação 79
    10.2. Como identificar a peça 80
    10.3. Requisitos essenciais, fundamentos legais e estrutura dos embargos à execução 80
    10.4. Estrutura resumida da peça 82
    10.5. Modelo de embargos à execução 83
11. Recursos 85
    11.1. Apelação 85
        11.1.1. Apresentação 85
        11.1.2. Como identificar a peça 87
        11.1.3. Requisitos essenciais, fundamentos legais e estrutura da apelação 87
        11.1.4. Estrutura resumida da peça 89
        11.1.5. Modelo de razões de apelação 91
        11.1.6. Modelo de contrarrazões de apelação 92
12. Agravo de instrumento 95
    12.1. Apresentação 95
    12.2. Como identificar a peça 97
    12.3. Requisitos essenciais, fundamentos legais e estrutura do agravo de instrumento 97
    12.4. Estrutura resumida da peça 99
    12.5. Modelo de agravo de instrumento, com a folha de rosto ou petição de interposição 101
    12.6. Modelo do agravo de instrumento, sem a folha de rosto ou peça de interposição ... 103
13. Agravo interno 105
    13.1. Apresentação 105
    13.2. Como identificar a peça 106
    13.3. Requisitos essenciais, fundamentos legais e estrutura do agravo interno 106

13.4. Estrutura resumida da peça... 107
13.5. Modelo de agravo interno 108
14. Embargos de declaração 111
14.1. Apresentação 111
14.2. Como identificar a peça 111
14.3. Requisitos essenciais, fundamentos legais e estrutura dos embargos de declaração 112
14.4. Estrutura resumida da peça 113
14.5. Modelo de embargos de declaração 113
15. Recursos especial e extraordinário 115
15.1. Apresentação 115
15.2. Como identificar a peça 118
15.3. Requisitos essenciais, fundamentos legais e estrutura dos recursos especial e extraordinário 118
15.4. Estrutura resumida da peça 121
15.5. Modelo de recurso especial 123
15.6. Modelo de recurso extraordinário 124
16. Agravo em recurso especial e extraordinário 127
16.1. Apresentação 127
16.2. Como identificar a peça 128
16.3. Requisitos essenciais, fundamentos legais e estrutura do agravo em recurso especial e extraordinário 128
16.4. Estrutura resumida da peça de agravo em recurso especial ou extraordinário 129
16.5. Modelo de agravo em recurso especial e em recurso extraordinário.................. 130
17. Embargos de Divergência 133
17.1. Apresentação 133
17.2. Como identificar a peça 133
17.3. Requisitos essenciais, fundamentos legais e estrutura dos embargos de divergência 134
17.4. Estrutura resumida da peça dos embargos de divergência 134
17.5. Modelo de embargos de divergência 136
18. Embargos de terceiro 139
18.1. Apresentação 139
18.2. Como identificar a peça 140
18.3. Requisitos essenciais, fundamentos legais e estrutura dos embargos de terceiros 140
18.4. Estrutura resumida da peça 141
18.5. Modelo de embargos de terceiro 142
19. Dos processos nos tribunais 145
19.1. Do incidente de assunção de competência 145

19.1.1. Apresentação	145
19.1.2. Como identificar a peça	146
19.1.3. Estrutura resumida da peça	146
19.2. Do incidente de conflito de competência	147
19.2.1. Apresentação	147
19.2.2. Como identificar a peça	148
19.2.3. Estrutura resumida da peça	149
19.3. Do incidente de resolução de demandas repetitivas	149
19.3.1. Apresentação	149
19.3.2. Como identificar a peça	153
19.3.3. Estrutura resumida da peça	153
19.3.4. Modelos de Incidentes	154
19.4. Da homologação de decisão estrangeira e da concessão do *exequatur* à carta rogatória	155
19.4.1. Apresentação	155
19.4.2. Como identificar a peça	156
19.4.3. Estrutura resumida da peça	156
19.4.4. Modelo de homologação de decisão estrangeira	157
19.5. Da reclamação	158
19.5.1. Apresentação	158
19.5.2. Como identificar a peça	160
19.5.3. Estrutura resumida da peça	161
19.5.4. Modelo de reclamação	162
19.6. Ação rescisória	164
19.6.1. Apresentação	164
19.6.2. Como identificar a peça	170
19.6.3. Estrutura resumida da peça	170
19.6.4. Modelo de ação rescisória	171
20. Principais peças processuais da Parte Geral do Direito Civil	173
20.1. Ação de tutela de direitos da personalidade, com pedido de tutela antecipada	173
20.1.1. Apresentação	173
20.1.2. Estrutura resumida da peça	174
20.1.3. Modelo de ação de tutela de direitos da personalidade, com pedido de tutela antecipada	175
20.2. Ação declaratória de nulidade e ação anulatória	176
20.2.1. Apresentação	176
20.2.2. Estrutura resumida da peça	178
20.2.3. Modelo de ação declaratória de nulidade	179
20.2.4. Modelo de ação anulatória	180

20.3. Principais peças processuais do direito das obrigações 182
    20.3.1. Ação de obrigação de dar coisa certa e incerta 182
        20.3.1.1. Apresentação 182
        20.3.1.2. Estrutura resumida da peça 183
        20.3.1.3. Modelo de ação de obrigação de dar coisa certa ou incerta 185
    20.3.2. Ação de obrigação de fazer 186
        20.3.2.1. Apresentação 186
        20.3.2.2. Estrutura resumida da peça 187
        20.3.2.3. Modelo de ação de obrigação de fazer 189
    20.3.3. Ação ordinária de obrigação de não fazer 190
        20.3.3.1. Apresentação 190
        20.3.3.2. Estrutura resumida da peça 191
        20.3.3.3. Modelo de ação de obrigação de não fazer 193
    20.3.4. Ação de consignação em pagamento 194
        20.3.4.1. Identificação da peça 196
            20.3.4.1.1. Estrutura resumida da peça 196
            20.3.4.1.2. Modelo de ação de consignação em pagamento 198
20.4. Principais peças processuais do direito contratual 199
    20.4.1. Ação redibitória e ação *quanti minoris* ou estimatória 199
    20.4.2. Estrutura resumida da peça 200
    20.4.3. Modelo de ação redibitória 201
    20.4.4. Modelo de ação *quanti minoris* ou estimatória 203
    20.4.5. Ação de evicção 204
        20.4.5.1. Apresentação 204
        20.4.5.2. Estrutura resumida da peça 205
        20.4.5.3. Modelo de ação de evicção 206
20.5. Ação de cobrança 208
    20.5.1. Apresentação 208
    20.5.2. Estrutura resumida da peça 208
    20.5.3. Modelo de ação de cobrança 209
20.6. Principal peça processual da responsabilidade civil: ação indenizatória 211
    20.6.1. Apresentação 211
    20.6.2. Estrutura resumida da peça 211
    20.6.3. Modelo de ação de indenização 213
20.7. Principais peças processuais dos direitos reais 214
    20.7.1. Ações possessórias 214
    20.7.2. Ações de reintegração e de manutenção de posse 215

20.7.2.1. Apresentação 215
20.7.2.2. Estrutura resumida da peça 215
20.7.2.3. Modelo de ação de reintegração de posse 217
20.7.2.4. Modelo de ação de manutenção de posse 219
20.7.3. Ação de interdito proibitório 221
20.7.3.1. Apresentação 221
20.7.3.2. Estrutura resumida da peça 221
20.7.3.3. Modelo de interdito proibitório 223
20.7.3.4. Contestação da ação de reintegração ou manutenção de posse ou interdito proibitório 225
    20.7.3.4.1. Estrutura resumida da peça 225
    20.7.3.4.2. Modelo de contestação da ação de reintegração ou manutenção de posse ou interdito proibitório 226
20.7.4. Ação de imissão de posse 227
20.7.4.1. Apresentação 227
20.7.4.2. Estrutura resumida da peça 227
20.7.4.3. Modelo de ação de imissão de posse 229
20.7.5. Ação reivindicatória 230
20.7.5.1. Apresentação 230
20.7.5.2. Estrutura resumida da peça 230
20.7.5.3. Modelo de ação reivindicatória 232
20.7.6. Ação de usucapião 233
20.7.6.1. Apresentação 233
20.7.6.2. Estrutura resumida da peça 235
20.7.6.3. Modelo de ação declaratória de usucapião 237
20.7.7. Ação de adjudicação compulsória 238
20.7.7.1. Apresentação 238
20.7.7.2. Estrutura resumida da peça 238
20.7.7.3. Modelo de ação de adjudicação compulsória 240
20.8. Principais peças processuais do direito de família 241
20.8.1. Ação negatória de paternidade e ação de investigação de paternidade...... 241
20.8.1.1. Apresentação 241
20.8.1.2. Estrutura resumida da peça de negatória de paternidade 242
20.8.1.3. Modelo de ação negatória de paternidade 243
20.8.1.4. Estrutura resumida da peça de investigação de paternidade 244
20.8.1.5. Modelo de ação de investigação de paternidade, cumulada com pedido de alimentos 246

20.8.2. Ação de alimentos 247
    20.8.2.1. Apresentação 247
    20.8.2.2. Estrutura resumida da peça 248
20.8.3. Modelo de ação de alimentos com pedido de tutela antecipada (alimentos provisórios) 249
20.9. Principais peças processuais relativas ao direito do consumidor 250
    20.9.1. Ação de indenização por fato do produto ou do serviço 250
        20.9.1.1. Apresentação 250
        20.9.1.2. Estrutura resumida da peça 252
        20.9.1.3. Modelo de ação de indenização por fato do produto ou do serviço 253
    20.9.2. Ação ordinária por vícios do produto ou do serviço 255
        20.9.2.1. Apresentação 255
        20.9.2.2. Estrutura resumida da peça 255
        20.9.2.3. Modelo de ação de indenização por vícios do produto ou do serviço 257

21. Gabaritando as peças práticas 259
    21.1. Modelo de petição inicial 259
        21.1.1. Ação de obrigação de fazer 259
            21.1.1.1. Modelo da peça 260
        21.1.2. Ação declaratória de inexistência de débito c/c obrigação de fazer e indenização por danos morais 262
            21.1.2.1. Modelo da peça 262
        21.1.3. Ação de obrigação de fazer com pedido de tutela antecipada 264
            21.1.3.1. Modelo da peça 265
        21.1.4. Ação de indenização por danos materiais e obrigação de fazer com pedido de tutela antecipada 267
            21.1.4.1. Modelo da peça 268
        21.1.5. Ação de reintegração de posse 270
            21.1.5.1. Modelo da peça 270
        21.1.6. Ação declaratória de inexistência cumulada com indenização por danos morais 272
            21.1.6.1. Modelo da peça 273
        21.1.7. Petição inicial de divórcio consensual 275
            21.1.7.1. Modelo da peça 276
    21.2. Modelos de contestação 277
        21.2.1. Contestação à ação de indenização 277
            21.2.1.1. Modelo da peça 278
        21.2.2. Contestação com reconvenção à ação de indenização 280
            21.2.2.1. Modelo da peça 281

21.2.3. Contestação à ação de cobrança	282
21.2.3.1. Modelo da peça	283
21.3. Modelos de agravo de instrumento	284
21.3.1. Agravo de instrumento em ação de despejo	284
21.3.1.1. Modelo da peça	285
21.3.2. Agravo de instrumento em ação de indenização por danos morais	287
21.3.2.1. Modelo da peça	288
21.3.3. Agravo de instrumento em ação de alimentos	290
21.3.3.1. Modelo da peça	291
21.4. Modelos de apelação	294
21.4.1. Apelação à ação de indenização	294
21.4.1.1. Modelo da peça	294
21.4.2. Apelação	296
21.4.2.1. Modelo da peça	297
21.4.3. Apelação em ação de indenização por danos morais e estéticos	299
21.4.3.1. Modelo da peça	300
21.4.4. Apelação em procedimento de alienação fiduciária	302
21.4.4.1. Modelo da peça	303
21.4.5. Apelação em ação pelo procedimento comum	305
21.4.5.1. Modelo da peça	306
21.4.6. Apelação em embargos monitórios	308
21.4.6.1. Modelo da peça	309
21.4.7. Contrarrazões ao recurso de apelação	310
21.4.7.1. Modelo da peça	311
21.5. Modelos de recurso especial	313
21.5.1. Recurso especial	313
21.5.1.1. Modelo da peça	314
21.6. Outros modelos	316
21.6.1. Ação declaratória de usucapião especial urbano	316
21.6.1.1. Modelo da peça	317
21.6.2. Embargos de terceiro	319
21.6.2.1. Modelo da peça	319
21.6.3. Alimentos gravídicos	321
21.6.3.1. Modelo da peça	322
21.6.4. Ação de alimentos com pedido de alimentos provisórios	323
21.6.4.1. Modelo da peça	324
21.6.5. Ação de consignação em pagamento	326
21.6.5.1. Modelo da peça	326
21.6.6. Ação de interdição com pedido de antecipação de tutela	328

    21.6.6.1. Modelo da peça 329
   21.6.7. Embargos à execução... 330
    21.6.7.1. Modelo da peça 331
   21.6.8. Ação rescisória.. 333
    21.6.8.1. Modelo da peça 333
22. Questões discursivas 337

Súmulas selecionadas.. 379

Referências 381

Quadro de incidência de peças

PEÇAS	EXAMES						
Apelação	XXI	XIX	II	XXIII	XXXII	XXXIV	36º
Contrarrazões	39º						
Agravo de Instrumento	XX	XIV	XXII				
Embargos de Terceiro	XVIII	X	XXVII	37º			
Ação de Consignação em Pagamento	XVII	XXX					
Recurso Especial	XV	XXV					
Embargos do Devedor à Execução (Embargos à Execução)	XXIV	XXXI					
Contestação	XVI	35º					
Contestação com Reconvenção	XXVIII						
Ação de Obrigação de Fazer com pedido de tutela antecipada	XIII						
Ação de Interdição com pedido de antecipação de tutela	XII						
Ação de Despejo com pedido de antecipação de tutela	XI						
Ação de Alimentos Gravídicos	IX						
Ação de Usucapião Especial Urbano	VIII						
Ação Declaratória de Inexistência de Débito c/c Obrigação de Fazer e Indenização por Danos Morais	VII						
Ação Cautelar de busca e apreensão de pessoa OU ação ordinária com pedido de tutela antecipada.	VI						
Ação de Conhecimento com Pedido de Antecipação de Tutela OU Cautelar Preparatória com Pedido de Liminar	V						
Ação de Alimentos com pedido de fixação initio litis de alimentos provisórios	IV						
Ação Indenizatória	III						
Ação de Reintegração de Posse	XXVI	41º					
Ação Rescisória	XXIX						
Petição Inicial com pedidos cumulados de declaração e condenação pelo procedimento comum	XXXIII	38º					
Petição inicial de divórcio consensual	40º						

Cronograma de estudos

Acesse o *QR Code* e veja o cronograma de estudos de 40 dias elaborado pelos autores com sugestão do que você pode estudar em cada um dos dias antes da prova.

> *http://uqr.to/1y5q6*

1. INTRODUÇÃO

1.1. Como gabaritar a peça prática

Caros leitores e queridos candidatos, sabe-se que a peça profissional é, sem dúvida, a parte mais importante e tormentosa da segunda fase do Exame de Ordem. É necessário que o bacharel em Direito demonstre, nesta etapa, sua capacidade de estruturar peças práticas, raciocinar sobre o caso prático apresentado e propor a adequada solução. Para isso, o candidato precisa buscar e garantir ao máximo a pontuação de sua peça, seguindo algumas colocações e dicas na árdua tarefa de alcançar a sua aprovação.

Neste sentido, formulamos alguns comentários para auxiliá-lo na identificação correta do caso prático apresentado para, a partir daí, solucionar a peça profissional, com todas as suas intercorrências de direito processual e de direito material, tendo o CPC em vigor como norte, mas sempre ressaltando que muitas peças práticas aqui trabalhadas foram atualizadas para a nova realidade processual civil, no entanto, buscando sempre manter a essência daquilo que foi exigido e apresentado pelo gabarito da OAB/FGV, cujas ponderações foram feitas no decorrer da obra, identificando ao candidato o cuidado a ser tomado diante dessa nova perspectiva.

Assim, iniciaremos um roteiro a ser seguido pelo candidato para que possa, a partir dessas dicas iniciais, elaborar a sua peça prática e apresentá-las aos examinadores do certame com o máximo aproveitamento físico das páginas, de tempo e, principalmente, de suas ideias.

1.2. Dicas para a correta construção das peças

Primeiro, o candidato precisa ficar sempre atento ao enunciado proposto pela Banca FGV, identificando o caso concreto e as especificidades apresentadas pelos examinadores. A utilização da legislação é imprescindível neste momento, sendo que todos os questionamentos, invariavelmente, encontrar-se-ão na própria legislação infraconstitucional e, até mesmo, na Constituição Federal, todos em seu *Vade Mecum*.

Há sempre a necessidade de o candidato ficar atento aos detalhes trazidos pelo enunciado, tais como menções a prazos, identificação das partes, termos iniciais eventualmente apresentados para a prática de determinados atos processuais (contestação, réplica, recursos etc.), bem como às regras específicas de competência e a respeito de pedidos de liminares em caso de tutelas provisórias (de urgência ou de evidência).

De fato, é importante lembrar que a FGV disponibiliza **150 linhas** para que o candidato desenvolva suas ideias, estruture adequadamente e escreva de forma correta, coerente e com raciocínio jurídico a sua peça profissional. Assim, apresentamos alguns cuidados especiais que devemos sempre tomar no momento de realização da prova:

1. **Cuidado com o tempo de prova** – O tempo disponível para a realização da prova será de cinco horas, já incluído o tempo para o preenchimento do caderno de respostas (ou de textos) definitivo. Atente-se com o horário de prova (de chegada e de término), para isso, a prática, o treino, o estudo prévio do tempo e a disciplina são fundamentais.

2. **Cuidado com o tamanho da sua peça** – É fundamental que a peça profissional ocupe adequadamente todo o espaço proporcionado (extensão máxima de 150 linhas), o que não deve ser motivo de preocupação por se tratar de linhas suficientes, mas sempre atentando ao fato de serem evitados exageros ou desperdícios de linhas/páginas, em especial se o enunciado exigir do candidato a análise de longas ou variadas teses.

3. **Treine sempre à mão** – Como no dia da prova o candidato deverá fazer a peça de forma manuscrita (até porque o certame exige a sua elaboração), é imprescindível que o candidato saiba escrever a peça à mão, treinando para que não encontre maiores dificuldades no momento da prova, da mesma forma, que poderá adequar a sua caligrafia para não correr riscos de o examinador retirar pontos do candidato caso não entenda sua letra. Ademais, utilize sempre canetas transparentes, de cores **azul** ou **preta**.

4. **Dominar os modelos de peças práticas** – Da mesma forma, imprescindível que o candidato tenha, ao menos, um "esqueleto" ou modelo padrão das peças práticas mais abordadas nos exames, com todas as possibilidades de teses estruturadas e aquelas, de igual maneira, mais exigidas, tais como peças de petição inicial, de contestação, de agravo de instrumento, de apelação e de teses como vícios ou defeitos de produtos ou serviços no Código de Defesa do Consumidor, reparação por danos materiais, morais e estéticos, reintegração de posse, fundamentos de multa diária (astreintes), dentre outros.

5. **Apresente um texto coerente e inteligível** – A correção da peça é um dos momentos mais importantes na composição da nota do candidato pelo examinador e a leitura desta deve sempre ser apresentada de forma lógica, clara e precisa, devendo o candidato apresentar a sua peça profissional que seja de fácil leitura e entendimento pelo examinador, evitando a perda de pontos por falta de compreensão lógica dos fundamentos.

6. **Peça esteticamente apresentável** – Outra questão é a própria apresentação da peça, esteticamente falando. É certo que os examinadores corrigirão centenas de peças práticas dos candidatos e a apresentação, além de facilitar a fluidez da correção, também agrada aos olhos dos corretores. Desta forma, evita-se efetuar **rasuras** nas provas (mas, caso ocorra, basta fazer um traço simples sobre a palavra ou frase equivocada que ela será desconsiderada), bem como sugere-se **pular uma linha entre frases**, estabelecendo parágrafos e demarcando a estrutura principal da ideia apresentada.

7. **Evite assinatura na peça ou qualquer forma de identificação pessoal** – Atente-se, por fim, que o edital do exame de ordem proíbe qualquer tipo de identificação do candidato na prova. Desta forma, deve ser evitado qualquer espécie de marcação ou de palavras que possam ser identificadas pelo examinador como identificação do candidato, tais como nomes próprios para identificar as partes, lugares, endereços, documentos de

identificação etc. Assim, **não invente dados que não estejam expressamente indicados no enunciado**, colocando apenas de forma genérica, como "rua...", número...", cidade...", Estado..." etc. Finalmente, cuidado com a parte final da peça, não devendo ser assinada com o nome do advogado. Para tanto, finalize a peça profissional apenas com as palavras "Local, data" e a palavra "Advogado".

8. **Observar e tomar cuidado com as expressões utilizadas** – Ainda, além da coerência lógica, do raciocínio, da realização da peça prática correta, bem como do endereçamento e das demais consequências da própria estrutura daquilo que o examinador espera da peça apresentada pelo candidato, por certo, deve ser observado, com cautela, os termos, as expressões e a técnica de linguagem utilizadas.

Deve-se observar, de igual maneira, os critérios utilizados pelo examinador de **indicação, identificação e as regras de competência do órgão jurisdicional**, analisando como identificar cada um dos órgãos do Poder Judiciário, importantes para evitar um endereçamento irregular ao juízo da causa, sendo necessário diferenciar aos relevantes termos técnicos, tais como Foro, Fórum, Juízo, Vara e Comarca. Neste sentido, temos:

	Expressão	Significado	Utilização
Indicação e regras de competência	Foro	Representa o *local* onde deverá ser proposta a demanda.	Foro da Comarca da Capital de São Paulo. Foro da Comarca de Ribeirão Preto etc.
	Fórum	É o prédio físico onde está localizado ou instalado o órgão jurisdicional (Poder Judiciário).	Fórum João Mendes Júnior etc.
	Vara ou Juízo	Indicam a competência funcional em razão da matéria, pessoa ou hierarquia.	Excelentíssimo Senhor Juiz de Direito da 3ª Vara Cível...
	Comarca	Indica o território limite territorial onde o órgão jurisdicional exerce a sua função.	Comarca de São Paulo; Comarca de Ribeirão Preto etc.

Ainda, além de tais questões técnicas indicativas relacionadas à competência do juízo, o candidato precisa atentar quanto aos **termos utilizados no momento de redação e de indicação da petição que estará sendo proposta**. Referidas questões são de considerável importância não apenas quando da realização da peça profissional (para ser devidamente valorada pelos examinadores), mas também no dia a dia da advocacia, demonstrando conhecimento técnico das expressões e da natureza da peça apresentada. Neste sentido, observar:

	Expressão	Significado	Incidência	Utilização
Identificação da espécie de petição	Propor ou ajuizar	É utilizado para identificar as *petições iniciais*, ou seja, aquelas que tiverem natureza de ação.	– Petições iniciais.	Fulano de Tal (...), vem *propor* a presente Ação de Indenização (...)
	Apresentar ou oferecer	É utilizada a expressão quando a petição oferecida for incidental ou comum ao processo já em andamento.	– Contestação; – Quesitos; – Memoriais; – Contrarrazões etc.	Fulano de Tal (...), vem *apresentar* sua Contestação (...)
	Impetrar	É utilizado exclusivamente para indicar a proposituda de ações mandamentais	– Habeas corpus; – Mandado de segurança; – Mandado de injunção; – Habeas data.	Fulano de Tal (...), vem *impetrar* mandado de segurança (...)

	Expressão	Significado	Incidência	Utilização
Identificação da espécie de petição	Opor	Utilizado para indicar a apresentação de embargos, quando não há mudança de jurisdição	– Embargos de declaração; – Embargos de divergência.	Fula no Tal (...), vem *opor* embargos de declaração (...)
	Interpor	É utilizado para identificar a interposição de algum recurso, quando há a modificação de jurisdição.	– Apelação; – Agravos; – Recursos especial, ordinário e extraordinário.	Fula no Tal (...), vem *interpor* recurso de apelação (...).
	Arguir	É utilizado quando for indicar a apresentação de algum inconformismo quanto às questões de ordem pública.	– Incidente de impedimento ou suspeição; – Preliminares de contestação etc.	Fulano de Tal (...), vem *arguir* em Incidente de Impedimento (...)

Finalmente, e não menos importante, o candidato precisa tomar cuidado quando dos termos utilizados para a realização dos pedidos específicos, sendo necessário observar se é caso de procedência ou improcedência do pedido, se é caso de deferimento ou indeferimento de alguma medida, bem como se é hipótese de conhecimento, recebimento ou de acolhimento de determinado recurso. Assim, temos:

	Expressão	Significado	Incidência	Utilização
Pedidos	Procedência ou Improcedência	Utilizado sempre que a pretensão for a de julgamento e análise do mérito. Nota-se que, neste caso, o que pretende ser julgado *procedente ou improcedente é o pedido* formulado, tendo em vista que o juiz ao prolatar sua sentença não julga a ação (que é direito subjetivo).	– Petição inicial; – Contestação; – Memoriais; – Apelação etc.	(...) vem, por meio desta petição inicial, pedir a *procedência do pedido* (...) (...) vem, por meio desta contestação, pedir a *improcedência do pedido* formulado na petição inicial (...)
	Deferimento, Indeferimento, Concessão ou Revogação	Utilizam-se referidas expressões, *deferimento, indeferimento, concessão ou revogação*, para solicitar ao magistrado a análise de alguma medida incidental, perpetrada no curso do processo, bem como de efeitos pretendidos a recursos ou ao próprio processo	– Pedidos de tutelas provisórias; – Pedidos de provas; – Pedidos de suspensão em recursos; – Pedidos de suspensão na execução etc.	(...) pretende-se a *concessão de efeito suspensivo* ao presente agravo de instrumento (...) (...) requer-se a *revogação da tutela provisória de urgência* concedida ao autor (...) (...) requer-se o *deferimento da oitiva de testemunhas* pleiteada (...)
Pedidos	Recebimento	Analisa-se o recebimento de determinado recurso, a partir do preenchimento dos requisitos de admissibilidade objetivos e de verificação direta. Se devidamente comprovados, o magistrado receberá o recurso, caso contrário, negará seguimento.	– Recursos	(...) preenchidos os requisitos de admissibilidade, requer-se o *recebimento do recurso* e seu devido processamento (...)
	Conhecimento	Ultrapassado o juízo de recebimento, o magistrado realizará o juízo de conhecimento, no qual analisará os requisitos de admissibilidade subjetivos, como um possível juízo inicial de mérito.	– Recursos	(...) requer-se o *conhecimento do recurso*, com a devida análise e julgamento do mérito (...)
	Provimento	Em sendo conhecido o recurso de apelação, vai-se, portanto, para o próximo passo, o juízo de provimento em que se observará o ponto central do recurso, ou seja, o efetivo juízo de mérito.	– Recursos	(...) requer o efetivo julgamento do mérito do presente recurso, *dando provimento os pedidos* formulados (...)

PRÁTICA CIVIL 5

Assim, seguindo, pois, estas imprescindíveis e necessárias dicas, aliadas ao estudo adequado, direcionado e disciplinado das peças práticas, o candidato terá condições de apresentar uma peça profissional apta a ser corretamente valorada pelos examinadores da FGV/OAB. Sigamos, agora, com algumas questões de direito, de igual maneira, importantes para a estruturação da peça.

2. REGRAS ESPECIAIS PARA A CORRETA ESTRUTURAÇÃO DA PEÇA PROFISSIONAL

2.1. Competência

Um dos principais requisitos da peça prática consiste no seu correto endereçamento ao juízo competente para o julgamento da causa, seja para a identificação em uma petição inicial (ex.: juízo originário para julgamento da causa), seja na indicação das demais peças práticas, quando já existe uma ação tramitando, com a prévia identificação do juízo competente (ex.: contestação, réplicas, memoriais, recursos etc.).

Desta forma, apresentaremos algumas regras necessárias para facilitar ao candidato justamente a identificação para o endereçamento ao juízo competente da causa.

Primeiro, para que possamos entender a competência para o julgamento da causa, assim entendida como a medida ou limite para o exercício da jurisdição, por certo, para isso é necessário estruturar os órgãos do Poder Judiciário. Assim, temos:

	Supremo Tribunal Federal
	Conselho Nacional de Justiça
	Superior Tribunal de Justiça
	Tribunal Superior do Trabalho
São órgãos do Poder Judiciário (art. 92 da CF)	Tribunais Regionais Federais e Juízes Federais
	Tribunais e Juízes do Trabalho
	Tribunais e Juízes Eleitorais
	Tribunais e Juízes Militares
	Tribunais e Juízes dos Estados e do Distrito Federal e Territórios

Evidente que, dentre tantos órgãos do Poder Judiciário, há a necessidade de identificação do órgão jurisdicional competente para o julgamento da causa, no entanto, o candidato deve seguir alguns determinados critérios, passos, ou requisitos, para que se possa corretamente identificar o juízo competente para o julgamento da causa, ou seja, qual magistrado, dentre todos os competentes para a análise do pedido, será o responsável para o julgamento daquela causa em específico. Desta forma, devemos analisar:

1. Verificar, inicialmente, se a *Justiça brasileira* é competente para o julgamento da causa, ou se é caso de propositura da ação perante a Justiça Internacional ou Estrangeira.

Competência internacional concorrente (arts. 21 e 22 do CPC)	a) o réu, qualquer que seja a sua nacionalidade, estiver domiciliado no Brasil; b) no Brasil tiver de ser cumprida a obrigação; c) o fundamento seja fato ocorrido ou ato praticado no Brasil; d) de alimentos, quando: o credor tiver domicílio ou residência no Brasil; o réu mantiver vínculos no Brasil, tais como posse ou propriedade de bens, recebimento de renda ou obtenção de benefícios econômicos; e) decorrentes de relações de consumo, quando o consumidor tiver domicílio ou residência no Brasil; f) em que as partes, expressa ou tacitamente, se submeterem à jurisdição nacional.
Competência interna exclusiva (art. 23 do CPC)	a) conhecer de ações relativas a imóveis situados no Brasil; b) em matéria de sucessão hereditária, proceder à confirmação de testamento particular e ao inventário e à partilha de bens situados no Brasil, ainda que o autor da herança seja de nacionalidade estrangeira ou tenha domicílio fora do território nacional; c) em divórcio, separação judicial ou dissolução de união estável, proceder à partilha de bens situados no Brasil, ainda que o titular seja de nacionalidade estrangeira ou tenha domicílio fora do território nacional.

2. Em sendo a Justiça brasileira a competente, necessário, posteriormente, a identificação se realmente é hipótese de *competência originária dos Tribunais Superiores*.

Competências originárias	Supremo Tribunal Federal (art. 102, I, da CF)
	Superior Tribunal de Justiça (art. 105, I, da CF)
	Tribunais Regionais Federais (art. 108 da CF)

3. Após, verificar qual será a *Justiça responsável pelo julgamento da demanda*, dentro da distribuição interna de competência, se a Justiça Comum ou Especializada, bem como dentro de cada uma delas, se Federal ou Estadual.

Matéria cível	Justiça Comum	Federal (art. 109, I, da CF)
		Estadual (art. 125 da CF)
	Justiça Especial	Trabalhista (art. 114 da CF)
		Eleitoral (art. 118 da CF)

4. Verificar, ainda, qual o foro competente para o julgamento da causa, segundo as regras de competência do CPC.

Matéria – Regras (arts. 46 e 47 do CPC)	Local da competência
Direito pessoal ou em direito real sobre bens móveis.	Foro de domicílio do réu.
Mais de um domicílio.	Poderá ser demandado no foro de qualquer deles.
Incerto ou desconhecido o domicílio do réu.	Poderá ser demandado onde for encontrado ou no foro de domicílio do autor.
Réu não tiver domicílio ou residência no Brasil.	Ação será proposta no foro de domicílio do autor.
Se o autor também residir fora do Brasil.	Ação será proposta em qualquer foro.
Dois ou mais réus com diferentes domicílios.	Serão demandados no foro de qualquer deles, à escolha do autor.
Execução fiscal.	Será proposta no foro de domicílio do réu, no de sua residência ou no do lugar onde for encontrado.

PRÁTICA CIVIL

Matéria – Regras (arts. 46 e 47 do CPC)	Local da competência
Ações fundadas em direito real sobre imóveis.	Competente o foro de situação da coisa.
Se o litígio não recair sobre direito de propriedade, vizinhança, servidão, divisão e demarcação de terras e de nunciação de obra nova.	Autor pode optar pelo foro de domicílio do réu ou pelo foro de eleição.
Ação possessória imobiliária.	Será proposta no foro de situação da coisa, cujo juízo tem competência absoluta.

Matéria – Regras (arts. 48, 49 e 50 do CPC)	Local da competência
Inventário, a partilha, a arrecadação, o cumprimento de disposições de última vontade, a impugnação ou anulação de partilha extrajudicial e para todas as ações em que o espólio for réu, ainda que o óbito tenha ocorrido no estrangeiro.	Foro de domicílio do autor da herança, no Brasil.
O autor da herança não possuía domicílio certo.	I – O foro de situação dos bens imóveis; II – Havendo bens imóveis em foros diferentes, qualquer destes; III – Não havendo bens imóveis, o foro do local de qualquer dos bens do espólio.
Ação em que o ausente for réu. Arrecadação, o inventário, a partilha e o cumprimento de disposições testamentárias.	Foro de seu último domicílio.
Ação em que o incapaz for réu.	Foro de domicílio de seu representante ou assistente.

Matéria – Regras (art. 53 do CPC)	Local da competência
Ação de divórcio, separação, anulação de casamento e reconhecimento ou dissolução de união estável.	a) de domicílio do guardião de filho incapaz; b) do último domicílio do casal, caso não haja filho incapaz; c) de domicílio do réu, se nenhuma das partes residir no antigo domicílio do casal.
Ação em que se pedem alimentos.	Domicílio ou residência do alimentando.
Ação em que for ré pessoa jurídica.	Foro do local de sua sede.
Quanto às obrigações que a pessoa jurídica contraiu.	Foro do local onde se acha agência ou sucursal.
Ação em que for ré sociedade ou associação sem personalidade jurídica.	Foro do local onde exerce suas atividades.
Ação em que se lhe exigir o cumprimento.	Foro do local onde a obrigação deve ser cumprida.
Causa que verse sobre direito previsto no respectivo estatuto.	Foro do local de residência do idoso.
Ação de reparação de dano por ato praticado em razão do ofício.	Sede da serventia notarial ou de registro.
Ação de reparação de dano.	Foro do local do ato ou fato.
Ação em que for réu administrador ou gestor de negócios alheios.	Foro do local do ato ou do fato.
Ação de reparação de dano sofrido em razão de delito ou acidente de veículos, inclusive aeronaves.	Foro do domicílio do autor ou do local do fato.

5. Verificar se é caso de identificação de foro segundo regras especificas previstas em *legislações extravagantes*.

Legislações extravagantes	Direito do consumidor
	Juizados Especiais Cíveis
	Juizados Especiais Federais

Direito do consumidor	Domicílio do autor consumidor Art. 101, I, do CDC.
Juizados Especiais Cíveis Lei n. 9.099/95	Causas cujo valor não exceda 40 salários mínimos Ação de despejo para uso próprio Possessórias de imóveis, até 40 salários mínimos Execução dos julgados do JEC ou títulos até 40 salários mínimos.
Juizados Especiais Federais Lei n. 10.259/2001	Causas até 60 salários mínimos Execuções dos julgados do JEF

6. Por fim, verificar a classificação da competência, pois, a partir dessas regras, surge a possibilidade de análise de suposto equívoco na escolha da competência que, eventualmente, o examinador possa colocar no enunciado para que o candidato evidencie ser o caso de **incompetência absoluta ou relativa**. Assim, temos:

	Absoluta	Relativa
Critérios	Funcional: matéria, hierarquia e pessoa. Territorial: ações reais e possessórias e ACP. Valor da Causa: Juizados das Fazendas Públicas e Juizados Especiais Federais.	Territorial: regra, a compe-tência fixada com base no foro é relativa. Valor da causa: Juizados Especiais Cíveis (regra, a competência fixada com base no valor da causa é relativa).
Interesse	Interesse público.	Interesse privado.
Alteração	Não se admite modificação, art. 62 do CPC.	Admite modificação, como foro de eleição ou conexão e continência, art. 54 do CPC.
Incompetência	Matéria de ordem pública. – Juízo pode conhecer de ofício; – Deve ser alegada como questão preliminar de contestação, no entanto, não está sujeita à preclusão; – Pode ser reconhecido em qualquer fase do processo e grau de jurisdição; – Salvo decisão em contrário, conserva-se os efeitos da decisão proferida pelo juiz incompetente, até que outra seja proferida pelo juízo competente.	Matéria de ordem privada. – Depende de alegação da parte contrária; – Não poderá ser reconhecida de ofício; – Não gera a nulidade dos atos processuais decisórios; – Deve ser alegada em preliminar, sob pena de preclusão.
Alegação da incompetência	Petição simples. Se alegada pelo réu na peça de defesa, deverá ser feita em preliminar de contestação (art. 337, II, do CPC).	Apenas em preliminar de contestação, sob pena de preclusão (arts. 337, III, e 65 do CPC).

2.2. Regras de honorários advocatícios

Especial atenção do candidato merece a fixação e os pedidos de condenação a respeito dos honorários advocatícios. Por certo, os honorários advocatícios, sendo que a sentença condenará o vencido a pagar honorários ao advogado do vencedor. Importante verificar que os honorários constituem direito do advogado e têm natureza alimentar, com os mesmos privilégios dos créditos oriundos da legislação do trabalho, **sendo vedada a compensação em caso de sucumbência parcial.**

1. Cabe a fixação de honorários: (i) na reconvenção; (ii) no cumprimento de sentença, provisório ou definitivo; (iii) na execução; (iv) nos recursos; além daqueles estipulados pelo magistrado no processo de conhecimento, alertando que tais honorários, quando cabíveis, serão sempre **cumulativos (art. 85, § 1º, do CPC).**

2. Os honorários serão fixados entre o **mínimo de 10%** e o **máximo de 20%** sobre o **valor da condenação**, do **proveito econômico obtido** ou, **não sendo possível mensurá-lo**, sobre o **valor atualizado da causa**, atendidos: I – o grau de zelo do profissional; II – o lugar de prestação do serviço; III – a natureza e a importância da causa; IV – o trabalho realizado pelo advogado e o tempo exigido para o seu serviço (art. 85, § 2º, do CPC).

3. Nas causas em que a **Fazenda Pública for parte**, a fixação dos honorários observará os critérios estabelecidos nos incisos I a IV do § 2º e os seguintes percentuais:
   a) **mínimo de 10%** e **máximo de 20%** sobre o **valor da condenação** ou do **proveito econômico obtido até 200 salários mínimos;**
   b) **mínimo de 8%** e **máximo de 10%** sobre o **valor da condenação** ou do **proveito econômico obtido acima de 200 salários mínimos até 2.000 salários mínimos;**
   c) **mínimo de 5%** e **máximo de 8%** sobre o **valor da condenação** ou do **proveito econômico obtido acima de 2.000 salários mínimos até 20.000 salários mínimos;**
   d) **mínimo de 3%** e **máximo de 5%** sobre o **valor da condenação** ou do **proveito econômico obtido acima de 20.000 salários mínimos até 100.000 salários mínimos;**
   e) **mínimo de 1%** e **máximo de 3%** sobre o **valor da condenação** ou do **proveito econômico obtido acima de 100.000 salários mínimos.**

4. Nas causas em que for **inestimável ou irrisório o proveito econômico** ou, ainda, **quando o valor da causa for muito baixo**, o juiz fixará o valor dos honorários por **apreciação equitativa**, observando as determinações do § 2º.

5. Na **ação de indenização por ato ilícito contra pessoa**, o percentual de honorários incidirá sobre a **soma das prestações vencidas acrescida de 12 prestações vincendas.**

6. Nos casos de **perda do objeto**, os honorários serão devidos por quem deu causa ao processo.

7. O **tribunal**, ao julgar **recurso, majorará os honorários** fixados anteriormente levando em conta o trabalho adicional realizado em grau recursal, observando, conforme o caso, o disposto nos §§ 2º a 6º, sendo vedado ao tribunal, no cômputo geral da fixação de honorários devidos ao advogado do vencedor, ultrapassar os respectivos limites estabelecidos nos §§ 2º e 3º para a fase de conhecimento.

8. Os **honorários recursais são cumuláveis** com **multas e outras sanções processuais**, inclusive as previstas no art. 77.

9. As verbas de sucumbência arbitradas em **embargos à execução rejeitados ou julgados improcedentes** e em **fase de cumprimento de sentença** serão acrescidas no **valor do débito principal**, para todos os efeitos legais.

10. O advogado pode requerer que o pagamento dos honorários que lhe caibam seja efetuado em favor da sociedade de advogados que integra na qualidade de sócio.

11. Quando os **honorários forem fixados em quantia certa**, os **juros moratórios** incidirão a partir da **data do trânsito em julgado da decisão**.

12. Os honorários **serão devidos** quando o **advogado atuar em causa própria**.

13. Caso a decisão transitada em julgado seja omissa quanto ao direito aos honorários ou ao seu valor, é **cabível ação autônoma para sua definição e cobrança**.

14. Os **advogados públicos** perceberão honorários de sucumbência, nos termos da lei.

Desta forma, analisando as regras estipuladas pelo CPC para os honorários advocatícios, o candidato deverá atentar-se para o caso de ser feito o pedido correto na petição inicial, na reconvenção, no cumprimento de sentença, na execução de título extrajudicial, inclusive nos embargos do devedor, da mesma forma, nunca se esquecer das hipóteses de honorários recursais, seja a peça exigida pelo examinador se tratar de razões recursais, seja, ainda, contrarrazões a eventual recurso interposto, esclarecendo que o art. 85, § 11, do CPC refere aos honorários na hipótese de ser possível a sua majoração, pressupondo, portanto, sua anterior fixação pelo juiz.

2.3. Justiça gratuita

Outro importante e relevante tema que o candidato deve tomar especial cuidado é a respeito de eventual concessão ou impugnação da gratuita de justiça, caso assim seja indicado pelo examinador no enunciado da peça prática.

Desta forma, verifica-se que o pedido de gratuidade de justiça deve sempre ser formulado na petição inicial, na contestação, na reconvenção, nas petições para eventual ingresso de terceiros no processo ou, até mesmo, nos recursos, possibilitando, inclusive, justificar a eventual dispensa no recolhimento do preparo recursal.

Segundo o art. 98 do CPC, a gratuidade de justiça pode ser requerida:
a) pela pessoa natural ou jurídica, brasileira ou estrangeira;
b) com insuficiência de recursos para pagar as custas, as despesas processuais e os honorários advocatícios.

Ainda, nos termos do § 1º do referido artigo, a gratuidade de justiça compreende todas as chamadas despesas processuais, dentre elas, incluídas:

I – as taxas ou as custas judiciais;

II – os selos postais;

III – as despesas com publicação na imprensa oficial, dispensando-se a publicação em outros meios;

IV – a indenização devida à testemunha que, quando empregada, receberá do empregador salário integral, como se em serviço estivesse;

V – as despesas com a realização de exame de código genético – DNA e de outros exames considerados essenciais;

VI – os honorários do advogado e do perito e a remuneração do intérprete ou do tradutor nomeado para apresentação de versão em português de documento redigido em língua estrangeira;

VII – o custo com a elaboração de memória de cálculo, quando exigida para instauração da execução;

VIII – os depósitos previstos em lei para interposição de recurso, para propositura de ação e para a prática de outros atos processuais inerentes ao exercício da ampla defesa e do contraditório;

IX – os emolumentos devidos a notários ou registradores em decorrência da prática de registro, averbação ou qualquer outro ato notarial necessário à efetivação de decisão judicial ou à continuidade de processo judicial no qual o benefício tenha sido concedido.

Importante verificar que a gratuidade de justiça **poderá ser concedida em relação a algum ou a todos os atos processuais**, ou consistir na **redução percentual de despesas processuais** que o beneficiário tiver de adiantar no curso do procedimento (art. 98, § 5º, do CPC), bem como poderá ser concedido pelo juiz o seu parcelamento (art. 98, § 6º, do CPC).

Ainda, como regra, observar que o réu deverá impugnar a concessão da justiça gratuita concedida ao autor por ocasião da apresentação de sua **contestação**, como preliminar (art. 337, XIII, do CPC), sendo que ao autor caberá a impugnação por ocasião de sua **réplica**. Caso seja concedida em grau recursal, a impugnação deverá ser feita nas **contrarrazões do recurso**.

Por fim, o recurso cabível contra a decisão que concede ou indefere a gratuidade de justiça é o **agravo de instrumento**, exceto se a revogação ou concessão ocorrer na própria sentença, caso em que o recurso cabível será o de **apelação**. Assim, temos:

Matéria	Peça prática
Pedido de gratuidade	Autor: petição inicial. Réu: contestação. Terceiro: petição de ingresso.
Impugnação à concessão	Réu: na contestação, como preliminar (art. 337, XIII, do CPC). Autor: réplica. Recurso: contrarrazões. Pedido superveniente ou feito por terceiro: petição simples (prazo de 15 dias – art. 100 do CPC).
Decisão que concede ou indefere em 1º grau	Agravo de instrumento. Exceção: se concedida ou revogada na sentença, caberá recurso de apelação.
Decisão que concede ou indefere em 2º grau, por decisão monocrática do relator	Agravo interno.

2.4. Tutelas provisórias

Não é de hoje que em casos pontuais se admite tutela que não seja a definitiva em relação ao bem da vida pretendido como, por exemplo, antes da revisão de um contrato de plano de saúde, a efetivação e tutela provisória de caráter urgente em que se busque antecipadamente, em caso de comprovada urgência, a realização de procedimento médico ou hospitalar imprescindível.

Para esses casos, tem-se a tutela provisória gênero que inaugura as espécies tutela antecipada (antecipação de tutela) e a tutela cautelar que, conforme o art. 294 do CPC, fundamenta-se em urgência ou evidência.

A propósito, segue-se o quadro esquemático:

Tutelas provisórias (arts. 294 a 311)				
Tutelas de urgência (arts. 300 a 310)				Tutelas de evidência (art. 311)
Antecipada (arts. 300 a 302)		Cautelar (arts. 300 a 302)		
Antecedente (arts. 303 e 304)	Incidental (arts. 303 e 304)	Antecedente (arts. 305 a 310)	Incidental (arts. 305 a 310)	

Com efeito, o pedido de tutela provisória pode ser processado juntamente com o pedido principal, ainda que este possa ser apresentado posteriormente, por aditamento à inicial, sendo, portanto, esta tutela instaurada tanto por meio de ação como por meio de pedido no curso de demanda já existente.

A **tutela será antecipada** quando se pretender o resultado final quisto para já, mesmo que mediante cognição sumária, fazendo com que a pretensão processual seja para agora concedida e, ao final, confirmada, sendo, por exemplo, o caso de tutela provisória de urgência antecipatória que busque a imediata internação e realização de procedimento cirúrgico de paciente que detém plano de saúde, evitando-se que prejuízo ainda maior se realize.

De outro lado, a **tutela será cautelar** quando busque acautelar, preservar, conservar determinado direito, sendo medida que tem a finalidade protetiva, diferentemente da antecipatória, sendo, por exemplo, o caso de demanda que tenha o condão que busque apreender menor que está sendo levado por um dos genitores para o exterior, assegurando que este não deixe o país, mesmo que a guarda venha a ser discutida em outro processo, a ser proposto, ou até na própria cautelar que, depois do aditamento, ordinarizar-se-á permitindo, caso seja de interesse das partes, a discussão relativa à guarda do menor.

Nesse passo, a tutela provisória pode ser concedida em **caráter antecedente ou incidente**, sendo que a **tutela provisória antecedente** se dará quando, mesmo antes de propor a demanda principal que busque discutir o bem da vida mediatamente pretendido (por exemplo, a revisão do contrato de plano de saúde ou a guarda de menor), a parte interessada pretenda receber a tutela antecipatória ou cautelar para já. De outro lado, diversamente, a **tutela provisória será incidente** quando o interessado, no curso de demanda anteriormente proposta que discuta o bem da vida pretendido, veja-se obrigado a, no curso desta demanda, promover medida incidente, quer antecipatória quer cautelar, para que se veja protegida a tutela incidente necessária ao caso como, por exemplo, no curso da ação de fixação de guarda a cautelar de busca e apreensão do menor ou a produção antecipada de provas.

A tutela provisória requerida em caráter incidental independe do pagamento de custas, pois estará frente à medida que se concretiza no curso de processo já instaurado, para o qual as custas processuais, se cabíveis para o caso, já foram pagas, não fazendo sentido haver cobrança de valores para a concretização da tutela provisória referida, nos termos do art. 295 do CPC.

Entretanto, observar que haverá tutela definitiva quando o juiz pronuncia decisão de mérito acolhendo, em caráter definitivo, pedido do autor, seja após instrução do processo, seja por decisão antecipada de mérito (art. 355, I), decidindo sobre o bem da vida pretendido.

De fato, uma das características da tutela provisória de urgência cautelar ou antecipatória é o *periculum in mora*, ou seja, o perigo da demora de conceder a tutela provisória vindicada, sendo situação que o juiz pode deferir a medida, mas sem caráter definitivo, pois realmente pronunciamento de caráter provisório.

Com efeito, haverá a chamada **tutela provisória da evidência**, independentemente da demonstração de perigo de dano ou de risco ao resultado útil do processo, mas quando presente a evidência do direito requisitado como:

i) caso fique caracterizado o abuso do direito de defesa ou o manifesto propósito protelatório da parte;
ii) caso as alegações de fato possam ser comprovadas apenas documentalmente e houver tese firmada em julgamento de casos repetitivos ou em súmula vinculante;
iii) se tratar de pedido reipersecutório fundado em prova documental adequada do contrato de depósito;
iv) ou, por fim, se a petição inicial for instruída com prova documental suficiente dos fatos constitutivos do direito do autor, a que o réu não oponha prova capaz de gerar dúvida razoável.

Em relação à tutela provisória, observando os pedidos, primeiro se processa o pedido de tutela provisória, tanto caso incidente como antecedente, neste caso, se ordinarizada. Depois do pedido de tutela provisória, em face da sua urgência característica, então, decidir-se-á o pedido da tutela definitiva, qual seja o pedido que diz respeito ao bem da vida pretendido.

A **tutela cautelar distingue-se da antecipada** pelo elemento de satisfatividade, pois a cautelar se limita a garantir o direito do autor, ao passo que, ao outorgar tutela antecipatória, o juiz entrega ao autor, antes da decisão final, o próprio bem objeto do pedido principal, por decisão provisória, sujeita a reapreciação na sentença, sendo o caso de tutela satisfativa.

Verifica-se que o **exercício judicante na tutela provisória é de natureza sumária**, visto que o campo probatório e de exercício do contraditório e da ampla defesa é limitado ao comparar-se com a tutela definitiva que é, efetivamente, exauriente. Será sumária a cognição quando reduzida para que se possa, em todos os instrumentos processuais procedimentais tradicionais decidir sobre tutela emergencialmente pretendida em caráter provisório. De outro lado, **exauriente será a cognição do procedimento** comum que em processo de tutela definitiva implementam-se todos os procedimentos e garantias processuais pertinentes que incrementam o contraditório e a ampla defesa.

De fato, a tutela provisória é aquela que, em decorrência desta natural limitação cognitiva, não está apta a decidir definitivamente sobre a questão posta e que, sem prejuízo da sua imediata eficácia que poderá se implementar mediante decisão judicial, poderá ser modificada a qualquer momento, bem como poderá vir a ser objeto de um provimento definitivo mediante procedimento de cognição exauriente.

Portanto, as características principais das tutelas provisórias são, inicialmente:

i) a *inércia*, pois não pode ser concedida de ofício pelo julgador, dependendo de pedido para ser concedida, muito embora a forma de realização possa ser instrumentalizada pelo juiz de forma eficaz;

ii) a *provisoriedade*, visto que pode ser modificada ou revogada a qualquer tempo, desde que obedeça às regras de estabilização da tutela provisória;

iii) a *instrumentalidade*, pelo fato de a tutela provisória se vincular a um pedido principal que poderá ser assegurado ou antecipado;

iv) a *fungibilidade*, já que o juiz pode conceder tutela cautelar em lugar da antecipatória que foi requerida ou vice-versa, visando sempre superar o equívoco para fazer com que o processo possa ter aptidão de permitir ao julgador decidir sobre a tutela provisória;

v) a *cognição sumária*, visto ser a tutela provisória procedimento que não necessitada de maior amplitude de instrumentos processuais para debate da questão a qual se pretende proteger, permitindo que a questão observada seja sumariamente decidida com base nos elementos processuais que não dependem de complexa fase probatória, por exemplo.

Em sendo concedida, denegada ou postergada indevidamente a apreciação do pedido de tutela provisória, por meio de decisão interlocutória, cabível será o agravo de instrumento (art. 1.015, I, do CPC), pois recurso ajustado para atacar decisão interlocutória. Isso se dará no caso de tutela provisória requerida incidentalmente no curso de um processo, bem como pode se dar do pedido de tutela antecedente.

De outro lado, caso se esteja frente a capítulo de uma sentença que confirma, concede ou revoga a tutela provisória, o recurso cabível será a apelação (art. 1.013, § 5º, do CPC).

Outro aspecto que não pode ser desconsiderado diz respeito à **competência**.

Realmente, a tutela provisória será requerida ao **juízo da causa** (se incidente), pois a demanda (pedido) principal que discute o bem da vida já está ajuizada e em pleno curso natural.

Entretanto, não havendo a anterior propositura da demanda (pedido) principal, quando **antecedente a tutela provisória** pretendida, deve-se observar as **regras de competência** para que seja distribuída a tutela provisória no juízo competente para conhecer do **pedido principal** (art. 299 do CPC), sendo, seguidamente, depois de concedida a tutela e aditada a inicial, prosseguindo com o rito processual, passando a demanda a, então, debater já não somente a tutela provisória e seus requisitos, mas, de outro lado, a questão do bem da vida principal que está sendo disputado pelas partes, mas, desta vez, mediante juízo de cognição exauriente e já não mais sumário.

Como é sabido, ressalvada disposição especial, na **ação de competência originária de tribunal** e nos **recursos** a tutela provisória será requerida ao **órgão jurisdicional competente para apreciar o mérito**.

Com efeito, o pedido de **concessão de efeito suspensivo a recurso extraordinário ou a recurso especial** poderá ser formulado por requerimento dirigido ao tribunal superior respectivo, no período compreendido entre a publicação da decisão de admissão do recurso e sua distribuição, ficando o relator designado para seu exame prevento para julgá-lo na linha do (art. 1.029, § 5º, do CPC).

Caso o recurso já esteja distribuído, quem conhecerá da tutela pretendida será o **relator do recurso**. Por fim, o **presidente ou vice-presidente do tribunal local** é quem conhecerá da tutela almejada e requerida no período compreendido entre a **interposição do recurso e a publicação da decisão de admissão do recurso**, assim como no caso de o recurso ter sido sobrestado (art. 1.037 do CPC).

2.4.1. Procedimento da tutela antecipada antecedente

Nos casos em que a **urgência for contemporânea à propositura da ação**, a petição inicial pode limitar-se ao requerimento da tutela antecipada e à indicação do pedido de tutela final, com a exposição da lide, do direito que se busca realizar e do perigo de dano ou do risco ao resultado útil do processo (art. 303 do CPC).

Evidencia-se que o perigo na demora pode ser caracterizado como aquele em que se realiza surpreendentemente, ou seja, de forma não esperada e imaginada, antes da propositura da demanda que, de forma pontual, traria o pedido principal do bem da vida pretendido. Seguindo na compreensão do procedimento, pode ser que a tutela provisória antecipada antecedente vindicada seja **indeferida**, caso em que será possível ao interessado autor interpor o **agravo de instrumento**, com fundamento no art. 1.015, I, do CPC.

De outro lado, caso a **tutela antecipada antecedente seja concedida** (art. 303, § 1º, I, do CPC), o **autor deverá aditar** a petição inicial, sem a incidência de novas custas, § 3º do art. 303, visto que o processo já está instaurado e iniciado não havendo nova distribuição ou algo que justifique a cobrança de novas custas, com a complementação de sua argumentação, a juntada de novos documentos e a confirmação do pedido de tutela final, em 15 dias ou em outro prazo maior que o juiz fixar. Neste caso, estar-se frente a um aditamento que tem função de **complementar a petição inicial** da tutela provisória antecipada antecedente, **mas não de uma emenda**. Caso o órgão jurisdicional entenda que **não há elementos para a concessão de tutela antecipada**, determinará a **emenda da petição inicial** em até cinco dias, sob pena de ser indeferida e de o processo ser extinto sem resolução de mérito (art. 303, § 6º, do CPC).

Não realizado o aditamento, o **processo será extinto sem resolução do mérito** (art. 303, § 2º), permitindo-se ao autor a propositura de nova demanda com a finalidade de obter a tutela provisória, situação na qual deverá este, desta vez, para não obter nova decisão extintiva sem exame de mérito, ajustar a inicial demonstrando cabalmente o cabimento, no caso concreto, da tutela provisória antecipada antecedente pretendida.

Seguindo o procedimento, depois de concedida a tutela provisória antecipada antecedente, o réu será citado e intimado para a audiência de conciliação ou de mediação na forma do art. 334 do CPC (art. 303, § 1º, II). Caso não haja autocomposição, o prazo para contestação será contado na forma do art. 335 do CPC.

Na petição inicial, o autor deve indicar o valor da causa, que deve levar em consideração o pedido de tutela final (§ 4º), assim como o autor indicará na petição inicial, ainda, que pretende valer-se do benefício previsto no *caput* do art. 303, assim como assegura o § 5º do art. 303 do CPC.

2.4.2. Estabilização da tutela antecipada antecedente

Concedida a tutela nos termos do art. 303 do CPC, torna-se estável se da decisão que a conceder se não for interposto o respectivo recurso (art. 304 do CPC). Nesse caso, o processo será extinto (art. 304, § 1º).

Afirme-se que, realmente, caso o réu não agrave ou não conteste certamente se estabilizará a tutela provisória, visando fazer-se concretizar a segurança jurídica e a não eternização dos conflitos. Caso o réu agrave da decisão de concessão da tutela provisória antecipada antecedente, certamente não se estabilizará a decisão. Da mesma forma que não se terá a referida estabilização caso o réu não agrave mais, de outro lado, conteste, razão por que além de não estabilizada a tutela, também não será extinto o processo, cujo processo continuará, caso seja aditada a petição inicial para agregar à tutela, até então provisória, o pedido definitivo do bem da vida pretendido.

Ademais, qualquer das partes poderá demandar a outra com o intuito de rever, reformar ou invalidar a tutela antecipada estabilizada. Destacadamente, a tutela antecipada conservará seus efeitos enquanto não revista, reformada ou invalidada por decisão de mérito proferida na ação de que trata o § 2º do art. 304.

Deve-se ter presente que o direito de rever, reformar ou invalidar a tutela antecipada, previsto no § 2º do art. 304, **extingue-se após dois anos**, contados da ciência da decisão que extinguiu o processo, nos termos do § 1º (art. 304, § 5º, do CPC).

Finalmente, destaque-se que, nos termos do art. 304, § 6º, do CPC, a decisão que concede a tutela não fará coisa julgada, mas a estabilidade dos respectivos efeitos só será afastada por decisão que a revir, reformar ou invalidar, proferida em ação ajuizada por uma das partes, nos termos do § 2º do art. 304.

2.4.3. Procedimento da tutela cautelar antecedente

O autor pode, na petição inicial, requerer a tutela cautelar, formulando desde logo o pedido principal ou protestar por sua posterior apresentação. Resta imprescindível que a petição inicial indique o direito acautelado:

i) a lide e seu fundamento;
ii) a exposição sumária do direito que objetiva assegurar;
iii) a existência objetiva de perigo de dano ou risco ao resultado útil do processo, assim como determina o art. 305 do CPC.

Aqui, o juízo de cautela, ou seja, aquele que busca assegurar o resultado útil do processo, objetiva proteger, via tutela provisória, o direto invocado.

Assim, em face da petição inicial, pode o juiz:
a) determinar que o autor, no prazo de 15 dias, a emende ou a complete, indicando com precisão o que deve ser corrigido ou completado (art. 321);
b) indeferir a inicial (art. 330);
c) conceder liminarmente a medida cautelar (art. 300, § 2º);
d) determinar a realização de audiência de justificação, para colher as provas produzidas pelo autor para fins de concessão da medida sem audiência do réu (art. 300, § 2º);
e) determinar a citação do réu para, no prazo de cinco dias contestar o pedido de cautela e indicar as provas que pretende produzir (art. 306).

Ademais, caso o juiz entenda que o pedido a que se refere o *caput* tem natureza antecipada, observará o disposto no art. 303 do CPC, em decorrência da **fungibilidade entre as tutelas provisórias antecipatórias e cautelares**.

Efetivamente, conta-se o prazo para a contestação **da data da juntada aos autos do mandado de citação cumprido**, quando realizada por *oficial de justiça* (art. 231, II, do CPC). Recebida a inicial, o réu será citado para, no prazo de **cinco dias, contestar o pedido e indicar as provas que pretende produzir** (art. 306).

Destarte, a concessão da medida liminarmente ou ainda após justificação prévia pode evidentemente ser concedida/deferida *inaudita altera parte*, ou seja, sem a ouvida da parte contrária, sem a exigência de que da citação do réu possa decorrer a ineficácia da medida.

Com efeito, **não sendo contestado o pedido**, há de se reconhecer a revelia e a confissão ficta, pois os fatos alegados pelo autor presumir-se-ão aceitos pelo réu como ocorridos, caso em que o juiz decidirá dentro de cinco dias (art. 307 do CPC).

Todavia, **contestado o pedido** no prazo, observar-se-á o **procedimento comum**, fazendo com que seja então ocorrente a ordinarização do procedimento.

Com efeito, **efetivada a tutela cautelar**, o pedido principal terá de ser formulado pelo autor no prazo de **30 dias**, caso em que será apresentado nos mesmos autos em que deduzido o pedido de tutela cautelar, não dependendo do adiantamento de novas custas processuais. Ainda assim, nada impede, de outro lado, que o pedido principal venha a ser formulado conjuntamente com o pedido de tutela cautelar desde o início, dependendo da urgência e do interesse do autor.

Segundo o art. 308, § 2º, do CPC, a causa de pedir poderá ser aditada no momento de formulação do pedido principal. Sendo apresentado o pedido principal, as partes serão então intimadas para a audiência de conciliação ou de mediação, na forma do art. 334 do CPC, por seus advogados ou pessoalmente, sem necessidade de nova citação do réu. Entretanto, não havendo autocomposição, o prazo para contestação será contado na forma do art. 335 do CPC.

Caso a medida seja concedida, cessa a sua eficácia, se não efetivada no prazo de 30 dias (art. 309, II), o que não implica extinção do processo, podendo o autor apresentar o pedido principal nos subsequentes 30 dias, se já não apresentada na inicial. Efetivada a medida cautelar, tem o autor o prazo de 30 dias para formular o pedido principal (art. 308), caso já não o tenha apresentado antes, juntamente com o pedido de cautela (art. 308, § 1º). Ainda, cessa a eficácia da medida cautelar, se nesse prazo o autor não deduz o pedido principal (art. 309, I). Com efeito, o indeferimento da cautela não obsta a apresentação do pedido principal, no mesmo prazo de 30 dias (art. 308, por analogia). Se foi indeferida ou deixou de ser efetivada a cautela e o autor não adita a inicial, extingue-se o processo.

Apresentado o pedido principal, as partes são intimadas para a audiência de conciliação ou de mediação (art. 308, § 3º, do CPC). Não havendo acordo, o réu terá o prazo de 15 dias para contestar o pedido principal (art. 308, § 4º).

2.4.4. Principais peças processuais da tutela provisória

2.4.4.1. Modelo de tutela provisória de urgência – tutela antecipada requerida em caráter antecedente

EXCELENTÍSSIMO SENHOR DOUTOR JUIZ DE DIREITO DA... VARA CÍVEL DA COMARCA DE... ESTADO DE...

NOME DO AUTOR, "nacionalidade...", "estado civil...", "profissão..." (se pessoa jurídica indicar se de direito privado, público interno ou público externo), portador do "RG n. ...", inscrito no "CPF/CNPJ sob o n. ...", "endereço eletrônico...", "domiciliado na rua..." (se for pessoa jurídica "com sede na rua..."), "número...", "bairro...", "Município...", "Estado de...", "CEP...", vem, respeitosamente, por intermédio de seu advogado infra-assinado, perante Vossa Excelência, ajuizar a presente TUTELA PROVISÓRIA DE URGÊNCIA – TUTELA ANTECIPADA REQUERIDA EM CARÁTER ANTECEDENTE, com fulcro nos "arts. 303 e seguintes do Código de Processo Civil", em face de NOME DO RÉU, "nacionalidade...", "estado civil...", "profissão...", portador do "RG n. ...", inscrito no "CPF/CNPJ sob o n. ...", "endereço eletrônico...", "domiciliado na rua...", número...", "bairro...", "Município...", "Estado de...", "CEP...", pelos fundamentos de fato e de direito a seguir expostos;

"Fazer uma apertada síntese dos fatos, evidenciando o 'fumus boni iuris' (probabilidade do direito) e o 'periculum in mora' (perigo de dano ou risco ao resultado útil do processo), arts. 300, 301 e 303 do CPC, e a futura execução. Importante mencionar o pedido da tutela final. Fale do cabimento da concessão de liminar e das demais noções que apontamos como relevantes."

Diante de todo o exposto, requer-se a Vossa Excelência;

a) seja o réu citado para, querendo, apresentar resposta no prazo legal de 15 dias, em uma das modalidades permitidas na lei processual, ou, se for o caso, intimado para a audiência de conciliação ou mediação, na forma do art. 334 do CPC;
b) seja concedida a tutela antecipada, para "(pedido da tutela...)";
c) NO MÉRITO, sejam ao final confirmados os efeitos da liminar, sendo julgado procedente o pedido final "conforme indicado (colocar o pedido final)";

d) seja o réu condenado em custas e honorários advocatícios em percentuais arbitrados nos termos do art. 85, § 2º, do Código de Processo Civil;
e) sejam deferidos todos os meios de prova admitidos em direito para comprovação dos fatos que se apresentarem controvertidos;
f) todas as intimações sejam realizadas em nome, endereço eletrônico e profissional do advogado do autor.
O endereço do advogado do autor, onde deverá receber as intimações, é "Endereço...".
Dá-se à causa "o valor de...".

Nestes termos,
Pede deferimento.
"Local..." e "Data..."
OAB n. ..., "Assinatura..."

2.4.4.2. Modelo de tutela provisória de urgência – cautelar de arresto requerida em caráter antecedente

EXCELENTÍSSIMO SENHOR DOUTOR JUIZ DE DIREITO DA... VARA CÍVEL DA COMARCA DE... ESTADO DE...

NOME DO AUTOR, "nacionalidade...", "estado civil...", "profissão..." (se pessoa jurídica indicar se de direito privado, público interno ou público externo), portador do "RG n. ...", inscrito no "CPF/CNPJ sob o n. ...", "endereço eletrônico...", "domiciliado na rua..." (se for pessoa jurídica "com sede na rua..."), "número...", "bairro...", "Município...", "Estado de...", "CEP...", vem, respeitosamente, por intermédio de seu advogado infra-assinado, perante Vossa Excelência, ajuizar a presente TUTELA PROVISÓRIA DE URGÊNCIA – CAUTELAR DE ARRESTO REQUERIDA EM CARÁTER ANTECEDENTE, com fulcro nos "arts. 305 e seguintes do Código de Processo Civil", em face de NOME DO RÉU, "nacionalidade...", "estado civil...", "profissão...", portador do "RG n. ...", inscrito no "CPF/CNPJ sob o n. ...", "endereço eletrônico...", "domiciliado na rua...", "número...", "bairro...", "Município...", "Estado de...", "CEP...", pelos fundamentos de fato e de direito a seguir expostos:

"Fazer uma apertada síntese dos fatos, evidenciando a existência de uma dívida pecuniária certa e líquida a partir da existência de um título executivo. Evidencie o 'fumus boni iuris' (probabilidade do direito) e o 'periculum in mora' (perigo de dano e risco ao resultado útil do processo), arts. 300, 301 e 305 do CPC, e a futura execução. Fale do cabimento da concessão de liminar e das demais noções que apontamos como relevantes."

Diante de todo o exposto, requer-se a Vossa Excelência:

a) seja o réu citado para, querendo, apresentar resposta no prazo legal de cinco dias, em uma das modalidades permitidas na lei processual;

b) seja concedida liminarmente a cautelar de arresto, sendo arrestados os seguintes bens que pertencem ao réu: "bens...";

c) NO MÉRITO, sejam ao final confirmados os efeitos da liminar, sendo julgado procedente o pedido cautelar de arresto dos bens indicados;

d) seja o réu condenado em custas e honorários advocatícios em percentuais arbitrados nos termos do art. 85, § 2º, do Código de Processo Civil;

e) sejam deferidos todos os meios de prova admitidos em direito para comprovação dos fatos que se apresentarem controvertidos;

f) todas as intimações sejam realizadas em nome, endereço eletrônico e profissional do advogado do autor.

O endereço do advogado do autor, onde deverá receber as intimações, é "Endereço...".

Dá-se à causa "o valor de...".

Nestes termos,
Pede deferimento.
"Local..." e "Data..."
OAB n. ..., "Assinatura..."

2.4.4.3. Modelo de tutela provisória de urgência – cautelar de sequestro requerida em caráter antecedente

EXCELENTÍSSIMO SENHOR DOUTOR JUIZ DE DIREITO DA... VARA CÍVEL DA COMARCA DE... ESTADO DE...

NOME DO AUTOR, "nacionalidade...", "estado civil...", "profissão..." (se pessoa jurídica indicar se de direito privado, público interno ou público externo), portador do "RG n. ...", inscrito no "CPF/CNPJ sob o n. ...", "endereço eletrônico...", "domiciliado na rua..." (se for pessoa jurídica "com sede na rua..."), "número...", "bairro...", "Município...", "Estado de...", "CEP...", vem, respeitosamente, por intermédio de seu advogado infra-assinado, perante Vossa Excelência, ajuizar a presente TUTELA PROVISÓRIA DE URGÊNCIA – CAUTELAR DE SEQUESTRO REQUERIDA EM CARÁTER ANTECEDENTE, com fulcro nos "arts. 305 e seguintes do Código de Processo Civil", em face de NOME DO RÉU, "nacionalidade...", "estado civil...", "profissão...", portador do "RG n. ...", inscrito no "CPF/CNPJ sob o n. ...", "endereço eletrônico...", "domiciliado na rua...", "número...", "bairro...", "Município...", "Estado de...", "CEP...", pelos fundamentos de fato e de direito a seguir expostos:

"Fazer uma apertada síntese dos fatos, evidenciando a existência de um litígio a respeito de um bem, ou seja, indique a coisa litigiosa. Evidencie o 'fumus boni iuris' (probabilidade do direito) e o 'periculum in mora' (perigo de dano ou risco ao resultado útil do processo), arts. 300, 301 e 305 do CPC, e a futura execução. Fale do cabimento da concessão de liminar e das demais noções que apontamos como relevantes."

Diante de todo o exposto, requer-se a Vossa Excelência:

a) seja o réu citado para, querendo, apresentar resposta no prazo legal de cinco dias, em uma das modalidades permitidas na lei processual;
b) seja concedida liminarmente a cautelar de sequestro, sendo sequestrado do "bem...";
c) NO MÉRITO, sejam ao final confirmados os efeitos da liminar, sendo julgado procedente o pedido cautelar de sequestro "do bem...";
d) seja o réu condenado em custas e honorários advocatícios em percentuais arbitrados nos termos do art. 85, § 2º, do Código de Processo Civil;
e) sejam deferidos todos os meios de prova admitidos em direito para comprovação dos fatos que se apresentarem controvertidos;
f) todas as intimações sejam realizadas em nome, endereço eletrônico e profissional do advogado do autor.
O endereço do advogado do autor, onde deverá receber as intimações, é "Endereço...".
Dá-se à causa "o valor de...".

Nestes termos,
Pede deferimento.
"Local..." e "Data..."
OAB n. ..., "Assinatura..."

2.4.4.4. Modelo de tutela provisória de urgência – cautelar de arrolamento de bens requerida em caráter antecedente

EXCELENTÍSSIMO SENHOR DOUTOR JUIZ DE DIREITO DA... VARA CÍVEL DA COMARCA DE... ESTADO DE...

NOME DO AUTOR, "nacionalidade...", "estado civil...", "profissão..." (se pessoa jurídica indicar se de direito privado, público interno ou público externo), portador do "RG n. ...", inscrito no "CPF/CNPJ sob o n. ...", "endereço eletrônico...", "domiciliado na rua..." (se for pessoa jurídica "com sede na rua..."), "número...", "bairro...", "Município...", "Estado de...", "CEP...", vem, respeitosamente, por intermédio de seu advogado infra-assinado, perante Vossa Excelência, ajuizar a presente TUTELA PROVISÓRIA DE URGÊNCIA – CAUTELAR DE ARROLAMENTO DE BENS REQUERIDA EM CARÁTER ANTECEDENTE, com fulcro nos "arts. 305 e seguintes do Código de Processo Civil", em face de NOME DO RÉU, "nacionalidade...", "estado civil...", "profissão..." (se pessoa jurídica indicar se de direito privado, público interno ou público externo), portador do "RG n. ...", inscrito no "CPF/CNPJ sob o n. ...", "endereço eletrônico...", "domiciliado na rua..." (se for pessoa jurídica "com sede na rua..."), "número...", "bairro...", "Município...", "Estado de...", "CEP...", pelos fundamentos de fato e de direito a seguir expostos:

"Fazer uma apertada síntese dos fatos, evidenciando o receio de extravio de bens ou de dissipação de um patrimônio, sem se saber extensão desse conjunto de bens, que deverão ser arrolados e entregues a um depositário. Evidencie o 'fumus boni iuris' (probabilidade do direito) e o 'periculum in mora' (perigo de dano ou risco ao resultado útil do processo), arts. 300, 301 e 305 do CPC; e a futura execução. Fale do cabimento da concessão de liminar e das demais noções que apontamos como relevantes."

Diante de todo o exposto, requer-se a Vossa Excelência:

a) seja o réu citado para, querendo, apresentar resposta no prazo legal de cinco dias, em uma das modalidades permitidas na lei processual;
b) seja concedida liminarmente a cautelar de arrolamento de bens, sendo descritos os bens que... (você deve indicar a situação exposta no enunciado da questão na peça prático-profissional), com a posterior entrega a um depositário;
c) NO MÉRITO, sejam ao final confirmados os efeitos da liminar, sendo julgado procedente o pedido cautelar de arrolamento dos bens citados;
d) seja o réu condenado em custas e honorários advocatícios em percentuais arbitrados nos termos do art. 85, § 2º, do Código de Processo Civil;
e) sejam deferidos todos os meios de prova admitidos em direito para comprovação dos fatos que se apresentarem controvertidos;
f) todas as intimações sejam realizadas em nome, endereço eletrônico e profissional do advogado do autor.
O endereço do advogado do autor, onde deverá receber as intimações, é "Endereço...".
Dá-se à causa "o valor de...".

Nestes termos,
Pede deferimento.
"Local..." e "Data..."
OAB n. ..., "Assinatura..."

2.4.4.5. Modelo de tutela provisória de urgência – cautelar de busca e apreensão requerida em caráter antecedente

EXCELENTÍSSIMO SENHOR DOUTOR JUIZ DE DIREITO DA... VARA CÍVEL DA COMARCA DE... ESTADO DE...

NOME DO AUTOR, "nacionalidade...", "estado civil...", "profissão..." (se pessoa jurídica indicar se de direito privado, público interno ou público externo), portador do "RG n. ...", inscrito no "CPF/CNPJ sob o n. ...", "endereço eletrônico...", "domiciliado na rua..." (se for pessoa jurídica "com sede na rua..."), "número...", "bairro...", "Município...", "Estado de...", "CEP...", vem, respeitosamente, por intermédio de seu advogado infra-assinado, perante Vossa Excelência, ajuizar a presente TUTELA PROVISÓRIA DE URGÊNCIA – CAUTELAR DE BUSCA E APREENSÃO REQUERIDA EM CARÁTER ANTECEDENTE, com fulcro no "art. 305 e seguintes do Código de Processo Civil", em face de NOME DO RÉU, "nacionalidade...", "estado civil...", "profissão..." (se pessoa jurídica indicar se de direito privado, público interno ou público externo), portador do "RG n. ...", inscrito no "CPF/CNPJ sob o n. ...", "endereço eletrônico...", "domiciliado na rua..." (se for pessoa jurídica "com sede na rua..."), "número...", "bairro...", "Município...", "Estado de...", "CEP...", pelos fundamentos de fato e de direito a seguir expostos:

"Fazer uma apertada síntese dos fatos, evidenciando o caso de apreensão do bem e que é incabível arresto, sequestro e arrolamento de bens, seja porque necessária uma prévia busca do bem, seja porque recai sobre pessoas. Fale do cabimento da concessão de liminar, nos termos dos arts. 300, 301 e 305 do CPC, e das demais noções que apontamos como relevantes."

Diante de todo o exposto, requer-se a Vossa Excelência:

a) seja o réu citado para, querendo, apresentar resposta no prazo legal em uma das modalidades permitidas na lei processual;
b) seja deferido pedido de liminar para imediata busca "do bem..." (pede ser uma pessoa), para entrega também imediata ao autor da presente ação;
c) NO MÉRITO, sejam ao final confirmados os efeitos da liminar, sendo julgado procedente o pedido cautelar de busca e apreensão dos bens citados;
d) seja o réu condenado em custas e honorários advocatícios em percentuais arbitrados nos termos do art. 85, § 2º, do Código de Processo Civil;
e) sejam deferidos todos os meios de prova admitidos em direito para comprovação dos fatos que se apresentarem controvertidos;
f) todas as intimações sejam realizadas em nome, endereço eletrônico e profissional do advogado do autor.

O endereço do advogado do autor, onde deverá receber as intimações, é "Endereço...".
Dá-se à causa "o valor de...".

Nestes termos,
Pede deferimento.
"Local..." e "Data..."
OAB n. ..., "Assinatura..."

2.4.4.6. Modelo de tutela provisória de evidência

EXCELENTÍSSIMO SENHOR DOUTOR JUIZ DE DIREITO DA... VARA CÍVEL DA COMARCA DE... ESTADO DE...

NOME DO AUTOR, "nacionalidade...", "estado civil...", "profissão..." (se pessoa jurídica indicar se de direito privado, público interno ou público externo), portador do "RG n. ...", inscrito no "CPF/CNPJ sob o n. ...", "endereço eletrônico...", "domiciliado na rua..." (se for pessoa jurídica "com sede na rua..."), "número...", "bairro...", "Município...", "Estado de...", "CEP...", vem, respeitosamente, por intermédio de seu advogado infra-assinado, perante Vossa Excelência, ajuizar a presente TUTELA PROVISÓRIA DE EVIDÊNCIA, com fulcro no art. 311 do Código de Processo Civil, em face de NOME DO RÉU, "nacionalidade...", "estado civil...", "profissão..." (se pessoa jurídica indicar se de direito privado, público interno ou público externo), portador do "RG n. ...", inscrito no "CPF/CNPJ sob o n. ...", "endereço eletrônico...", "domiciliado na rua..." (se for pessoa jurídica "com sede na rua..."), "número...", "bairro...", "Município...", "Estado de...", "CEP...", pelos fundamentos de fato e de direito a seguir expostos:

"Fazer uma apertada síntese dos fatos, evidenciando a probabilidade do direito e uma das hipóteses previstas no art. 311 do CPC; ficar caracterizado o abuso do direito de defesa ou o manifesto propósito protelatório da parte: as alegações de fato poderem ser comprovadas apenas documentalmente e haver tese firmada em julgamento de casos repetitivos ou em súmula vinculante; se tratar de pedido reipersecutório fundado em prova documental adequada do contrato de depósito, caso em que será decretada a ordem de entrega do objeto custodiado, sob cominação de multa; a petição inicial ser instruída com prova documental suficiente dos fatos constitutivos do direito do autor, a que o réu não oponha prova capaz de gerar dúvida razoável. Fale do cabimento da concessão de liminar e das demais noções que apontamos como relevantes."

Diante de todo o exposto, requer-se a Vossa Excelência seja concedida a tutela de evidência, para "(pedido da tutela...)".

Nestes termos,
Pede deferimento.
"Local..." e "Data..."
OAB n. ..., "Assinatura..."

3. PROCESSO DE CONHECIMENTO

3.1. Petição inicial

3.1.1. Apresentação

A petição inicial (também chamada de exordial, peça inaugural ou simplesmente inicial), segundo a doutrina, é o instrumento da demanda. É sabido que o processo civil começa por iniciativa das partes (art. 2º do CPC), o que se dará com a propositura da ação por intermédio da petição inicial. Portanto, a petição inicial é o ato processual por meio do qual se exerce o direito de ação, implantando-se a atividade jurisdicional.

Desta forma, é justamente na petição inicial que o autor apresenta todas as suas argumentações, ou seja, todos os elementos necessários para a análise da ação, delimitando todos os elementos identificadores da demanda, sobre os quais delimitará o julgamento do magistrado, possibilitando o exercício do contraditório e os efeitos inerentes à coisa julgada, sendo ato solene por natureza, devendo ser obedecidos e observados os requisitos previstos nos arts. 319 e 320 do CPC.

3.1.2. Como identificar a peça

Como regra, sempre que o examinador exigir dos candidatos a estruturação e realização de uma petição inicial como peça prática na 2ª fase do exame de ordem narrará um caso prático, descrevendo toda a situação hipotética com sua intercorrências e peculiaridades, no entanto, **sem a identificação de que houve a propositura de uma ação judicial anterior**. Ou seja, o candidato, na condição de advogado de uma das partes descritas pelo caso concreto apresentado pelo examinador, deverá apresentar a medida judicial cabível, que, neste caso específico, será uma petição inicial, tendo em vista que em nenhum momento durante a exposição do enunciado foi noticiada a propositura de uma ação.

Resumindo: sempre que estivermos diante de uma petição inicial, o examinador não indicará a existência de procedimento judicial anterior, bem como de nenhuma ação judicial tramitando, cabendo ao candidato a propositura da peça prática que dará início ao litígio.

3.1.3. Requisitos essenciais, fundamentos legais e estrutura da petição inicial

Antes mesmo de se dedicar detidamente à peça, relevante observar, a partir da questão, o tipo de ação que se está possivelmente a cobrar na prova. Um primeiro passo, certamente, acaba sendo desvendar que tipo de questão de direito material (por exemplo: obrigações, contratos, sucessões etc.) envolve o problema proposto, para, então, detalhar dentro disso qual a questão envolvida (em contratos, o contrato de seguro; ou em sucessões, a partilha de bens entre o cônjuge sobrevivente e o descendente, por exemplo), seguidamente podendo, enfim, descobrir a peça processual apta a preencher essa finalidade (ex.: em contrato de compra e venda, uma ação exigindo o pagamento do valor acordado ou a entrega da coisa comprada).

Por certo, as ações, no âmbito do processo de conhecimento, podem ser:

i) **ações declaratórias:** é o provimento judicial destinado ao reconhecimento da existência ou inexistência da relação jurídica;

ii) **ações constitutivas:** é o provimento em que se busca a constituição de uma relação jurídica, ou seja, é a pretensão de extinção, modificação ou criação de estado jurídico;

iii) **ações condenatórias:** é o provimento judicial em que se busca a condenação de uma das partes ao pagamento de quantia ou a fazer ou deixar de fazer algo, ou seja, é a pretensão de exigir a uma das partes o cumprimento de uma obrigação, tendente à formação de um título executivo.

Ressalta-se que, além dessas, classificam-se as ações também em: (iv) mandamentais; e (v) executivas *lato sensu*. Da mesma forma que as sentenças também poderão, em resposta às demandas, ser: (i) declaratórias; (ii) mandamentais; (iii) constitutivas; (iv) condenatórias; e (v) executivas *lato sensu*. Tudo isso dependendo da questão presentada e o tipo de provimento pretendido pela parte, que o caso concreto indica.

Deve-se recordar que, segundo art. 319 do CPC, a petição inicial indicará:

I – o juízo a que é dirigida (Endereçamento);

Neste caso, deve-se consultar no problema quem são os evolvidos ou até mesmo o objeto da demanda e, com essa informação, conferir as **regras de competência**, prestando atenção se não é o caso de eleição de foro.

Desta forma, por se tratar de petição inicial, por certo não há a indicação no caso prático apresentado de algum juízo responsável pelo julgamento da causa, devendo o candidato endereçar a peça de forma genérica: *"Excelentíssimo Senhor Doutor Juiz de Direito da... Vara Cível da Comarca de... Estado de..."* (exceto se tratar de ação eventualmente a juízo prevento, caso em que o candidato deverá observar se o enunciado apresenta o juízo anterior, já responsável pelo julgamento da causa: *"Excelentíssimo Senhor Doutor Juiz de Direito da 3ª Vara Cível da Comarca de Santos"*). Atente-se pela impossibilidade de inventar, criar ou adicionar dado inexistente no enunciado, sob pena de ter a sua prova zerada e desconsiderada pelo examinador, como no caso de Estado da Federação. **Se o enunciado indicar somente a cidade, não coloque o Estado por dedução, faça sempre conforme determina o enunciado proposto pelo examinador (isso vale para toda e qualquer peça prática).**

Observar, ainda, que a petição inicial poderá ser endereçada conforme a divisão territorial do Poder Judiciário, além da possibilidade de corresponder à eventual hipótese de competência originária dos Tribunais, sendo imprescindível, desta forma, que o candidato utilize das nomenclaturas adequadas para cada tipo de endereçamento:

Justiça Federal	Seção Judiciária ou Subseção Judiciária
Justiça Estadual	Comarcas, Foros Distritais ou Foros Regionais (caso da Capital de São Paulo)
Tribunais Superiores	Tribunais de Justiça; Tribunais Regionais Federais; Superior Tribunal de Justiça; e Supremo Tribunal Federal

Ainda, importante observar a terminologia correta com relação ao juiz (magistrado) responsável pelo julgamento da demanda:

Juiz Estadual de 1º grau	Juiz de Direito
Juiz Estadual de 2ª grau	Desembargador
Juiz Federal de 1º grau	Juiz Federal
Juiz Federal de 2º grau	Desembargador Federal
Tribunais Superiores e Supremo Tribunal Federal	Ministro

Desta forma, propomos algumas possibilidades e modelos de endereçamento:

1. Endereçamento para Justiça Estadual:

"EXCELENTÍSSIMO SENHOR DOUTOR JUIZ DE DIREITO DA... VARA CÍVEL DA COMARCA DE... ESTADO DE..."

1.1. Endereçamento para o Juizado Especial (JEC, Lei n. 9.099/95):

"EXCELENTÍSSIMO SENHOR DOUTOR JUIZ DE DIREITO DO JUIZADO ESPECIAL CÍVEL DA COMARCA DE... ESTADO DE..."

1.2. Endereçamento para Foros Regionais ou Distritais:

"EXCELENTÍSSIMO SENHOR DOUTOR JUIZ DE DIREITO DA... VARA CÍVEL DO FORO REGIONAL DE... DA COMARCA DE... ESTADO DE..."

"EXCELENTÍSSIMO SENHOR DOUTOR JUIZ DE DIREITO DA... VARA CÍVEL DO FORO DISTRITAL DE... DA COMARCA DE... ESTADO DE..."

2. Endereçamento para a Justiça Federal:

"EXCELENTÍSSIMO SENHOR DOUTOR JUIZ FEDERAL DA... VARA CÍVEL DA SUBSEÇÃO JUDICIÁRIA DE..."

3. Endereçamento para os Tribunais de Justiça:

"EXCELENTÍSSIMO SENHOR DOUTOR DESEMBARGADOR PRESIDENTE (OU VICE-PRESIDENTE) DO EGRÉGIO TRIBUNAL DE JUSTIÇA DO ESTADO DE..."

4. Endereçamento para o Tribunal Regional Federal:

"EXCELENTÍSSIMO SENHOR DOUTOR DESEMBARGADOR FEDERAL PRESIDENTE DO EGRÉGIO TRIBUNAL REGIONAL FEDERAL DA... REGIÃO"

5. Endereçamento para o Superior Tribunal de Justiça:

"EXCELENTÍSSIMO SENHOR DOUTOR MINISTRO PRESIDENTE DO COLENDO SUPERIOR TRIBUNAL DE JUSTIÇA"

6. Endereçamento para o Supremo Tribunal Federal:

"EXCELENTÍSSIMO SENHOR DOUTOR MINISTRO PRESIDENTE DO COLENDO SUPREMO TRIBUNAL FEDERAL"

II – os nomes, os prenomes, o estado civil, a existência de união estável, a profissão, o número de inscrição no Cadastro de Pessoas Físicas ou no Cadastro Nacional da Pessoa Jurídica, o endereço eletrônico, o domicílio e a residência do autor e do réu;

Trata-se do **preâmbulo** da petição inicial, momento em que o candidato realizará a qualificação das partes, sendo importante ter presente que quanto mais correta e completa for a identificação das partes, tanto quanto melhor, pois sobre elas recairá, em regra, a coisa julgada. Deve-se qualificar as partes de forma detida e sempre conforme a questão dada, **não inventando nada que possa tornar a peça identificável, conforme anteriormente ressaltado.**

Assim, podemos sistematizar da seguinte forma:

EXCELENTÍSSIMO SENHOR DOUTOR JUIZ DE DIREITO DA... VARA CÍVEL DA COMARCA DE... ESTADO DE...

NOME DO AUTOR, "nacionalidade...", "estado civil...", "profissão..." (se pessoa jurídica indicar se de direito privado, público interno ou público externo), portador do "RG n. ...", inscrito no "CPF/CNPJ sob o n. ...", "domiciliado na rua..." (se for pessoa jurídica "com sede na rua..."), "número...", "bairro...", "Município...", "Estado de...", "CEP..", vem, respeitosamente, por intermédio de seu advogado infra-assinado, perante Vossa Excelência, ajuizar a presente AÇÃO DE CONHECIMENTO, com fulcro nos arts. 319 e 320 do CPC, em face de NOME DO RÉU, "nacionalidade...", "estado civil...", "profissão..." (se pessoa jurídica indicar se de direito privado, público interno ou público externo), portador do "RG n. ...", inscrito no "CPF/CNPJ sob o n. ...", "domiciliado na rua..." (se for pessoa jurídica "com sede na rua..."), "número...", "bairro...", "Município...", "Estado de...", "CEP..", pelos fundamentos de fato e de direito a seguir expostos.

Claro que, caso não disponha das informações previstas no inciso II, poderá o autor, na petição inicial, requisitar ao juiz diligências necessárias à sua obtenção. A petição inicial não será indeferida se, a despeito da falta de informações a que se refere o inciso II, for possível a citação do réu, mas isso deve estar colocado desta forma na questão, devendo-se manter a peça sempre vinculada ao enunciado da questão.

III – o fato e os fundamentos jurídicos do pedido;

A partir deste tópico, após a realização do preâmbulo, o candidato iniciará a narração dos fatos apresentados pelo próprio examinador no enunciado da peça profissional ("Dos Fatos"), seguindo sempre as diretrizes e as hipóteses consideradas, literalmente, transcrevendo tudo o que foi proposto.

No entanto, deve-se também realizar as especificações dos fundamentos jurídicos ("Do Direito"), em que o candidato fará todas as conexões dos fatos apresentados com os dispositivos legais correlacionados e as eventuais súmulas aplicáveis à espécie (se houver menção à existência de precedente, importante mencionar e destacar a adesão ou ainda, se quiser afastar um precedente, fazer a distinção – *distinguishing*), fazendo a exata correlação com a matéria proposta, ressaltando que a mera indicação do dispositivo da lei não pontua, sendo necessário que o candidato explique a ligação e a justificação jurídica para o caso concreto apresentado pelo examinador, demonstrando a capacidade de articulação e raciocínio lógico.

EXCELENTÍSSIMO SENHOR DOUTOR JUIZ DE DIREITO DA... VARA CÍVEL DA COMARCA DE... ESTADO DE...

NOME DO AUTOR, "nacionalidade...", "estado civil...", "profissão..." (se pessoa jurídica indicar se de direito privado, público interno ou público externo), portador do "RG n. ...", inscrito no "CPF/CNPJ sob o n. ...", "endereço eletrônico...", "domiciliado na rua..." (se for pessoa jurídica "com sede na rua..."), "número...", "bairro...", "Município...", "Estado de...", "CEP...", vem, respeitosamente, por intermédio de seu advogado infra-assinado, perante Vossa Excelência, ajuizar a presente AÇÃO DE CONHECIMENTO, com fulcro nos arts. 319 e 320 do CPC, em face de NOME DO RÉU, "nacionalidade...", "estado civil...", "profissão...", portador do "RG n. ...", inscrito no "CPF/CNPJ sob o n. ...", "endereço eletrônico...", "domiciliado na rua..." (se for pessoa jurídica "com sede na rua..."), "número...", "bairro...", "Município...", "Estado de...", "CEP...", pelos fundamentos de fato e de direito a seguir expostos:

I – DOS FATOS
"Fazer uma apertada síntese dos fatos, conforme narrado pelo enunciado da questão, evidenciando a existência de um litígio a respeito de um bem, ou seja, indicando a coisa litigiosa."

II – DO DIREITO
"Fazer as ligações dos fatos apresentados com os dispositivos legais correlacionados e as eventuais súmulas aplicáveis à espécie (se houver menção à existência de precedente, importante mencionar e destacar a adesão, ou ainda, se quiser afastar um precedente, fazer a distinção – 'distinguishing'), com a justificação jurídica para o caso concreto apresentado pelo examinador, demonstrando a capacidade de articulação e raciocínio lógico."

IV – o pedido com as suas especificações;

Nesse momento da peça, dos pedidos, vale recordar que tipo de demanda está sendo proposta e exigida (**pedido imediato**), pois se (i) **declaratória**, certamente deverá haver pedido declaratório (ex.: declaratória de inexistência de débito); de outro lado, se (ii) **mandamental**, o pedido mandamental deve estar presente (ex.: uma ordem para, in limine, conceder medicamentos, ou fazer uma prova de concurso); assim como pode ser (iii) **constitutivo** (reconhecimento de união estável, rescisão ou reconhecimento de relação contratual); (iv) **condenatório** (de pagar quantia, fazer ou não fazer); (v) **executivo** *lato sensu*, cada um a seu modo.

Ainda, indicar o pedido mediato, consistente naquilo efetivamente pretendido pela parte por ocasião da petição inicial, como o valor específico da condenação, ou a entrega da coisa específica, do contrato de prestação de serviços, ou seja, os efeitos práticos pretendidos.

Diante do exposto, requer a Vossa Excelência a procedência do pedido, com a DECLARAÇÃO (**pedido imediato**) de inexistência do débito no valor de R$ 1.000,00 (**pedido mediato**) e a CONDENAÇÃO (**pedido imediato**) do réu à devolução de R$ 500,00 **indevidamente exigidos** (**pedido mediato**) (..).

A regra, conforme os arts. 322 e 324 do CPC, é a de que os pedidos deverão ser **certos e determinados**, ou seja, certo com relação ao pedido imediato e determinado com relação ao pedido mediato. No entanto, a própria legislação processual civil possibilita a existência dos chamados **pedidos implícitos** e os **pedidos genéricos** como exceções, assim entendidos:

a) **pedidos implícitos:** são considerados exceções uma vez que, muito embora não estejam presentes na petição inicial, o magistrado deverá obrigatoriamente manifestar-se na sentença, pois se presumem incluídos na peça, ainda que não expressamente, são os casos:

– honorários advocatícios e a condenação ao reembolso as custas processuais adiantas pela parte vencedora (art. 322, § 1º, do CPC);

– a incidência de juros de mora e atualização monetária na condenação (art. 322, § 1º, do CPC);

– no caso da ação que tiver por objeto cumprimento de obrigação em prestações sucessivas, aquelas que se vencerem no curso da demanda (art. 323 do CPC);

– a cominação de multa diária, busca e apreensão, remoção de pessoas etc. (*astreintes*) nos casos de obrigação de fazer, não fazer e entrega de coisa (arts. 497 e 536, § 1º, do CPC).

b) **pedidos genéricos:** poderá o autor formular pedido genérico (i) nas ações universais, se o autor não puder individuar os bens demandados; (ii) quando não for possível determinar, desde logo, as consequências do ato ou do fato; (iii) quando a determinação do objeto ou do valor da condenação depender de ato que deva ser praticado pelo réu. Nestes casos, os eventuais valores da condenação, bem como os efeitos e a extensão dos pedidos (pedido mediato) serão analisados e avaliados em liquidação da sentença.

PRÁTICA CIVIL

V – o valor da causa;

Observar a questão com relação ao que foi exigido dar o valor à causa, evitando criações que possam tornar a peça identificável.

Atentar-se que, nos termos do CPC, a toda causa será atribuído valor certo, ainda que não tenha conteúdo econômico imediatamente aferível, ou seja, o valor da causa corresponderá à vantagem econômica pretendida ou perseguida pelo autor, ainda que não tenha, de imediato e direto, conteúdo econômico.

Assim, observar:

Matéria	Valor da causa
Na ação de cobrança de dívida.	Corresponderá à soma monetariamente corrigida do principal, dos juros de mora vencidos e de outras penalidades, se houver, até a data de propositura da ação.
Na ação que tiver por objeto a existência, a validade, o cumprimento, a modificação, a resolução, a resilição ou a rescisão de ato jurídico.	Corresponderá ao valor do ato ou o de sua parte controvertida.
Na ação de alimentos.	Corresponderá à soma de 12 prestações mensais pedidas pelo autor.
Na ação de divisão, de demarcação e de reivindicação.	Corresponderá ao valor de avaliação da área ou do bem objeto do pedido.
Na ação indenizatória, inclusive a fundada em dano moral.	Corresponderá ao valor pretendido.
Na ação em que há cumulação de pedidos.	Corresponderá à quantia correspondente à soma dos valores de todos eles.
Na ação em que os pedidos são alternativos.	Corresponderá ao de maior valor.
Na ação em que houver pedido subsidiário.	Corresponderá ao valor do pedido principal.
Quando se pedirem prestações vencidas e vincendas.	Considerar-se-á o valor de umas e outras. O valor das prestações vincendas será igual a uma prestação anual, se a obrigação for por tempo indeterminado ou por tempo superior a um ano, e, se por tempo inferior, será igual à soma das prestações.
Na ação de Locação.	Corresponderá a 12 meses de aluguel, ou, na hipótese de imóvel cuja locação era forma de remuneração, o valor será de três salários vigentes por ocasião do ajuizamento.

VI – as provas com que o autor pretende demonstrar a verdade dos fatos alegados;

Definir a estrutura probatória, "desenhando" para o julgador (no caso o examinador) quais as provas a serem produzidas, sempre considerando, por evidente, a questão dada. Caso queira, por exemplo, uma prova útil para o reconhecimento de uma união estável, pode-se requisitar a prova documental (cartas amorosas trocadas, cartão de crédito etc.) ou até testemunhal (pessoas que possa atestar a relação amorosa existente), sempre observando a estrutura da questão dada.

Observar se o enunciado apresentou qualquer hipótese ou possibilidade de inversão do ônus da prova, seja aquela que se opera *ope iudicis*, ou seja, o próprio magistrado analisará se é necessário inverter o ônus probatório, como no caso de ações que versem sobre matéria consumerista – art. 6º, VIII, do CDC; *ope legis*, quando a própria lei assim determina, como no caso dos arts. 12 e 14 do CDC, cuja inversão não é discricionária do julgador, mas sim imposição da lei; por fim, a redistribuição dinâmica do ônus da prova prevista pelo art. 373, § 1º, do CPC, relacionado somente aos casos previstos em lei ou diante de peculiaridades da causa relacionadas à impossibilidade ou à excessiva dificuldade de cumprir o encargo nos termos do *caput* ou à maior facilidade de obtenção da prova do fato contrário.

Há, ainda, os chamados requerimentos facultativos, que dependerão sempre do enunciado proposto pelo examinador, relacionado à:

- concessão dos benefícios da justiça gratuita, arts. 98 e 99 do CPC e Lei n. 1.060/50;
- concessão da prioridade de tramitação do processo aos maiores de 60 anos, art. 71 da Lei n. 10.741/2003 – Estatuto do Idoso e art. 1.048, I, do CPC;
- concessão da prioridade de tramitação do processo em razão de doença grave, art. 1.048, I, do CPC;
- concessão de preferência no processamento das causas reguladas pelo Estatuto da Criança e Adolescente, art. 1.048, II, do CPC;
- concessão da prioridade de tramitação do processo em razão de indício de ato de alienação parental, art. 4º, *caput*, da Lei n. 12.318/2010.

VII – *a opção do autor pela realização ou não de audiência de conciliação ou de mediação*.

Importante destacar que, **caso a questão indique que o autor quer participar da audiência**, esta informação deve ser colocada em evidência na petição, evitando-se o risco de eventual emenda para esta finalidade. Caso o autor não queira participar da referida audiência, afirmar isso na peça de modo a cumprir exatamente com os requisitos obrigatórios da peça portal. É importante ressaltar que as informações sempre deverão constar do enunciado proposto, caso contrário poderá caracterizar em identificação da peça. Isso pode ser feito em um tópico da peça ou até no pedido (sempre justificando as razões). Vale relembrar da proibição de identificação da peça, portanto, não invente dados inexistentes no enunciado e somente coloque a opção se o examinador indicar a necessidade de realização da audiência ou a hipótese de sua realização.

"Por fim, informa o autor seu interesse (**ou desinteresse, dependendo do caso**) na autocomposição, para a realização (ou não realização) da audiência de conciliação ou de mediação, nos termos do art. 334 do CPC."

Além dos requisitos essenciais trazidos no art. 319 do CPC, há também a determinação trazida no art. 106, I, segundo o qual, **quando postular em causa própria**, incumbe ao advogado declarar, na petição inicial ou na contestação, o endereço, seu número de inscrição na Ordem dos Advogados do Brasil e o nome da sociedade de advogados da qual participa, para o recebimento de intimações. Em caso de inobservância desse requisito, o juiz ordenará que se supra a omissão, no prazo de cinco dias, antes de determinar a citação do réu, sob pena de indeferimento da petição.

Ainda assim, a petição inicial não será indeferida pelo não atendimento ao disposto no inciso II do art. 319 se a obtenção de tais informações tornar impossível ou excessivamente oneroso o acesso à justiça.

Não esqueça que, segundo o art. 320 do CPC, a petição inicial será instruída com os **documentos indispensáveis à propositura da ação**. Claro que no exame o examinando não terá os documentos, mas caso o enunciado proposto para a peça prática faça referência, deverá ele informar os documentos que, segundo a questão, estão acompanhando a petição inicial.

Somente se o juiz verificar que a petição inicial não preenche os requisitos dos arts. 319 e 320 do CPC ou que apresenta defeitos e irregularidades capazes de dificultar o julgamento de mérito é que determinará (art. 321 do CPC) que o autor, no prazo de 15 dias, a emende ou a complete, indicando com precisão o que deve ser corrigido ou completado. Caso o autor não cumpra a diligência, o juiz indeferirá a petição inicial, devendo, neste ponto, o examinando ter muita cautela para que sua petição inicial não esteja em caso de indeferimento, o que certamente trará, ao examinando, consequências indesejáveis.

3.1.4. Estrutura resumida da peça

1. Endereçamento: atentar sempre para o enunciado proposto pelo examinador, se Vara Única, se Vara Distrital, Regional ou Específica (Família e Sucessões, Criança e Adolescente etc.), ou se já há identificação exata da cidade/comarca "Vara Cível da Comarca da Capital de São Paulo". Ainda, observar se vara cível da Justiça Federal ou Estadual, bem como se de competência originária dos Tribunais. Assim: "EXCELENTÍSSIMO SENHOR DOUTOR JUIZ DE DIREITO DA ... VARA CÍVEL DA COMARCA DE ... ESTADO DE...".

2. Identificação das partes: NOME DO AUTOR, "nacionalidade...", "estado civil...", "profissão..." (se pessoa jurídica indicar se de direito privado, público interno ou público externo), portador do "RG n. ...", inscrito no "CPF/CNPJ sob o n. ...", "endereço eletrônico...", "domiciliado na rua..." (se for pessoa jurídica "com sede na rua..."), "número...", "bairro...", "Município...", "Estado de...", "CEP...".

NOME DO RÉU, "nacionalidade...", "estado civil...", "profissão..." (se pessoa jurídica indicar se de direito privado, público interno ou público externo), portador do "RG n. ...", inscrito no "CPF/CNPJ sob o n. ...", "endereço eletrônico...", "domiciliado na rua..." (se for pessoa jurídica "com sede na rua..."), "número...", "bairro...", "Município...", "Estado de...", "CEP...".

3. Nome da ação e sua fundamentação legal: vem, respeitosamente, por intermédio de seu advogado infra-assinado, perante Vossa Excelência, propor (ou ajuizar) a presente NOME DA AÇÃO, com fulcro nos "arts. 319 e 320 do CPC" (...). Observar se é caso de cumulação de pedidos, ou se é hipótese de requerer a concessão de tutela antecipada. Exemplo: AÇÃO DE CONHECIMENTO PELO PROCEDIMENTO COMUM, cumulado com o pedido de TUTELA PROVISÓRIA DE URGÊNCIA ANTECIPADA.

4. Fatos: transcrição integral do texto apresentado pelo examinador no enunciado da peça prática, ressaltando a impossibilidade de criar dados inexistentes, para não identificar a peça profissional e ter a prova zerada pelo examinador.

5. Fundamentação: faça a correta ligação entre os fatos e os dispositivos legais aplicáveis, como artigos de lei, súmulas, precedentes, desenvolvendo raciocínio lógico e coerência jurídica, ressaltando que a mera indicação do artigo ou da lei não é suficiente para a pontuação, sendo necessário demonstrar a correta coligação entre fato e direito. Não esquecer que caso o examinador indique a existência de precedente fazer a adesão, se for o caso, ou a distinção.

6. Pedidos e requerimentos: diante de todo o exposto, requer-se a Vossa Excelência: a) eventual pedido de tutela provisória, se for o caso; b) nos termos do art. 334, *caput* ou § 5º, do Código de Processo Civil, o autor deve se manifestar sobre o interesse (ou o desinteresse, dependendo do caso) em autocomposição para a realização da audiência de conciliação ou de mediação; c) seja o réu citado para comparecer em audiência de conciliação ou de mediação ou, querendo, apresentar resposta no prazo legal em uma das modalidades permitidas na lei processual; d) seja julgado procedente o pedido no sentido de... (é o pedido de mérito e não se esqueça da possibilidade de cumulação de pedidos); e) seja o réu condenado em custas e honorários advocatícios em percentuais arbitrados nos termos do art. 85, § 2º, do Código de Processo Civil; f) sejam deferidos todos os meios de prova admitidos em direito para comprovação dos fatos que se apresentarem controvertidos após apresentação da contestação pelo réu; g) juntada das guias judiciais devidamente quitadas; ou (se for o caso), a concessão dos benefícios da justiça gratuita, nos termos do art. 5º, LXXIV, da Constituição Federal e da Lei n. 1.060/50, por ser o autor pobre no sentido legal, não podendo arcar com o pagamento das custas sem prejuízo do próprio sustento; h) todas as intimações sejam realizadas em nome, endereço eletrônico e profissional do advogado do autor.

7. Valor da causa: dá-se à causa o valor de R$...

8. Fechamento da peça: Nestes Termos, Pede Deferimento. "Local..." e "Data...", "OAB n. ...", "Assinatura...".

3.1.5. Modelo de petição inicial

EXCELENTÍSSIMO SENHOR DOUTOR JUIZ DE DIREITO DA... VARA... DA COMARCA... ESTADO DE...

NOME DO AUTOR, "nacionalidade...", "estado civil...", "profissão..." (se pessoa jurídica indicar se de direito privado, público interno ou público externo), portador do "RG n. ...", inscrito no "CPF/CNPJ sob o n. ...", "endereço eletrônico...", "domiciliado na rua..." (se for pessoa jurídica "com sede na rua..."), "número...", "bairro...", "Município...", "Estado de...", "CEP...", vem, respeitosamente, por intermédio de seu advogado infra-assinado, perante Vossa Excelência, ajuizar a presente NOME DA AÇÃO, com fulcro no "art. ...", em face de NOME DO RÉU, "nacionalidade...", "estado civil...", "profissão..." (se pessoa jurídica indicar se de direito privado, público interno ou público externo), portador do "RG n. ...", inscrito no "CPF/CNPJ sob o n. ...", "endereço eletrônico...", "domiciliado na rua..." (se for pessoa jurídica "com sede na rua..."), "número...", "bairro...", "Município...", "Estado de...", "CEP...", pelos fundamentos de fato e de direito a seguir expostos;

I – DOS FATOS
"Resumo dos fatos fornecidos pelo enunciado da questão."

II – DOS FUNDAMENTOS DE DIREITO
"Lições jurídicas sobre o tema da peça processual.
Observar se há precedente.
Caso o precedente seja favorável, fazer a adesão. Caso desfavorável, fazer a distinção – 'distinguishing'."

III – DOS PEDIDOS
Diante de todo o exposto, requer-se a Vossa Excelência;

a) "eventual pedido de tutela provisória, se for o caso";
b) nos termos do art. 334, caput ou § 5º, do Código de Processo Civil, vem o autor manifestar o seu interesse (ou desinteresse) na autocomposição para a realização da audiência de conciliação ou de mediação;
c) seja o réu citado para comparecer em audiência de conciliação ou de mediação ou, querendo, apresentar resposta no prazo legal em uma das modalidades permitidas na lei processual;
d) seja julgado procedente o pedido no sentido de... (é o pedido de mérito e não se esqueça da possibilidade de cumulação de pedidos);
e) seja o réu condenado em custas e honorários advocatícios em percentuais arbitrados nos termos do art. 85, § 2º, do Código de Processo Civil;
f) sejam deferidos todos os meios de prova admitidos em direito para comprovação dos fatos que se apresentarem controvertidos após apresentação da contestação pelo réu;
g) juntada das guias judiciais devidamente quitadas; ou (se for o caso), a concessão dos benefícios da justiça gratuita, nos termos do art. 5º, LXXIV, da Constituição Federal e da Lei n. 1.060/50, por ser o autor pobre no sentido legal, não podendo arcar com o pagamento das custas sem prejuízo do próprio sustento;
h) todas as intimações sejam realizadas em nome, endereço eletrônico e profissional do advogado do autor.
O endereço do advogado do autor, onde deverá receber as intimações, é "Endereço...".
Dá-se à causa o valor de R$...

Nestes termos,
Pede deferimento.
"Local..." e "Data..."
OAB n. ..., "Assinatura..."

3.2. Emenda à petição inicial

3.2.1. Apresentação

Conforme estipulado pelo Código de Processo Civil, verificando o juiz que a petição inicial não preenche os requisitos dos arts. 319 e 320 ou que apresenta defeitos e irregularidades capazes de dificultar o julgamento de mérito, determinará que o autor, no prazo de 15 dias, a emende ou a complete, indicando com precisão o que deve ser corrigido ou completado. Em sendo atendido, o juiz determinará a citação do réu, senão, indeferirá a petição inicial (art. 321, parágrafo único, do CPC).

Importante o candidato analisar a diferença existente entre emenda da petição inicial e aditamento, ressaltando que **aditar é acrescentar ou alterar** o pedido e está expressamente previsto no Código, enquanto **emendar é justamente corrigir defeitos**, irregularidade e complementar aquilo que eventualmente estiver faltando na petição inicial, antes de seu indeferimento.

Assim, quanto ao aditamento do pedido, segundo o art. 329 do CPC, o autor poderá:

i) até a citação, aditar ou alterar o pedido ou a causa de pedir, independentemente de consentimento do réu;

ii) até o saneamento do processo, aditar ou alterar o pedido e a causa de pedir, com consentimento do réu, assegurado o contraditório mediante a possibilidade de manifestação deste no prazo mínimo de 15 dias, facultado o requerimento de prova suplementar.

3.2.2. Como identificar a peça

Quanto à emenda à petição inicial, o candidato deverá ficar atento se há a indicação no enunciado a respeito de a petição inicial preencher ou não os requisitos contidos nos arts. 319 e 320 do CPC ou se houve a demonstração de que apresenta defeitos e irregularidades capazes de dificultar o julgamento de mérito.

Nesse sentido, no prazo de 15 dias, o autor deverá apresentar a petição de emenda à inicial, indicando com precisão o que deve ser corrigido ou completado.

3.2.3. Requisitos essenciais, fundamentos legais e estrutura da emenda à petição inicial

Para trabalhar a estruturação da emenda à petição inicial na prova prático-profissional do Exame de Ordem, alguns passos precisam ser tomados para que a referida peça possa ser bem valorada pelos examinadores.

A peça deverá conter a **qualificação das partes** (conforme consta da inicial), **a indicação da ação principal** e da **peça que está sendo interposta**, com seus **fundamentos legais** ("apresentar EMENDA à petição inicial, com fulcro no art. 321 do Código de Processo Civil").

Atentar para o pedido de recebimento e processamento da petição inicial, com a citação do réu, após serem sanados os eventuais vícios da petição inicial.

3.2.4. Estrutura resumida da peça

1. Endereçamento: atentar sempre para o enunciado proposto pelo examinador, pois por se tratar de emenda à petição inicial, já haverá a indicação de um juízo específico. Assim, por exemplo, se o enunciado identificar que a ação foi proposta perante o juízo da 3ª Vara Cível de São Paulo (certamente, colocar a Vara que o enunciado apresentar), colocar: "EXCELENTÍSSIMO SENHOR DOUTOR JUIZ DE DIREITO DA 3ª VARA CÍVEL DA COMARCA DE SÃO PAULO...".

2. Número do processo: importante verificar que, por se tratar de emenda à petição inicial, já existe uma petição inicial protocolada e distribuída, recebendo o devido número de distribuição. Assim, identificar o processo logo em seguida ao endereçamento, "Processo n. ...".

3. Identificação das partes: NOME DO AUTOR, já qualificado nos autos da (NOME DA AÇÃO) (...).

NOME DO RÉU, já devidamente qualificado (...).

4. Nome da ação e sua fundamentação legal: "vem, respeitosamente, por intermédio de seu advogado infra-assinado, perante Vossa Excelência, apresentar EMENDA à petição inicial, com fulcro no art. 321 do Código de Processo Civil (...)".

5. Fatos: transcrição integral do texto apresentado pelo examinador no enunciado da peça prática, em especial da necessidade de correção da petição inicial, ressaltando a impossibilidade de criar dados inexistentes, para não identificar a peça profissional e ter a prova zerada pelo examinador.

6. Fundamentação: "Considerando que este juízo determinou que se realizasse a emenda da petição inicial, nos termos do art. 321 do CPC, indicando exatamente os dados que faltavam, para (CORRIGIR O DEFEITO OU A IRREGULARIDADE) Ex.: correta qualificação do réu, nos termos do art. 319, II, do CPC, informa o autor que o (NOME DO RÉU) exerce a (NOME DA PROFISSÃO), inscrito no Cadastro de Pessoas Físicas (NÚMERO), com endereço eletrônico (DADOS) e o domicílio (DADOS), sendo recebida a presente emenda, para o regular processamento da petição inicial e prosseguimento do feito".

7. Fechamento da peça: Nestes Termos, Pede Deferimento. "Local..." e "Data..." OAB n. ..., "Assinatura...".

3.2.5. Modelo de emenda da petição inicial

EXCELENTÍSSIMO SENHOR DOUTOR JUIZ DE DIREITO DA 3ª VARA CÍVEL DA COMARCA DE SÃO PAULO

"Processo n. ..."

NOME DO AUTOR, qualificado na inicial, na ação (NOME DA AÇÃO) que propôs em face de NOME DO RÉU, também devidamente qualificado na inicial, nos termos do art. 321 do CPC, requerer a emenda da petição inicial nos seguintes termos:

Considerando que este juízo determinou que se realizasse a emenda da petição inicial, nos termos do art. 321 do CPC, indicando exatamente os dados que faltavam, para (CORRIGIR O DEFEITO OU A IRREGULARIDADE) Ex.: correta qualificação do réu, nos termos do art. 319, II, do CPC, informa o autor que o (NOME DO RÉU) exerce a profissão..., inscrito no Cadastro de Pessoas Físicas de n. ..., com endereço eletrônico... e o domicílio..., sendo recebida a presente emenda, para o regular processamento da petição inicial e prosseguimento do feito.

Nestes termos,
Pede deferimento.
"Local..." e "Data..."
OAB n. ..., "Assinatura..."

4. CONTESTAÇÃO

4.1. Apresentação

A contestação é a resposta mais utilizada pelo réu, por meio da qual se alegará toda matéria de defesa (princípio da concentração das defesas), com a exposição das razões de fato e de direito, a impugnação da pretensão do autor e a especificação das provas que pretende produzir (art. 336 do CPC). A não apresentação da contestação acarreta a revelia (art. 344 do CPC).

Na contestação, aplica-se o *ônus da impugnação específica*, preconizado no art. 341 do CPC. De acordo com essa regra, o réu deve se manifestar impugnado especificamente cada ponto da inicial, sob pena de serem presumidos verdadeiros os fatos não impugnados. Esse ônus não se aplica ao defensor público, advogado dativo e ao curador especial.

Há também a aplicação do *princípio da eventualidade*, ou seja, o réu deve trazer todas as teses de sua defesa de forma sucessiva, mesmo que contraditórias, para que, em rejeitando uma, o juiz possa analisar as seguintes. Em outras palavras, segundo o art. 336 do CPC, incumbe ao réu alegar, na contestação, toda a matéria de defesa, expondo as razões de fato e de direito com que impugna o pedido do autor.

Com relação à *estrutura de prazo e sua contagem*, importante conferir o art. 335 do CPC, pois o réu poderá oferecer contestação, por petição, no prazo de 15 dias, cujo termo inicial será a data:

I – da **audiência de conciliação ou de mediação**, ou da **última sessão de conciliação**, quando qualquer parte não comparecer ou, comparecendo, não houver autocomposição;

II – do **protocolo do pedido de cancelamento da audiência de conciliação ou de mediação** *apresentado pelo réu*, quando ocorrer a hipótese do art. 334, § 4º, inciso I, ou seja, caso a audiência não será realizada se ambas as partes manifestarem, expressamente, desinteresse na composição consensual;

III – **prevista no art. 231**, de acordo com o modo como foi feita a citação, nos demais casos.

4.2. Como identificar a peça

Para a correta identificação da peça profissional da contestação, o enunciado apresentará a questão técnica a ser trabalhada, indicando a existência de uma ação em andamento e que houve a propositura da ação (mediante petição inicial), sendo o candidato contratado pela parte para ser seu advogado, apresentando a peça prática adequada.

Dica: em se tratando de contestação, o examinador indicará a existência somente de uma petição inicial, bem como de todo caso prático. Fiquem atentos para eventual alegação de preliminares, como incompetência, nulidade de citação, inépcia da petição inicial, dentre outros que em seguida serão trabalhados.

4.3. Requisitos essenciais, fundamentos legais e estrutura da contestação

Para trabalhar a estruturação da contestação na prova prático-profissional do Exame de Ordem, alguns passos precisam ser tomados para que a referida peça possa ser bem valorada pelos examinadores.

Vejamos, meus caros amigos examinandos, aquilo que precisamos saber.

Como bem se sabe, a contestação é o meio de defesa por excelência, colocado à disposição do réu para o exercício do seu direito à ampla defesa, conforme previsto no art. 5º, LV, da CF.

Inicialmente, ao identificar a peça profissional exigida pelo Exame, o examinando deve observar o juízo em que a petição fora proposta, ou seja, a Vara específica e responsável por todo o trâmite do processo.

Exemplo: se a petição inicial foi distribuída perante o Juízo da 5ª Vara Cível da Comarca de Belo Horizonte (somente indique o Estado da Federação se o enunciado assim indicar).[1] Endereçamento da contestação:

"EXCELENTÍSSIMO SENHOR DOUTOR JUIZ DE DIREITO DA 5ª VARA CÍVEL DA COMARCA DE BELO HORIZONTE".

Importante destacar que logo após o endereçamento o examinando deve deixar um espaço suficiente para a identificação do número do processo:

"Processo n. ....".

A seguir, passa-se à **qualificação das partes**, utilizando os dados fornecidos pelo examinador, ressalvando a possibilidade de indicação dos nomes, mencionando a qualificação imputada às partes pela própria petição inicial. No entanto, recomenda-se que, se possível a individualização dos dados, realizar a qualificação correta e completa:

"NOME DO AUTOR, devidamente qualificado nos autos da ação em epígrafe", e "NOME DO RÉU, igualmente qualificado na inicial".

OU

NOME DO RÉU, "nacionalidade...", "estado civil...", "profissão..." (se pessoa jurídica indicar se de direito privado, público interno ou público externo), portador do "RG n. ...", inscrito no "CPF/CNPJ sob o n. ...", "ende-

---

[1] Nos modelos de peças foram inseridas Varas e Comarcas a título meramente exemplificativo. Assim, atente-se para colocar o número da Vara e o nome da Comarca conforme o enunciado do problema indicar e, caso assim não o faça, deixar sempre com reticências.

reço eletrônico...", "domiciliado na rua..." (se for pessoa jurídica "com sede na rua..."), "número...", "bairro...", "Município...", "Estado de...", "CEP...".

NOME DO AUTOR, "nacionalidade...", "estado civil...", "profissão..." (se pessoa jurídica indicar se de direito privado, público interno ou público externo), portador do "RG n. ...", inscrito no "CPF/CNPJ sob o n. ...", "endereço eletrônico...", "domiciliado na rua..." (se for pessoa jurídica "com sede na rua..."), "número...", "bairro...", "Município...", "Estado de...", "CEP...".

Deve-se identificar, ainda, o nome da peça que está sendo oferecida, passando, posteriormente, ao *nomem iuris* da ação, conforme consta do enunciado e pretendido pelo autor em sua ação inicial

"vem, por intermédio de seu advogado, nos autos da AÇÃO DE CONHECIMENTO apresentar a sua CONTESTAÇÃO, com fulcro no art. 335 e seguintes do Código de Processo Civil".

Deve-se recordar que, segundo art. 337 do CPC, **antes de discutir o mérito**, o réu deverá alegar na contestação as chamadas questões *"preliminares"*, conforme a seguir:

I – *inexistência ou nulidade da citação*: quando a citação não foi efetivamente realizada ou quando realizada não observou os requisitos legais.

II – *incompetência absoluta e relativa*: pela nova sistemática do Código de Processo Civil, tanto a incompetência absoluta quanto a relativa deverão ser arguidas como preliminares de contestação, tendo sido extinta a exceção como forma de defesa para a impugnação da incompetência relativa. Em relação à incompetência relativa, destaque-se que não poderá ser reconhecida de ofício pelo juiz, assim como acontece com a incompetência absoluta, que não se convalida, assim como se pode depreender do art. 337, § 5º.

III – *incorreção do valor da causa*: o examinando deverá sempre ficar atento ao enunciado proposto pelo examinador, em especial ao valor atribuído à causa, observando as disposições do art. 292 do CPC. Ressaltando que o CPC aboliu a necessidade de instauração de incidente de impugnação ao valor da causa, sendo caso de alegação como preliminar de contestação.

IV – *inépcia da petição inicial*: observar se o problema proposto pelo examinador não omitiu ou apresentou algum elemento estrutural essencial da petição inicial. Assim, a petição será inepta quando não preencher alguns dos requisitos formais, conforme o art. 330, § 1º, do CPC.

V – *perempção*: atentar sempre se o caso não é de perempção, em razão da impossibilidade do autor de intentar nova ação, com o mesmo objeto, se tiver dado causa ao abandono do processo por três vezes (art. 486, § 3º, do CPC), sendo que no quarto ajuizamento cabe ao réu alegar em preliminar a perempção, cujo acolhimento também acarretará a extinção do processo sem resolução de mérito.

VI – *litispendência*: o examinando deve sempre observar se a questão apresenta ou demonstra a existência de outra ação idêntica já em curso, com as mesmas partes, causa de pedir e pedidos (art. 337, §§ 1º, 2º e 3º, do CPC), pois será caso de identificar em preliminar de mérito, com o pedido de extinção do processo, sem a resolução do mérito (art. 485, V, do CPC).

VII – coisa julgada: haverá coisa julgada se o autor reproduzir ação que já foi anteriormente decidida, por sentença de mérito transitada em julgado (arts. 337, § 4º, e 502 do CPC), cujo acolhimento da preliminar terá como consequência a extinção do processo sem resolução de mérito.

VIII – conexão: é forma de modificação da competência, ocorrendo quando duas ou mais ações tiverem o mesmo objeto ou a mesma causa de pedir (art. 55 do CPC). Assim, a reunião das ações propostas em separado far-se-á no juízo prevento, onde serão decididas simultaneamente; em sendo acolhida a preliminar de conexão entre processos, serão reunidos sendo decido pelo juízo que tenha primeiro ocorrido o registro ou a distribuição da petição inicial, pois prevento, (arts. 58 e 59 do CPC).

IX – incapacidade da parte, defeito de representação ou falta de autorização: deve o réu alegar defeito de representação (art. 71 do CPC) ou falta de autorização da parte (art. 73 do CPC), mencionando, ainda, eventual incapacidade postulatória do demandante, abrindo o julgador a possibilidade de sanar o vício pelo demandante (art. 76 do CPC) e, em não fazendo, deverá extinguir o processo, sem resolução do mérito (art. 485, IV, do CPC).

X – convenção de arbitragem: se existir no enunciado a identificação da chamada "cláusula compromissória" ou do "compromisso arbitral" (art. 3º da Lei n. 9.307/96), tem o demandado o ônus de arguir a convenção de arbitragem como preliminar de mérito na contestação. Isso porque, se acolhida pelo julgador, será caso de extinção do processo, sem resolução do mérito (art. 485, VII, do CPC), já que essa é preliminar que **não poderá ser reconhecida de ofício pelo juiz** (art. 337, § 5º); o reconhecimento ocasionará a extinção do feito sem resolução de mérito (art. 485, VII).

XI – ausência de legitimidade ou de interesse processual (carência de ação): ocorre quando ausentes quaisquer das condições da ação (legitimidade e interesse processual), ocasionando a extinção do processo sem resolução de mérito (art. 485, VI).

XII – falta de caução ou de outra prestação que a lei exige como preliminar: nos casos em que a lei exige que o autor preste caução para ingressar com a ação (por exemplo: art. 968, *caput* e II, do CPC), a ausência deverá ser alegada em preliminar, acarretando um vício processual, o qual, não sanado, terá como consequência a extinção do processo sem resolução de mérito.

XIII – indevida concessão do benefício de gratuidade de justiça: se realmente não for caso de concessão de gratuidade da justiça, nos termos da lei, comprovando tal fenômeno, pode o réu arguir, a título de preliminar de mérito, a situação de que a concessão foi indevida, sendo esta resolvida pelo juiz.

Posteriormente, deverá o examinando realizar um resumo dos fatos fornecidos pelo enunciado da questão, passando à análise do mérito, apresentando todos os elementos compostos pela questão, que estiverem equivocados em relação às alegações do autor na inicial, lembrando dos princípios do ônus da impugnação especificada e da eventualidade.

Obs.: o examinando deverá se atentar se há precedente. Caso o precedente seja favorável, fazer a adesão. Caso desfavorável, fazer a distinção ou *distinguishing*.

Não esquecer que incumbe também ao réu manifestar-se *"precisamente sobre as alegações de fato constantes da petição inicial"*, presumindo-se verdadeiras as não impugnadas, salvo se:

I – não for admissível, a seu respeito, a confissão;

II – a petição inicial não estiver acompanhada de instrumento que a lei considerar da substância do ato;

III – estiverem em contradição com a defesa, considerada em seu conjunto.

Ainda, o examinando deverá observar se não é caso de propor reconvenção, para manifestar pretensão própria, conexa com a ação principal ou com o fundamento da defesa.

Por fim, deverá o examinando apresentar seus pedidos, requerendo o acolhimento das preliminares eventualmente arguidas, resultando na prolação de sentença terminativa, que extingue o processo sem resolução do mérito; caso não sejam reconhecidas as preliminares levantadas, deve-se requerer que sejam julgados improcedentes os pedidos formulados pelo autor, condenando-o ao pagamento das custas processuais e honorários advocatícios de sucumbência (art. 85, § 2º, do Código de Processo Civil) e protestando por todos os meios de prova em direito admitidos, em especial especificando aqueles que sejam úteis e relevantes à comprovação do seu direito (provas pretendidas, testemunhais, periciais, documentais etc.).

4.4. Estrutura resumida da peça

1. Endereçamento: atentar que por se tratar de contestação já há a identificação exata do juízo competente, ou seja da cidade/comarca ao qual a peça deverá ser endereçada. Assim, se o enunciado, por exemplo, identificar que a ação foi distribuída ao juízo da 5ª Vara Cível da Comarca de Belo Horizonte (utilizar a Vara e a Comarca que o enunciado apresentar), utilizar no endereçamento: "EXCELENTÍSSIMO SENHOR DOUTOR JUIZ DE DIREITO DA 5ª VARA CÍVEL DA COMARCA DE BELO HORIZONTE".

2. Número do processo: importante verificar que, por se tratar de contestação, já existe uma petição inicial protocolada e distribuída, recebendo o devido número de distribuição. Assim, identificar o processo logo em seguida ao endereçamento: "Processo n. ...".

3. Identificação das partes: "NOME DO RÉU", "nacionalidade...", "estado civil...", "profissão..." (se pessoa jurídica indicar se de direito privado, público interno ou público externo), portador do "RG n. ...", inscrito no "CPF/CNPJ sob o n. ...", "endereço eletrônico...", "domiciliado na rua..." (se for pessoa jurídica, "com sede na rua..."), "número...", "bairro...", "Município...", "Estado de...", "CEP...".

"NOME DO AUTOR", "nacionalidade...", "estado civil...", "profissão..." (se pessoa jurídica indicar se de direito privado, público interno ou público externo), portador do

"RG n. ...", inscrito no "CPF/CNPJ sob o n. ...", "endereço eletrônico...", "domiciliado na rua..." (se for pessoa jurídica, "com sede na rua..."), "número...", "bairro...", "Município...", "Estado de...", "CEP...".

4. Nome da ação e sua fundamentação legal: "vem, respeitosamente, por intermédio de seu advogado infra-assinado, nos autos da AÇÃO (NOME DA AÇÃO) que lhe move NOME DO AUTOR (fazer a qualificação, conforme acima indicado, ou colocar "qualificado na inicial"), apresentar a sua CONTESTAÇÃO, nos termos do art. 335 do Código de Processo Civil".

5. Preliminares: analisar se é caso de alegação de eventuais temas que estejam elencados no art. 337 do CPC como preliminares de mérito, criando tópico específico: "I – DAS PRELIMINARES".

6. Fatos: transcrição integral do texto apresentado pelo examinador no enunciado da peça prática, ressaltando a impossibilidade de criar dados inexistentes, para não identificar a peça profissional e ter a prova zerada pelo examinador.

7. Fundamentação: faça a correta ligação entre os fatos e os dispositivos legais aplicáveis, como artigos de lei, súmulas, precedentes, desenvolvendo raciocínio lógico e coerência jurídica, ressaltando que a mera indicação do artigo ou da lei não é suficiente para a pontuação, sendo necessário demonstrar a correta coligação entre fato e direito, lembrando dos princípios do ônus da impugnação especificada e da eventualidade. Não esquecer que caso o examinador indique a existência de precedente fazer a adesão, se for o caso, ou a distinção.

8. Pedidos e requerimentos: "ISTO POSTO, deve ser acolhida a preliminar, resultando na prolação de sentença terminativa, que extingue o processo sem resolução do mérito (ou determinação de medida judicial cabível em caso de questão preliminar indireta). No mérito, pelas razões de direito aduzidas nesta contestação, deve o pedido da presente ação ser julgado improcedente em todos os seus termos, condenando-se o autor nas custas processuais e honorários advocatícios a serem arbitrados nos percentuais definidos no art. 85, § 2º, do Código de Processo Civil. Protesta-se por todos os meios de prova admitidos em direito.

9. Valor da causa: Lembrar que na contestação não há valor da causa.

10. Fechamento da peça: Nestes Termos, Pede Deferimento. "Local..." e "Data..." OAB n. ..., "Assinatura...".

4.5. Modelo de contestação

EXCELENTÍSSIMO SENHOR DOUTOR JUIZ DE DIREITO DA ... VARA CÍVEL DA COMARCA DE ...

"Processo n. ..."

NOME DO RÉU, "nacionalidade...", "estado civil...", "profissão..." (se pessoa jurídica indicar se de direito privado, público interno ou público externo), portador do "RG n. ...", inscrito no "CPF/CNPJ sob o n. ...", "endereço eletrônico...", "domiciliado na rua..." (se for pessoa jurídica "com sede na rua..."), "número...", "bairro...", "Município...", "Estado de...", "CEP...", vem, respeitosamente, por intermédio de seu advogado infra-assinado, nos autos da AÇÃO

(NOME DA AÇÃO) que lhe move NOME DO AUTOR (qualificar ou colocar: qualificado na inicial), apresentar a sua CONTESTAÇÃO, nos termos dos arts. 335 e seguintes do Código de Processo Civil, o que faz, articuladamente, nos seguintes e melhores termos de direito;

I – PRELIMINARES
"Alegação de eventuais temas que estejam elencados no art. 337 do CPC."

II – DOS FATOS
"Resumo dos fatos fornecidos pelo enunciado da questão."

III – NO MÉRITO
"Apresentar todos os elementos do enunciado da questão que estiverem equivocados em relação às alegações do autor na inicial, lembrando dos princípios do ônus da impugnação especificada e da eventualidade.
Observar se há precedente.
Caso o precedente seja favorável, fazer a adesão. Caso desfavorável, fazer a distinção 'distinguishing'."

ISTO POSTO, deve ser acolhida a preliminar, resultando na prolação de sentença terminativa, que extingue o processo sem resolução do mérito "(ou determinação de medida judicial cabível em caso de questão preliminar indireta)".
No mérito, pelas razões de direito aduzidas nesta contestação, deve o pedido da presente ação ser julgado improcedente em todos os seus termos, condenando-se o autor nas custas processuais e honorários advocatícios a serem arbitrados nos percentuais definidos no art. 85, § 2º, do Código de Processo Civil.
Protesta-se por todos os meios de prova admitidos em direito.

Nestes termos,
Pede deferimento.
"Local..." e "Data..."
OAB n. ..., "Assinatura..."

5. RECONVENÇÃO

5.1. Apresentação

Nos termos do art. 343 do CPC, é lícito ao réu propor a reconvenção para manifestar pretensão própria, conexa com a ação principal ou com o fundamento da defesa, **sendo cabível no próprio corpo da contestação** (capítulo específico – art. 343, *caput*, do CPC) ou em **peça apartada** (art. 343, § 6º, do CPC). Trata-se de uma faculdade do réu, pois, caso não apresente a reconvenção, poderá deduzir sua pretensão em ação própria.

Na reconvenção, o **réu tem legitimidade ativa**, podendo ser proposta pelo réu em litisconsórcio com terceiro, enquanto apenas o **autor e o terceiro têm legitimidade passiva**. Se o autor for substituto processual, o reconvinte deverá afirmar ser titular de direito em face do substituído, e a reconvenção deverá ser proposta em face do autor, também na qualidade de substituto processual, nos termos art. 343, § 5º, do CPC.

Em sendo proposta a reconvenção, o autor será intimado, na pessoa de seu advogado, para apresentar resposta no prazo de 15 dias. Ainda, destaque que a desistência da ação ou a ocorrência de causa extintiva que impeça o exame de seu mérito não obsta ao prosseguimento do processo quanto à reconvenção.

5.2. Como identificar a peça

Como se trata de reconvenção, o examinador no momento de apresentar a problemática da peça profissional a ser estruturada pelo candidato demonstrará a existência de uma ação proposta pelo autor, a respeito de determinados fatos constitutivos de seu direito, bem como informando ao réu a necessidade de apresentar sua peça de defesa e, além disso, de apresentar uma pretensão própria em face do autor, ou seja, demonstrando que o réu pretende imputar ao autor alguma pretensão própria, conexa com a ação principal.

A reconvenção será apresentada em peça única, juntamente com a contestação (nesse caso, será um capítulo da contestação). No entanto, poderá o examinador apontar a desnecessidade de contestar a ação, bastando, tão somente, a apresentação da reconvenção como petição autônoma.

Assim, tome cuidado com a forma na qual poderá ser explorada a contestação. Na verdade, a OAB não permite a apresentação de duas peças distintas na prova prático-profissional, ou seja, se for para reconvir na contestação, terá ser feita em **peça única**, somente será apresentada a reconvenção em peça única quando assim o for exigido pelo examinador, caso contrário, uma única peça de contestação com reconvenção.

5.3. Requisitos essenciais, fundamentos legais e estrutura da reconvenção

Para trabalhar a estruturação da reconvenção na prova prático-profissional do Exame de Ordem, alguns passos precisam ser tomados para que a referida peça possa sem bem valorada pelos examinadores.

Assim como na contestação, o examinando deve observar o juízo no qual a petição inicial foi proposta, qualificando as partes conforme o enunciado e identificando corretamente o *nomem iuris* da ação e o nome da peça.

Além dos pressupostos processuais, condições da ação e requisitos (art. 319 do CPC) necessários ao exercício do direito de toda e qualquer ação, exige-se na reconvenção **pressupostos específicos: conexão entre as causas** (art. 343, *caput*, do CPC), *a existência de processo pendente* (art. 343, *caput*, do CPC), *mesma competência* (art. 327, § 1º, II, do CPC) e, por fim, *a identidade de procedimento para uma e outra* (art. 327, § 1º, III, do CPC).

Importante ressalvar que a reconvenção pode ser proposta contra o próprio autor da ação principal ou contra terceiros, bem como ser proposta pelo autor em litisconsórcio com terceiros, atentando-se o examinando, portanto, ao enunciado da questão (art. 343, §§ 3º e 4º, do CPC).

Caso a reconvenção seja proposta no corpo da contestação, **deve o examinando seguir o modelo anteriormente estudado** (da contestação), no entanto, **reservando capítulo específico para tratar da reconvenção, inclusive com pedido declaratório, constitutivo ou condenatório ao final da peça, conforme for o caso.**

Se for para apresentar a reconvenção, em peça apartada e autônoma, o modelo a ser seguido será o da **petição inicial** (pela natureza de ação), submetendo-se aos requisitos da inicial, com as condições da ação a ela inerentes (interesse e legitimidade), observando os requisitos específicos da existência de conexão entre as causas, de processo pendente, tenha a mesma competência e a identidade de procedimento para a ação principal e a reconvenção (art. 343, *caput*, do CPC).

Não esquecer que, no caso da reconvenção autônoma, o réu da reconvenção (autor da ação principal) deverá ser INTIMADO, e não citado, para apresentar a sua resposta no prazo de 15 dias, tendo em vista que ele já se encontra no processo (art. 343, § 1º, do CPC).

Observar se há precedente: caso o precedente seja favorável, fazer a adesão. Caso desfavorável, fazer a distinção ou o *distinguishing* na reconvenção.

Por fim, o examinando deverá atribuir o **exato valor da causa à reconvenção**, tenha sido ela proposta no próprio corpo da contestação ou como peça autônoma.

5.4. Estrutura resumida da peça

1. Endereçamento: atentar que por se tratar de reconvenção já há a identificação exata do juízo competente, ou seja, da cidade/comarca à qual a peça deverá ser endereçada. Assim, por exemplo, se o enunciado indicar a Vara específica, utilizar: "EXCELENTÍSSIMO SENHOR DOUTOR JUIZ DE DIREITO DA 3ª VARA CÍVEL DA COMARCA DE BELO HORIZONTE".

2. Número do processo: importante verificar que, por se tratar de reconvenção, já existe uma petição inicial protocolada e distribuída, recebendo o devido número de distribuição. Assim, identificar o processo logo em seguida ao endereçamento: "Processo n. ...".

3. Identificação das partes: "NOME DO RÉU", "nacionalidade...", "estado civil...", "profissão..." (se pessoa jurídica indicar se de direito privado, público interno ou público externo), portador do "RG n. ...", inscrito no "CPF/CNPJ sob o n. ...", "endereço eletrônico...", "domiciliado na rua..." (se for pessoa jurídica "com sede na rua..."), "número...", "bairro...", "Município...", "Estado de...", "CEP...".

"NOME DO AUTOR", "nacionalidade...", "estado civil...", "profissão..." (se pessoa jurídica indicar se de direito privado, público interno ou público externo), portador do "RG n. ...", inscrito no "CPF/CNPJ sob o n. ...", "endereço eletrônico...", "domiciliado na rua..." (se for pessoa jurídica "com sede na rua..."), "número...", "bairro...", "Município...", "Estado de...", "CEP...".

4. Nome da ação e sua fundamentação legal: se apresentar Reconvenção na peça de Contestação: "vem, respeitosamente, por intermédio de seu advogado infra-assinado, nos autos da AÇÃO (NOME DA AÇÃO) que lhe move NOME DO AUTOR (fazer a qualificação ou colocar "qualificado na inicial"), apresentar a sua CONTESTAÇÃO com RECONVENÇÃO, nos termos dos arts. 335 e seguintes, do Código de Processo Civil".

Caso apresente somente a Reconvenção, em peça própria e autônoma, utilizar: "vem, respeitosamente, por intermédio de seu advogado infra-assinado, nos autos da AÇÃO (NOME DA AÇÃO) que lhe move NOME DO AUTOR, qualificado na inicial, apresentar a sua RECONVENÇÃO, nos termos dos arts. 343 e seguintes, do Código de Processo Civil".

5. Preliminares: analisar se é caso de alegação de eventuais temas que estejam elencados no art. 337 do CPC como preliminares de mérito, criando tópico específico: "I – DAS PRELIMINARES".

6. Fatos: transcrição integral do texto apresentado pelo examinador no enunciado da peça prática, ressaltando a impossibilidade de criar dados inexistentes, para não identificar a peça profissional e ter a prova zerada pelo examinador.

7. Fundamentação: faça a correta ligação entre os fatos e os dispositivos legais aplicáveis, como artigos de lei, súmulas, precedentes, desenvolvendo raciocínio lógico e coerência jurídica, ressaltando que a mera indicação do artigo ou da lei não é suficiente para a pontuação, sendo necessário demonstrar a correta coligação entre fato e direito.

8. Pedidos e requerimentos: "ISTO POSTO, requer-se a intimação do autor reconvindo para responder à presente reconvenção. Seja julgada procedente a presente reconvenção, cuja condenação do autor reconvindo ora se requer. Requer-se, outrossim, a condenação do autor reconvindo nas custas e honorários advocatícios (CPC, art. 85, § 1º). Protesta-se por todos os meios de prova admitidos em direito".

9. Valor da causa: Relembrar que em se tratando de reconvenção deverá ter o respectivo valor da causa, por ter natureza de ação. "Dá-se à presente reconvenção, nos termos do art. 292 do Código de Processo Civil, o valor de R$ (...)".

10. Fechamento da peça: Nestes Termos, Pede Deferimento. "Local..." e "Data..." OAB n. ..., "Assinatura...".

5.5. Modelo de contestação com reconvenção

EXCELENTÍSSIMO SENHOR DOUTOR JUIZ DE DIREITO DA ... VARA CÍVEL DA COMARCA DE ...

"Processo n. ..."

NOME DO RÉU, "nacionalidade...", "estado civil...", "profissão..." (se pessoa jurídica indicar se de direito privado, público interno ou público externo), portador do "RG n. ...", inscrito no "CPF/CNPJ sob o n. ...", "endereço eletrônico...", "domiciliado na rua..." (se for pessoa jurídica "com sede na rua..."), "número...", "bairro...", "Município...", "Estado de...", "CEP..." (ou utilizar "qualificado na inicial"), vem, respeitosamente, por intermédio de seu advogado infra-assinado, nos autos da AÇÃO (NOME DA AÇÃO) que lhe move NOME DO AUTOR (qualificar ou colocar "qualificado na inicial"), apresentar a sua CONTESTAÇÃO, com RECONVENÇÃO, nos termos dos arts. 335 e seguintes, do Código de Processo Civil, o que faz, articuladamente, nos seguintes e melhores termos de direito:

I – PRELIMINARES
"Alegação de eventuais temas que estejam elencados no art. 337 do CPC."

II – DOS FATOS
"Resumo dos fatos fornecidos pelo enunciado da questão."

III – NO MÉRITO
"Apresentar todos os elementos do enunciado da questão que estiverem equivocados em relação às alegações do autor na inicial, lembrando dos princípios do ônus da impugnação especificada e da eventualidade.
Observar se há precedente.
Caso o precedente seja favorável, fazer a adesão. Caso desfavorável, fazer a distinção 'distinguishing'."

IV – DA RECONVENÇÃO
"Nos termos do art. 343 do CPC, na contestação, é lícito ao réu propor reconvenção para manifestar pretensão própria, conexa com a ação principal ou com o fundamento da defesa. Neste momento, deve-se tratar dos elementos que possibilitam a utilização da reconvenção no presente caso".

ISTO POSTO, deve ser acolhida a preliminar, resultando na prolação de sentença terminativa, que extingue o processo sem resolução do mérito "(ou determinação de medida judicial cabível em caso de questão preliminar indireta)".

No mérito, pelas razões de direito aduzidas nesta contestação, deve o pedido da presente ação ser julgado improcedente em todos os seus termos, condenando-se o autor nas custas processuais e honorários advocatícios a serem arbitrados nos percentuais definidos no art. 85, § 2º, do Código de Processo Civil, bem como requer-se seja julgada procedente a presente reconvenção, cuja condenação da autora reconvinda se requer.

Requer-se, outrossim, a condenação do autor reconvindo nas custas e honorários (CPC, art. 85, § 1º).

Dá-se à presente reconvenção, nos termos do art. 292 do Código de Processo Civil, o valor de R$ (...).

Protesta-se por todos os meios de prova admitidos em direito.

Nestes termos,
Pede deferimento.
"Local..." e "Data..."
OAB n. ..., "Assinatura..."

6. RÉPLICA

6.1. Apresentação

Trata-se de peça profissional apresentada pelo autor quando o réu apresentar na sua contestação quaisquer fatos impeditivos, modificativos ou extintivos do direito do autor, sendo certo afirmar que se o réu o pode alegar, deverá de pronto ser ouvido o autor, no prazo de 15 dias, que poderá ofertar sua réplica, permitindo-lhe o juiz a produção de prova.

Réplica é, pois, a oportunidade do autor de manifestar a respeito das argumentações apresentadas pelo réu em sua contestação, bem como de reafirmar os posicionamentos e os pedidos apresentados por ocasião de sua petição inicial.

6.2. Como identificar a peça

Por se tratar de peça apresentada pelo autor, verificar que o examinador indicará no caso prático a existência de uma petição inicial proposta pelo próprio autor e a apresentação de uma contestação, com os argumentos de defesa do réu e a imposição dos fatos extintivos, modificativos ou impeditivos do direito do autor, cabendo ao candidato, na condição de advogado do autor, apresentar a réplica, rebatendo as alegações do réu e reafirmando os pedidos feitos na petição inicial.

6.3. Requisitos essenciais, fundamentos legais e estrutura da réplica

Para a peça ser estruturada, o examinando deve seguir corretamente o endereçamento, conforme constar do enunciado da questão e indicado na petição inicial.

"EXCELENTÍSSIMO SENHOR DOUTOR JUIZ DE DIREITO DA 5ª VARA CÍVEL DA COMARCA DE CURITIBA".

Importante destacar que logo após o endereçamento o examinando deve deixar um espaço suficiente para a identificação do número do processo:

"Processo n. ...".

A seguir, passa-se à qualificação das partes, utilizando os dados fornecidos pelo examinador, ressalvando a possibilidade de indicação dos nomes, mencionando a qualificação imputada às partes pela própria petição inicial:

"NOME DO AUTOR, devidamente qualificado nos autos da ação em epígrafe", e "NOME DO RÉU, igualmente qualificado na inicial".

Deve-se identificar, ainda, o nome da peça que está sendo oferecida, passando, posteriormente, ao *nomem iuris* da ação, conforme consta do enunciado e pretendido pelo autor em sua ação inicial:

"vem, por intermédio de seu advogado, nos autos da AÇÃO DE CONHECIMENTO apresentar a sua RÉPLICA, com fulcro no art. 351 do Código de Processo Civil".

Observar a transcrição dos fatos e fundamentos propostos pelo enunciado, com cuidado para não renovar na peça, obstando a apresentação exata das informações propostas pelos examinadores, rebatendo todos os pontos relevantes contidos na contestação.

Por fim, atentar para os pedidos finais, em especial para a procedência integral dos pedidos formulados na petição inicial, **ressalvando a inadmissibilidade de pedir na réplica provas** (salvo se o réu alegar a existência de fato extintivo, impeditivo ou modificativo do pedido do autor – art. 350 do CPC), **honorários advocatícios e, tampouco, atribuir valor à causa**, exceto quando reiterar e efetivar a ressalva dos pedidos já formulados.

6.4. Estrutura resumida da peça

1. Endereçamento: atentar que por se tratar de réplica já há a identificação exata do juízo competente, ou seja da cidade/comarca ao qual a peça deverá ser endereçada. Assim, utilizar: "EXCELENTÍSSIMO SENHOR DOUTOR JUIZ DE DIREITO DA 5ª VARA CÍVEL DA COMARCA DE CURITIBA".

2. Número do processo: importante verificar que, por se tratar de réplica, já existe uma petição inicial protocolada e distribuída, recebendo o devido número de distribuição. Assim, identificar o processo logo em seguida ao endereçamento: "Processo n. ...".

3. Identificação das partes: "NOME DO AUTOR, devidamente qualificado nos autos da ação em epígrafe".

"NOME DO RÉU, devidamente qualificado nos autos da ação em epígrafe".

4. Nome da ação e sua fundamentação legal: "vem, respeitosamente, por intermédio de seu advogado infra-assinado, nos autos da AÇÃO (NOME DA AÇÃO), com fundamento nos arts. 350 e 351 do Código de Processo Civil, apresentar sua RÉPLICA à Contestação".

5. Fatos: transcrição integral do texto apresentado pelo examinador no enunciado da peça prática, ressaltando a impossibilidade de criar dados inexistentes, para não identificar a peça profissional e ter a prova zerada pelo examinador.

6. Fundamentação: faça a correta ligação entre os fatos e os dispositivos legais aplicáveis, como artigos de lei, súmulas, precedentes, desenvolvendo raciocínio lógico e coerência jurídica, ressaltando que a mera indicação do artigo ou da lei não é suficiente para a pontuação, sendo necessário demonstrar a correta coligação entre fato e direito.

7. Pedidos e requerimentos: "Com efeito, ante o exposto e reiterando os termos contidos na petição inicial, espera o autor o consequente afastamento das preliminares alegadas nos termos desta réplica e sejam julgados procedentes os pedidos realizados na ação, condenado o réu em custas, despesas processuais e honorários de advogado (eventualmente em litigância de má-fé, que deverá ser superior a 1% e inferior a 10% do valor corrigido da causa, a indenizar a parte autora pelos prejuízos que esta sofreu e a arcar com os honorários advocatícios, art. 85, § 2º, do Código de Processo Civil)".

8. Valor da causa: Não cabe a fixação de valor da causa em réplica.

9. Fechamento da peça: Nestes Termos, Pede Deferimento. "Local..." e "Data..." OAB n. ..., "Assinatura...".

6.5. Modelo de réplica

EXCELENTÍSSIMO SENHOR DOUTOR JUIZ DE DIREITO DA ... VARA CÍVEL DA COMARCA DE ...

"Processo n. ..."

NOME DO AUTOR, qualificado na inicial, vem, respeitosamente, por intermédio de seu advogado infra-assinado, nos autos da AÇÃO (NOME DA AÇÃO), com fundamento nos arts. 350 e 351 do Código de Processo Civil, apresentar sua RÉPLICA à Contestação, pelos fundamentos de fato e de direito a seguir expostos:

I – PRELIMINARES
"Combater as possíveis preliminares alegadas pelo réu".

II – DO MÉRITO
"Lições jurídicas sobre o tema da peça processual, rebatendo os pontos de mérito trabalhados pelo réu".

III – DOS PEDIDOS
Com efeito, ante o exposto e reiterando os termos contidos na petição inicial, espera a autora o consequente afastamento das preliminares nos termos desta réplica e, reconhecida a legitimidade do réu, sejam julgados procedentes os pedidos realizados na ação, condenado o réu em custas, despesas processuais, honorários de advogado e litigância de má-fé, que deverá ser superior a 1% e inferior a 10% do valor corrigido da causa, a indenizar a parte autora pelos prejuízos que esta sofreu e a arcar com os honorários advocatícios, art. 85, § 2º, do Código de Processo Civil.

Nestes termos,
Pede deferimento.
"Local..." e "Data..."
OAB n. ..., "Assinatura..."

7. DO CUMPRIMENTO DE SENTENÇA E DA EXECUÇÃO

7.1. Cumprimento provisório e definitivo de sentença que reconhece exigibilidade de obrigação de pagar quantia certa

7.1.1. Apresentação

O cumprimento da sentença vem a explicitar a execução de títulos judiciais que se dará por meio de uma fase processual, que está, técnica e legislativamente, ligada ao processo de conhecimento, embora saiba ser típica execução de título judicial.

Ponto fulcral, em relação à execução de título judicial, é entender que será definitiva a execução da sentença transitada em julgado, já que não se discute mais se há ou não crédito ou obrigação, visto que a coisa julgada torna indiscutível e imutável, em tese, a decisão que está sendo executada.

Ademais, será **provisória** a execução quando se tratar de sentença impugnada mediante recurso ao qual não foi atribuído efeito suspensivo, permitindo à parte interessada ingressar nos atos garantidores de futura satisfação, podendo inclusive realizar, por exemplo, a penhora.

O cumprimento provisório da sentença impugnada por recurso desprovido de efeito suspensivo será realizado, ressalvadas as peculiaridades, do mesmo modo que o definitivo, correndo por iniciativa e responsabilidade do exequente, que se obriga, se a sentença for reformada, a reparar os danos que o executado haja sofrido, assim como alerta o art. 520, I, do CPC.

Fica sem efeito, sobrevindo decisão que modifique ou anule a sentença objeto da execução, restituindo-se as partes ao estado anterior e liquidados eventuais prejuízos nos mesmos autos (art. 520, II, do CPC). Neste caso, se a sentença objeto de cumprimento provisório for modificada ou anulada apenas em parte, somente nesta ficará sem efeito a execução (art. 520, III, do CPC).

O levantamento de depósito em dinheiro e a prática de atos que importem transferência de posse ou alienação de propriedade ou de outro direito real, ou dos quais possa resultar grave dano ao executado, dependem de caução suficiente e idônea, arbitrada de plano pelo juiz e prestada nos próprios autos. A caução aqui trabalhada, que é garantia, pode ser real (como hipoteca, anticrese, penhor etc.) ou ainda fidejussória (como a fiança).

Importante, neste ponto, observar que o CPC dispensa a caução em três casos, quando (art. 521):

a) o crédito for de natureza alimentar, independentemente de sua origem;
b) o credor demonstrar situação de necessidade;
c) pender agravo do art. 1.042.

O exequente, ao requerer a execução provisória, **instruirá a petição com cópias autenticadas** (que podem ser declaradas como autênticas pelo advogado ficando este responsável por tal afirmação) da: (i) decisão exequenda; (ii) certidão de interposição do recurso não dotado de efeito suspensivo; (iii) procurações outorgadas pelas partes; (iv) decisão de habilitação, se for o caso; e, por fim, (v) facultativamente, outras peças processuais que o exequente considere necessárias para demonstrar a existência do crédito, assim como alerta o art. 522 do CPC.

Observar que no caso de **condenação em quantia certa**, ou **já fixada em liquidação**, e no caso de decisão sobre parcela incontroversa, o **cumprimento definitivo** da sentença far-se-á a requerimento do exequente, sendo o executado **intimado para pagar o débito**, no prazo de 15 dias, acrescido de custas, se houver (art. 523 do CPC).

Não ocorrendo pagamento voluntário no prazo determinado, o débito será acrescido de multa de 10% e, também, de honorários de advogado de 10%. No entanto, efetuado o pagamento parcial, a multa e os honorários incidirão tão somente sobre o restante. Ainda, em não sendo efetuado tempestivamente o pagamento voluntário, será expedido, desde logo, mandado de penhora e avaliação, seguindo-se os atos de expropriação.

Segundo o art. 515 do CPC, **são títulos executivos judiciais**:

I – as decisões proferidas no processo civil que reconheçam a exigibilidade de obrigação de pagar quantia, de fazer, de não fazer ou de entregar coisa;

II – a decisão homologatória de autocomposição judicial;

III – a decisão homologatória de autocomposição extrajudicial de qualquer natureza;

IV – o formal e a certidão de partilha, exclusivamente em relação ao inventariante, aos herdeiros e aos sucessores a título singular ou universal;

V – o crédito de auxiliar da justiça, quando as custas, emolumentos ou honorários tiverem sido aprovados por decisão judicial;

VI – a sentença penal condenatória transitada em julgado;

VII – a sentença arbitral;

VIII – a sentença estrangeira homologada pelo Superior Tribunal de Justiça;

IX – a decisão interlocutória estrangeira, após a concessão do exequatur à carta rogatória pelo Superior Tribunal de Justiça.

Por fim, a **competência**, em relação ao cumprimento da sentença, está bem definida pelo art. 516 do CPC, sendo competente para o cumprimento da sentença o órgão prolator da decisão transitada em julgado.

Assim, o cumprimento da sentença efetuar-se-á perante:

a) os **tribunais**, nas **causas de sua competência originária**	b) o **juízo** que **decidiu a causa no primeiro grau de jurisdição**.

7.1.2. Como identificar a peça

Por certo, para a estruturação do cumprimento de sentença, o examinador apresentará no caso prático a existência de uma ação de conhecimento ou de qualquer outra decisão prevista no art. 515 do CPC, demonstrando a necessidade de conferir efetividade a tais decisões, em razão da ausência do cumprimento voluntário por parte dos interessados.

Desta forma, a peça prática do cumprimento provisório de sentença haverá a indicação da ausência de trânsito em julgado da referida decisão, ao passo que para o cumprimento definitivo, por conseguinte, haverá a confirmação do trânsito em julgado e a impossibilidade de modificação do julgado.

7.1.3. Requisitos essenciais, fundamentos legais e estrutura do cumprimento provisório e definitivo de sentença

O cumprimento da sentença é o ato pelo qual visa executar uma determinação judicial, entendida como a fase de efetivação daquilo que foi estabelecido pelo juiz na sentença condenatória.

A qualificação do cumprimento de sentença deve seguir aquilo que já foi identificado na ação de conhecimento (exemplo: "**NOME DO EXEQUENTE, por meio de seus advogados constituídos, devidamente identificado nos autos da NOME DA AÇÃO**"), colocando a pretensão de promover o pedido de "**CUMPRIMENTO PROVISÓRIO OU DEFINITIVO DE SENTENÇA**", sempre informando e identificando o fundamento legal da peça prática, no caso, os arts. 513, § 1º, e 520 (se provisório) e art. 523 (se definitivo) e seguintes do CPC.

NOME DO EXEQUENTE, por meio de seus advogados, devidamente qualificado nos autos da ação (NOME DA AÇÃO) que move em face de NOME DO EXECUTADO, "qualificado nos autos", vem, respeitosamente, à presença de Vossa Excelência, promover o presente PEDIDO DE CUMPRIMENTO PROVISÓRIO DE SENTENÇA, nos termos dos arts. 513, § 1º, e 520 e seguintes do CPC, pelas razões de fato e de direito a seguir afirmadas:

Nos fatos, há a necessidade de o examinando realizar singelo esboço histórico do ocorrido no processo, comentando os elementos da sentença que formaram o título judicial, apontando o valor do crédito pretendido do exequente, conforme cálculo aritmético, bem como constando estar devidamente atualizado até a data da propositura do cumprimento, nos moldes estabelecidos na sentença, em respeito ao art. 524 do Código de Processo Civil.

Não se esquecer de trabalhar e apresentar a **planilha discriminada do débito**, quando assim exigida pelo enunciado.

Por fim, quanto aos pedidos, o examinando deve requerer a intimação do executado (nos arts. 520 e seguintes do Código de Processo Civil), na pessoa de seu advogado (art. 513, § 2º, I, do CPC).

Se for o caso de cumprimento definitivo da sentença, deve conter o pedido para efetuar o pagamento do valor devido, no prazo de 15 dias, sob pena de acréscimo de 10% sobre o valor executado (art. 523, *caput*, e § 1º, do CPC), a realização de penhora e honorários advocatícios de 10%, sendo possível requerer, independentemente novo pedido, nos termos do art. 523, § 3º, do CPC, a respectiva expedição de mandado de penhora e consequente avaliação, ou ainda o bloqueio de ativos financeiros pelo sistema BacenJud (penhora *on-line*).

7.1.4. Estrutura resumida da peça

1. Endereçamento: atentar que por se tratar de cumprimento provisório ou definitivo de sentença haverá a identificação exata do juízo competente, no qual tramitou a ação de conhecimento, ou seja da cidade/comarca ao qual a peça deverá ser endereçada. Assim, por exemplo, se o enunciado indicar devidamente a Vara e a Comarca, utilizar: "EXCELENTÍSSIMO SENHOR DOUTOR JUIZ DE DIREITO DA 3ª VARA CÍVEL DA COMARCA DE SÃO PAULO".

2. Número do processo: importante verificar que, por se tratar de cumprimento de sentença, já existe uma ação de conhecimento em andamento, inclusive tendo recebido o devido número de distribuição. Assim, identificar o processo logo em seguida ao endereçamento: "Processo n. ...".

3. Identificação das partes: "NOME DO EXEQUENTE, devidamente qualificado nos autos".

"NOME DO EXECUTADO, qualificado nos autos".

4. Nome da ação e sua fundamentação legal: "vem, respeitosamente, à presença de Vossa Excelência, promover o presente pedido de CUMPRIMENTO PROVISÓRIO OU DEFINITIVO DE SENTENÇA, nos termos dos arts. 513, § 1º, e 520 e seguintes do CPC, pelas razões de fato e de direito a seguir afirmadas".

5. Fatos: transcrição integral do texto apresentado pelo examinador no enunciado da peça prática, ressaltando a impossibilidade de criar dados inexistentes, para não identificar a peça profissional e ter a prova zerada pelo examinador.

6. Fundamentação: faça a correta ligação entre os fatos e os dispositivos legais aplicáveis, como artigos de lei, súmulas, precedentes, desenvolvendo raciocínio lógico e coerência jurídica, ressaltando que a mera indicação do artigo ou da lei não é suficiente para a pontuação, sendo necessário demonstrar a correta coligação entre fato e direito.

7. Pedidos e requerimentos: "Assim, com base nos arts. 520 e seguintes do Código de Processo Civil, requer-se a intimação do executado, na pessoa de seu advogado (CPC, art. 513, § 2º, I) para efetuar o pagamento do valor devido, no prazo de 15 dias, sob pena de acréscimo de 10% sobre o valor executado, penhora e honorários advocatícios de 10%. Não sendo realizado o pagamento, requer-se desde logo, independentemente de novo pedido, nos termos do art. 523, § 3º, do CPC, a respectiva expedição de mandado de penhora e, consequente, avaliação. Por fim, considerando que os autos são eletrônicos, deixa o exequente de cumprir a exigência do art. 522 do CPC".

8. Valor da causa: Não cabe a fixação de valor da causa.

9. Fechamento da peça: Nestes Termos, Pede Deferimento. "Local..." e "Data..." OAB n. ..., "Assinatura...".

7.1.5. Modelo de petição requerendo o cumprimento provisório de sentença que reconhece exigibilidade de obrigação de pagar quantia certa

EXCELENTÍSSIMO SENHOR DOUTOR JUIZ DE DIREITO DA ... VARA CÍVEL DA COMARCA DE ...

"Processo n. ..."

"NOME DO EXEQUENTE", devidamente qualificado nos autos da ação (NOME DA AÇÃO) que move em face de "NOME DO EXECUTADO", já qualificado nos autos, vem, respeitosamente, à presença de Vossa Excelência, promover o presente pedido de CUMPRIMENTO PROVISÓRIO DE SENTENÇA, nos termos dos arts. 513, § 1º, e 520 e seguintes do CPC, pelas razões de fato e de direito a seguir afirmadas:

I – FUNDAMENTOS DO CUMPRIMENTO PROVISÓRIO DA SENTENÇA
"Fazer singelo esboço histórico do ocorrido no processo, comentando os elementos sentenciais que formaram o título judicial, apontando o valor do crédito pretendido do exequente, conforme cálculo aritmético, que se encontra devidamente atualizado até a presente data nos moldes estabelecidos na sentença, em respeito ao art. 524 do Código de Processo Civil.
Trabalhar a planilha discriminada do débito."

II – DOS PEDIDOS
Assim, com base nos arts. 520 e seguintes do Código de Processo Civil, requer-se a intimação do executado, na pessoa de seu advogado (CPC, art. 513, § 2º, I) para efetuar o pagamento do valor devido, no prazo de 15 dias, sob pena de acréscimo de 10% sobre o valor executado, penhora e honorários advocatícios de 10%.
Não sendo realizado o pagamento, requer-se desde logo, independentemente de novo pedido, nos termos do art. 523, § 3º, do CPC, a respectiva expedição de mandado de penhora e, consequente, avaliação. Por fim, considerando que os autos são eletrônicos, deixa o exequente de cumprir a exigência do art. 522 do CPC.

Nestes termos,
Pede deferimento.
"Local..." e "Data..."
OAB n. ..., "Assinatura..."

7.1.6. Modelo de petição requerendo o cumprimento definitivo de sentença que reconhece exigibilidade de obrigação de pagar quantia certa

EXCELENTÍSSIMO SENHOR DOUTOR JUIZ DE DIREITO DA ... VARA CÍVEL DA COMARCA DE ...

"Processo n. ..."

"NOME DO EXEQUENTE", devidamente qualificado nos autos da ação (NOME DA AÇÃO) que move em face de "NOME DO EXECUTADO", já qualificado, vem, respeitosamente, à presença de Vossa Excelência, promover o presente pedido de CUMPRIMENTO DEFINITIVO DE SENTENÇA, nos termos dos arts. 513, § 1º, e 523 e seguintes do CPC, pelas razões de fato e de direito a seguir afirmadas:

I – FUNDAMENTOS DO CUMPRIMENTO DEFINITIVO DA SENTENÇA
"Fazer singelo esboço histórico do ocorrido no processo, comentando os elementos sentenciais que formaram o título judicial definitivo, apontando o valor do crédito do exequente, conforme cálculo aritmético, que se encontra devidamente atualizado até a presente data nos moldes estabelecidos na sentença, em respeito ao art. 524 do Código de Processo Civil.
Trabalhar a planilha discriminada do débito."

II – DOS PEDIDOS
Assim, com base nos arts. 523 e seguintes do Código de Processo Civil, requer-se a intimação do executado, na pessoa de seu advogado (CPC, art. 513, § 2º, I) para efetuar o pagamento do valor devido, no prazo de 15 dias, sob pena de acréscimo de 10% sobre o valor executado, penhora e honorários advocatícios de 10%.
Não sendo realizado o pagamento, requer-se desde logo, independentemente de novo pedido, nos termos do art. 523, § 3º, do CPC, a respectiva expedição de mandado de penhora e, consequente, avaliação.

Nestes termos,
Pede deferimento.
"Local..." e "Data..."
OAB n. ..., "Assinatura..."

8. IMPUGNAÇÃO AO CUMPRIMENTO DE SENTENÇA

8.1. Apresentação

A impugnação é o meio pelo qual o devedor de quantia, executado em relação a título judicial, tem para manifestar-se defensivamente, arguindo pontos diretos para que possa buscar o encerramento do cumprimento da sentença, sendo a modalidade legal de rebater os argumentos trazidos pela parte exequente, contestando-os.

A natureza jurídica, segundo a doutrina, é dúplice, tendo inicialmente clara característica de defesa, pois o executado utiliza este mecanismo para se opor à execução. A outra característica, que compõe a natureza jurídica dúplice, é que esta manifestação se dá por meio de ação incidental na qual busca o executado, por exemplo, a declaração da inexigibilidade do título, visto que esta medida incidental veiculará pretensão declaratória ou desconstitutiva.

Importante ressalva merece destaque, distinguindo a impugnação ao cumprimento de sentença e os embargos à execução (ou embargos do devedor), visto que este é meio específico de defesa do executado, por meio de processo autônomo, e se dá para procedimentos da **execução contra a fazenda pública** (art. 910 do CPC) e nas **execuções fundadas em título extrajudicial** (arts. 914 a 920 do CPC).

A impugnação, diferentemente, está comprometida com a fase do cumprimento de sentença, em relação ao pagamento por quantia, sendo procedimento incidental que se desenvolve na mesma relação jurídico-processual da qual se formou a lide originária.

O legitimado a ofertar a impugnação (art. 523 do CPC) é o executado, intimado na pessoa de seu advogado (arts. 272 e 273 do CPC), ou, na falta deste, o seu representante legal, ou intimado pessoalmente, por mandado ou pelo correio.

O executado, como consequência do contraditório e da ampla defesa, tem a liberdade e o direito de opor-se à execução por meio da impugnação, desde que seja caso de cabimento, podendo trazer consequências relevantes para o cumprimento da sentença, como, inclusive, a extinção do processo e encerramento do cumprimento da sentença em alguns casos pontuais.

A impugnação é uma **faculdade do executado** que pode ofertá-la ou não. O prazo para a oferta da impugnação é de **15 dias** que serão contados, assim como alerta o art. 525 do CPC, após transcorrer o prazo previsto no art. 523 (de 15 dias), sem o pagamento voluntário, ressaltando que a impugnação será apresentada, independentemente de penhora ou nova intimação.

Ainda, verifica-se que na impugnação o executado poderá alegar:

I – falta ou nulidade da citação se, na fase de conhecimento, o processo correu à revelia;

II – ilegitimidade de parte;

III – inexequibilidade do título ou inexigibilidade da obrigação;

IV – penhora incorreta ou avaliação errônea;

V – excesso de execução ou cumulação indevida de execuções;

VI – incompetência absoluta ou relativa do juízo da execução;

VII – qualquer causa modificativa ou extintiva da obrigação, como pagamento, novação, compensação, transação ou prescrição, desde que supervenientes à sentença.

8.2. Como identificar a peça

De maneira bem simples, para a estruturação da impugnação ao cumprimento de sentença, o examinador apresentará no caso prático a existência de uma ação de conhecimento ou de qualquer outra decisão prevista no art. 515 do CPC, cujo interessado ingressou com o devido cumprimento de uma das hipóteses prevista no dispositivo legal, cabendo, portanto, ao candidato impugnar a referida execução de título judicial por intermédio da peça profissional ora estudada.

8.3. Requisitos essenciais, fundamentos legais e estrutura da impugnação ao cumprimento de sentença

Importante verificar que, pela nova sistemática do CPC, transcorrido o prazo de 15 dias previsto pelo art. 523 do CPC, sem o pagamento voluntário do débito, inicia-se o prazo de 15 dias para que o executado, independentemente de penhora ou de nova intimação, apresente, nos próprios autos, sua impugnação.

A qualificação das partes deve seguir o mesmo padrão utilizado para as peças anteriormente estudadas, com a qualificação e identificação da ação de conhecimento, ressaltando tratar de "impugnação ao cumprimento de sentença", com fulcro no art. 525 do CPC.

O examinando deverá ficar atento porque o CPC elencou o rol das matérias que poderão ser levantadas e alegadas pelo o executado na impugnação: *I – falta ou nulidade da citação se, na fase de conhecimento, o processo correu à revelia; II – ilegitimidade de parte; III – inexequibilidade do título ou inexigibilidade da obrigação; IV – penhora incorreta ou avaliação errônea; V – excesso de execução ou cumulação indevida de execuções; VI – incompetência absoluta ou relativa do juízo da execução; VII – qualquer causa modificativa ou extintiva da obrigação, como pagamento, novação, compensação, transação ou prescrição, desde que supervenientes à sentença.*

Em seguida, o examinando deverá fazer singelo esboço histórico do ocorrido no processo, comentando os elementos da sentença condenatória e o valor pretendido pelo exequente. Se for caso de requisitar efeito suspensivo, o examinando deve destacar os seus elementos (art. 525, § 6º, do CPC).

Se o examinador indicar a existência de **excesso de execução**, o examinando deverá **apontar o valor que entende ser devido** (art. 525, § 4º, do CPC), com base no cálculo aritmético, atualizado até a data da impugnação, em respeito ao art. 524 do Código de Processo Civil. Não se esquecer de apresentar e elaborar a planilha discriminada do débito.

Nestes termos, a apresentação de impugnação não impede a prática dos atos executivos, inclusive os de expropriação, podendo o juiz, **a requerimento do executado** e desde que **garantido o juízo com penhora, caução ou depósito suficientes**, atribuir-lhe efeito suspensivo, se seus fundamentos forem relevantes e se o prosseguimento da execução for manifestamente suscetível de causar ao executado grave dano de difícil ou incerta reparação.

Por fim, o examinando deve realizar o pedido, requerendo a concessão de efeito suspensivo, visto que depositado o valor incontroverso, fazendo-se cumprir o que determina o § 6º do art. 525 do Código de Processo Civil; a remessa dos autos ao contador judicial, se for o caso, seguindo as determinações do § 2º do art. 524 do Código de Processo Civil ou, supletivamente, a designação de perícia para assim apurar em exato os cálculos contidos na impugnação; e o total acolhimento da impugnação com a consequente declaração de exatidão dos cálculos apresentados, pedindo a extinção do processo por sentença, assim como afirma o art. 316 do Código de Processo Civil.

8.4. Estrutura resumida da peça

1. Endereçamento: atentar que por se tratar de impugnação ao cumprimento de sentença haverá a identificação exata do juízo competente, no qual tramitou a ação de conhecimento e tramita o cumprimento de sentença, ou seja da cidade/comarca ao qual a peça deverá ser endereçada. Assim, a título de exemplo, utilizar: "EXCELENTÍSSIMO SENHOR DOUTOR JUIZ DE DIREITO DA 5ª VARA CÍVEL DA COMARCA DE SÃO PAULO".

2. Número do processo: importante verificar que, por se tratar de impugnação ao cumprimento de sentença, existiu ou existe uma ação de conhecimento em andamento, com seu consequente cumprimento, inclusive tendo recebido o devido número de distribuição. Assim, identificar o processo logo em seguida ao endereçamento: "Processo n. ....".

3. Identificação das partes: "NOME DO EXECUTADO", "nacionalidade...", "estado civil...", "profissão..." (se pessoa jurídica indicar se de direito privado, público interno ou público externo), portador do "RG n. ...", inscrito no "CPF/CNPJ sob o n. ...", "endereço eletrônico...", "domiciliado na rua..." (se for pessoa jurídica "com sede na rua..."), "número...", "bairro...", "Município...", "Estado de...", "CEP...".

"NOME DO EXEQUENTE", "nacionalidade...", "estado civil...", "profissão..." (se pessoa jurídica indicar se de direito privado, público interno ou público externo), portador do "RG n. ...", inscrito no "CPF/CNPJ sob o n. ...", "endereço eletrônico...", "domiciliado na rua..." (se for pessoa jurídica "com sede na rua..."), "número...", "bairro...", "Município...", "Estado de...", "CEP...".

4. Nome da ação e sua fundamentação legal: "vem, respeitosamente, à presença de Vossa Excelência oferecer IMPUGNAÇÃO AO CUMPRIMENTO DE SENTENÇA, com fundamento no art. 525 do CPC, pelas razões de fato e de direito a seguir afirmadas".

5. Fatos: transcrição integral do texto apresentado pelo examinador no enunciado da peça prática, ressaltando a impossibilidade de criar dados inexistentes, para não identificar a peça profissional e ter a prova zerada pelo examinador.

6. Fundamentação: faça a correta ligação entre os fatos e os dispositivos legais aplicáveis, como artigos de lei, súmulas, precedentes, desenvolvendo raciocínio lógico e coerência jurídica, ressaltando que a mera indicação do artigo ou da lei não é suficiente para a pontuação, sendo necessário demonstrar a correta coligação entre fato e direito.

7. Pedidos e requerimentos: "Assim, com base no art. 525 do Código de Processo Civil, requer-se: a) a concessão de efeito suspensivo visto que depositado o valor incontroverso de R$..., fazendo-se cumprir o que determina o § 6º do art. 525 do Código de Processo Civil; b) a consequente remessa dos autos ao contador judicial, seguindo as determinações do § 2º do art. 524 do Código de Processo Civil ou, supletivamente, a designação de perícia para assim apurar em exato os cálculos contidos na impugnação (caso de excesso de execução, se for outra questão adaptar o pedido); c) por fim, o total acolhimento da impugnação com a consequente declaração de exatidão dos cálculos apresentados e extinção do processo por sentença, assim como afirma o art. 316 do Código de Processo Civil".

8. Valor da causa: Não cabe a fixação de valor da causa.

9. Fechamento da peça: Nestes Termos, Pede Deferimento. "Local..." e "Data..." OAB n. ..., "Assinatura...".

8.5. Modelo de impugnação ao cumprimento de sentença por excesso de execução

EXCELENTÍSSIMO SENHOR DOUTOR JUIZ DE DIREITO DA ... VARA CÍVEL DA COMARCA DE ...

"Processo n. ..."

"NOME DO EXECUTADO", "nacionalidade...", "estado civil...", "profissão..." (se pessoa jurídica indicar se de direito privado, público interno ou público externo), portador do "RG n. ...", inscrito no "CPF/CNPJ sob o n. ...", "endereço eletrônico...", "domiciliado na rua..." (se for pessoa jurídica "com sede na rua..."), "número...", "bairro...", "Município...", "Estado de...", "CEP..." (ou utilizar: já qualificado nos autos), nos autos da ação (NOME DA AÇÃO) que move em face de "NOME DO EXEQUENTE", "nacionalidade...", "estado civil...", "profissão..." (se pessoa jurídica indicar se de direito privado, público interno ou público externo), portador do "RG n. ...", inscrito no "CPF/CNPJ sob o n. ...", "endereço eletrônico...", "domiciliado na rua..." (se for pessoa jurídica "com sede na rua..."), "número...", "bairro...", "Município...", "Estado de...", "CEP..." (ou utilizar: já qualificado), vem, respeitosamente, à presença de Vossa Excelência oferecer IMPUGNAÇÃO AO CUMPRIMENTO DE SENTENÇA, com fundamento no art. 525 do CPC, pelas razões de fato e de direito a seguir afirmadas;

PRÁTICA CIVIL

I – FUNDAMENTOS DA IMPUGNAÇÃO AO CUMPRIMENTO DA SENTENÇA

"Fazer singelo esboço histórico do ocorrido no processo, comentando os elementos sentenciais e o valor pretendido pelo exequente. Se for caso de requisitar efeito suspensivo, destacar os seus elementos (art. 525, § 6º, do CPC). Deve o executado afirmar haver excesso de execução, apontando o valor que entende ser devido (art. 525, § 4º, do CPC), com base no cálculo aritmético, que se encontra devidamente atualizado até a presente data, em respeito ao art. 524 do Código de Processo Civil. Trabalhar a planilha discriminada do débito."

II – DOS PEDIDOS

Assim, com base no art. 525 do Código de Processo Civil, requer-se:

a) a concessão de efeito suspensivo visto que depositado o valor incontroverso de R$..., fazendo-se cumprir o que determina o § 6º do art. 525 do Código de Processo Civil;

b) a consequente remessa dos autos ao contador judicial, seguindo as determinações do § 2º do art. 524 do Código de Processo Civil ou, supletivamente, a designação de perícia para assim apurar em exato os cálculos contidos na impugnação;

c) por fim, o total acolhimento da impugnação com a consequente declaração de exatidão dos cálculos apresentados e extinção do processo por sentença, assim como afirma o art. 316 do Código de Processo Civil.

Nestes termos,
Pede deferimento.
"Local..." e "Data..."
OAB n. ..., "Assinatura..."

9. EXECUÇÃO DE TÍTULO EXTRAJUDICIAL POR QUANTIA CERTA

9.1. Apresentação

São analisadas, neste momento, as chamadas "execuções tradicionais", ou seja, aquelas ações autônomas, que se dão com a instauração de um processo próprio por meio de petição inicial e citação do executado. Executam-se, desse modo, os *títulos executivos extrajudiciais* (art. 784 do CPC).

Desta forma, são títulos executivos extrajudiciais, de acordo com o art. 784 do CPC:

I – a letra de câmbio, a nota promissória, a duplicata, a debênture e o cheque;

II – a escritura pública ou outro documento público assinado pelo devedor;

III – o documento particular assinado pelo devedor e por duas testemunhas;

IV – o instrumento de transação referendado pelo Ministério Público, pela Defensoria Pública, pela Advocacia Pública, pelos advogados dos transatores ou por conciliador ou mediador credenciado por tribunal;

V – o contrato garantido por hipoteca, penhor, anticrese ou outro direito real de garantia e aquele garantido por caução;

VI – o contrato de seguro de vida em caso de morte;

VII – o crédito decorrente de foro e laudêmio;

VIII – o crédito, documentalmente comprovado, decorrente de aluguel de imóvel, bem como de encargos acessórios, tais como taxas e despesas de condomínio;

IX – a certidão de dívida ativa da Fazenda Pública da União, dos Estados, do Distrito Federal e dos Municípios, correspondente aos créditos inscritos na forma da lei;

X – o crédito referente às contribuições ordinárias ou extraordinárias de condomínio edilício, previstas na respectiva convenção ou aprovadas em assembleia geral, desde que documentalmente comprovadas;

XI – a certidão expedida por serventia notarial ou de registro relativa a valores de emolumentos e demais despesas devidas pelos atos por ela praticados, fixados nas tabelas estabelecidas em lei;

XII – todos os demais títulos a que, por disposição expressa, a lei atribuir força executiva.

Importante analisarmos algumas regras específicas do processo de execução.

Primeiro, os **sujeitos ativos**, na execução, são aqueles que podem atuar como autores, agindo e demandado com base em obrigação consubstanciado em título executivo extrajudicial. Com efeito, podem **promover a execução forçada o credor a quem a** lei confere título executivo e o **Ministério Público, nos casos prescritos em lei** (art. 778, *caput* e § 1º, I, do CPC).

Também merece destaque a referência de que também podem promover a execução, bem como nela prosseguir, independentemente do consentimento do executado, (i) **o espólio, os herdeiros ou os sucessores do credor**, sempre que, por morte deste, lhes for transmitido o direito resultante do título executivo, (ii) **o cessionário**, quando o direito resultante do título executivo lhe foi transferido por ato entre vivos, (iii) **ou o sub-rogado**, nos casos de sub-rogação legal ou convencional (art. 778, § 1º, II, III e IV, do CPC).

De outro lado estão os **sujeitos passivos da execução**, aqueles que são demandados e respondem à pretensão executiva. Estes sujeitos, partes do processo executivo, são questionados como possíveis devedores de prestação específica.

Estes sujeitos passivos na execução, segundo o art. 779 do CPC, podem ser: (i) **o devedor**, reconhecido como tal no título executivo; (ii) **o espólio, os herdeiros ou os sucessores** do devedor; (iii) **o novo devedor** que assumiu, com o consentimento do credor, a obrigação resultante do título executivo; (iv) **o fiador** do débito constante em título extrajudicial; (v) **o responsável titular do bem vinculado por garantia real** ao pagamento do débito; e (vi) **o responsável tributário**, assim definido na legislação própria.

A medida executiva extrajudicial se instala por meio de demanda, que se perfectibiliza por meio de **petição inicial**, respeitando os requisitos dos arts. 319 e 320 do CPC. Verifique que o exequente tem a faculdade de desistir de toda a execução ou de apenas algumas medidas executivas, assim como determina o art. 775 do CPC, sempre de forma expressa por meio de petição com o pedido específico de desistência da execução, levando-se em conta que, na desistência da execução, serão extintos a impugnação e os embargos que versarem apenas sobre questões processuais, pagando o exequente as custas processuais e os honorários advocatícios. De outro lado, nos demais casos, a extinção dependerá da concordância do impugnante ou do embargante.

Outro aspecto relevante é perceber que, assim como na petição inicial do processo de conhecimento pode, por meio da cumulação de pedidos, cumular ações, também é lícito ao exequente **cumular, em uma única medida executiva várias outras execuções**, assim como determina o art. 780 do CPC, ainda que fundadas em títulos diferentes, desde que para todas elas seja competente o juiz e idêntico o procedimento.

Com isso, privilegia-se a celeridade, a economia e a razoável duração do processo, tornando o processo mais eficiente, visto que com uma única medida se pode resolver, potencialmente, várias outras por meio da cumulação de ações executivas.

Por fim, o exequente ressarcirá ao executado os danos que este sofreu, quando a sentença, transitada em julgado, declarar inexistente, no todo ou em parte, a obrigação que ensejou a execução (art. 776 do CPC). Esta medida busca evitar o prejuízo daquele que, embora demandado, não seja devedor, penalizando o suposto credor e autor da medida executiva, sendo medida que se impõem para que a execução não se torne mecanismo penalizador sem fundamento.

Outro aspecto de relevo, na execução de título extrajudicial, é a **competência**, que resta estabelecida no **art. 781 do CPC**. Assim, a execução, fundada em título extrajudicial, será processada perante o juízo competente, observando o seguinte:

I – a execução poderá ser proposta no foro de domicílio do executado, de eleição constante do título ou, ainda, de situação dos bens a ela sujeitos;

II – tendo mais de um domicílio, o executado poderá ser demandado no foro de qualquer deles;

III – sendo incerto ou desconhecido o domicílio do executado, a execução poderá ser proposta no lugar onde for encontrado ou no foro de domicílio do exequente;

IV – havendo mais de um devedor, com diferentes domicílios, a execução será proposta no foro de qualquer deles, à escolha do exequente;

V – a execução poderá ser proposta no foro do lugar em que se praticou o ato ou em que ocorreu o fato que deu origem ao título, mesmo que nele não mais resida o executado.

Como se pode perceber, segue-se, na execução extrajudicial, o mesmo sistema de competência determinado para o cumprimento de sentença, previsto pelo art. 516, parágrafo único, do CPC, com a menção expressa ao **foro de eleição constante do título**, bem como com a criação dos chamados **foros concorrentes**, a serem **escolhidos pelo exequente**, conforme o caso.

Importante, ainda, analisar as disposições do art. 792 do CPC, que trata dos casos em que haverá a **fraude à execução**, quando da alienação ou a oneração de bens.

Desta forma, será considerada fraude à execução:

I – quando sobre o bem pender ação fundada em direito real ou com pretensão reipersecutória, desde que a pendência do processo tenha sido averbada no respectivo registro público, se houver;

II – quando tiver sido averbada, no registro do bem, a pendência do processo de execução, na forma do art. 828;

III – quando tiver sido averbado, no registro do bem, hipoteca judiciária ou outro ato de constrição judicial originário do processo onde foi arguida a fraude;

IV – quando, ao tempo da alienação ou da oneração, tramitava contra o devedor ação capaz de reduzi-lo à insolvência;

V – nos demais casos expressos em lei.

Portanto, neste ponto, deve-se recordar que se aplicam **subsidiariamente à execução** as disposições que regem o **processo de conhecimento**, assim como determina o art. 771, parágrafo único, do CPC.

Destaque-se, ainda que, segundo o art. 798 do CPC, **cumpre ao credor, ao requerer a execução**, pedir a citação do devedor e instruir a petição inicial com:

i) o título executivo extrajudicial, bem como com

ii) o demonstrativo do débito atualizado até a data da propositura da ação, quando se tratar de execução por quantia certa, assim como, também, de ao elaborar a petição juntar

iii) a prova de que se verificou a condição, ou ocorreu o termo, e

iv) a prova, se for o caso, de que adimpliu a contraprestação que lhe corresponde ou que lhe assegura o cumprimento, se o executado não for obrigado a satisfazer a sua prestação senão mediante a contraprestação do exequente (art. 798, I, do CPC) caso um destes seja o fenômeno necessário ao implemento da obrigação.

No caso do demonstrativo do débito, para a hipótese de execução por quantia certa, imperioso ressaltar que este deverá conter:

a) o índice de correção monetária adotado;

b) a taxa de juros aplicada; os termos inicial e final de incidência do índice de correção monetária e da taxa de juros utilizados;

c) a periodicidade da capitalização dos juros, se for o caso;

d) a especificação de desconto obrigatório realizado.

Além destes deveres, para que a petição inicial executiva seja apta a dar ensejo à execução, faz-se necessário que o credor **indique a espécie de execução que prefere**, quando por mais de um modo puder ser efetuada. Ainda, deverá **indicar os nomes completos do exequente e do executado** e seus **números de inscrição no Cadastro de Pessoas Físicas** ou no **Cadastro Nacional da Pessoa Jurídica** e os **bens suscetíveis de penhora**, sempre que possível (art. 798, II, do CPC).

Assim, complementando o disposto no art. 798 do CPC, o art. 799 se ocupa de enumerar outras providências que deverão ser tomadas pelo exequente desde a apresentação de sua petição inicial. Desta forma, incumbe ao exequente:

I – requerer a intimação do credor pignoratício, hipotecário, anticrético ou fiduciário, quando a penhora recair sobre bens gravados por penhor, hipoteca, anticrese ou alienação fiduciária;

II – requerer a intimação do titular de usufruto, uso ou habitação, quando a penhora recair sobre bem gravado por usufruto, uso ou habitação;

III – requerer a intimação do promitente comprador, quando a penhora recair sobre bem em relação ao qual haja promessa de compra e venda registrada;

IV – requerer a intimação do promitente vendedor, quando a penhora recair sobre direito aquisitivo derivado de promessa de compra e venda registrada;

V – requerer a intimação do superficiário, enfiteuta ou concessionário, em caso de direito de superfície, enfiteuse, concessão de uso especial para fins de moradia ou concessão de direito real de uso, quando a penhora recair sobre imóvel submetido ao regime do direito de superfície, enfiteuse ou concessão;

VI – requerer a intimação do proprietário de terreno com regime de direito de superfície, enfiteuse, concessão de uso especial para fins de moradia ou concessão de direito real de uso, quando a penhora recair sobre direitos do superficiário, do enfiteuta ou do concessionário;

VII – requerer a intimação da sociedade, no caso de penhora de quota social ou de ação de sociedade anônima fechada, para o fim previsto no art. 876, § 7º;

VIII – pleitear, se for o caso, medidas urgentes;

IX – proceder à averbação em registro público do ato de propositura da execução e dos atos de constrição realizados, para conhecimento de terceiros.

9.2. Como identificar a peça

Por certo, nas ações de execução, o examinador apresentará o enunciado aos candidatos evidenciando a existência de um título executivo originário de alguma das relações jurídicas noticiadas no art. 784 do CPC, portanto, tenha sempre em mente as hipóteses ali previstas e quais são efetivamente os títulos executivos extrajudiciais, bem como representando de um lado a figura do credor interessado na satisfação do seu crédito e, de outro lado, o devedor, aquele que resiste à pretensão de saldar o débito de outrem.

Por ser uma efetiva petição inicial, não haverá a indicação de nenhuma propositura de ação anterior, por ser ato inicial a propositura da peça da execução, ressalta-se, em forma de petição inicial, inclusive respeitando todos os requisitos a ela inerentes, conforme analisado.

9.3. Requisitos essenciais, fundamentos legais e estrutura da execução por quantia certa

Importante relembrar, como estudado anteriormente, que as ações podem ser: (i) declaratórias; (ii) mandamentais; (iii) constitutivas; (iv) condenatórias; (v) executivas *lato sensu*, assim como as sentenças poderão ser também, em resposta às demandas: (i) declaratórias; (ii) mandamentais; (iii) constitutivas; (iv) condenatórias; (v) executivas *lato sensu*. Tudo isso depende da questão e o que indica.

No caso, a execução por quantia certa será proposta pelo exequente, seguindo os moldes de uma petição inicial.

Portanto, deverá o examinando observar o correto endereçamento, caso haja indicação no enunciado, ao juízo competente.

A qualificação seguirá os moldes da petição inicial. Importante ter presente que quanto mais correta a identificação das partes, melhor, pois sobre eles recairá, em regra, a coisa julgada. Salienta-se que a qualificação das partes, via de regra, dar-se-á conforme a questão dada pelos examinadores, sendo defeso ao examinando inventar dados que possam tornar a peça identificável.

Ainda, há a necessidade de identificar a peça que está sendo apresentada pelo examinando, com seus fundamentos legais (exemplo: ajuizar a presente EXECUÇÃO POR QUANTIA CERTA, nos termos dos arts. 783, 784, 786, 824 e seguintes do CPC).

Posteriormente, o examinando deverá realizar um esboço histórico do negócio realizado, comentando os elementos necessários para o título extrajudicial (obrigação líquida, certa e exigível), apontando o valor do crédito do exequente, conforme representado pelo título e o cálculo aritmético, lembrando que o cálculo deve estar devidamente atualizado até a propositura da execução, tudo conforme o disposto nos arts. 783, 784, 786 e 824 do Código de Processo Civil, destacando ao final o inadimplemento da obrigação.

Por fim, com relação aos pedidos, com base nos arts. 829 e seguintes do Código de Processo Civil, deve o examinando requerer a citação do executado para efetuar o pagamento do valor devido, no prazo de três dias, acrescido de juros legais, correção monetária, custas e honorários advocatícios de 5%, nos termos do art. 827 do Código de Processo Civil.

Ressaltar que, em caso de não pagamento no prazo legal de três dias, deve o valor ser acrescido de honorários, que deverão ser de 10% do valor executado (CPC, art. 827) com a penhora de dinheiro (CPC, art. 835, I e § 1º) por meio do bloqueio de ativos financeiros pelo sistema BacenJud (penhora *on-line*).

E, caso seja frustrada a penhora de dinheiro, deve-se requerer a expedição de mandado de penhora de tantos bens quantos bastem para garantir a execução, sendo cumprido pelo Oficial de Justiça, não esquecendo a necessidade de atribuição do correto valor à causa.

9.4. Estrutura resumida da peça

1. Endereçamento: assim como afirmado na petição inicial, atentar sempre para o enunciado proposto pelo examinador, se há alguma indicação de regra de competência, bem como se Vara Única, se Vara Distrital, Regional ou Específica (Família e Sucessões, Criança e Adolescente etc.), ou se já há identificação da cidade/comarca "Vara Cível da Comarca da Capital de São Paulo". Ainda, observar se vara cível da Justiça Federal ou Estadual, bem como se de competência originária dos Tribunais. Assim: "EXCELENTÍSSIMO SENHOR DOUTOR JUIZ DE DIREITO DA... VARA CÍVEL DA COMARCA DE... ESTADO DE...".

2. Identificação das partes: NOME DO EXEQUENTE, "nacionalidade...", "estado civil...", "profissão..." (se pessoa jurídica indicar se de direito privado, público interno ou público externo), portador do "RG n. ...", inscrito no "CPF/CNPJ sob o n. ...", "endereço eletrônico...", "domiciliado na rua..." (se for pessoa jurídica "com sede na rua..."), "número...", "bairro...", "Município...", "Estado de...", "CEP...".

NOME DO EXECUTADO, "nacionalidade...", "estado civil...", "profissão..." (se pessoa jurídica indicar se de direito privado, público interno ou público externo), portador do "RG n. ...", inscrito no "CPF/CNPJ sob o n. ...", "endereço eletrônico...", "domiciliado na rua..." (se for pessoa jurídica "com sede na rua..."), "número...", "bairro...", "Município...", "Estado de...", "CEP...".

3. Nome da ação e sua fundamentação legal: "vem, respeitosamente, por intermédio de seu advogado infra-assinado, perante Vossa Excelência, ajuizar a presente EXECUÇÃO POR QUANTIA CERTA, nos termos dos arts. 783, 784, 786 e 824 e seguintes do CPC, pelas razões de fato e de direito a seguir afirmadas".

4. Fatos: transcrição integral do texto apresentado pelo examinador no enunciado da peça prática, ressaltando a impossibilidade de criar dados inexistentes, para não identificar a peça profissional e ter a prova zerada pelo examinador. Fazer singelo esboço histórico do negócio realizado, comentando os elementos do título extrajudicial (obrigação liquida, certa e exigível), apontando o valor do crédito do exequente, conforme o título e cálculo aritmético, que se encontra devidamente atualizado, conforme o disposto nos arts. 783, 784, 786 e 824 do Código de Processo Civil, destacando ao final o inadimplemento.

5. Fundamentação: faça a correta ligação entre os fatos e os dispositivos legais aplicáveis, como artigos de lei, súmulas, precedentes, desenvolvendo raciocínio lógico e coerência jurídica, ressaltando que a mera indicação do artigo ou da lei não é suficiente para a pontuação, sendo necessário demonstrar a correta coligação entre fato e direito. Não esquecer que caso o examinador indique a existência de precedente fazer a adesão, se for o caso, ou a distinção.

6. Pedidos e requerimentos: "Assim, com base nos arts. 829 e seguintes do Código de Processo Civil, requer-se a citação do executado para efetuar o pagamento do valor devido, no prazo de três dias, no valor de R$ (...), acrescido de juros legais, correção monetária, custas e honorários advocatícios de 5% nos termos do art. 827, § 1º, do Código de Processo Civil. Em não ocorrendo pagamento no prazo legal de três dias, requer-se, desde já, o consequente acréscimo aos honorários, que deverão ser de 10% do valor executado (CPC, art. 827) com a penhora de dinheiro (CPC, art. 835, I e § 1º) por meio do bloqueio de ativos financeiros pelo sistema BacenJud (penhora *on-line*). Ademais, caso seja frustrada a penhora de dinheiro, requer-se, ainda, a expedição de mandado de penhora de tantos bens quantos bastem para garantir a execução, sendo cumprido pelo Oficial de Justiça. Requer, outrossim, a juntada das guias judiciais devidamente quitadas; ou (se for o caso), a concessão dos benefícios da justiça gratuita, nos termos do art. 5º, LXXIV, da Constituição Federal e da Lei n. 1.060/50, por ser o autor pobre no sentido legal, não podendo arcar com o pagamento das custas sem prejuízo do próprio sustento. Protesta por provar o aduzido unicamente por intermédio do título que instrui a petição inicial executiva".

7. Valor da causa: Atribui-se à presente execução o valor de R$ (...).

8. Fechamento da peça: Nestes Termos, Pede Deferimento. "Local..." e "Data..." OAB n. ..., "Assinatura...".

9.5. Modelo de execução de título extrajudicial por quantia certa

EXCELENTÍSSIMO SENHOR DOUTOR JUIZ DE DIREITO DA... VARA CÍVEL DA COMARCA DE... ESTADO DE...

NOME DO EXEQUENTE, "nacionalidade...", "estado civil...", "profissão..." (se pessoa jurídica indicar se de direito privado, público interno ou público externo), portador do "RG n. ...", inscrito no "CPF/CNPJ sob o n. ...", "endereço eletrônico...", "domiciliado na rua..." (se for pessoa jurídica "com sede na rua..."), "número...", "bairro...", "Município...", "Estado de...", "CEP...", vem, respeitosamente, por intermédio de seu advogado infra-assinado, perante Vossa Excelência, ajuizar a presente EXECUÇÃO POR QUANTIA CERTA em face de NOME DO EXECUTADO, "nacionalidade...", "estado civil...", "profissão..." (se pessoa jurídica indicar se de direito privado, público interno ou público externo), portador do "RG n. ...", inscrito no "CPF/CNPJ sob o n. ...", "endereço eletrônico...", "domiciliado na rua..." (se for pessoa jurídica "com sede na rua..."), "número...", "bairro...", "Município...", "Estado de...", "CEP...", nos termos dos arts. 783, 784, 786 e 824 e seguintes do CPC, pelas razões de fato e de direito a seguir afirmadas:

I – FUNDAMENTOS DA EXECUÇÃO POR QUANTIA CERTA
"Fazer singelo esboço histórico do negócio realizado, comentando os elementos do título extrajudicial (obrigação líquida, certa e exigível), apontando o valor do crédito do exequente, conforme o título e cálculo aritmético, que se encontra devidamente atualizado, conforme o disposto nos arts. 783, 784, 786 e 824 do Código de Processo Civil, destacando ao final o inadimplemento."

II – DOS PEDIDOS
Assim, com base nos arts. 829 e seguintes do Código de Processo Civil, requer-se a citação do executado para efetuar o pagamento do valor devido, no prazo de três dias, no valor de R$ (...), acrescido de juros legais, correção monetária, custas e honorários advocatícios de 5% nos termos do art. 827 do Código de Processo Civil.

Em não ocorrendo pagamento no prazo legal de três dias, requer-se, desde já, o consequente acréscimo aos honorários, que deverão ser de 10% do valor executado (CPC, art. 827) com a penhora de dinheiro (CPC, art. 835, I e § 1º) por meio do bloqueio de ativos financeiros pelo sistema BacenJud (penhora on-line).

Ademais, caso seja frustrada a penhora de dinheiro, requer-se, ainda, a expedição de mandado de penhora de tantos bens quantos bastem para garantir a execução, sendo cumprido pelo Oficial de Justiça.

Requer, outrossim, a juntada das guias judiciais devidamente quitadas; ou (se for o caso), a concessão dos benefícios da justiça gratuita, nos termos do art. 5º, LXXIV, da Constituição Federal e da Lei n. 1.060/50, por ser o autor pobre no sentido legal, não podendo arcar com o pagamento das custas sem prejuízo do próprio sustento.

Protesta por provar o aduzido unicamente por intermédio do título que instrui a petição inicial executiva.

O endereço do advogado do autor, onde deverá receber as intimações, é "Endereço...".

Atribui-se à presente execução o valor de R$ (...).

Nestes termos,
Pede deferimento.
"Local..." e "Data..."
OAB n. ..., "Assinatura..."

10. EMBARGOS À EXECUÇÃO

10.1. Apresentação

É sabido que os embargos à execução constituem o meio de defesa colocado à disposição do executado, em processo autônomo, de forma incidente sobre o curso da execução. De igual maneira, o procedimento dos embargos é o comum do processo de conhecimento, ou seja, **inicia-se por meio de uma petição inicial**, instaurando-se, pois, uma **ação autônoma (dos embargos)**, cuja petição inicial deve seguir os **requisitos básicos do art. 319 do CPC**, a qual segue com a **intimação do exequente** para que em 15 dias impugne os embargos, após será determinada a realização da audiência de instrução e julgamento – se for necessário – e, por fim, a prolação da sentença.

A princípio, o que pode ser alegado nos embargos? Diz o art. 917 do CPC que nos embargos à execução, poderá o executado alegar:

I – inexequibilidade do título ou inexigibilidade da obrigação;

II – penhora incorreta ou avaliação errônea;

III – excesso de execução ou cumulação indevida de execuções;

IV – retenção por benfeitorias necessárias ou úteis, nos casos de execução para entrega de coisa certa;

V – incompetência absoluta ou relativa do juízo da execução;

VI – qualquer matéria que lhe seria lícito deduzir como defesa em processo de conhecimento.

É importante destacar que, independentemente de penhora, depósito ou caução, o executado poderá **opor-se à execução por meio de embargos**, que serão oferecidos no **prazo de 15 dias**, contados da data da juntada aos autos do mandado de citação, realizada conforme o art. 231 do CPC.

A despeito de que, nas execuções por carta, o prazo para embargos será contado:

i) da juntada, na carta, da certificação da citação, quando versarem unicamente sobre vícios ou defeitos da penhora, da avaliação ou da alienação dos bens;

ii) da juntada, nos autos de origem, do comunicado da carta precatória, rogatória ou de ordem, ou, não havendo este, da juntada da carta devidamente cumprida, quando versarem sobre questões diversas da prevista no item anterior.

Ademais, com relação ao prazo para oferecimento dos embargos à execução, **não se aplica o disposto no art. 229 do CPC**, ou seja, **não terão os prazos contados em dobro** em caso de litisconsortes que tiverem diferentes procuradores, de escritórios de advocacia distintos.

Os embargos à execução serão **distribuídos por dependência, autuados em apartado e instruídos com cópias das peças processuais relevantes**, que poderão ser declaradas autênticas pelo próprio advogado, sob sua responsabilidade pessoal. Sendo que, na execução por carta, os embargos serão oferecidos no juízo deprecante ou no juízo deprecado, mas a competência para julgá-los é do juízo deprecante, salvo se versarem unicamente sobre vícios ou defeitos da penhora, da avaliação ou da alienação dos bens efetuadas no juízo deprecado.

Destaca-se, ainda, que **os embargos não terão efeito suspensivo**, podendo, entretanto, **atribuir efeito suspensivo**, desde que, a requerimento do embargante, sejam verificados pelo juiz os requisitos necessários para a concessão da tutela provisória e desde que a execução já esteja garantida por penhora, depósito ou caução suficientes.

Cessando as circunstâncias que a motivaram, a decisão relativa aos efeitos dos embargos poderá, a requerimento da parte, **ser modificada ou revogada a qualquer tempo**, em decisão fundamentada. No entanto, quando o efeito suspensivo atribuído aos embargos disser respeito apenas a parte do objeto da execução, esta prosseguirá quanto à parte restante. Da mesma forma que a concessão de efeito suspensivo não impedirá a efetivação dos atos de substituição, de reforço ou de redução da penhora e de avaliação dos bens.

Essa decisão de conceder, modificar ou revogar o efeito suspensivo é recorrível por agravo de instrumento (art. 1.015, X, do CPC).

Verificar que, assim como ocorre com a petição inicial no processo de conhecimento, o juiz poderá rejeitar liminarmente os embargos, assim como informa o art. 919 do CPC, nos casos de **indeferimento da petição inicial e de improcedência liminar do pedido** (arts. 330 e 332 do CPC) ou quando **manifestamente protelatórios**, sendo, neste último caso, considerado como conduta atentatória à dignidade da justiça.

No procedimento, sendo recebidos os embargos, será o exequente ouvido no prazo de 15 dias. Em seguida, o juiz julgará imediatamente o pedido (art. 355 do CPC) ou designará audiência de conciliação, instrução e julgamento, proferindo, após, a sentença (art. 920 do CPC). Ao final, a sentença que julgará os embargos poderá ser recorrida por meio de apelação ou embargos de declaração, se for o caso.

10.2. Como identificar a peça

Em se tratando de embargos do devedor, certamente o examinador, no momento de formulação do enunciado da questão prática, indicará aos candidatos a existência de uma execução de título extrajudicial, proposta pelo exequente, havendo a necessidade de o candidato, na condição de advogado do executado, após a citação, apresentar a peça de defesa adequada, ressaltando se tratar efetivamente dos embargos à execução, meio legal para o executado apresentar seus fundamentos de defesa, processado como ação autônoma.

10.3. Requisitos essenciais, fundamentos legais e estrutura dos embargos à execução

Apesar de ser meio de defesa, a sua estruturação segue os critérios de uma petição inicial, tal como na execução de título extrajudicial, anteriormente apresentada. Portanto, além da qualificação das partes, com todos os elementos contidos no enunciado apresentado pelos examinadores, bem como a identificação da peça, com seu fundamento legal.

"opor EMBARGOS À EXECUÇÃO, com fundamento no art. 914 do CPC, com pedido de efeito suspensivo, art. 919, § 1º, do CPC".

Deve, ainda, o examinando ficar atento à existência de um processo de execução anterior, sendo necessário o correto endereçamento, conforme constar do enunciado, bem como à identificação do processo logo abaixo (**"Processo n. ..."**).

No mais, o examinando deverá ficar atento a eventuais alegações em preliminares, caso haja indicação pelos examinadores no enunciado da questão, passando, posteriormente, à análise das questões de mérito.

Assim, deve ser feita a narração dos fatos que originaram o negócio, comentando os vícios essenciais presentes nos elementos do título executivo extrajudicial (obrigação líquida, certa e exigível), conforme o art. 917, I, do CPC, caso haja o vício, apontando ainda, casa exista, o excesso de execução art. 917, III e § 2º, do CPC, demonstrando o valor supostamente devido (art. 917, § 3º, do CPC), conforme cálculo aritmético atualizado, requerendo, ainda, se for o caso, que seja atribuído o efeito suspensivo nos termos do art. 919, § 1º, do CPC.

Ressalta-se que o art. 917 do CPC elenca as matérias que poderão ser arguidas pelo executado nos embargos à execução: *I – inexequibilidade do título ou inexigibilidade da obrigação; II – penhora incorreta ou avaliação errônea; III – excesso de execução ou cumulação indevida de execuções; IV – retenção por benfeitorias necessárias ou úteis, nos casos de execução para entrega de coisa certa; V – incompetência absoluta ou relativa do juízo da execução; VI – qualquer matéria que lhe seria lícito deduzir como defesa em processo de conhecimento.*

Ainda, necessário observar que, se for o caso de ser alegado o excesso de execução, o § 2º determina que haverá o referido excesso quando:

I – o exequente pleiteia quantia superior à do título;

II – ela recai sobre coisa diversa daquela declarada no título;

III – ela se processa de modo diferente do que foi determinado no título;

IV – o exequente, sem cumprir a prestação que lhe corresponde, exige o adimplemento da prestação do executado;

V – o exequente não prova que a condição se realizou.

Quanto aos pedidos, o examinando deverá requerer a **concessão de efeito suspensivo** visto que comprovada a situação de gravidade e a penhora realizada, fazendo-se cumprir o que determina o § 1º do art. 919 do Código de Processo Civil, bem como **pedindo o total acolhimento dos embargos à execução** para reconhecer "a inexigibilidade do título", "o excesso de execução", ou as demais hipóteses do art. 917, pleiteando a **procedência do pedido dos embargos** e a **improcedência e extinção da execução**, condenando o embargado nas custas com o processo e honorários advocatícios.

Por fim, deve o examinando protestar por provas e atribuir valor à causa, relembrando que os embargos à execução, muito embora sejam meio de defesa, têm natureza de ação autônoma, processada e julgada de forma incidente à execução.

10.4. Estrutura resumida da peça

1. Endereçamento: atentar que por se tratar de embargos do devedor, muito embora tenha natureza de ação autônoma, observando os requisitos dos arts. 319 e 320 do CPC, haverá a identificação exata do juízo competente, no qual tramita a execução do título extrajudicial, ou seja, da cidade/comarca ao qual a peça deverá ser endereçada. Assim, a título de exemplo, utilizar: "EXCELENTÍSSIMO SENHOR DOUTOR JUIZ DE DIREITO DA 5ª VARA CÍVEL DA COMARCA DE SÃO PAULO".

2. Número do processo: importante verificar que por se tratar de embargos do devedor à execução de título extrajudicial em andamento, tendo recebido o devido número de distribuição. Assim, identificar o processo logo em seguida ao endereçamento: "Processo n. ...".

3. Identificação das partes: "NOME DO EXECUTADO", "nacionalidade...", "estado civil...", "profissão..." (se pessoa jurídica indicar se de direito privado, público interno ou público externo), portador do "RG n. ...", inscrito no "CPF/CNPJ sob o n. ...", "endereço eletrônico...", "domiciliado na rua..." (se for pessoa jurídica "com sede na rua..."), "número...", "bairro...", "Município...", "Estado de...", "CEP...".

"NOME DO EXEQUENTE", "nacionalidade...", "estado civil...", "profissão..." (se pessoa jurídica indicar se de direito privado, público interno ou público externo), portador do "RG n. ...", inscrito no "CPF/CNPJ sob o n. ...", "endereço eletrônico...", "domiciliado na rua..." (se for pessoa jurídica "com sede na rua..."), "número...", "bairro...", "Município...", "Estado de...", "CEP...".

4. Nome da ação e sua fundamentação legal: "vem, respeitosamente, à presença de Vossa Excelência opor EMBARGOS À EXECUÇÃO, com fundamento no art. 914 do CPC, inclusive com pedido de efeito suspensivo, conforme o art. 919, § 1º, do CPC".

5. Fatos: transcrição integral do texto apresentado pelo examinador no enunciado da peça prática, ressaltando a impossibilidade de criar dados inexistentes, para não identificar a peça profissional e ter a prova zerada pelo examinador. Verifique a identificação do vício dos elementos do título extrajudicial (obrigação líquida, certa e exigível) art. 917, I, do CPC, caso haja o vício, apontando ainda, casa exista, o excesso de execução art. 917, III e § 2º, do CPC, apontando o valor supostamente devido (art. 917, § 3º, do CPC), conforme cálculo aritmético, que se encontra devidamente atualizado, requerendo, ainda, se for o caso, que seja atribuído o efeito suspensivo nos termos do art. 919, § 1º, do CPC.

6. Fundamentação: faça a correta ligação entre os fatos e os dispositivos legais aplicáveis, como artigos de lei, súmulas, precedentes, desenvolvendo raciocínio lógico e coerência jurídica, ressaltando que a mera indicação do artigo ou da lei não é suficiente para a pontuação, sendo necessário demonstrar a correta coligação entre fato e direito.

7. Pedidos e requerimentos: "Assim, com base no art. 919, § 1º, do Código de Processo Civil, requer-se: a) a concessão de efeito suspensivo visto que comprovada a situação de gravidade e a penhora realizada (conforme autor de avaliação e penhora do bem...), fazendo-se cumprir o que determina o § 1º do art. 919 do Código de Processo Civil; b) por fim, o total acolhimento dos Embargos à Execução para reconhecer (a inexigibilidade do título, a inexequibilidade da obrigação, o excesso de execução ou qualquer outra hipótese), procedendo-se os Embargos e improcedendo-se a Execução, condenando o embargado nas custas e honorários. Protesta por provar o aduzido por todos os meios de provas em direito admitidos e moralmente aceitos".

8. Valor da causa: Atribui-se aos Embargos à Execução o valor de R$ (...).

9. Fechamento da peça: Nestes Termos, Pede Deferimento. "Local..." e "Data..." OAB n. ..., "Assinatura...".

10.5. Modelo de embargos à execução

EXCELENTÍSSIMO SENHOR DOUTOR JUIZ DE DIREITO DA ... VARA CÍVEL DA COMARCA DE ...

"Processo n. ..."

NOME DO EXECUTADO, "nacionalidade...", "estado civil...", "profissão..." (se pessoa jurídica indicar se de direito privado, público interno ou público externo), portador do "RG n. ...", inscrito no "CPF/CNPJ sob o n. ...", "endereço eletrônico...", "domiciliado na rua..." (se for pessoa jurídica "com sede na rua..."), "número...", "bairro...", "Município...", "Estado de...", "CEP...", vem, respeitosamente, por intermédio de seu advogado infra-assinado, perante Vossa Excelência, opor EMBARGOS À EXECUÇÃO em face de NOME DO EXEQUENTE, "nacionalidade...", "estado civil...", "profissão..." (se pessoa jurídica indicar se de direito privado, público interno ou público externo), inscrito no "CPF/CNPJ sob o n. ...", "endereço eletrônico...", "domiciliado na rua..." (se for pessoa jurídica "com sede na rua..."), "número...", "bairro...", "Município...", "Estado de...", "CEP...", com fundamento no art. 914 do CPC, com pedido de efeito suspensivo (art. 919, § 1º, do CPC) pelas razões de fato e de direito a seguir afirmadas;

I – FUNDAMENTOS DOS EMBARGOS À EXECUÇÃO
"Fazer singelo esboço histórico do negócio, comentando o vício dos elementos do título extrajudicial (obrigação líquida, certa e exigível) art. 917, I, do CPC, caso haja o vício, apontando ainda, casa exista, o excesso de execução art. 917, III e § 2º, do CPC, apontando o valor supostamente devido (art. 917, § 3º, do CPC), conforme cálculo aritmético, que se encontra devidamente atualizado, requerendo, ainda, se for o caso, que seja atribuído o efeito suspensivo nos termos do art. 919, § 1º, do CPC."

II – DOS PEDIDOS
Assim, com base no art. 919, § 1º, do Código de Processo Civil, requer-se:
a) a concessão de efeito suspensivo visto que comprovada a situação de gravidade e a penhora realizada (conforme auto de avaliação e penhora do bem...), fazendo-se cumprir o que determina o § 1º do art. 919 do Código de Processo Civil;

b) por fim, o total acolhimento dos Embargos à Execução para reconhecer (a inexigibilidade do título ou o excesso de execução), procedendo-se os Embargos e improcedendo-se a Execução, condenando o embargado nas custas e honorários.

Protesta por provar o aduzido por todos os meios de provas em direito admitidos e moralmente aceitos.

Atribui-se aos Embargos à Execução o valor de R$ (...).

Nestes termos,
Pede deferimento.
"Local..." e "Data..."
OAB n. ..., "Assinatura..."

11. RECURSOS

11.1. Apelação

11.1.1. Apresentação

Inicialmente, importante destacar que, em se tratando de sentença, ou seja, aquela decisão em que o juiz põe termo ao processo (com ou sem resolução de mérito – arts. 485 e 487 do CPC), o recurso cabível será o de apelação, conforme estabelecido no art. 1.009 do CPC.

O prazo de interposição é de 15 dias, nos termos do art. 1.003, § 5º, do CPC.

Importante verificar que, conforme disposição do art. 1.009, § 1º, as questões resolvidas na fase de conhecimento, se a decisão a seu respeito não comportar agravo de instrumento, não são cobertas pela preclusão, devendo ser suscitadas em preliminar de apelação, eventualmente interposta contra a decisão final, ou nas contrarrazões. No entanto, se as questões forem suscitadas em contrarrazões, o recorrente será intimado para, em 15 dias, manifestar-se a respeito delas.

A apelação será **dirigida ao juízo de primeiro grau** e deverá conter:

i) os nomes e a qualificação das partes;
ii) a exposição do fato e do direito;
iii) as razões do pedido de reforma ou de decretação de nulidade; e
iv) o pedido de nova decisão.

Assim, o apelado será intimado para apresentar suas contrarrazões, igualmente pelo prazo de 15 dias úteis e, em sendo caso de o apelado interpuser apelação adesiva, o juiz intimará o apelante para apresentar contrarrazões. Após a realização das formalidades acima previstas, os autos serão remetidos ao Tribunal pelo juiz, independentemente de juízo de admissibilidade.

No procedimento do recurso, sendo interposta a apelação, o juiz, declarando os efeitos em que a recebe, mandará dar vista ao apelado para responder por meio das contrarrazões.

Desta forma, recebido o recurso de apelação no tribunal e distribuído imediatamente, o relator poderá:

i) decidir monocraticamente, apenas nas hipóteses do art. 932, incisos III a V; ou
ii) se não for o caso de decisão monocrática, elaborará seu voto para julgamento do recurso pelo órgão colegiado.

Ademais, a apelação, em regra, será recebida em seu duplo efeito (devolutivo e suspensivo). No entanto, em algumas situações, o recurso de apelação somente será recebido em seu efeito devolutivo, possibilitando, desde logo, o início da produção dos efeitos da sentença, ou seja, a execução ou o seu cumprimento provisório. Veja-se:

Art. 1.012. A apelação terá efeito suspensivo.

§ 1º Além de outras hipóteses previstas em lei, começa a produzir efeitos imediatamente após a sua publicação a sentença que:

I – homologar a divisão ou a demarcação de terras;

II – condenar a pagar alimentos;

III – extingue sem resolução do mérito ou julga improcedentes os embargos do executado;

IV – julga procedente o pedido de instituição da arbitragem;

V – confirma, concede ou revoga tutela provisória;

VI – decreta a interdição;

No entanto, o pedido de concessão de efeito suspensivo para as hipóteses acima previstas poderá ser formulado por requerimento dirigido ao:

I – tribunal, no período compreendido entre a interposição da apelação e sua distribuição, ficando o relator designado para seu exame prevento para julgá-la; ou

II – relator, se já distribuída a apelação.

Desta forma, a eficácia da sentença poderá ser suspensa pelo relator desde que o apelante demonstre os requisitos necessários para tanto, quais sejam a probabilidade de provimento do recurso ou se, sendo relevante a fundamentação, houver risco de dano grave ou de difícil reparação.

Por fim, recebida a apelação em ambos os efeitos, o juiz não poderá inovar no processo, todavia, como ressaltado anteriormente, sendo recebida tão somente no efeito devolutivo, o apelado poderá promover, desde logo, a execução provisória da sentença, extraindo a respectiva carta.

Atente-se para as regras do preparo recursal, assim entendido como o pagamento do recurso (custas judiciais) e a sua devida comprovação no ato de interposição, de acordo com o art. 1.007 do CPC. A pena para quem não paga o recurso é a **deserção**.

Em se tratando de processo em autos eletrônicos, é dispensado o recolhimento do porte de remessa e de retorno, nos termos do art. 1.007, § 3º, do CPC.

Com o CPC, algumas importantes considerações e mudanças a respeito do preparo, relativizando as hipóteses de configuração da deserção, desta forma:

- a **insuficiência no valor do preparo**, inclusive porte de remessa e retorno, implicará deserção se o recorrente, intimado na pessoa de seu advogado, não vier a supri-lo no prazo de cinco dias;
- o recorrente que **não comprovar**, no ato de interposição do recurso, o recolhimento do preparo, inclusive do porte de remessa e retorno, será intimado, na pessoa de seu advogado, para realizar o recolhimento em dobro, sob pena de deserção;
- é **vedada a complementação** se houver insuficiência parcial do preparo, inclusive porte de remessa e retorno, no recolhimento realizado na forma do item anterior.

Havendo justo motivo para não realizar o preparo da apelação, o juiz relevará a pena de deserção e fixará o prazo de cinco dias para efetuar o preparo, de acordo com o art. 1.007, § 6º, do CPC.

Ainda, o equívoco no preenchimento da guia de custas não implicará a aplicação da pena de deserção, cabendo ao relator, na hipótese de dúvida quanto ao recolhimento, intimar o recorrente para sanar o vício no prazo de cinco dias.

Há, ainda, algumas exceções à regra da comprovação do preparo no ato de interposição do recurso:

- o **recurso inominado dos Juizados Especiais**, que pode ser preparado até 48 horas após a interposição;
- o **recurso interposto após o encerramento do horário bancário**, cujo preparo será feito no primeiro dia útil seguinte, sem implicar deserção, conforme a Súmula 484 do STJ.

Como regra, **todos os recursos têm preparo**, porém o recurso de agravo do art. 1.042 do CPC, o agravo interno e os embargos declaratórios são isentos de preparo. Estão dispensados do preparo qualquer recurso interposto pelo Ministério Público, pela União, pelos Estados e Municípios e respectivas autarquias, e pelos que gozam de isenção legal (beneficiários da justiça gratuita, p. ex.).

11.1.2. Como identificar a peça

Para identificar a peça profissional da apelação, verifique que o examinador sempre apresentará um caso prático demonstrando que uma sentença foi proferida pelo magistrado, exigindo que o candidato, na condição de advogado da parte, apresente seu recurso. Atente-se, sempre caberá a apelação da sentença, ou seja, da decisão judicial que põe fim ao processo de conhecimento ou à execução, que tenha uma das hipóteses dos arts. 485 e 487 do CPC.

Cuidado no momento de identificar se o caso apresentado pelo examinador trata, realmente, de sentença, quando for hipótese de julgamento antecipado total ou parcial de mérito (arts. 355 e 356 do CPC). Isto porque, conforme determinação legal, no caso de **julgamento antecipado do mérito**, a natureza da decisão judicial será, efetivamente, de **sentença**, sujeita à **interposição de apelação**. No entanto, se for hipótese de julgamento parcial de mérito (art. 356 do CPC), a decisão do magistrado terá natureza de decisão interlocutória, desafiando recurso de agravo de instrumento.

11.1.3. Requisitos essenciais, fundamentos legais e estrutura da apelação

Em razão das peculiaridades da apelação, alguns passos devem ser observados:

I – Necessidade de apresentação de uma petição de Interposição ou de Admissibilidade.

Assim, verificada pelo examinando a necessidade de apresentação de apelação contra a sentença, deve ser constatado que o referido recurso exige a elaboração de duas peças. Uma dirigida ao juiz da causa, *juízo a quo*, prolator da sentença (sempre analisando as proposições apresentadas pelo enunciado da questão); e outra, no tocante às razões do recurso de apelação, cujo endereçamento é realizado ao juízo *ad quem*, ou seja, ao **Tribunal de Justiça responsável pelo juízo de admissibilidade**, pela apreciação do recurso e pelo julgamento do mérito recursal de apelação.

Quanto à primeira peça, o examinando deverá observar:

O endereçamento ao juízo de primeiro grau competente e, logo após, o examinando deve deixar um espaço, suficiente para apresentar as informações da ação, em especial o número de distribuição do processo.

EXCELENTÍSSIMO SENHOR DOUTOR JUIZ DE DIREITO DA... VARA CÍVEL DA COMARCA DE... ESTADO DE...

"Processo n. ...".

Em seguida, como o recurso de apelação acompanha os autos, as partes já se encontram devidamente qualificadas, devendo o examinando tão somente transcrever a qualificação, conforme já especificadas nos autos da ação.

"APELANTE, já devidamente qualificado nos autos da ação em epígrafe..." e "APELADO, igualmente qualificado nos autos...".

Importante sempre lembrar de identificar aquilo que a questão exige para a elaboração do recurso de apelação, sendo imprescindível ao examinando trazer a fundamentação legal.

"interpor o presente RECURSO DE APELAÇÃO, com fundamento no art. 1.009 do CPC".

Ao final da peça de admissibilidade, o examinando deve comprovar o recolhimento do preparo (art. 1.007 do CPC), bem como requerer que o juízo *a quo* receba o recurso de apelação, e remeta-o ao Egrégio Tribunal de Justiça para apreciação e julgamento por uma de suas Câmaras, finalizando "Nestes termos, Aguarda deferimento!"

II – Apresentação da Peça das Razões Recursais.

Feita a petição de interposição do recurso de apelação perante o juízo de primeiro grau, deve o examinando em outra folha ou deixando espaço suficiente para separar as peças, as quais serão anexas à primeira peça, iniciar as chamadas razões do recurso.

Como dito anteriormente, o endereçamento é realizado ao juízo de segundo grau, ou *ad quem*, ou seja, ao Tribunal de Justiça responsável pelo juízo de admissibilidade e pela apreciação e julgamento do Recurso de Apelação, o qual reformará ou manterá a sentença combatida, identificando, ainda, o número do processo e as partes da relação processual.

Conforme exemplo a seguir:

Apelante: ...
Apelado: ...
Processo n. ...
Egrégio Tribunal,
Colenda Câmara,
Ínclitos Julgadores.

No primeiro tópico a ser destacado nas razões de recurso de apelação, o examinando deve analisar se é caso de ter decisão interlocutória não agravável que, nos termos do **art. 1.009, § 1º, do Código de Processo Civil**, pode ser combatida, pois as questões resolvidas na fase de conhecimento, se a decisão a seu respeito não comportar agravo de instrumento, não são cobertas pela preclusão e devem ser suscitadas em preliminar de apelação, eventualmente interposta contra a decisão final, ou nas contrarrazões. Por isso, requerer a reforma daquela decisão.

Por fim, neste tópico, ver se ainda há outras questões preliminares que devam ser arguidas.

Posteriormente, deve o examinando elaborar uma síntese dos autos, ou seja, uma narrativa lógica das principais situações ocorridas ao longo do trâmite do processo, da inicial até a prolação da sentença. Ressalta-se a necessidade de leitura da questão, em especial analisando que as informações do processo estão inseridas no corpo da questão, obrigando ao examinando sua verificação.

Após as considerações acerca da síntese dos autos, deve o examinando apontar os erros ou equívocos do julgamento e/ou de atividade, levantando as questões de direito e pedindo a reforma e/ou a anulação da sentença, com retorno dos autos para nova sentença, se for o caso, indicando, ainda, as razões do pedido de reforma ou de decretação de nulidade da decisão (art. 1.010, III, do CPC).

Lembrando mais uma vez que, se for caso de uso de precedentes favorável, o examinando deverá fazer a adesão, caso desfavorável, imprescindível a realização da distinção – ou *distinguishing*.

Ao final, o examinando deve formular o pedido específico de acolhimento da questão preliminar, se for caso de decisão interlocutória não agravável, para reforma da decisão (dizer qual a decisão não agravável que deve ser reformada) nos termos do art. 1.009, § 1º, do Código de Processo Civil, bem como pedir a reforma da sentença proferida pelo juízo *a quo*, conforme exemplo a seguir: "deverá esse E. Tribunal dar PROVIMENTO à Apelação para REFORMAR a douta sentença, julgando PROCEDENTES os pedidos formulados na petição inicial, por ser de direito e de justiça, a fim de que (conforme o caso proposto e dependendo do caso concreto pode ser pedido só de reforma, só de anulação ou os dois, como aqui foi exposto)".

Lembrando, ainda e finalmente, que o prazo para a interposição do recurso de apelação é de 15 dias, conforme estabelecido pelo art. 1.003, § 5º, do CPC.

11.1.4. Estrutura resumida da peça

1. 1ª peça – Folha de rosto ou petição de interposição:

1.1. Endereçamento: atentar que, por se tratar de recurso de apelação, deverá ser dirigido ao juízo da causa, já identificado, em razão de ser o juízo competente pelo julgamento da demanda (sentença), ou seja da cidade/comarca ao qual a peça deverá ser endereçada. Assim, utilizar: "EXCELENTÍSSIMO SENHOR DOUTOR JUIZ DE DIREITO DA... VARA CÍVEL DA COMARCA DE... ESTADO DE...".

1.2. Número do processo: importante verificar que, por se tratar de recurso de apelação, haverá o devido número de distribuição. Assim, identificar o processo logo em seguida ao endereçamento: "Processo n. ...".

1.3. Identificação das partes: "NOME DO APELANTE", "já devidamente qualificado nos autos". Ressalta-se, todavia, que não há a necessidade de nova qualificação das partes, existindo a possibilidade de ser utilizada a informação "já devidamente qualificado nos autos", entendimento este já devidamente autorizado pela FGV.

"NOME DO APELADO", "já devidamente qualificado nos autos". De igual maneira, ressalta-se a possibilidade de ser utilizada a informação "já devidamente qualificado nos autos".

1.4. Nome da ação e sua fundamentação legal, com o pedido de recebimento do recurso: "vem, respeitosamente, interpor APELAÇÃO, nos termos do art. 1.009 e seguintes do CPC, para superior instância contra a referida sentença, o que faz tempestivamente, requerendo a Vossa Excelência que se digne a receber o presente recurso nos seus devidos efeitos e encaminhá-lo, depois do devido processamento na forma da lei, com as inclusas razões de apelação". Lembrar do pedido de intimação do apelado para apresentar contrarrazões: "intimando a apelada para, querendo, apresentar suas contrarrazões, nos termos do art. 1.010, § 1º, do CPC".

1.5. Fechamento: Nestes Termos, Pede Deferimento. "Local..." e "Data..." OAB n. ..., "Assinatura...".

2. 2ª peça – Folha das razões de apelação:

2.1. Endereçamento: Razões de Recurso de Apelação; identificação das partes (Apelante: ...; Apelado: ...); identificação do processo (Processo n. ...); "Egrégio Tribunal, Colenda Câmara, Ínclitos Julgadores".

2.2. Fatos: Transcrição integral do texto apresentado pelo examinador no enunciado da peça prática, ressaltando a impossibilidade de criar dados inexistentes, para não identificar a peça profissional e ter a prova zerada pelo examinador. Importante verificar se é caso de ter decisão interlocutória não agravável que, nos termos do art. 1.009, § 1º, do Código de Processo Civil, pode ser combatida, pois as questões resolvidas na fase de conhecimento, se a decisão a seu respeito não comportar agravo de instrumento, não são cobertas pela preclusão e devem ser suscitadas em preliminar de apelação, eventualmente interposta contra a decisão final, ou nas contrarrazões. Por isso, requerer a reforma daquela decisão.

2.3. Fundamentação: Faça a correta ligação entre os fatos e os dispositivos legais aplicáveis, como artigos de lei, súmulas, precedentes, desenvolvendo raciocínio lógico e coerência jurídica, ressaltando que a mera indicação do artigo ou da lei não é suficiente para a pontuação, sendo necessário demonstrar a correta coligação entre fato e direito.

2.4. Pedidos e requerimentos: "Diante do exposto, requerer o recebimento da presente Apelação, sendo reconhecida, preliminarmente, estar incorreta a decisão interlocutória referida, para então reformar a decisão interlocutória (dizer qual a decisão não agravável que deve ser reformada) nos termos do art. 1.009, § 1º, do Código de Processo Civil. Ultrapassada a questão preliminar, deverá esse E. Tribunal dar PROVIMENTO à Apelação para REFORMAR a douta sentença, julgando PROCEDENTES os pedidos formulados na petição inicial, por ser de direito e de justiça (dependendo do caso concreto pode ser pedido só de reforma, só de anulação ou os dois, como aqui foi exposto)".

2.5. Fechamento da peça: Nestes Termos, Pede Deferimento. "Local..." e "Data..." OAB n. ..., "Assinatura...".

11.1.5. Modelo de razões de apelação

EXCELENTÍSSIMO SENHOR DOUTOR JUIZ DE DIREITO DA... VARA CÍVEL DA COMARCA DE... ESTADO DE...

"Processo n. ..."

NOME DO APELANTE, já devidamente qualificado nos autos da AÇÃO... (colocar o nome da ação, se for o caso, ou somente "nos autos da ação em epígrafe") em curso perante esse MM. Juízo, em que contende com NOME DO APELADO, "já qualificado nos autos", cuja sentença julgou procedente/improcedente o pedido (depende se o autor ou o réu está apelando), vem, respeitosamente, interpor APELAÇÃO, nos termos do art. 1.009 e seguintes do CPC, para superior instância contra a referida sentença, o que faz tempestivamente, requerendo a Vossa Excelência que se digne a receber o presente recurso nos seus devidos efeitos e encaminhá-lo, depois do devido processamento na forma da lei, com as inclusas razões de apelação, intimando a apelada para, querendo, apresentar suas contrarrazões, nos termos do art. 1.010, § 1º, do CPC.

Segue anexada a este recurso a guia do comprovante do pagamento do preparo (CPC, art. 1.007).

Nestes termos,
Pede deferimento.
"Local..." e "Data..."
OAB n. ..., "Assinatura..."

RAZÕES DE APELAÇÃO

Apelante: ...
Apelado: ...
Processo n. ...
Egrégio Tribunal,
Colenda Câmara,
Ínclitos Julgadores.

I – PRELIMINARMENTE

"Ver se é caso de ter decisão interlocutória não agravável que, nos termos do art. 1.009, § 1º, do Código de Processo Civil, pode ser combatida, pois as questões resolvidas na fase de conhecimento, se a

decisão a seu respeito não comportar agravo de instrumento, não são cobertas pela preclusão e devem ser suscitadas em preliminar de apelação, eventualmente interposta contra a decisão final, ou nas contrarrazões. Por isso, requerer a reforma daquela decisão.
Por fim, neste tópico, ver se ainda há outra questão preliminar que deva ser arguida."

II – SÍNTESE DOS FATOS
"Narrar os fatos ocorridos desde a propositura da ação até a prolação da sentença ora recorrida."

III – MÉRITO
"Apontar os erros de julgamento e/ou de atividade, levantando as questões de direito, pedindo a reforma e/ou anulação da sentença com retorno dos autos para nova sentença."

IV – RAZÕES DO PEDIDO DE REFORMA OU DE DECRETAÇÃO DE NULIDADE DA DECISÃO (CPC, ART. 1.010, III)
"Apontar as razões do pedido de reforma ou de decretação de nulidade da sentença, pois elementos necessários do presente recurso.
Observar se há precedente.
Caso o precedente seja favorável, fazer a adesão. Caso desfavorável, fazer a distinção – 'distinguishing'."

V – CONCLUSÕES
Diante do exposto, requerer o recebimento da presente Apelação, sendo reconhecido, preliminarmente, estar incorreta a decisão interlocutória referida, para então reformar a decisão interlocutória (dizer qual a decisão não agravável que deve ser reformada) nos termos do art. 1.009, § 1º, do Código de Processo Civil. Ultrapassada a questão preliminar, deverá esse E. Tribunal dar PROVIMENTO à Apelação para REFORMAR a douta sentença, julgando PROCEDENTES os pedidos formulados na petição inicial, por ser de direito e de justiça (dependendo do caso concreto pode ser pedido só de reforma, só de anulação ou os dois, como aqui foi exposto).

Nestes termos,
Pede deferimento.
"Local..." e "Data..."
OAB n. ..., "Assinatura..."

11.1.6. Modelo de contrarrazões de apelação

EXCELENTÍSSIMO SENHOR DOUTOR JUIZ DE DIREITO DA... VARA CÍVEL DA COMARCA DE ... ESTADO DE...

"Processo n. ..."

PRÁTICA CIVIL

NOME DO APELADO, já qualificado nos autos da AÇÃO... (colocar o nome da ação, se for o caso, ou somente "nos autos da ação em epígrafe") em curso perante esse MM. Juízo, em que contende com NOME DO APELANTE, já qualificado nos autos, cuja sentença julgou procedente/improcedente o pedido (depende se o autor ou o réu está apelando), vem, respeitosamente, apresentar CONTRARRAZÕES DE APELAÇÃO, nos termos do art. 1.009 e seguintes do CPC, o que faz tempestivamente, requerendo a Vossa Excelência que se digne encaminhar o recurso ao Tribunal de Justiça, pugnando pelo não recebimento e não conhecimento do recurso de apelação, pelos motivos a seguir expostos.

Nestes termos,
Pede deferimento.
"Local..." e "Data..."
OAB n. ..., "Assinatura..."

CONTRARRAZÕES DE APELAÇÃO

Apelado: ...
Apelante: ...
Processo n. ...
Egrégio Tribunal,
Colenda Câmara,
Ínclitos Julgadores.

I – PRELIMINARMENTE
"Ver se é caso de ter decisão interlocutória não agravável que, nos termos do art. 1.009, § 1º, do Código de Processo Civil, pode ser combatida, pois as questões resolvidas na fase de conhecimento, se a decisão a seu respeito não comportar agravo de instrumento, não são cobertas pela preclusão e devem ser suscitadas em preliminar de apelação, eventualmente interposta contra a decisão final, ou nas contrarrazões. Por isso, requerer a reforma daquela decisão.
Por fim, neste tópico, ver se ainda há outra questão preliminar que deva ser arguida."

II – SÍNTESE DOS FATOS
"Narrar os fatos ocorridos desde a propositura da ação até a prolação da sentença ora recorrida."

III – MÉRITO
"Apontar a necessidade de manutenção do julgamento, levantando as questões de direito, pedindo o não recebimento, o não conhecimento ou o não provimento do recurso de apelação e, por consequência a manutenção da sentença.
Observar se há precedente.
Caso o precedente seja favorável, fazer a adesão. Caso desfavorável, fazer a distinção – 'distinguishing'."

IV – CONCLUSÕES
Diante do exposto, requerer o não recebimento do recurso de Apelação, ou, em sendo recebido, o não conhecimento ou o não provimento do recurso, devendo a r. sentença ser mantida por seus próprios fundamentos, com a condenação... "(fazer a demonstração da condenação – exemplo: julgando IMPROCEDENTES os pedidos formulados na petição inicial)", por ser de direito e de justiça "(dependendo

do caso concreto pode ser pedido só de manutenção da sentença, só de não recebimento do recurso ou de conhecimento, dependendo do juízo de admissibilidade realizado pelo Tribunal de Justiça)". Requer, ainda, se o caso, a majoração dos honorários nos termos do art. 85, § 11, do CPC.

Nestes termos,
Pede deferimento.
"Local..." e "Data..."
OAB n. ..., "Assinatura..."

12. AGRAVO DE INSTRUMENTO

12.1. Apresentação

O agravo de instrumento é o recurso que ataca as decisões interlocutórias, ou seja, aquelas decisões que não extinguem o processo. Das decisões interlocutórias, como visto, o recurso cabível é o agravo de instrumento, conforme o art. 1.015 do CPC.

Pelas disposições do art. 1.015 do CPC, caberá agravo de instrumento contra as decisões que versarem sobre:

I – tutelas provisórias;

II – mérito do processo;

III – rejeição da alegação de convenção de arbitragem;

IV – incidente de desconsideração da personalidade jurídica;

V – rejeição do pedido de gratuidade da justiça ou acolhimento do pedido de sua revogação;

VI – exibição ou posse de documento ou coisa;

VII – exclusão de litisconsorte;

VIII – rejeição do pedido de limitação do litisconsórcio;

IX – admissão ou inadmissão de intervenção de terceiros;

X – concessão, modificação ou revogação do efeito suspensivo aos embargos à execução;

XI – redistribuição do ônus da prova nos termos do art. 373, § 1º;

XII – vetado;

XIII – outros casos expressamente referidos em lei.

Ainda, nos termos do parágrafo único do art. 1.015, também caberá agravo de instrumento contra **decisões interlocutórias** proferidas na fase de **liquidação de sentença** ou de **cumprimento de sentença**, no **processo de execução** e no **processo de inventário**.

Além disso, o agravo de instrumento **será dirigido diretamente ao tribunal competente**, por meio de petição com os seguintes requisitos (art. 1.016 do CPC):

I – os nomes das partes;

II – a exposição do fato e do direito;

III – as razões do pedido de reforma ou de invalidação da decisão e o próprio pedido;

IV – o nome e o endereço completo dos advogados constantes do processo.

Mas só isso não basta, pois o agravante ainda poderá **requerer a juntada** aos autos do processo, de **cópia da petição do agravo de instrumento**, do **comprovante de sua interposição** e da **relação de documentos que instruíram o recurso**. No entanto, em não sendo eletrônicos os autos, o agravante tomará a providência supramencionada, **no prazo de três dias**, a contar da interposição do agravo de instrumento, sob pena de inadmissibilidade do recurso.

Deverá, pois, o agravante, **obrigatoriamente**, instruir o **recurso de agravo** com:

1. cópias da petição inicial, da contestação, da petição que ensejou a decisão agravada, da própria decisão agravada, da certidão da respectiva intimação ou outro documento oficial que comprove a tempestividade e das procurações outorgadas aos advogados do agravante e do agravado; ou
2. com a declaração de inexistência dos referidos documentos, feita pelo advogado do agravante, sob pena de sua responsabilidade pessoal (inciso III).

E, **facultativamente**, com **quaisquer outras peças que entender úteis e necessárias** para o julgamento do recurso (inciso III), além do comprovante do pagamento das respectivas custas e porte de remessa e retorno, quando devidos (§ 1º).

Ressalta-se que, no prazo previsto para a interposição do recurso, ou seja, de 15 dias, o CPC prevê algumas possibilidades para o agravo ser interposto, vejamos:

O recurso poderá ser protocolado (art. 1.017, § 2º, do CPC):

i) diretamente no tribunal competente para julgá-lo (inciso I);

ii) realizado na própria comarca, seção ou subseção judiciárias (inciso II);

iii) por via postal, sob registro, com aviso de recebimento (inciso III);

iv) por transmissão de dados tipo fac-símile, nos termos da lei (inciso IV); e

v) nos demais casos eventualmente previstos em legislação especial (inciso V).

Na falta da cópia de qualquer peça ou no caso de algum outro vício que comprometa a admissibilidade do agravo de instrumento, deve o relator aplicar o disposto no art. 932, parágrafo único, do CPC, ou seja, antes de considerar inadmissível o recurso de agravo de instrumento, o relator concederá o prazo de cinco dias ao recorrente para que seja sanado o referido vício ou complementada a documentação exigível.

Por fim, em sendo recebido o agravo de instrumento no tribunal, distribuído *incontinenti*, o relator poderá, se não for o caso de aplicação do art. 932, III e IV (não conhecer o recurso inadmissível, prejudicado ou que não tenha sido impugnado especificamente os fundamentos da decisão recorrida; ou negar provimento ao recurso que seja contrário a súmula do STF, STJ ou do próprio Tribunal, acórdão proferido pelo STF, STJ em julgamento de recursos repetitivos, ou de entendimento firmado em incidente de resolução de demandas repetitivas ou de assunção de competência), no **prazo de cinco dias**:

I – **atribuir efeito suspensivo** ao recurso ou **deferir, em antecipação de tutela**, total ou parcialmente, a pretensão recursal, comunicando ao juiz sua decisão;

II – **ordenar a intimação do agravado** pessoalmente, por carta com aviso de recebimento, quando não tiver procurador constituído, ou pelo Diário da Justiça ou por carta com aviso de recebimento dirigida ao seu advogado, para que responda no prazo de 15 dias, facultando-lhe juntar a documentação que entender necessária ao julgamento do recurso;

III – **determinar a intimação do Ministério Público**, preferencialmente por meio eletrônico, quando for o caso de sua intervenção, para que se manifeste no prazo de 15 dias.

12.2. Como identificar a peça

Para identificar a peça profissional do agravo de instrumento, verifique que o examinador demonstrará que houve a prolação de uma decisão interlocutória, que não coloca fim ao processo, exigindo que o candidato, na condição de advogado da parte, apresente seu recurso. Atente-se que no caso do agravo de instrumento deve-se verificar o rol taxativo do art. 1.015 do CPC, atentando, ainda, para o caso de não ser a decisão agravável (ou seja, fora do rol do art. 1.015), será matéria a ser impugnada em preliminar de recurso de apelação, conforme determinado no art. 1.009, § 1º, do CPC.

Conforme ressaltado anteriormente, cuidado no momento de identificar se o caso apresentado pelo examinador trata, realmente, de decisão interlocutória, quando for hipótese de julgamento antecipado total ou parcial de mérito (arts. 355 e 356 do CPC). Isto porque, conforme determinação legal, no caso de julgamento antecipado do mérito, a natureza da decisão judicial será, efetivamente, de sentença, sujeita à interposição de apelação. No entanto, **ser for hipótese de julgamento parcial de mérito** (art. 356 do CPC), a decisão do magistrado terá **natureza de decisão interlocutória**, desafiando recurso de **agravo de instrumento**.

12.3. Requisitos essenciais, fundamentos legais e estrutura do agravo de instrumento

Importante mencionar, incialmente, que o agravo de instrumento, pela sistemática do CPC, está previsto no art. 1.015, trazendo hipóteses taxativas para o seu cabimento.

Assim, caberá agravo de instrumento contra as decisões interlocutórias que versarem sobre:

I – *tutelas provisórias;*

II – *mérito do processo;*

III – *rejeição da alegação de convenção de arbitragem;*

IV – *incidente de desconsideração da personalidade jurídica;*

V – *rejeição do pedido de gratuidade da justiça ou acolhimento do pedido de sua revogação;*

VI – *exibição ou posse de documento ou coisa;*

VII – *exclusão de litisconsorte;*

VIII – *rejeição do pedido de limitação do litisconsórcio;*

IX – *admissão ou inadmissão de intervenção de terceiros;*

X – *concessão, modificação ou revogação do efeito suspensivo aos embargos à execução;*

XI – *redistribuição do ônus da prova nos termos do art. 373, § 1º;*

XII – *(Vetado);*

XIII – *outros casos expressamente referidos em lei.*

Identificada a peça profissional, ou seja, em se tratando de interposição de recurso de agravo de instrumento, contra uma das decisões interlocutórias acima referidas, caberá ao examinando, assim como no recurso de apelação, a propositura do recurso em duas petições distintas.

A primeira no tocante à interposição e admissibilidade do recurso; e a segunda, a respeito das razões de recurso.

I – Necessidade de apresentação de uma petição de interposição ou de admissibilidade.

Diferentemente do que ocorre com a apelação, o recurso de agravo de instrumento será dirigido e protocolado diretamente em *segunda instância*, ou seja, ao Tribunal de Justiça, ressaltando que, logo após o endereçamento, o examinando deve deixar um espaço, suficiente para trazer as informações da ação.

EXCELENTÍSSIMO SENHOR DOUTOR DESEMBARGADOR PRESIDENTE DO EGRÉGIO TRIBUNAL DE JUSTIÇA DE SÃO PAULO

"Processo n. ..."

Ressaltando que, logo após o endereçamento, o examinando deve deixar um espaço, suficiente para trazer as informações da ação (**"Processo n. ..."**).

Como o agravo de instrumento é interposto diretamente no Tribunal de Justiça, o examinando **deve** fazer uma nova qualificação das partes, bem como de seus advogados, exatamente como realizada na petição inicial e indicado pelos examinadores na questão, conforme anteriormente estudado.

A peça de agravo exige uma peculiaridade, que deve ser **obrigatoriamente** verificada pelo examinando, qual seja, a necessária indicação dos nomes e endereços dos advogados, tanto do agravante, como do agravado, trazendo, inclusive, suas procurações, conforme estabelece o art. 1.017, I, do CPC.

Assim como nas demais peças, há a necessidade de identificação correta do recurso, com a sua fundamentação legal.

"interpor o presente AGRAVO DE INSTRUMENTO, com fulcro no art. 1.015, e seguintes do CPC".

Com relação ao preparo, este é requisito fundamental a ser demonstrado, indicando a juntada da **guia de recolhimento das custas recursais**.

Ao final da peça de admissibilidade, deve o examinando requerer que o Tribunal de Justiça conheça do recurso, dando cumprimento ao disposto no art. 1.017, I e II, do CPC, que estabelece a necessária juntada das peças obrigatórias e facultativas.

II – Apresentação da peça das razões recursais.

Finalizada a confecção da petição de interposição do recurso de agravo de instrumento, deve o examinando, **em outra folha ou deixando espaço suficiente para separar as peças**, as quais serão anexas à primeira peça, iniciar as razões do recurso.

Da mesma forma que fora realizado na petição de interposição e de admissibilidade, as razões de recurso também devem ser dirigidas ao Tribunal de Justiça, identificando agravante e agravado, bem como o número do processo, exemplo:

Agravante: ...
Agravado: ...
Processo n. ...
Egrégio Tribunal,
Colenda Câmara,
Ínclitos Julgadores.

O primeiro tópico a ser destacado nas razões de agravo de instrumento são os pressupostos de admissibilidade, como a tempestividade, salientando que o prazo de interposição do referido recurso será de **15 dias**, conforme estabelecido pelo art. 1.003, § 5º, do CPC.

Com relação ao preparo, este é requisito fundamental a ser demonstrado, indicando a juntada da guia de recolhimento das custas recursais.

Na sequência, o examinando deve narrar os fatos ocorridos desde a propositura da ação até a prolação da decisão interlocutória recorrida, assim como determina o art. 1.016, II, do CPC. Ressalta-se a necessidade de leitura da questão, em especial analisando que referida síntese encontra-se no corpo da questão e proposta pelo examinador.

Após a demonstração do teor da decisão proferida pelo Juízo *a quo*, deve o examinando apresentar sua fundamentação, narrando as questões jurídicas que dão margem à reforma da decisão, bem como impugnando e apontando os erros de julgamento, assim como determina o art. 1.016, II, do CPC.

Se for caso de **atribuição de efeito suspensivo** ou de **antecipação da tutela recursal**, fundamentar e desenvolver a necessidade de concessão de efeito (arts. 1.019, I, e 932, II, do CPC). Ao final do tópico, concluir pleiteando a concessão do efeito suspensivo/tutela antecipada, uma vez evidenciada a presença de seus requisitos no caso concreto.

Ao final, o examinando deve formular o pedido específico de reforma da decisão proferida pelo juízo singular, bem como requerendo a concessão do efeito suspensivo/antecipação da tutela (conforme o caso), nos termos dos arts. 1.019, III, e 932, II, do CPC, determinando-se a intimação do agravado (art. 1.019, II, do CPC) para que, em querendo, responda no prazo legal.

De igual maneira, deverá requerer o provimento do agravo de instrumento para, com a reforma da decisão agravada, conceder o pedido principal (constado e observado no enunciado), dando seguimento ao processo, por ser de direito e de justiça (dependendo do caso concreto pode ser pedido só de reforma, só de anulação ou os dois, como aqui foi exposto).

12.4. Estrutura resumida da peça

1. 1ª peça – Folha de rosto ou petição de Interposição:

1.1. Endereçamento: atentar que, por se tratar de recurso de agravo de instrumento, deverá ser dirigido diretamente ao Tribunal de Justiça. Assim, por exemplo, utilizar:

"EXCELENTÍSSIMO SENHOR DOUTOR DESEMBARGADOR PRESIDENTE DO EGRÉGIO TRIBUNAL DE JUSTIÇA DE SÃO PAULO".

1.2. Número do processo: importante verificar que, por se tratar de recurso de agravo de instrumento, haverá o devido número de distribuição. Assim, identificar o processo logo em seguida ao endereçamento: "Processo n. ...".

1.3. Identificação das partes: "NOME DO AGRAVANTE", "já devidamente qualificado nos autos". Ressalta-se, todavia, que não há a necessidade de nova qualificação das partes, existindo a possibilidade de ser utilizada a informação "já devidamente qualificado nos autos", entendimento este já autorizado pela FGV.

"NOME DO AGRAVADO", "já devidamente qualificado nos autos". De igual maneira, ressalta-se a possibilidade de ser utilizada a informação "já devidamente qualificado nos autos".

1.4. Nome da ação e sua fundamentação legal: "vem, respeitosamente, interpor o presente AGRAVO DE INSTRUMENTO, nos termos dos arts. 1.015 e seguintes do CPC, o que faz tempestivamente, inclusive tendo recolhido o devido preparo recursal (art. 1.007 do CPC)".

1.5. Indicação do nome e endereço dos advogados e das peças: "Nome e endereço completo dos advogados" (art. 1.016, IV, do CPC).

Os advogados que atuam no caso são os seguintes: Pelo Agravante:

(NOME DO ADVOGADO...), Endereço: (...)

Pelo Agravado:

(NOME DO ADVOGADO...), Endereço: (...)

Juntada das peças obrigatórias e facultativas (art. 1.017 do CPC).

Informa o Agravante que juntou a este Agravo de Instrumento cópia integral dos autos, declarada autêntica pelo advogado subscritor nos termos do art. 425, IV, do Código de Processo Civil, estando, portanto, juntadas as seguintes peças obrigatórias:

a) cópia da decisão agravada fls. (...) dos autos reproduzidos;
b) cópia da certidão da intimação da decisão agravada fls. (...) dos autos reproduzidos;
c) cópia da procuração e substabelecimento outorgado aos advogados fls. (...) dos autos reproduzidos.

1.6. Fechamento: Nestes Termos, Pede Deferimento. "Local..." e "Data..." OAB n. ..., "Assinatura..."

2. 2ª Peça – Folha das razões:

2.1. Endereçamento: Razões de Recurso de Agravo de Instrumento; identificação das partes (Agravante: ...; Agravado: ...); identificação do processo (Processo n. ...); "Egrégio Tribunal, Colenda Câmara, Ínclitos Julgadores".

2.2. Fatos: transcrição integral do texto apresentado pelo examinador no enunciado da peça prática, ressaltando a impossibilidade de criar dados inexistentes, para não identificar a peça profissional e ter a prova zerada pelo examinador. Importante mencionar que os fatos apresentados se encaixam nas hipóteses de cabimento do art. 1.015, do CPC.

2.3. Fundamentação: faça a correta ligação entre os fatos e os dispositivos legais aplicáveis, como artigos de lei, súmulas, precedentes, desenvolvendo raciocínio lógico e coerência jurídica, ressaltando que a mera indicação do artigo ou da lei não é suficiente para a pontuação, sendo necessário demonstrar a correta coligação entre fato e direito.

2.4. Pedidos e requerimentos: "Diante do exposto, requer o recebimento do presente Agravo de Instrumento, concedendo o efeito suspensivo/antecipação da tutela, arts. 1.019, I, e 932, II, do CPC, determinando-se a intimação do agravado (CPC, art. 1.019, II) para responder no prazo legal. Ao final, requer o Agravante o provimento do Agravo de Instrumento para, com a reforma da decisão agravada (fazer o pedido pleiteado – art. 1.015 do CPC, ex. *concedendo os benefícios da justiça gratuita*), dando seguimento ao processo, por ser de direito e de justiça (*dependendo do caso concreto pode ser pedido só de reforma, só de anulação ou os dois*)".

2.5. Fechamento da peça: Nestes Termos, Pede Deferimento. "Local..." e "Data..." OAB n. ..., "Assinatura...".

12.5. Modelo de agravo de instrumento, com a folha de rosto ou petição de interposição

EXCELENTÍSSIMO SENHOR DOUTOR DESEMBARGADOR PRESIDENTE DO E. TRIBUNAL DE JUSTIÇA DO ESTADO DE SÃO PAULO

"Processo n. ..."

NOME DO AGRAVANTE, já qualificado nos autos da AÇÃO... (colocar o nome da ação, se for o caso, ou somente "nos autos da ação em epígrafe") em curso perante esse MM. Juízo, em que contende com NOME DO AGRAVADO, já qualificado nos autos, vem, respeitosamente, interpor o presente AGRAVO DE INSTRUMENTO, nos termos dos arts. 1.015, V, e seguintes do CPC, o que faz tempestivamente, inclusive tendo sido recolhido o devido preparo recursal (art. 1.007 do CPC), com as inclusas razões do Agravo de Instrumento.

Nome e endereço completo dos Advogados (art. 1.016, IV, do CPC).

Os Advogados que atuam no caso são os seguintes:

Pelo Agravante;

(NOME DO ADVOGADO...), Endereço; (...)

Pelo Agravado;

(NOME DO ADVOGADO...), Endereço; (...)

Juntada das peças obrigatórias e facultativas (art. 1.017 do CPC).

Informa o Agravante que juntou a este Agravo de Instrumento cópia integral dos autos, declarada autêntica pelo advogado subscritor nos termos do art. 425, IV, do Código de Processo Civil, estando, portanto, juntadas as seguintes peças obrigatórias:

a) cópia da decisão agravada fls. (...) dos autos reproduzidos;

b) cópia da certidão da intimação da decisão agravada fls. (...) dos autos reproduzidos;
c) cópia da procuração e substabelecimento outorgado aos advogados fls. (...) dos autos reproduzidos. Requer a juntada das guias de recolhimento do preparo, nos termos do art. 1.017, § 1º, do Código de Processo Civil: ou (se for o caso), informar que é beneficiário da justiça gratuita e, portanto, deixou de recolher as guias.

Nestes termos,
Pede deferimento.
"Local..." e "Data..."
OAB n. ..., "Assinatura..."

RAZÕES DO AGRAVO DE INSTRUMENTO

Agravante: ...
Agravado: ...
Processo n. ...
Egrégio Tribunal,
Colenda Câmara,
Ínclitos Julgadores.

I – EFEITOS
Atente-se para o fato de o examinador exigir pedido de efeito suspensivo ou ativo ao recurso, caso em que deverá ser requerido e demonstrados os requisitos próprios da probabilidade do direito e do perigo de dano, nos termos do art. 1.019, I, do CPC.

II – SÍNTESE DOS FATOS
"Narrar os fatos ocorridos desde a propositura da ação até a prolação da decisão interlocutória recorrida, assim como determina o art. 1.016, II, do CPC, demonstrando que, no caso, era situação de concessão de gratuidade da justiça, em face dos elementos trazidos."

III – MÉRITO
"Na narrativa das questões jurídicas, assim como determina o art. 1.016, II, do CPC, apontar o erro de julgamento em relação à gratuidade de justiça indeferida pelo julgador de base."

IV – RAZÕES DO PEDIDO DE REFORMA DA DECISÃO (CPC, ART. 1.016, III)
"Apontar as razões do pedido de reforma da decisão (art. 1.016, III, do CPC), pois elementos necessários do presente recurso.
Observar se é caso de atribuição de efeito suspensivo ou de antecipação da tutela recursal, fundamentar e desenvolver a necessidade de concessão de efeito, art. 1.019, III, e 932, II, do CPC."

V – CONCLUSÕES
Diante do exposto, requer o recebimento do presente Agravo de Instrumento, concedendo o efeito suspensivo/antecipação da tutela, arts. 1.019, I, e 932, II, do CPC, determinando-se a intimação do agravado (CPC, art. 1.019, II) para responder no prazo legal. Ao final, requer o Agravante o provimento do

Agravo de Instrumento para, com a reforma da decisão agravada "(fazer o pedido pleiteado – art. 1.015 do CPC, ex. concedendo os benefícios da justiça gratuita)", dando seguimento ao processo, por ser de direito e de justiça "(dependendo do caso concreto pode ser pedido só de reforma, só de anulação ou os dois, como aqui foi exposto)".

Nestes termos,
Pede deferimento.
"Local..." e "Data..."
OAB n. ..., "Assinatura..."

12.6. Modelo do agravo de instrumento, sem a folha de rosto ou peça de interposição

EXCELENTÍSSIMO SENHOR DOUTOR DESEMBARGADOR PRESIDENTE DO E. TRIBUNAL DE JUSTIÇA DO ESTADO DE SÃO PAULO

"Processo n. ..."

NOME DO AGRAVANTE, já qualificado nos autos da AÇÃO... (colocar o nome da ação, se for o caso, ou somente "nos autos da ação em epígrafe") em curso perante esse MM. Juízo, em que contende com NOME DO AGRAVADO, já qualificado nos autos, vem, respeitosamente, interpor o presente AGRAVO DE INSTRUMENTO, nos termos do art. 1.015, V, e seguintes do CPC, o que faz tempestivamente, inclusive tendo sido recolhido o devido preparo recursal (art. 1.007 do CPC), com as inclusas razões do Agravo de Instrumento.

I – EFEITOS
Atente-se para o fato de o examinador exigir pedido de efeito suspensivo ou ativo ao recurso, caso em que deverá ser requerido e demonstrado os requisitos próprios da probabilidade do direito e do perigo de dano, nos termos do art. 1.019, I, do CPC.

II – SÍNTESE DOS FATOS
"Narrar os fatos ocorridos desde a propositura da ação até a prolação da decisão interlocutória recorrida, assim como determina o art. 1.016, II, do CPC, demonstrando que, no caso, era situação do art. 1.015 do CPC, em face dos elementos trazidos."

III – MÉRITO
"Na narrativa das questões jurídicas, assim como determina o art. 1.016, II, do CPC, apontar o erro de julgamento em relação à gratuidade de justiça indeferida pelo julgador de base."

IV – RAZÕES DO PEDIDO DE REFORMA DA DECISÃO (art. 1.016, III, do CPC)
"Apontar as razões do pedido de reforma da decisão (art. 1.016, III, do CPC), pois elementos necessários do presente recurso.
Observar se é caso de atribuição de efeito suspensivo ou de antecipação da tutela recursal, fundamentar e desenvolver a necessidade de concessão de efeito, arts. 1.019, I, e 932, II, do CPC."

V – CONCLUSÕES
Diante do exposto, requer o recebimento do presente Agravo de Instrumento, concedendo o efeito suspensivo/antecipação da tutela, arts. 1.019, III, e 932, II, do CPC, determinando-se a intimação do agravado (CPC, art. 1.019, II) para responder no prazo legal. Ao final, requer o Agravante o provimento do Agravo de Instrumento para, com a reforma da decisão agravada, (fazer o pedido pleiteado – art. 1.015 do CPC, ex. concedendo os benefícios da justiça gratuita), dando seguimento ao processo, por ser de direito e de justiça (dependendo do caso concreto pode ser pedido só de reforma, só de anulação ou os dois, como aqui foi exposto).

Nestes termos,
Pede deferimento.
"Local..." e "Data..."
OAB n. ..., "Assinatura..."

13. AGRAVO INTERNO

13.1. Apresentação

O agravo interno é recurso para combater a **decisão proferida de forma monocrática ou unipessoal pelo relator** (ex.: art. 932 do CPC), visando ao pronunciamento do respectivo órgão colegiado (Turma Julgadora ou Câmara) em decisão colegiada, bem como buscando o esgotamento das vias recursais (art. 1.021 do CPC). É recurso que não pode ser decidido monocraticamente, em especial porque tem o propósito precípuo o de apontar vício na decisão monocrática e de submeter as questões decididas pelo relator ao reexame do órgão colegiado.

Cabe, ainda, agravo interno das decisões proferidas em recurso extraordinário ou especial pelo Presidente ou Vice-presidente do Tribunal Recorrido (art. 1.030, I e III, e § 2º, do CPC), que:

– **negar seguimento:**
   a) a recurso extraordinário que discuta questão constitucional à qual o Supremo Tribunal Federal não tenha reconhecido a existência de repercussão geral ou a recurso extraordinário interposto contra acórdão que esteja em conformidade com entendimento do Supremo Tribunal Federal exarado no regime de repercussão geral;
   b) a recurso extraordinário ou a recurso especial interposto contra acórdão que esteja em conformidade com entendimento do Supremo Tribunal Federal ou do Superior Tribunal de Justiça, respectivamente, exarado no regime de julgamento de recursos repetitivos; ou
– **sobrestar o recurso** que versar sobre controvérsia de caráter repetitivo ainda não decidida pelo Supremo Tribunal Federal ou pelo Superior Tribunal de Justiça, conforme se trate de matéria constitucional ou infraconstitucional.

Cuidado com a grande e principal solução apresentada pela nova sistemática do CPC a respeito do agravo, qual seja, a respeito do *nomen juris* adotado ao recurso, em especial porque sob a vigência do CPC/73 o agravo interno tinha variadas nomenclaturas, sendo chamado de agravo regimental, agravo interno, agravo do art. 557 ou, até mesmo, de "agravinho". Assim, pelo CPC o recurso é **agravo interno**.

Além disso, determinou-se ao agravante o **dever de impugnação específica** dos fundamentos da decisão agravada, fazendo-se presente o princípio da **dialeticidade recursal**. Da mesma forma, determinou-se o **dever de oitiva da parte contrária** para, em querendo, responder ao recurso no prazo de **15 dias**, sendo a petição dirigida ao relator que proferiu a decisão monocrática.

Ainda, nos termos do § 5º do art. 1.003 do CPC, o prazo para interpor o agravo interno também será de **15 dias**, excetuando algumas hipóteses previstas em leis especiais, como, por exemplo, o prazo de **cinco dias** (mandado de segurança), para interposição do agravo em face da decisão do presidente de tribunal que suspende a segurança concedida (art. 15 da Lei n. 12.016/2009).

A **competência** para processar e julgar o agravo interno será do órgão fracionário do Tribunal do qual faz parte o relator que proferiu a decisão monocrática impugnada. Outrossim, nos casos de decisão de presidente ou vice-presidente do Tribunal, a competência será do Órgão Especial do Tribunal – onde houver – ou do seu Pleno, sendo que o regimento interno de cada tribunal determinará como se dará o processamento do agravo, ressalvada a possibilidade de o prolator da decisão agravada exercer juízo de retratação.

13.2. Como identificar a peça

Para a correta identificação da peça profissional do agravo interno, por certo, o candidato deverá observar se o enunciado faz referência à decisão proferida de forma monocrática pelo relator, ou seja, decisão unipessoal, seja nos recursos ou nas causas de sua competência originária, buscando a manifestação pelo órgão colegiado.

13.3. Requisitos essenciais, fundamentos legais e estrutura do agravo interno

Primeiro, o examinando deverá ficar atento quanto ao endereçamento da peça prática, tendo em vista que a peça deverá ser sempre **dirigida ao relator** que proferiu a decisão monocraticamente, conforme o art. 1.021, § 2º, do CPC.

"Excelentíssimo Senhor Desembargador relator da 3ª Câmara de Direito Privado do Tribunal de Justiça de São Paulo"

Na petição de agravo interno, o recorrente impugnará especificadamente os fundamentos da decisão agravada, demonstrando que está em desacerto a decisão monocrática recorrida (art. 1.021, § 1º, do CPC).

Ao final, quanto aos pedidos, deve ser requerida a **intimação do agravado** (art. 1.021, § 2º, do CPC) para responder no prazo legal, requerendo-se ao Nobre Relator **a reconsideração da decisão monocrática recorrida**.

Ainda, deve ser pedido que o agravo interno seja **remetido à Colenda Câmara julgadora** do Colendo Tribunal para que a ele seja dado provimento, reformando a decisão monocrática agravada (dependendo do caso concreto, pode ser pedido só de reforma, só de anulação ou os dois, como aqui foi exposto).

Importante verificar, ainda, alguns pormenores relativos ao agravo interno:

I – É vedado ao relator meramente reproduzir os fundamentos da decisão agravada;

Nos termos do art. 1.021, § 3º, do CPC, é vedado ao relator simplesmente limitar-se à reprodução dos fundamentos da decisão agravada para julgar improcedente o agravo interno.

Nesse sentido: "Descabe adotar o vezo de reportar-se sem análise das premissas em que esteada tal decisão, aos fundamentos do recurso apreciado" (2ª T., AgRg no AgIn 255.362/SP, Rel. Min. Marco Aurélio, j. 11-4-2000, *DJ* 4-8-2000, p. 12).

II – Multa;

A respeito do art. 1.021, § 4º, quando o agravo interno for declarado manifestamente inadmissível ou improcedente em votação unânime, o órgão colegiado, em decisão fundamentada, condenará o agravante a pagar ao agravado multa fixada entre 1% e 5% do valor atualizado da causa.

Nesse sentido: "(...) sendo manifestamente inadmissível ou infundado o agravo regimental, cabe a imposição de multa (...), sem prejuízo de condicionar-se a interposição de qualquer outro recurso ao depósito do respectivo valor. Precedentes do STJ" (4ª T., AgRg no Ag 1.343.305/RS, Rel. Min. Maria Isabel Gallotti, j. 18-8-2011, *DJe* 25-8-2011).

"(...) na hipótese de agravo regimental manifestamente inadmissível ou infundado, ficando condicionada a interposição de qualquer outro recuso ao depósito do respectivo valor" (3ª T., AgRg no Ag 1.230.067/PA, Rel. Min. Paulo de Tarso Sanseverino, j. 22-11-2011, *DJe* 30-11-2011).

III – Não poderá recorrer enquanto não depositar o valor da multa.

Por fim, conforme determinado no art. 1.021, § 5º, do CPC, a interposição de qualquer outro recurso está condicionada ao depósito prévio do valor da multa prevista no § 4º, à exceção da Fazenda Pública e do beneficiário de gratuidade da justiça, que farão o pagamento ao final.

13.4. Estrutura resumida da peça

1. Endereçamento: atentar que, por se tratar de recurso de agravo interno, deverá ser dirigido diretamente ao Desembargador Relator do Tribunal de Justiça, responsável pela decisão monocrática agravável. Assim, por exemplo, utilizar: "EXCELENTÍSSIMO SENHOR DESEMBARGADOR RELATOR DA 3ª CÂMARA DE DIREITO PRIVADO DO TRIBUNAL DE JUSTIÇA DE SÃO PAULO".

2. Número do processo: importante verificar que, por se tratar de recurso de agravo interno, haverá o devido número de distribuição. Assim, identificar o processo logo em seguida ao endereçamento: "Processo n. ...".

3. Identificação das partes: "NOME DO AGRAVANTE, já devidamente qualificado nos autos. (...) NOME DO AGRAVADO, já qualificado nos autos".

4. Nome da ação e sua fundamentação legal: "vem, respeitosamente perante Vossa Excelência, interpor o presente AGRAVO INTERNO, nos termos do art. 1.021 do CPC".

5. Fatos: transcrição integral do texto apresentado pelo examinador no enunciado da peça prática, ressaltando a impossibilidade de criar dados inexistentes, para não identificar a peça profissional e ter a prova zerada pelo examinador.

6. Fundamentação: faça a correta ligação entre os fatos e os dispositivos legais aplicáveis, como artigos de lei, súmulas, precedentes, desenvolvendo raciocínio lógico e coerência jurídica, ressaltando que a mera indicação do artigo ou da lei não é suficiente para a pontuação, sendo necessário demonstrar a correta coligação entre fato e direito. Apontar e tratar diretamente da impugnação específica dos fundamentos da decisão agravada, demonstrando que está em desacerto a decisão monocrática recorrida.

7. Pedidos e requerimentos: "Diante do exposto, requer o recebimento do presente Agravo Interno, determinando-se a intimação do agravado (CPC, art. 1.021, § 2º) para responder no prazo legal, requerendo-se ao Nobre Relator a reconsideração da decisão monocrática recorrida. Em assim não sendo, seja o Agravo Interno remetido à Colenda Câmara julgadora deste Egrégio Tribunal de Justiça e que a ele seja dado provimento para reformar a decisão monocrática agravada (*dependendo do caso concreto pode ser pedido só de reforma, só de anulação ou os dois, como aqui foi exposto*), fazendo-se justiça".

8. Fechamento da peça: Nestes Termos, Pede Deferimento. "Local..." e "Data..." OAB n. ..., "Assinatura...".

13.5. Modelo de agravo interno

EXCELENTÍSSIMO SENHOR DOUTOR DESEMBARGADOR RELATOR DA COLENDA 3ª CÂMARA DE DIREITO PRIVADO DO E. TRIBUNAL DE JUSTIÇA DE SÃO PAULO

"Processo n. ..."

NOME DO AGRAVANTE, já qualificado nos autos em epígrafe, em que contende com NOME DO AGRAVADO, já qualificado nos autos, vem, respeitosamente, interpor o presente AGRAVO INTERNO, nos termos do art. 1.021 do CPC, o que faz tempestivamente, com as inclusas razões do Agravo de Instrumento.

RAZÕES DO AGRAVO INTERNO

I – SÍNTESE DO OCORRIDO
"Narrar os fatos ocorridos desde a propositura da ação até a prolação da decisão interlocutória recorrida, bem como a decisão monocrática combatida, assim como determina o art. 1.021 do CPC, demonstrando que, no caso, a decisão monocrática resta equivocada em face dos elementos trazidos."

II – MÉRITO
"Narrativa das questões jurídicas que dão margem à reforma, em colegiado, da decisão monocrática do Relator."

III – DA IMPUGNAÇÃO ESPECÍFICA DOS FUNDAMENTOS DA DECISÃO AGRAVADA (CPC, ART. 1.021, § 1º)
"Apontar e tratar diretamente da impugnação específica dos fundamentos da decisão agravada, demonstrando que está em desacerto a decisão monocrática recorrida."

IV – CONCLUSÕES

Diante do exposto, requer o recebimento do presente Agravo Interno, determinando-se a intimação do agravado (CPC, art. 1.021, § 2º) para responder no prazo legal, requerendo-se ao Nobre Relator a reconsideração da decisão monocrática recorrida. Em assim não sendo, seja o Agravo Interno remetido à Colenda Câmara julgadora deste Colendo Tribunal e que a ele seja dado provimento para reformar a decisão monocrática agravada (dependendo do caso concreto pode ser pedido só de reforma, só de anulação ou os dois, como aqui foi exposto), fazendo-se justiça.

Nestes termos,
Pede deferimento.
"Local..." e "Data..."
OAB n. ..., "Assinatura..."

14. EMBARGOS DE DECLARAÇÃO

14.1. Apresentação

De acordo com a previsão do art. 1.022 do CPC, cabem embargos de declaração quando:

a) houver, na sentença, no acórdão ou na decisão interlocutória, obscuridade (falta de clareza) ou contradição (falta de coerência e contradição entre os fundamentos lançados e o dispositivo decisório);
b) for omitido ponto ou questão sobre o qual devia pronunciar-se o juiz ou tribunal de ofício ou a requerimento da parte;
c) em caso de correção de erro material;
d) houver notório propósito de prequestionamento (questionar determinada matéria exigida para interposição de outros recursos) – Súmula 98 do STJ;
e) houver notório propósito de modificação do julgado (embargos de declaração com efeito infringente ou modificativo).

Os embargos de declaração **serão opostos no prazo de cinco dias**, em petição dirigida ao juiz ou relator, com indicação do erro, da obscuridade, da contradição ou da omissão, não estando sujeitos ao preparo. Segundo o art. 1.026 do CPC, os embargos de declaração **não possuem efeito suspensivo e interrompem** o prazo para a interposição de outros recursos, por qualquer das partes, ou seja, devolvem por inteiro o prazo.

Nos Juizados Especiais Cíveis, o prazo para interposição também é de cinco dias, cabíveis quando, em sentença ou acórdão, houver obscuridade, contradição ou omissão, destacando-se que o CPC alterou a redação dos arts. 50 e 83, § 2º, da Lei n. 9.099/95, conforme os arts. 1.065 e 1.066 do CPC, respectivamente, prevendo que os embargos passam a ter efeito interruptivo do prazo e não mais efeito meramente suspensivo.

Os embargos declaratórios objetivam preencher a decisão omissa ou esclarecer a decisão contraditória ou obscura, da mesma forma que objetivam resolver ou corrigir eventual erro material (assim entendido como as inexatidões materiais ou erros de cálculos) existente na decisão. Por tal razão, quem faz o juízo de admissibilidade e o juízo de mérito é o próprio julgador que proferiu a decisão recorrida; até porque será ele o responsável a sanar o vício eventualmente existente na decisão, sendo certo que, como regra, o recurso de embargos declaratórios não comporta contrarrazões ou resposta da parte contrária, exceto se o acolhimento do recurso ocasionar na inversão do julgado, caso em que a parte contrária será intimada para apresentar resposta aos embargos.

14.2. Como identificar a peça

De maneira simples, para identificar corretamente a peça profissional, o examinador apresentará a problemática identificando a existência de uma ação judicial, em que foi proferida uma decisão judicial (em primeiro ou segundo grau), padecendo ela de algum vício de omissão, contradição, obscuridade ou para a correção de erro material, buscando o interessado a modificação ou o aclaramento da decisão, aptos à compreensão correta e adequada da decisão, mas não a sua imediata reforma de mérito.

14.3. Requisitos essenciais, fundamentos legais e estrutura dos embargos de declaração

Os embargos de declaração são recursos destinados a vícios decisórios, bem como para aperfeiçoar as decisões judiciais, possibilitando uma tutela jurisdicional clara e completa.

Importante relembrar que os embargos declaratórios não têm por finalidade revisar ou anular as decisões judiciais (STJ, 2ª T., EDcl no REsp 930.515/SP, Rel. Min. Castro Meira, j. 2-10-2007, *DJ* 18-10-2007, p. 338).

Cabem embargos de declaração contra qualquer decisão judicial quando:

I – a parte narra obscuridade, contradição ou omissão em qualquer espécie de decisão judicial – decisões interlocutórias, sentenças, acórdãos ou decisões monocráticas de relator (STJ, 1ª T., REsp 762.384/SP, Rel. Min. Teori Zavascki, j. 6-12-2005, DJ 19-12-2005, p. 262);

II – a parte pretende esclarecer obscuridade ou eliminar contradição;

Não configura contradição o antagonismo entre as razões da decisão e as alegações das partes (STJ, 2ª T., REsp 928.075/PE, Rel. Min. Castro Meira, j. 4-9-2007, *DJ* 18-9-2007, p. 290). A contradição pode se estabelecer entre afirmações constantes do relatório, da fundamentação, do dispositivo e da ementa (STJ, Corte Especial, EREsp 40.468/CE, Rel. Min. Cesar Asfor Rocha, j. 16-2-2000, *DJ* 3-4-2000, p. 102).

III – para suprir omissão de ponto ou questão sobre o qual devia se pronunciar o juiz de ofício ou a requerimento;

IV – para corrigir erro material.

A peça deverá ser dirigida ao magistrado prolator da decisão (juiz, desembargador, ministro etc.), qualificando as partes e com a identificação da peça, com seus fundamentos legais (exemplo: opor EMBARGOS DE DECLARAÇÃO, nos termos dos arts. 1.022 e seguintes do CPC).

Posteriormente, narrar os fatos ocorridos desde a propositura da ação até a prolação da decisão embargada, destacando omissão, obscuridade, contradição ou erro material existente, assim como se depreende do art. 1.022 do CPC.

A seguir, o examinando deve apresentar as questões jurídicas que dão margem ao aperfeiçoamento da decisão, vale destacar qual o vício apontado, quer seja omissão, obscuridade, contradição ou o erro material existente, assim como se depreende do art. 1.022, I, II ou III, do CPC, demonstrando e comprovando o vício para, então, assim, pretender que seja este sanado.

Por fim, o examinando deve requerer o recebimento dos embargos de declaração, ressaltando que, em caso de eventual modificação da decisão, seja intimado o embargado para responder no prazo legal, nos termos do art. 1.023, § 2º, do Código de Processo Civil.

Ao final, que seja dado provimento aos embargos de declaração, sanando-se o vício existente e anunciado nestes embargos (quer seja omissão, obscuridade, contradição ou o erro material existente, assim como se depreende do art. 1.022, I, II ou III, do CPC).

14.4. Estrutura resumida da peça

1. Endereçamento: os embargos de declaração deverão ser dirigidos e endereçados diretamente ao magistrado prolator da decisão, juiz, desembargador, ministro etc. Assim, por exemplo, utilizar: "EXCELENTÍSSIMO SENHOR DOUTOR JUIZ DE DIREITO DA 2ª VARA CÍVEL DA COMARCA DE RIBEIRÃO PRETO"; "EXCELENTÍSSIMO SENHOR DESEMBARGADOR RELATOR DA 3ª CÂMARA DE DIREITO PRIVADO DO TRIBUNAL DE JUSTIÇA DE SÃO PAULO".

2. Número do processo: importante verificar que, por se tratar de recurso de embargos de declaração, haverá o devido número de distribuição. Assim, identificar o processo logo em seguida ao endereçamento: "Processo n. ...".

3. Identificação das partes: "NOME DO EMBARGANTE, já devidamente qualificado nos autos. (...) NOME DO EMBARGADO, já qualificado nos autos".

4. Nome da ação e sua fundamentação legal: "vem, respeitosamente, opor EMBARGOS DE DECLARAÇÃO, nos termos do art. 1.022 e seguintes do CPC".

5. Fatos: transcrição integral do texto apresentado pelo examinador no enunciado da peça prática, ressaltando a impossibilidade de criar dados inexistentes, para não identificar a peça profissional e ter a prova zerada pelo examinador, destacando a omissão, a obscuridade, a contradição ou o erro material existente, assim como se depreende do art. 1.022 do CPC.

6. Fundamentação: faça a correta ligação entre os fatos e os dispositivos legais aplicáveis, como artigos de lei, súmulas, precedentes, desenvolvendo raciocínio lógico e coerência jurídica, ressaltando que a mera indicação do artigo ou da lei não é suficiente para a pontuação, sendo necessário demonstrar a correta coligação entre fato e direito. Apontar e tratar diretamente da impugnação específica dos fundamentos da decisão agravada, demonstrando que está em desacerto a decisão monocrática recorrida.

7. Pedidos e requerimentos: "Diante do exposto, requer o recebimento dos Embargos de Declaração e, sendo o caso de eventual modificação da decisão, seja intimado o Embargado para responder no prazo legal, nos termos do art. 1.023, § 2º, do Código de Processo Civil. Ao final, seja dado provimento aos Embargos de Declaração, sanando-se o vício existente e anunciado nestes Embargos (quer seja omissão, obscuridade, contradição ou o erro material existente, assim como se depreende do art. 1.022, I, II ou III, do CPC)".

8. Fechamento da peça: Nestes Termos, Pede Deferimento. "Local..." e "Data..." OAB n. ..., "Assinatura...".

14.5. Modelo de embargos de declaração

EXCELENTÍSSIMO SENHOR DOUTOR JUIZ DE DIREITO DA 10ª VARA CÍVEL DA COMARCA DE RIBEIRÃO PRETO

"Processo n. ..."

NOME DO EMBARGANTE, já qualificado nos autos da..., em epígrafe, em que contende com NOME DO EMBARGADO, já qualificado nos autos, vem, respeitosamente, opor EMBARGOS DE DECLARAÇÃO, nos termos dos arts. 1.022 e seguintes do CPC, o que faz tempestivamente, com base nas razões a seguir tratadas.

I – SÍNTESE DO OCORRIDO
"Narrar os fatos ocorridos desde a propositura da ação até a prolação da decisão embargada, destacando omissão, obscuridade, contradição ou erro material existente, assim como se depreende do art. 1.022 do CPC."

II – MÉRITO
"Na narrativa das questões jurídicas que dão margem ao aperfeiçoamento da decisão, vale destacar qual o vício apontado, quer seja omissão, obscuridade, contradição ou erro material existente, assim como se depreende do art. 1.022, I, II ou III, do CPC, demonstrando e comprovando o vício para, então, assim, pretender que seja este sanado."

III – CONCLUSÕES
Diante do exposto, requer o recebimento dos Embargos de Declaração e, sendo o caso de eventual modificação da decisão, seja intimado o Embargado para responder no prazo legal, nos termos do art. 1.023, § 2º, do Código de Processo Civil. Ao final, seja dado provimento aos Embargos de Declaração, sanando-se o vício existente e anunciado nestes Embargos (quer seja omissão, obscuridade, contradição ou o erro material existente, assim como se depreende do art. 1.022, I, II ou III, do CPC).

Nestes termos,
Pede deferimento.
"Local..." e "Data..."
OAB n. ..., "Assinatura..."

15. RECURSOS ESPECIAL E EXTRAORDINÁRIO

15.1. Apresentação

Em relação ao recurso extraordinário (RE), assim como determina o art. 102 da CF/88, compete ao Supremo Tribunal Federal, precipuamente, a guarda da Constituição, cabendo-lhe, assim como determina o inciso III, julgar, mediante recurso extraordinário (RE), as causas decididas em única ou última instância, quando a decisão recorrida:

a) contrariar dispositivo da Constituição;
b) declarar a inconstitucionalidade de tratado ou lei federal;
c) julgar válida lei ou ato de governo local contestado em face desta Constituição;
d) julgar válida lei local contestada em face de lei federal.

Com efeito, no recurso extraordinário, o recorrente deverá demonstrar a repercussão geral das questões constitucionais discutidas no caso, nos termos do CPC, a fim de que o Tribunal examine a admissão do recurso, somente podendo recusá-lo pela manifestação de dois terços de seus membros.

De outro lado, seguindo as diretrizes da CF/88, especialmente no art. 105, III, compete ao Superior Tribunal de Justiça julgar, em recurso especial (REsp), as causas decididas, em única ou última instância, pelos Tribunais Regionais Federais ou pelos tribunais dos Estados, do Distrito Federal e Territórios, quando a decisão recorrida:

a) contrariar tratado ou lei federal, ou negar-lhes vigência;
b) julgar válido ato de governo local contestado em face de lei federal;
c) der a lei federal interpretação divergente da que lhe haja atribuído outro tribunal.

O recurso extraordinário e o recurso especial, nos casos previstos na Constituição Federal, serão interpostos perante o **presidente ou o vice-presidente do tribunal recorrido**, em petições distintas, que conterão a exposição do fato e do direito, a demonstração do cabimento do recurso interposto, bem como as razões do pedido de reforma da decisão recorrida.

Com efeito, quando o recurso fundar-se em dissídio jurisprudencial, o recorrente fará a prova da divergência com a certidão, cópia ou citação do repositório de jurisprudência (art. 1.029, § 1º, do CPC), oficial ou credenciado, inclusive em mídia eletrônica, em que tiver sido publicada o acórdão divergente, ou ainda com a reprodução de julgado disponível na rede mundial de computadores, com indicação da respectiva fonte, devendo-se, em qualquer caso, mencionar as circunstâncias que identifiquem ou assemelhem os casos confrontados.

Ademais, em caso de eventual existência de vícios formais de tempestividade nos recursos interpostos, poderá o Supremo Tribunal Federal ou o Superior Tribunal de Justiça desconsiderar ou determinar a sua correção, desde que seja reputado de maneira grave.

Quando, por ocasião do processamento do incidente de resolução de demandas repetitivas, o presidente do Supremo Tribunal Federal ou do Superior Tribunal de Justiça receber requerimento de suspensão de processos em que se discuta questão federal constitucional ou infraconstitucional, poderá, considerando razões de segurança jurídica ou de excepcional interesse social, estender a suspensão a todo o território nacional, até ulterior decisão do recurso extraordinário ou do recurso especial a ser interposto (art. 1.029, § 4º, do CPC).

Como regra, os recursos excepcionais (especial e extraordinário) não terão efeito suspensivo, operando-se, tão somente, o efeito devolutivo quanto às questões relativas à matéria constitucional, no caso do STF, e à lei federal, com relação ao STJ, cuja profundidade do referido efeito está prevista pelo art. 1.034, parágrafo único, do CPC, determinando que, em sendo admitido o recurso extraordinário ou o recurso especial por um fundamento, devolver-se-á ao tribunal superior o conhecimento dos demais fundamentos para a solução do capítulo impugnado.

No entanto, de forma excepcional, poderá o interessado formalizar pedido expresso requerendo a concessão de efeito suspensivo aos recursos extraordinário ou especial, desde que se faça por requerimento escrito, dirigido: (i) ao tribunal superior respectivo, no período compreendido entre a publicação da decisão de admissão do recurso e sua distribuição, ficando o relator designado para seu exame prevento para julgá-lo; ou (ii) ao presidente ou ao vice-presidente do tribunal recorrido, no período compreendido entre a interposição do recurso e a publicação da decisão de admissão do recurso, assim como no caso de o recurso ter sido sobrestado, nos termos do art. 1.037.

Ainda, nos termos do art. 1.030 do CPC, já com alterações legislativas provocadas pela Lei n. 13.256/2016, determina que em sendo recebida a petição do recurso pela secretaria do tribunal, o recorrido será intimado para apresentar suas contrarrazões no prazo de 15 dias, findo o qual os autos serão conclusos ao presidente ou ao vice-presidente do tribunal recorrido, que deverá:

I – negar seguimento:

a) a recurso extraordinário que discuta questão constitucional à qual o Supremo Tribunal Federal não tenha reconhecido a existência de repercussão geral ou a recurso extraordinário interposto contra acórdão que esteja em conformidade com entendimento do Supremo Tribunal Federal exarado no regime de repercussão geral;

b) a recurso extraordinário ou a recurso especial interposto contra acórdão que esteja em conformidade com entendimento do Supremo Tribunal Federal ou do Superior Tribunal de Justiça, respectivamente, exarado no regime de julgamento de recursos repetitivos;

II – encaminhar o processo ao órgão julgador para realização do juízo de retratação, se o acórdão recorrido divergir do entendimento do Supremo Tribunal Federal ou do Superior Tribunal de Justiça exarado, conforme o caso, nos regimes de repercussão geral ou de recursos repetitivos;

III – sobrestar o recurso que versar sobre controvérsia de caráter repetitivo ainda não decidida pelo Supremo Tribunal Federal ou pelo Superior Tribunal de Justiça, conforme se trate de matéria constitucional ou infraconstitucional;

IV – selecionar o recurso como representativo de controvérsia constitucional ou infraconstitucional, nos termos do § 6º do art. 1.036;

V – realizar o juízo de admissibilidade e, se positivo, remeter o feito ao Supremo Tribunal Federal ou ao Superior Tribunal de Justiça, desde que:

a) o recurso ainda não tenha sido submetido ao regime de repercussão geral ou de julgamento de recursos repetitivos;

b) o recurso tenha sido selecionado como representativo da controvérsia; ou

c) o tribunal recorrido tenha refutado o juízo de retratação.

Importante verificar que sendo interpostos conjuntamente ambos os recursos, os autos serão remetidos ao Superior Tribunal de Justiça. Destarte, concluído o julgamento do recurso especial, serão os autos remetidos ao Supremo Tribunal Federal, para apreciação do recurso extraordinário, se este não estiver prejudicado. Ademais, na hipótese de o relator do recurso especial considerar que o recurso extraordinário é prejudicial àquele, em decisão irrecorrível, sobrestará o seu julgamento e remeterá os autos ao Supremo Tribunal Federal, para o julgamento do recurso extraordinário.

Nesse caso, se o relator do recurso extraordinário, em decisão irrecorrível, não o considerar prejudicial, devolverá os autos ao Superior Tribunal de Justiça, para o julgamento do recurso especial. Ainda, o Supremo Tribunal Federal, em decisão irrecorrível, não conhecerá do recurso extraordinário, quando a questão constitucional nele versada não tiver repercussão geral.

No entanto, questão importante é aquela apresentada pelo CPC chamada de fungibilidade entre os recursos extraordinário e especial, determinando o art. 1.032 que, caso o relator, no Superior Tribunal de Justiça, entender que o recurso especial versa sobre questão constitucional, deverá conceder prazo de 15 dias para que o recorrente demonstre a existência de repercussão geral e se manifeste sobre a questão constitucional, evitando-se, assim, a rejeição prévia do recurso interposto. Restando cumprida a diligência de comprovar a repercussão geral o esclarecimento sobre a questão constitucional, o relator remeterá o recurso ao Supremo Tribunal Federal, que, em juízo de admissibilidade, poderá devolvê-lo ao Superior Tribunal de Justiça.

Igualmente, de maneira inversa, se o Supremo Tribunal Federal considerar como reflexa a ofensa à Constituição afirmada no recurso extraordinário, por pressupor a revisão da interpretação de lei federal ou de tratado, remetê-lo-á ao Superior Tribunal de Justiça para julgamento como recurso especial (art. 1.033 do CPC), mas uma vez tento aproveitar o recurso manobrado, desde que possível, é claro, para que, ao final, decida-se de uma vez por todas o mérito da causa.

Desta forma, admitido o recurso extraordinário ou o recurso especial, o Supremo Tribunal Federal ou o Superior Tribunal de Justiça julgará o processo, aplicando o direito. Admitido o recurso extraordinário ou o recurso especial por um fundamento, devolve-se ao tribunal superior o conhecimento dos demais fundamentos para a solução do capítulo impugnado.

15.2. Como identificar a peça

Verificar que em se tratando de recurso especial o enunciado apresentará o caso prático narrando uma situação em que houve decisão proferida por Tribunal de Justiça ou por Tribunal Regional Federal, que contrariou tratado ou lei federal, ou negou-lhe vigência, conforme o art. 105, III, *a*, da CF, ou que der à lei federal interpretação divergente da que lhe haja atribuído outro Tribunal, nos termos do art. 105, III, *c*, da CF. Em caso de recurso extraordinário, verificar que, de igual maneira, haverá a decisão proferida pelo TJ ou TRF, que contrariar dispositivos da própria Constituição Federal, conforme o art. 102, III, *a*, da CF.

15.3. Requisitos essenciais, fundamentos legais e estrutura dos recursos especial e extraordinário

O recurso especial e o recurso extraordinário, destacadamente, têm como característica ser recursos diferenciados, pois são dirigidos a finalidade própria, em relação aos demais recursos, exigindo do examinando maior cuidado ao elaborá-los no Exame de Ordem. Vejamos, meus caros amigos examinandos, aquilo que precisamos saber.

Antes de falar, necessariamente da peça, precisa-se saber que para interpor estes recursos deve haver esgotamento das vias recursais ordinárias (Súmulas 281–STF/207–STJ), bem como que nesses recursos excepcionais não se discute matéria de fato (Súmulas 279-STF/07-STJ), sendo necessário e imprescindível, para ambos os recursos, o prequestionamento (Súmulas 282 e 356-STF/211-STJ).

É cabível recurso especial, dirigido ao STJ, quando a decisão recorrida contrariar tratado ou lei federal, ou negar-lhes vigência, bem como quando a decisão recorrida julgar válido ato de governo local contestado em face de lei federal, ou ainda, por fim, quando a decisão recorrida der à lei federal interpretação divergente da que lhe haja atribuído outro tribunal.

É cabível recurso extraordinário, dirigido ao STF, quando a decisão recorrida contrariar dispositivo da Constituição, bem como quando a decisão recorrida declarar a inconstitucionalidade de tratado ou lei federal, assim como quando a decisão recorrida julgar válida lei ou ato de governo local contestado em face da Constituição, ou, ainda, por fim, quando a decisão recorrida julgar válida lei local contestada em face de lei federal. Deve-se, no recurso extraordinário, demonstrar a repercussão geral das questões constitucionais, nos termos do art. 102, § 3º, da CF/88.

Dito isso, para que a eventual peça possa ser trabalhada de forma segura, visando acertar o recurso cabível, importante seguir essas diretrizes, compreendendo qual a violação apontada na questão para, portanto, com base nos arts. 102, III, e 105, III, da CF/88 saber se se trata de recurso especial ou extraordinário.

O recurso extraordinário e o recurso especial, nos casos previstos na Constituição Federal, **serão interpostos perante o presidente ou o vice-presidente do tribunal recorrido**, nos termos do art. 1.029 do CPC, em petições distintas que conterão:

I – a exposição do fato e do direito;

Deve o examinando fazer breve relato da síntese do processado, ou seja, um breve resumo do caso, historicamente relatando tudo desde o início da demanda até o estágio atual, trabalhando, seguidamente, as questões de direito que estão envolvidas no caso para que a peça possa seguir a ordem.

II – a demonstração do cabimento do recurso interposto;

Importante ao examinando, sempre, demonstrar o cabimento do recurso especial ou extraordinário, em tópico próprio, fundamentando as razões jurídicas para o cabimento de cada um dos recursos, por exemplo: (i) havendo violação ao texto da CF/88, por exemplo, certamente será cabível o recurso extraordinário; (ii) havendo violação da lei federal, por exemplo, certamente será cabível o recurso especial.

III – as razões do pedido de reforma ou de invalidação da decisão recorrida.

Por fim, e não menos importante, apontar as razões do pedido de reforma ou de invalidação da decisão guerreada. Aqui, o examinando deverá juridicamente construir as razões jurídicas do seu pedido recursal, sendo, por exemplo, neste ponto que deve o examinando tratar da violação de lei federal que, gerando cerceamento de defesa e nulidade processual, permite que o recurso especial invalide a decisão.

Deve o examinando apontar no que consiste, na decisão recorrida, a causa constitucional ou a causa federal (STJ, 6ª T., AgRg no Ag 756.278/BA, Rel. Min. Hamilton Carvalhido, j. 8-3-2007, *DJ* 28-5-2007, p. 406). Não bastando que o examinando (recorrente) discorra "aleatoriamente" sobre a matéria versada na causa, necessitando demonstrar no que precisamente a decisão recorrida viola a Constituição ou o direito infraconstitucional federal (STJ, 1ª T., AgRg no REsp 326.001/PR, Rel. Min. Francisco Falcão, j. 25-10-2005, *DJ* 13-3-2006, p. 185).

No direito sumular, relacionado aos recursos especial e extraordinário, "é inadmissível o recurso extraordinário, quando a deficiência na sua fundamentação não permitir a exata compreensão da controvérsia" (**Súmula 284 do STF**), assim como "nega-se provimento ao agravo quando a deficiência na sua fundamentação, ou na do recurso extraordinário, não permitir a exata compreensão da controvérsia" (**Súmula 287 do STF**).

Outro importante destaque que se deve fazer é exatamente no sentido de que "é inadmissível o recurso extraordinário quando a decisão recorrida assenta em mais de um fundamento suficiente e o recurso não abrange todos eles" (**Súmula 283 do STF**). Com efeito, "é inadmissível recurso especial, quando o acórdão recorrido assenta em fundamentos constitucional e infraconstitucional, qualquer deles suficiente, por si só, para mantê-lo, e a parte vencida não manifesta recurso extraordinário" (**Súmula 126 do STJ**).

Ainda merece destaque que, segundo o art. 1.029, § 1º, do CPC, quando o recurso fundar-se em dissídio jurisprudencial, o recorrente fará a prova da divergência com a certidão, cópia ou citação do repositório de jurisprudência, oficial ou credenciado, inclusive em mídia eletrônica, em que houver sido publicado o acórdão divergente, ou ainda com a reprodução de julgado disponível na rede mundial de computadores, com indicação da respectiva fonte, devendo-se, em qualquer caso, mencionar as circunstâncias que identifiquem ou assemelhem os casos confrontados. Nesse caso, não basta a simples transcrição de ementas dos julgados (STJ, 4ª T., AgRg no REsp 853.943/CE, Rel. Min. Fernando Gonçalves, j. 20-11-2007, *DJ* 3-12-2007, p. 320). Resta imprescindível verificar, consoante a jurisprudência do Superior Tribunal de Justiça, se os acórdãos alegadamente divergentes realmente enfrentaram os mesmos ou semelhantes problemas fático-jurídicos, sem o que não pode restar configurada a divergência jurisprudencial (STJ, 1ª T., AgRg no Ag 922.832/SP, Rel. Min. Luiz Fux, j. 13-11-2007, *DJ* 29-11-2007, p. 225).

Ainda assim, segundo a **Súmula 13 do STJ**: "a divergência entre julgados do mesmo Tribunal não enseja recurso especial", bem como "não se conhece do recurso extraordinário fundado em divergência jurisprudencial, quando a orientação do plenário do Supremo Tribunal Federal já se firmou no mesmo sentido da decisão recorrida" **(Súmula 286 do STF)**, assim como "não se conhece do recurso especial pela divergência, quando a orientação do Tribunal se firmou no mesmo sentido da decisão recorrida" **(Súmula 83 do STJ)**.

Destarte, segundo o art. 1.031 do CPC, na hipótese de interposição conjunta de recurso extraordinário e recurso especial, os autos serão remetidos ao Superior Tribunal de Justiça. Ainda assim, deve-se alertar que o julgamento pelo STJ pode em tese ensejar novo recurso extraordinário (STJ, 2ª T., EDcl no REsp 396.796/RS, Rel. Min. Eliana Calmon, j. 10-2-2004, *DJ* 17-5-2004, p. 170). Todavia, pode ser que o STJ venha a não conhecer o recurso especial, encaminhando desde logo o recurso extraordinário ao STF (STJ, 1ª T., AgRg no REsp 550.433/RS, Rel. Min. Teori Zavascki, j. 25-11-2003, *DJ* 15-12-2003, p. 223).

Falando de recurso extraordinário, **o Supremo Tribunal Federal, em decisão irrecorrível, não conhecerá do recurso extraordinário quando a questão constitucional nele versada não tiver repercussão geral**, nos termos do art. 1.035 do CPC. De fato, o requisito da repercussão geral no recurso extraordinário se aplica a todos os recursos extraordinários, independentemente da natureza da matéria neles versada (STF, Pleno, QO no Ag 664.567/RS, Rel. Min. Sepúlveda Pertence, j. 18-6-2007, *DJ* 6-9-2007, p. 37). Para efeito de **repercussão geral**, será considerada a existência ou não de questões relevantes do ponto de vista **econômico, político, social ou jurídico** que ultrapassem os interesses subjetivos do processo.

Também **haverá repercussão geral** *sempre* que o recurso impugnar acórdão que (art. 1.035, § 3º, do CPC):

I – contrarie súmula ou jurisprudência dominante do Supremo Tribunal Federal;

II – (revogado); (Redação dada pela Lei n. 13.256, de 2016)

III – tenha reconhecido a inconstitucionalidade de tratado ou de lei federal, nos termos do art. 97 da Constituição Federal.

O examinando não pode esquecer, ademais, de em caso de situação de precedente favorável fazer a adesão ao precedente, bem como em sendo desfavorável para a questão, fazer a distinção e, até, sendo o caso, pretender a superação do precedente.

No mais, é fazer a peça com a devida calma, pensando que o recurso especial e o extraordinário são diferentes dos demais e, absolutamente, incomuns.

15.4. Estrutura resumida da peça

1. 1ª peça – Folha de rosto ou petição de interposição:

1.1. Endereçamento: atentar que ambos os recursos, especial e extraordinário, serão endereçados ao presidente (ou vice-presidente) do Tribunal recorrido. Assim, por exemplo, utilizar: "EXCELENTÍSSIMO SENHOR DOUTOR DESEMBARGADOR PRESIDENTE (OU VICE-PRESIDENTE) DO E. TRIBUNAL DE JUSTIÇA DE...".

1.2. Número do processo: importante verificar que, por se tratar de recursos, haverá o devido número de distribuição do processo. Assim, identificar o processo logo em seguida ao endereçamento: "Processo n. ...".

1.3. Identificação das partes: "NOME DO RECORRENTE, já devidamente identificado nos autos em epígrafe; NOME DO RECORRIDO, devidamente qualificado nos autos".

1.4. Nome da ação e sua fundamentação legal: Recurso especial: "vem, respeitosamente, interpor o presente RECURSO ESPECIAL, com pedido de efeito suspensivo (art. 1.029, § 5º, do CPC), nos termos dos arts. 105, III, *a*, da CF/88 e 1.029 e seguintes do CPC".

Recurso extraordinário: "vem, respeitosamente, interpor o presente RECURSO EXTRAORDINÁRIO, com pedido de efeito suspensivo (art. 1.029, § 5º, do CPC), nos termos dos arts. 102, III, *a*, da CF/88 e 1.029 e seguintes do CPC".

1.5. Fechamento: Nestes Termos, Pede Deferimento. "Local..." e "Data..." OAB n. ..., "Assinatura...".

2. 2ª Peça – Folha das razões:

2.1. Endereçamento: Razões de Recurso Especial ou Razões de Recurso Extraordinário; identificação das partes (Recorrente: ...; Recorrido: ...); identificação do processo (Processo n. ...); "Egrégio Superior Tribunal de Justiça ou Supremo Tribunal Federal, Ínclitos Ministros".

2.2. Fatos: transcrição integral do texto apresentado pelo examinador no enunciado da peça prática, ressaltando a impossibilidade de criar dados inexistentes, para não identificar a peça profissional e ter a prova zerada pelo examinador.

Recurso Especial: Demonstrar, com base no art. 105, III, *a*, da CF/88, o cabimento do recurso (art. 1.029, II, do CPC), fundamentando ser cabível o referido recurso contra decisão que, em única ou última instância, pelos Tribunais Regionais Federais ou pelos tribunais dos Estados, do Distrito Federal e Territórios, contrariar tratado ou lei federal, ou negar-lhes vigência. Por fim, em relação ao cabimento, importante destacar que não se aplica ao caso a Súmula 7 do STJ, pois a pretensão de simples reexame de prova não enseja recurso especial, não sendo o caso dos autos. Por fim, restam prequestionados os dispositivos de lei violados ou negados em sua vigência, cumprindo o disposto na Súmula 211 do STJ.

Recurso Extraordinário: Demonstrar, com base no art. 102, III, *a*, da CF/88, o cabimento do recurso (art. 1.029, II, do CPC), fundamentando ser cabível o referido recurso contra decisão que julgar as causas decididas em única ou última instância, quando a decisão recorrida contrariar dispositivo da Constituição. Por fim, em relação ao cabimento, importante destacar que não se aplica ao caso a Súmula 279 do STF, pois para simples reexame de prova não cabe recurso extraordinário, não sendo o caso dos autos. Ademais, no recurso extraordinário, o recorrente demonstra a repercussão geral das questões constitucionais discutidas no caso, nos termos do art. 102, § 3º, da CF/88, a fim de que o Tribunal examine a admissão do recurso, somente podendo recusá-lo pela manifestação de dois terços de seus membros. Nesse sentido, resta importante afirmar que, nos termos do art. 1.035, § 1º, do CPC, a repercussão geral será considerada como a existência de questões relevantes do ponto de vista econômico, político, social ou jurídico que ultrapassem os interesses subjetivos do processo, ou, ainda, sempre que o recurso impugnar acórdão que contrarie súmula ou jurisprudência dominante do Supremo Tribunal Federal; ou tenha reconhecido a inconstitucionalidade de tratado ou de lei federal, nos termos do art. 97 da CF/88, assim como estipula o art. 1.035, § 3º, do CPC. Portanto, assim sendo, o recorrente demonstra (narrar os aspectos do caso que ensejem repercussão geral) a existência de repercussão geral para apreciação exclusiva pelo Supremo Tribunal Federal, nos termos do art. 1.035, §§ 2º e 3º, do CPC. Por fim, restam prequestionados os dispositivos de lei violados ou negados em sua vigência, cumprindo o disposto na Súmula 282 do STF.

2.3. Fundamentação: faça a correta ligação entre os fatos e os dispositivos legais aplicáveis, como artigos de lei, súmulas, precedentes, desenvolvendo raciocínio lógico e coerência jurídica, ressaltando que a mera indicação do artigo ou da lei não é suficiente para a pontuação, sendo necessário demonstrar a correta coligação entre fato e direito.

2.4. Pedidos e requerimentos: Recurso Especial: "Diante do exposto, requer o recebimento e conhecimento do Recurso Especial, determinando-se a intimação do Recorrido (CPC, art. 1.030) para responder no prazo legal. Requer-se, ainda, em face da situação de urgência (narrar a situação), seja concedido o efeito suspensivo ao presente recurso, com base no disposto no art. 1.029, § 5º, do CPC. Ao final, requer o Recorrente o provimento do Recurso Especial, em decorrência da contrariedade ou negativa de vigência a tratado ou lei federal para, com a reforma da decisão recorrida, julgar procedentes os pedidos da petição inicial (dependendo do caso concreto pode ser pedido só de reforma, só de anulação ou os dois, como aqui foi exposto)".

Recurso Extraordinário: "Diante do exposto, requer o recebimento e conhecimento do Recurso Extraordinário, determinando-se a intimação do Recorrido (CPC, art. 1.030) para responder no prazo legal. Requer-se, ainda, em face da situação de urgência (narrar a situação), seja concedido o efeito suspensivo ao presente recurso, com base no disposto no art. 1.029, § 5º, do CPC. Ao final, requer o Recorrente o provimento do Recurso Extraordinário, em decorrência de restar contrariado dispositivo da Constituição, para, com a reforma da decisão recorrida, julgar procedentes os pedidos da petição inicial (dependendo do caso concreto pode ser pedido só de reforma, só de anulação ou os dois, como aqui foi exposto)".

2.5. Fechamento da peça: Nestes Termos, Pede Deferimento. "Local..." e "Data..." OAB n. ..., "Assinatura...".

15.5. Modelo de recurso especial

EXCELENTÍSSIMO SENHOR DOUTOR DESEMBARGADOR PRESIDENTE (OU VICE-PRESIDENTE) DO E. TRIBUNAL DE JUSTIÇA DE...

"Processo n. ..."

NOME DO RECORRENTE, já qualificado nos autos da Apelação..., em epígrafe, em que contende com NOME DO RECORRIDO, já qualificado nos autos, vem, respeitosamente, interpor o presente RECURSO ESPECIAL com pedido de efeito suspensivo (CPC, art. 1.029, § 5º), nos termos dos arts. 105, III, "a", da CF/88 e 1.029 e seguintes do CPC, o que faz tempestivamente, seguindo no anexo o comprovante do preparo recursal (art. 1.007 do CPC), com as inclusas razões do Recurso Especial.

Nestes termos,
Pede deferimento.
"Local..." e "Data..."
OAB n. ..., "Assinatura..."

RAZÕES DO RECURSO ESPECIAL

Recorrente; ...
Recorrido; ...
Processo n. ...
Egrégio Superior Tribunal de Justiça,
Ínclitos Ministros.

I – DO CABIMENTO DO PRESENTE RECURSO
"Demonstrar, com base no art. 105, III, 'a', da CF/88, o cabimento do recurso (art. 1.029, II, do CPC), fundamentando ser cabível o referido recurso contra decisão que, em única ou última instância, pelos Tribunais Regionais Federais ou pelos tribunais dos Estados, do Distrito Federal e Territórios, contrariar tratado ou lei federal, ou negar-lhes vigência.
Por fim, em relação ao cabimento, importante destacar que não se aplica ao caso a Súmula 7 do STJ, pois a pretensão de simples reexame de prova não enseja recurso especial, não sendo o caso dos autos.
Por fim, restam prequestionados os dispositivos de lei violados ou negados em sua vigência, cumprindo o disposto na Súmula 211 do STJ."

II – SÍNTESE DO PROCESSADO
"Narrar os fatos (art. 1.029, I, do CPC) ocorridos desde a propositura da ação até a prolação da decisão recorrida, passando pela sentença e pelo acórdão de apelação, demonstrando as questões relevantes para a reforma/anulação da decisão recorrida (contrariedade ou negativa de vigência a tratado ou lei federal)."

III – DOS FUNDAMENTOS JURÍDICOS
"Na narrativa das questões jurídicas, assim como determina o art. 1.029, I, do CPC, apontar as incorreções da decisão recorrida (contrariedade ou negativa de vigência a tratado ou lei federal)."

Observar se há precedente.
Caso o precedente seja favorável, fazer a adesão. Caso desfavorável, fazer a distinção – 'distinguishing'."

IV – RAZÕES DO PEDIDO DE REFORMA OU DE INVALIDAÇÃO DA DECISÃO RECORRIDA (CPC, ART. 1.029, III)
"Apontar as razões do pedido de reforma ou invalidação ('error in judicando' ou 'error in procedendo') da decisão recorrida (art. 1.029, III, do CPC), pois elemento necessário do presente recurso, demonstrando qual o vício/defeito (contrariedade ou negativa de vigência a tratado ou lei federal) da decisão recorrida."

V – CONCLUSÕES
Diante do exposto, requer o recebimento e conhecimento do Recurso Especial, determinando-se a intimação do Recorrido (CPC, art. 1.030) para responder no prazo legal. Requer-se, ainda, em face da situação de urgência (narrar a situação), seja concedido o efeito suspensivo ao presente recurso, com base no disposto no art. 1.029, § 5º, do CPC. Ao final, requer o Recorrente o provimento do Recurso Especial, em decorrência da contrariedade ou negativa de vigência a tratado ou lei federal para, com a reforma da decisão recorrida, julgar procedentes os pedidos da petição inicial (dependendo do caso concreto pode ser pedido só de reforma, só de anulação ou os dois, como aqui foi exposto).

Nestes termos,
Pede deferimento.
"Local..." e "Data..."
OAB n. ..., "Assinatura..."

15.6. Modelo de recurso extraordinário

EXCELENTÍSSIMO SENHOR DOUTOR DESEMBARGADOR PRESIDENTE (OU VICE-PRESIDENTE) DO E. TRIBUNAL DE JUSTIÇA DE...

"Processo n. ..."

NOME DO RECORRENTE, já qualificado nos autos da Apelação..., em epígrafe, em que contende com NOME DO RECORRIDO, já qualificado nos autos, vem, respeitosamente, interpor o presente RECURSO EXTRAORDINÁRIO com pedido de efeito suspensivo (CPC, art. 1.029, § 5º), nos termos dos arts. 102, III, "a", da CF/88 e 1.029 e seguintes do CPC, o que faz tempestivamente, seguindo no anexo o comprovante do preparado recursal (art. 1.007 do CPC), com as inclusas razões do Recurso Extraordinário.

Nestes termos,
Pede deferimento.
"Local..." e "Data..."
OAB n. ..., "Assinatura..."

PRÁTICA CIVIL

125

RAZÕES DO RECURSO EXTRAORDINÁRIO

Recorrente: ...
Recorrido: ...
Processo n. ...
Egrégio Supremo Tribunal Federal,
Ínclitos Ministros.

I – DO CABIMENTO DO PRESENTE RECURSO

"Demonstrar, com base no art. 102, III, "a", da CF/88, o cabimento do recurso (art. 1.029, II, do CPC), fundamentando ser ele cabível contra decisão que julgar as causas decididas em única ou última instância, quando a decisão recorrida contrariar dispositivo da Constituição.

Por fim, em relação ao cabimento, importante destacar que não se aplica ao caso a Súmula 279 do STF, pois para simples reexame de prova não cabe recurso extraordinário, não sendo o caso dos autos.

Ademais, no recurso extraordinário, o recorrente demonstra a repercussão geral das questões constitucionais discutidas no caso, nos termos do art. 102, § 3º, da CF/88, a fim de que o Tribunal examine a admissão do recurso, somente podendo recusá-lo pela manifestação de dois terços de seus membros. Nesse sentido, resta importante afirmar que, nos termos do art. 1.035, § 1º, do CPC, a repercussão geral será considerada como a existência de questões relevantes do ponto de vista econômico, político, social ou jurídico que ultrapassem os interesses subjetivos do processo, ou, ainda, sempre que o recurso impugnar acórdão que contrarie súmula ou jurisprudência dominante do Supremo Tribunal Federal; ou tenha reconhecido a inconstitucionalidade de tratado ou de lei federal, nos termos do art. 97 da CF/88, assim como estipula o art. 1.035, § 3º, do CPC. Portanto, assim sendo, o recorrente demonstra (narrar os aspectos do caso que ensejem repercussão geral) a existência de repercussão geral para apreciação exclusiva pelo Supremo Tribunal Federal, nos termos do art. 1.035, §§ 2º e 3º, do CPC.

Por fim, restam prequestionados os dispositivos de lei violados ou negados em sua vigência, cumprindo o disposto na Súmula 282 do STF."

II – SÍNTESE DO PROCESSADO

"Narrar os fatos (art. 1.029, I, do CPC) ocorridos desde a propositura da ação até a prolação da decisão recorrida, passando pela sentença e pelo acórdão de apelação, demonstrando as questões relevantes para a reforma/anulação da decisão recorrida (contrariar dispositivo da Constituição)."

III – DOS FUNDAMENTOS JURÍDICOS

"Na narrativa das questões jurídicas, assim como determina o art. 1.029, I, do CPC, apontar as incorreções da decisão recorrida (contrariar dispositivo da Constituição).

Observar se há precedente.

Caso o precedente seja favorável, fazer a adesão. Caso desfavorável, fazer a distinção 'distinguishing'."

IV – RAZÕES DO PEDIDO DE REFORMA OU DE INVALIDAÇÃO DA DECISÃO RECORRIDA (CPC, ART. 1.029, III)
"Apontar as razões do pedido de reforma ou invalidação ('error in judicando' ou 'error in procedendo') da decisão recorrida (art. 1.029, III, do CPC), pois elemento necessário do presente recurso, demonstrando qual o vício/defeito (contrariar dispositivo da Constituição) da decisão recorrida."

V – CONCLUSÕES
Diante do exposto, requer o recebimento e conhecimento do Recurso Extraordinário, determinando-se a intimação do Recorrido (CPC, art. 1.030) para responder no prazo legal. Requer-se, ainda, em face da situação de urgência (narrar a situação), seja concedido o efeito suspensivo ao presente recurso, com base no disposto no art. 1.029, § 5º, do CPC. Ao final, requer o Recorrente o provimento do Recurso Extraordinário, em decorrência de restar contrariado dispositivo da Constituição, para, com a reforma da decisão recorrida, julgar procedentes os pedidos da petição inicial (dependendo do caso concreto pode ser pedido só de reforma, só de anulação ou os dois, como aqui foi exposto).

Nestes termos,
Pede deferimento.
"Local..." e "Data..."
OAB n. ..., "Assinatura..."

16. AGRAVO EM RECURSO ESPECIAL E EXTRAORDINÁRIO

16.1. Apresentação

O recurso de agravo será admitido e interposto contra decisão do presidente ou do vice-presidente do tribunal recorrido que inadmitir recurso extraordinário ou recurso especial, salvo quando fundada na aplicação de entendimento firmado em regime de repercussão geral ou em julgamento de recursos repetitivos (art. 1.042 do CPC).

Trata-se de recurso que busca demonstrar que os requisitos de admissibilidade dos recursos extraordinário ou especial estão presentes, sendo a motivação e a possibilidade de eventual comprovação de que, em estando presentes os requisitos, deverá ocorrer o recebimento e o posterior conhecimento, com a análise das questões propostas nos recursos excepcionais anteriormente interpostos.

Portanto, segundo o art. 1.042 do CPC, com redação dada pela Lei n. 13.256/2016, caberá agravo contra decisão do presidente ou do vice-presidente do Tribunal recorrido que inadmitir recurso extraordinário ou recurso especial, exceto quando a referida decisão estiver fundamentada na aplicação de entendimento firmado em regime de repercussão geral ou em julgamento de recursos repetitivos.

O recurso deverá ser interposto no prazo de 15 dias, conforme reza a literalidade do art. 1.003, § 5º, do CPC.

A petição de agravo será dirigida ao **presidente ou ao vice-presidente do tribunal de origem** e **independe do pagamento de custas e despesas postais**, aplicando-se a ela o regime de repercussão geral e de recursos repetitivos, inclusive quanto à possibilidade de sobrestamento e do juízo de retratação.

Depois de interposto o recurso, o **agravado será intimado**, de imediato, para **oferecer resposta no prazo de 15 dias**, exercendo-se, portanto, o contraditório.

Transcorrido o prazo de resposta e não havendo juízo de retratação, o agravo será remetido ao tribunal superior competente, podendo ser julgado, conforme o caso, conjuntamente com o recurso especial ou extraordinário, assegurada, neste caso, sustentação oral, observando-se, ainda, o disposto no regimento interno do tribunal respectivo.

Na hipótese de interposição conjunta de recursos extraordinário e especial, o agravante deverá interpor um agravo para cada recurso não admitido, por se tratar de recursos excepcionais (recurso extraordinário e especial) próprios e que, de modo individual, devem respeitar aos requisitos de admissibilidade, sem falar que o mérito, certamente, será distinto, já que são recursos com objetivos diferentes.

De outro lado, havendo apenas um agravo, o recurso será remetido ao tribunal competente, e, havendo interposição conjunta, os autos serão remetidos ao Superior Tribunal de Justiça. Concluído o julgamento do agravo pelo Superior Tribunal de Justiça e, se for o caso, do recurso especial, independentemente de pedido, os autos serão remetidos ao Supremo Tribunal Federal para apreciação do agravo a ele dirigido, salvo se estiver prejudicado.

Por fim, em sendo provido o agravo, certamente, será conhecido o recurso extraordinário ou especial anteriormente interposto, permitindo, pelo Tribunal Superior o conhecimento e julgamento do mérito do recurso, cumprindo, assim sua finalidade de fazer chegar à Corte Superior o respectivo recurso.

16.2. Como identificar a peça

Para a correta verificação da possibilidade de interposição do agravo, verificar que a hipótese de cabimento é justamente a decisão proferida pelo presidente ou vice-presidente do Tribunal recorrido que inadmitir recurso extraordinário ou recurso especial, sendo justamente essa hipótese a ser apresentada pelo examinador no caso prático.

16.3. Requisitos essenciais, fundamentos legais e estrutura do agravo em recurso especial e extraordinário

O examinando deverá sempre endereçar corretamente a peça ao **Presidente ou Vice-Presidente do Tribunal de Justiça recorrido** (art. 1.042, § 2º, do CPC), que indeferiu ou inadmitiu seguimento ao recurso especial ou extraordinário, deixando sempre espaço suficiente para a identificação do processo.

EXCELENTÍSSIMO SENHOR DOUTOR DESEMBARGADOR PRESIDENTE (OU VICE-PRESIDENTE) DO E. TRIBUNAL DE JUSTIÇA DE...

O examinando precisa fundamentar a peça, buscando obter a reforma da decisão que não admitiu o recurso especial (ou recurso extraordinário), narrando os fatos ocorridos desde a propositura da ação até a prolação da decisão recorrida, bem como demonstrando as questões relevantes para a reforma da decisão recorrida (sempre atentando às colocações do examinador na questão exigida).

Na narrativa das questões jurídicas que dão ensejo à compreensão de que o anterior recurso especial (ou recurso extraordinário) mereceria ser recebido e conhecido, pois se trata de casos de evidente cabimento.

Por fim, o examinando deverá requerer o recebimento e o conhecimento do agravo em recurso especial ou extraordinário, determinando-se a intimação do recorrido (art. 1.042, § 3º, do CPC) para responder no prazo legal.

Ao final, requer, em não sendo efetuado o juízo de retratação (art. 1.042, § 4º, do CPC), que seja admitido o recurso, sejam os autos remetidos ao Colendo Superior Tribunal de Justiça (ou Supremo Tribunal Federal, caso o recurso anterior seja o recurso extraordinário) para conhecimento e provimento nos exatos termos do art. 1.042, § 5º, do CPC, cumpridas as necessárias formalidades legais.

16.4. Estrutura resumida da peça de agravo em recurso especial ou extraordinário

1. 1ª peça – Folha de rosto ou petição de interposição:

1.1. Endereçamento: atentar que o recurso de agravo em recurso especial e extraordinário deverá ser endereçado ao presidente (ou vice-presidente) do Tribunal recorrido. Assim, utilizar: "EXCELENTÍSSIMO SENHOR DOUTOR DESEMBARGADOR PRESIDENTE (OU VICE-PRESIDENTE) DO E. TRIBUNAL DE JUSTIÇA DE ...".

1.2. Número do processo: importante verificar que, por se tratar de recurso, haverá o devido número de distribuição do processo. Assim, identificar o processo logo em seguida ao endereçamento: "Processo n. ...".

1.3. Identificação das partes: "NOME DO AGRAVANTE, já devidamente identificado nos autos do Recurso Especial ou Extraordinário; NOME DO AGRAVADO, devidamente qualificado nos autos do Recurso Especial ou Extraordinário".

1.4. Nome da ação e sua fundamentação legal: "vem, respeitosamente, interpor o presente AGRAVO EM RECURSO ESPECIAL (OU RECURSO EXTRAORDINÁRIO), nos termos do art. 1.042 do CPC".

1.5. Fechamento: Nestes Termos, Pede Deferimento. "Local..." e "Data..." OAB n. ..., "Assinatura...".

2. 2ª Peça – folha das razões:

2.1. Endereçamento: razões de recurso de agravo; identificação das partes (Agravante: ...; Agravado: ...); identificação do processo (Processo n. ...); "Egrégio Superior Tribunal de Justiça (ou Supremo Tribunal Federal), Ínclitos Ministros."

2.2. Fatos: transcrição integral do texto apresentado pelo examinador no enunciado da peça prática, ressaltando a impossibilidade de criar dados inexistentes, para não identificar a peça profissional e ter a prova zerada pelo examinador. Demonstrar, com base no art. 1.042 do CPC, que cabe agravo contra decisão do presidente ou do vice-presidente do tribunal recorrido que inadmitir recurso extraordinário ou recurso especial, salvo quando fundada na aplicação de entendimento firmado em regime de repercussão geral ou em julgamento de recursos repetitivos. Neste ponto, busca-se obter a reforma da decisão que não admitiu o Recurso Especial (ou Recurso Extraordinário) anteriormente interposto.

2.3. Fundamentação: faça a correta ligação entre os fatos e os dispositivos legais aplicáveis, como artigos de lei, súmulas, precedentes, desenvolvendo raciocínio lógico e coerência jurídica, ressaltando que a mera indicação do artigo ou da lei não é suficiente para a pontuação, sendo necessário demonstrar a correta coligação entre fato e direito. Na narrativa das questões jurídicas que dão ensejo à compreensão de que o anterior Recurso Especial (ou Recurso Extraordinário) mereceria ser recebido e conhecido, pois são casos de evidente cabimento.

2.4. Pedidos e requerimentos: recurso especial: "Diante do exposto, requer o recebimento e conhecimento do Agravo em Recurso Especial ou Extraordinário, determinando-se a intimação do recorrido (art. 1.042, § 3º, do CPC) para responder no prazo legal. Ao final, requer, sendo admitido este recurso, sejam os autos remetidos ao Colendo Superior Tribunal de Justiça (ou Supremo Tribunal Federal, caso o recurso anterior seja o Recurso Extraordinário) para conhecimento e provimento nos exatos termos do art. 1.042, § 5º, do CPC, cumpridas as necessárias formalidades legais".

2.5. Fechamento da peça: Nestes Termos, Pede Deferimento. "Local..." e "Data..." OAB n. ..., "Assinatura...".

16.5. Modelo de agravo em recurso especial e em recurso extraordinário

EXCELENTÍSSIMO SENHOR DOUTOR DESEMBARGADOR PRESIDENTE (OU VICE-PRESIDENTE) DO E. TRIBUNAL DE JUSTIÇA DE...

"Processo n. ..."

NOME DO AGRAVANTE, já qualificado nos autos do Recurso (Especial ou Extraordinário), em epígrafe, em que contende com NOME DO AGRAVADO, já qualificado nos autos, vem, respeitosamente, interpor o presente AGRAVO em Recurso Especial (ou Recurso Extraordinário), nos termos do art. 1.042 do CPC, o que faz tempestivamente, com as inclusas razões do Agravo.

Nestes termos,
Pede deferimento.
"Local..." e "Data..."
OAB n. ..., "Assinatura..."

RAZÕES DO AGRAVO

Recorrente: ...
Recorrido: ...
Processo n. ...
Egrégio Superior Tribunal de Justiça (ou Supremo Tribunal Federal),
Ínclitos Ministros.

I – DO CABIMENTO DO PRESENTE RECURSO
"Demonstrar, com base no art. 1.042 do CPC, que cabe agravo contra decisão do presidente ou do vice-presidente do tribunal recorrido que inadmitir recurso extraordinário ou recurso especial, salvo quando fundada na aplicação de entendimento firmado em regime de repercussão geral ou em julgamento de recursos repetitivos.
Neste ponto, busca-se obter a reforma da decisão que não admitiu o Recurso Especial (ou Recurso Extraordinário) anteriormente interposto."

II – SÍNTESE DO PROCESSADO
"Narrar os fatos ocorridos desde a propositura da ação até a prolação da decisão recorrida, demonstrando as questões relevantes para a reforma da decisão recorrida."

III – DOS FUNDAMENTOS JURÍDICOS
"Narrativa das questões jurídicas que dão ensejo à compreensão de que o anterior Recurso Especial (ou Recurso Extraordinário) mereceria ser recebido e conhecido, pois casos de evidente cabimento."

IV – CONCLUSÕES

Diante do exposto, requer o recebimento e conhecimento do Agravo em Recurso Especial ou Extraordinário, determinando-se a intimação do recorrido (art. 1.042, § 3º, do CPC) para responder no prazo legal. Ao final, requer, sendo admitido este recurso, sejam os autos remetidos ao Colendo Superior Tribunal de Justiça (ou Supremo Tribunal Federal, caso o recurso anterior seja o Recurso Extraordinário) para conhecimento e provimento nos exatos termos do art. 1.042, § 5º, do CPC, cumpridas as necessárias formalidades legais.

Nestes termos,
Pede deferimento.
"Local..." e "Data..."
OAB n. ..., "Assinatura..."

17. EMBARGOS DE DIVERGÊNCIA

17.1. Apresentação

Embargos de Divergência: os Embargos de Divergência serão cabíveis, assim como preceitua o **art. 1.043, do CPC**, em situações específicas e dirigidas ao Supremo Tribunal Federal e ao Superior Tribunal de Justiça. Assim, portanto, é embargável o **acórdão de órgão fracionário que, em recurso extraordinário ou em recurso especial, divergir do julgamento de qualquer outro órgão do mesmo tribunal, sendo os acórdãos, embargado e paradigma, de mérito** (inciso I); ou, sendo um **acórdão de mérito e outro que não tenha conhecido do recurso, embora tenha apreciado a controvérsia** (inciso III).

Ainda, conforme § 3º do art. 1.043 do CPC, cabem embargos de divergência quando o acórdão paradigma for da mesma turma que proferiu a decisão embargada, desde que **sua composição tenha sofrido alteração em mais da metade de seus membros**.

Os Embargos de Divergência serão cabíveis tão somente contra **decisões colegiadas proferidas em recursos extraordinários e em recursos especiais**, não sendo cabíveis, pois, contra decisões tomadas em autos de agravos, tampouco contra decisões monocráticas, em juízo de admissibilidade e em casos de competência originária dos daqueles Tribunais (importante mencionar que os incisos II e IV do art. 1.043 do CPC foram revogados pela Lei n. 13.256/2016).

Desta forma, **somente será embargável a decisão proferida pela turma** cuja divergência se apresente entre julgados de qualquer outro órgão do Tribunal – seja turma, sessão, Corte Especial ou pleno, no caso do Superior Tribunal de Justiça, e de turma ou do pleno, no caso do Supremo Tribunal Federal.

17.2. Como identificar a peça

Para os embargos de divergência, deve-se verificar se a questão apresenta uma decisão colegiada proferida em recurso extraordinário ou em recurso especial, que divergir do julgamento de qualquer outro órgão do mesmo tribunal, sendo os acórdãos, embargado e paradigma, de mérito; ou em recurso extraordinário ou em recurso especial, que divergir do julgamento de qualquer outro órgão do mesmo tribunal, sendo um acórdão de mérito e outro que não tenha conhecido do recurso, embora tenha apreciado a controvérsia; ou, ainda, quando o acórdão paradigma for da mesma turma que proferiu a decisão embargada, desde que sua composição tenha sofrido alteração em mais da metade de seus membros.

17.3. Requisitos essenciais, fundamentos legais e estrutura dos embargos de divergência

O examinando deverá sempre endereçar corretamente a peça ao Ministro Presidente do Supremo Tribunal Federal ou Superior Tribunal de Justiça (art. 1.042, § 2º, do CPC), que indeferiu ou inadmitiu seguimento ao recurso especial ou extraordinário, deixando sempre espaço suficiente para a identificação do processo.

EXCELENTÍSSIMO SENHOR DOUTOR MINISTRO PRESIDENTE DO SUPERIOR TRIBUNAL DE JUSTIÇA (OU DO SUPREMO TRIBUNAL FEDERAL)

Na interposição dos embargos de divergência poderão ser confrontadas teses jurídicas contidas em julgamentos de recursos e de ações de competência originária, sendo que a referida divergência, que autoriza a interposição dos embargos, pode verificar-se na aplicação do direito material ou do direito processual.

Cabem, ainda, os embargos de divergência quando o acórdão paradigma for da mesma turma que proferiu a decisão embargada, desde que a composição daquela turma tenha sofrido alteração em mais da metade de seus membros.

A divergência poderá ser comprovada com certidão, cópia ou citação de repositório oficial ou credenciado de jurisprudência, inclusive em mídia eletrônica, onde foi publicado o acórdão divergente, ou com a reprodução de julgado disponível na rede mundial de computadores, indicando a respectiva fonte, e mencionará as circunstâncias que identificam ou assemelham os casos confrontados.

O procedimento dos embargos de divergência será aquele estabelecido pelo regimento interno do respectivo Tribunal Superior em que processada e verificada a divergência. Ademais, a interposição dos embargos de divergência no Superior Tribunal de Justiça **interrompe o prazo para interposição de recurso extraordinário por qualquer das partes.**

17.4. Estrutura resumida da peça dos embargos de divergência

1. 1ª peça – Folha de rosto ou petição de interposição:

1.1. Endereçamento: atentar que o recurso de embargos de divergência deverá ser endereçado ao presidente do Supremo Tribunal Federal ou do Superior Tribunal de Justiça, a depender de onde originou a divergência. Assim, utilizar: "EXCELENTÍSSIMO SENHOR DOUTOR MINISTRO PRESIDENTE DO SUPREMO TRIBUNAL FEDERAL (OU SUPERIOR TRIBUNAL DE JUSTIÇA)".

1.2. Número do processo: importante verificar que, por se tratar de recurso, haverá o devido número de distribuição do processo. Assim, identificar o processo logo em seguida ao endereçamento: "Processo n. ...".

1.3. Identificação das partes: "NOME DO EMBARGANTE, já devidamente identificado nos autos do Recurso Especial ou Extraordinário".

"NOME DO EMBARGADO, devidamente qualificado nos autos do Recurso Especial ou Extraordinário".

1.4. Nome da ação e sua fundamentação legal: "vem, respeitosamente, opor os presentes EMBARGOS DE DIVERGÊNCIA, nos termos do art. 1.043, I ou III, ou § 3º, do CPC".

1.5. Fechamento: Requer que o Recurso seja conhecido e, dessa forma, que seja levado para julgado pela (colocar a Turma ou Seção em que se originou a divergência, por exemplo: 1ª Seção deste E. Superior Tribunal de Justiça).

Nestes Termos, Pede Deferimento. "Local..." e "Data...", "OAB n. ...", "Assinatura...".

2. 2ª Peça – Folha das razões:

2.1. Endereçamento: razões de recurso de embargos de divergência; identificação das partes (Embargante: ...; Embargado: ...); identificação do processo (Processo n. ...); "Egrégio Superior Tribunal de Justiça (ou Supremo Tribunal Federal), Ínclitos Ministros."

2.2. Fatos: transcrição integral do texto apresentado pelo examinador no enunciado da peça prática, ressaltando a impossibilidade de criar dados inexistentes, para não identificar a peça profissional e ter a prova zerada pelo examinador. Demonstrar, com base no art. 1.043 do CPC, que cabem embargos de divergência contra o acórdão de órgão fracionário que, em recurso extraordinário ou em recurso especial, divergir do julgamento de qualquer outro órgão do mesmo tribunal, sendo os acórdãos, embargado e paradigma, de mérito; que em recurso extraordinário ou em recurso especial, divergir do julgamento de qualquer outro órgão do mesmo tribunal, sendo um acórdão de mérito e outro que não tenha conhecido do recurso, embora tenha apreciado a controvérsia; ou, ainda, quando o acórdão paradigma for da mesma turma que proferiu a decisão embargada, desde que sua composição tenha sofrido alteração em mais da metade de seus membros.

2.3. Fundamentação: faça a correta ligação entre os fatos e os dispositivos legais aplicáveis, como artigos de lei, súmulas, precedentes, desenvolvendo raciocínio lógico e coerência jurídica, ressaltando que a mera indicação do artigo ou da lei não é suficiente para a pontuação, sendo necessário demonstrar a correta coligação entre fato e direito. Na narrativa das questões jurídicas que dão ensejo à compreensão de que há a necessidade de uniformização da jurisprudência dos Tribunais Superiores (STF ou STJ), note que o recorrente provará a divergência com certidão, cópia ou citação de repositório oficial ou credenciado de jurisprudência, inclusive em mídia eletrônica, onde foi publicado o acórdão divergente, ou com a reprodução de julgado disponível na rede mundial de computadores, indicando a respectiva fonte e mencionará as circunstâncias que identificam ou assemelham os casos confrontados.

2.4. Pedidos e requerimentos: recurso especial: "Diante do exposto, requer o recebimento e conhecimento dos Embargos de Divergência, no sentido de fazer prevalecer o entendimento apresentado no acórdão paradigma, a respeito do tema (colocar o tema da divergência)".

2.5. Fechamento da peça: "Nestes Termos, Pede Deferimento". "Local..." e "Data...", "OAB n. ...", "Assinatura...".

17.5. Modelo de embargos de divergência

EXCELENTÍSSIMO SENHOR DOUTOR MINISTRO PRESIDENTE DO SUPREMO TRIBUNAL FEDERAL (OU SUPERIOR TRIBUNAL DE JUSTIÇA)

"Processo n. ..."

NOME DO EMBARGANTE, já qualificado nos autos do Recurso (Especial ou Extraordinário), em epígrafe, em que contende com NOME DO EMBARGADO, já qualificado nos autos, vem, respeitosamente, opor os presentes EMBARGOS DE DIVERGÊNCIA, nos termos do art. 1.043 (inciso I ou III, ou, ainda, § 3º) do CPC, o que faz tempestivamente, com as inclusas razões do Agravo.

Nestes termos,
Pede deferimento.
"Local..." e "Data..."
"OAB n. ...", "Assinatura..."

RAZÕES DOS EMBARGOS DE DIVERGÊNCIA

Recorrente: ...
Recorrido: ...
Processo n. ...

Egrégio Superior Tribunal de Justiça (ou Supremo Tribunal Federal),
Ínclitos Ministros.

I – DO CABIMENTO DO PRESENTE RECURSO
"Demonstrar, com base no art. 1.043, I, III ou § 3º, do CPC, que cabem embargos de divergência contra o acórdão de órgão fracionário que, em recurso extraordinário ou em recurso especial, divergem do julgamento de qualquer outro órgão do mesmo tribunal, sendo os acórdãos, embargado e paradigma, de mérito; que em recurso extraordinário ou em recurso especial, divergirem do julgamento de qualquer outro órgão do mesmo tribunal, sendo um acórdão de mérito e outro que não tenha conhecido do recurso, embora tenha apreciado a controvérsia; ou, ainda, quando o acórdão paradigma for da mesma turma que proferiu a decisão embargada, desde que sua composição tenha sofrido alteração em mais da metade de seus membros."

II – SÍNTESE DO PROCESSADO
"Narrar os fatos ocorridos desde a propositura da ação até a prolação da decisão recorrida, demonstrando as questões relevantes para a reforma da decisão recorrida."

III – DOS FUNDAMENTOS JURÍDICOS – DA DIVERGÊNCIA EXISTENTE
"Narrar as questões jurídicas que dão ensejo à compreensão de que há a divergência, conforme acórdão paradigma, pois casos de evidente cabimento. O recorrente deverá provar a divergência com certidão, cópia ou citação de repositório oficial ou credenciado de jurisprudência, inclusive em

mídia eletrônica, onde foi publicado o acórdão divergente, ou com a reprodução de julgado disponível na rede mundial de computadores, indicando a respectiva fonte, e mencionará as circunstâncias que identificam ou assemelham os casos confrontados."

IV – CONCLUSÕES
Diante do exposto, requer o recebimento e conhecimento dos Embargos de Divergência, no sentido de fazer prevalecer o entendimento apresentado no acórdão paradigma, a respeito do tema (colocar o tema da divergência).

Nestes termos,
Pede deferimento.
"Local..." e "Data..."
OAB n. ..., "Assinatura..."

18. EMBARGOS DE TERCEIRO

18.1. Apresentação

Os embargos de terceiro são considerados procedimentos processuais concedidos àqueles que não são partes do processo, como garantia para salvar de constrição judicial seus bens integrados ao seu patrimônio. Têm natureza de ação constitutiva, que busca desconstituir o ato judicial abusivo, restituindo as partes ao estado anterior à apreensão impugnada.

Com efeito, os embargos podem ser de terceiro proprietário, inclusive fiduciário, ou possuidor, desde que pretenda proteger, como visto, sua posse em relação aos seus bens. Neste contexto, relevante compreender que o terceiro é, efetivamente, aquele que não faz parte da relação jurídico-processual entabulada. Ademais, considera-se terceiro, para ajuizamento dos embargos:

a) o cônjuge ou companheiro, quando defende a posse de bens próprios ou de sua meação, ressalvado o disposto no art. 843;
b) o adquirente de bens cuja constrição decorreu de decisão que declara a ineficácia da alienação realizada em fraude à execução;
c) quem sofre constrição judicial de seus bens por força de desconsideração da personalidade jurídica, de cujo incidente não fez parte;
d) o credor com garantia real para obstar expropriação judicial do objeto de direito real de garantia, caso não tenha sido intimado, nos termos legais dos atos expropriatórios respectivos.

Com relação ao tempo, afirme-se, com base no art. 675 do CPC, que os embargos podem ser opostos a qualquer tempo no processo de conhecimento enquanto não transitada em julgado a sentença e, no cumprimento de sentença ou no processo de execução, até cinco dias depois da adjudicação, da alienação por iniciativa particular ou da arrematação, mas sempre antes da assinatura da respectiva carta. Assim, caso identifique a existência de terceiro titular de interesse em embargar o ato, o juiz mandará intimá-lo pessoalmente.

Sabendo disso, resta, ainda, destacar que o embargante, em petição inicial elaborada com observância do disposto nos arts. 319 e 320 do CPC, fará a prova sumária de sua posse ou de seu domínio e da qualidade de terceiro, oferecendo documentos e rol de testemunhas. Em relação às provas, é facultada a prova da posse em audiência preliminar designada pelo juiz.

Destarte, os embargos serão distribuídos por dependência ao juízo que ordenou a constrição e autuados em apartado, buscando manter a celeridade processual, visto que o julgador já conhece a demanda e suas peculiaridades. No entanto, nos casos de ato de constrição realizado por carta, os embargos serão oferecidos no juízo deprecado, salvo se indicado pelo juízo deprecante o bem constrito ou se já devolvida a carta.

Em sendo julgado suficientemente provado o domínio ou a posse determinará a suspensão das medidas constritivas sobre os bens litigiosos objeto dos embargos, bem como a manutenção ou a reintegração provisória da posse, se o embargante a houver requerido, assim como autoriza o art. 678 do CPC. Ademais, o juiz poderá condicionar a ordem de manutenção ou de reintegração provisória de posse à prestação de caução pelo requerente, ressalvada a impossibilidade da parte economicamente hipossuficiente.

Com efeito, os embargos poderão ser contestados no prazo de 15 dias (art. 679 do CPC), findo o qual se seguirá o procedimento comum.

Em relação às matérias suscetíveis de serem alegadas, contra os embargos do credor com garantia real, somente poderá o embargado alegar que (art. 680 do CPC):

I – o devedor comum é insolvente;

II – o título é nulo ou não obriga a terceiro;

III – outra é a coisa dada em garantia.

Finalmente, determina ao art. 681 do CPC que, acolhido o pedido inicial, o ato de constrição judicial indevida será cancelado, com o reconhecimento do domínio, da manutenção da posse ou da reintegração definitiva do bem ou do direito ao embargante.

18.2. Como identificar a peça

Para a correta verificação da possibilidade de propositura dos embargos de terceiros, por certo o examinador apresentará o caso prático demonstrando a existência de uma constrição judicial daquele que não é parte no processo, sendo que este terceiro buscará a defesa de seu patrimônio em caso de arresto, sequestro, penhora, depósito, alienação judicial, arrolamento, arrecadação, inventário ou partilha.

18.3. Requisitos essenciais, fundamentos legais e estrutura dos embargos de terceiros

Diante disso, o examinando deve ficar atento à formulação de uma petição inicial, conforme antes estudado, com especial atenção àquilo que diz respeito à qualificação das partes, bem como identificando corretamente a peça exigida, juntamente com seus fundamentos legais (exemplo: "ajuizar os presentes EMBARGOS DE TERCEIROS, com fulcro no art. 674 do CPC").

Importante observação a ser feita é a identificação de que os embargos de terceiros foram distribuídos por dependência ao feito principal, indicando o número do referido processo (exemplo: "Processo de n. ...."), nos termos do art. 676 do CPC.

O examinando deverá indicar, logo no início da peça processual, a prova sumária de sua posse ou de seu domínio, bem como de sua qualidade de terceiro em relação ao processo principal, inclusive apresentando o rol de testemunhas, conforme o art. 677 do CPC.

Ficar atento às disposições do art. 680 do CPC, determinando que contra os embargos do credor com garantia real, o embargado somente poderá alegar que:

I – o devedor comum é insolvente;

II – o título é nulo ou não obriga a terceiro;

III – outra é a coisa dada em garantia.

Por fim, o examinando deverá pedir a distribuição do feito por dependência ao "Processo de n. ...", na forma do art. 676 do Código de Processo Civil; a expedição de mandado de "manutenção ou reintegração de posse em favor do embargante" (conforme o caso especificado); seja o embargado citado para, querendo, apresentar resposta no prazo legal em uma das modalidades permitidas na lei processual; que sejam acolhidos os embargos, "desconstituindo-se a penhora recaída sobre o imóvel (ou outro ato de constrição judicial), com a manutenção ou reintegração definitiva na posse do bem"; que o réu seja condenado em custas e honorários advocatícios em percentuais arbitrados nos termos do art. 85, § 8º, do Código de Processo Civil.

Por se tratar de petição inicial, além da prova sumária da posse ou domínio, deferidos todos os meios de prova admitidos em direito para comprovação dos fatos que se apresentarem controvertidos, em especial provas documentais e testemunhais, após apresentação da contestação pelo réu, bem como conferindo o correto valor à causa e apresentando o rol de testemunhas.

18.4. Estrutura resumida da peça

1. Endereçamento: os embargos de terceiros serão sempre distribuídos por dependência ao feito principal, devendo obedecer às regras de endereçamento ao mesmo juiz. Assim, utilizar, por exemplo: "EXCELENTÍSSIMO SENHOR DOUTOR JUIZ DE DIREITO DA 2ª VARA CÍVEL DA COMARCA DO RIO DE JANEIRO".

2. Número do processo: importante verificar que, por se tratar de embargos de terceiro distribuído por dependência, haverá o devido número de distribuição da ação principal. Assim, identificar o processo logo em seguida ao endereçamento: "Distribuído por dependência ao Processo n. ...".

3. Identificação das partes: "NOME DO EMBARGANTE", "nacionalidade...", "estado civil...", "profissão..." (se pessoa jurídica indicar se de direito privado, público interno ou público externo), portador do "RG n. ...", inscrito no "CPF/CNPJ sob o n. ...", "endereço eletrônico...", "domiciliado na rua..." (se for pessoa jurídica "com sede na rua..."), "número...", "bairro...", "Município...", "Estado de...", "CEP...".

"NOME DO EMBARGADO", "nacionalidade...", "estado civil...", "profissão..." (se pessoa jurídica indicar se de direito privado, público interno ou público externo), portador do "RG n. ...", inscrito no "CPF/CNPJ sob o n. ...", "endereço eletrônico...", "domiciliado na rua..." (se for pessoa jurídica "com sede na rua..."), "número...", "bairro...", "Município...", "Estado de...", "CEP...".

4. Nome da ação e sua fundamentação legal: "vem, respeitosamente, por intermédio de seu advogado infra-assinado, perante Vossa Excelência, opor os presentes EMBARGOS DE TERCEIROS, com fulcro no art. 674 e seguintes do CPC".

5. Fatos: transcrição integral do texto apresentado pelo examinador no enunciado da peça prática, ressaltando a impossibilidade de criar dados inexistentes, para não identificar a peça profissional e ter a prova zerada pelo examinador, destacando a prova sumária de sua posse ou de seu domínio e da qualidade de terceiro.

6. Fundamentação: faça a correta ligação entre os fatos e os dispositivos legais aplicáveis, como artigos de lei, súmulas, precedentes, desenvolvendo raciocínio lógico e coerência jurídica, ressaltando que a mera indicação do artigo ou da lei não é suficiente para a pontuação, sendo necessário demonstrar a correta coligação entre fato e direito.

7. Pedidos e requerimentos: "Diante de todo o exposto, requer-se a Vossa Excelência: a) seja concedida a distribuição do feito por dependência ao processo de n. ..., na forma do art. 676 do Código de Processo Civil; b) a expedição de mandado de 'manutenção ou reintegração de posse em favor do embargante'; c) seja o embargado citado para, querendo, apresentar resposta no prazo legal em uma das modalidades permitidas na lei processual; d) sejam acolhidos os presentes embargos, 'desconstituindo-se a penhora recaída sobre o imóvel (ou outro ato de constrição judicial), com a manutenção ou reintegração definitiva na posse do bem'; e) seja o réu condenado em custas e honorários advocatícios em percentuais arbitrados nos termos do art. 85, § 8º, do Código de Processo Civil; f) sejam deferidos todos os meios de prova admitidos em direito para comprovação dos fatos que se apresentarem controvertidos, em especial provas documentais e testemunhais, após apresentação da contestação pelo réu; g) juntada das guias judiciais devidamente quitadas; ou (se for o caso), a concessão dos benefícios da justiça gratuita, nos termos do art. 5º, LXXIV, da Constituição Federal e da Lei n. 1.060/50, por ser o autor pobre no sentido legal, não podendo arcar com o pagamento das custas sem prejuízo do próprio sustento.

O endereço do advogado do autor, onde deverá receber as intimações, é 'Endereço...'".

8. Valor da causa e rol de testemunhas: Dá-se à causa o valor de R$ ...; Rol de testemunhas: 1 – "TESTEMUNHA, qualificação...". 2 – "TESTEMUNHA, qualificação...".

9. Fechamento da peça: Nestes Termos, Pede Deferimento. "Local..." e "Data...", OAB n. ..., "Assinatura...".

18.5. Modelo de embargos de terceiro

EXCELENTÍSSIMO SENHOR DOUTOR JUIZ DE DIREITO DA 2ª VARA CÍVEL DA COMARCA DO RIO DE JANEIRO

Distribuição por dependência ao Processo "n. ..."

NOME DO EMBARGANTE, "nacionalidade...", "estado civil...", "profissão..." (se pessoa jurídica indicar se de direito privado, público interno ou público externo), portador do "RG n. ...", inscrito no "CPF/CNPJ sob o n. ...", "endereço eletrônico...", "domiciliado na rua..." (se for pessoa jurídica "com sede na rua..."), "número...", "bairro...", "Município...", "Estado de...", "CEP...", vem, respeitosamente, por intermédio de seu advogado infra-assinado, perante Vossa Excelência, opor os presentes EMBARGOS DE TERCEIROS, com fulcro no art. 674 e seguintes do CPC, em face de NOME DO EMBARGADO, "nacionalidade...", "estado civil...", "profissão..." (se pessoa jurídica indicar se de direito privado, público interno ou público externo), portador do "RG

n. ...", inscrito no "CPF/CNPJ sob o n. ...", "endereço eletrônico...", "domiciliado na rua..." (se for pessoa jurídica "com sede na rua..."), "número...", "bairro...", "Município...", "Estado de...", "CEP...", pelos fundamentos de fato e de direito a seguir expostos;

I – DOS FATOS
"Resumo dos fatos fornecidos pelo enunciado da questão."

II – DOS FUNDAMENTOS DE DIREITO
"'Vide' pertinentes noções de Direito Civil destacadas.
Observar se há precedente.
Caso o precedente seja favorável, fazer a adesão. Caso desfavorável, fazer a distinção 'distinguishing'."

III – DOS PEDIDOS
Diante de todo o exposto, requer-se a Vossa Excelência;

a) seja concedida a distribuição do feito por dependência ao processo de n. ..., na forma do art. 676 do Código de Processo Civil;
b) a expedição de mandado de "manutenção ou reintegração de posse em favor do embargante";
c) seja o embargado citado para, querendo, apresentar resposta no prazo legal em uma das modalidades permitidas na lei processual;
d) sejam acolhidos os presentes embargos, "desconstituindo-se a penhora recaída sobre o imóvel (ou outro ato de constrição judicial), com a manutenção ou reintegração definitiva na posse do bem";
e) seja o réu condenado em custas e honorários advocatícios em percentuais arbitrados nos termos do art. 85, § 2º, do Código de Processo Civil;
f) sejam deferidos todos os meios de prova admitidos em direito para comprovação dos fatos que se apresentarem controvertidos, em especial provas documentais e testemunhais, após apresentação da contestação pelo réu;
g) juntada das guias judiciais devidamente quitadas; ou (se for o caso), a concessão dos benefícios da justiça gratuita, nos termos do art. 5º, LXXIV, da Constituição Federal e da Lei n. 1.060/50, por ser o autor pobre no sentido legal, não podendo arcar com o pagamento das custas sem prejuízo do próprio sustento;
h) todas as intimações sejam realizadas em nome, endereço eletrônico e profissional do advogado do autor.
O endereço do advogado do autor, onde deverá receber as intimações, é "Endereço...".
Dá-se à causa o valor de R$ (...).
Rol de testemunhas;
1 – "TESTEMUNHA, qualificação...".
2 – "TESTEMUNHA, qualificação...".

Nestes termos,
Pede deferimento.
"Local..." e "Data..."
OAB n. ..., "Assinatura..."

19. DOS PROCESSOS NOS TRIBUNAIS

Neste Capítulo trabalharemos as principais regras a respeito dos Processos nos Tribunais, especialmente a respeito dos Incidentes de Assunção de Competência, de Conflito de Competência e de Resolução de Demandas Repetitivas, apresentando um modelo "base" ou padrão, ao final, que pode ser utilizado para todos esses incidentes (seguindo o modelo de petição simples ou de petição inicial), vez que propostos perante os Tribunais, atentando-se somente quanto aos requisitos próprios de cada um, da fundamentação específica e dos endereçamentos adequados.

Após, demonstraremos os principais aspectos, fundamentos e modelos de Homologação de Sentença Estrangeira, da Reclamação e da Ação Rescisória.

19.1. Do incidente de assunção de competência

19.1.1. Apresentação

Com efeito, o art. 947 do CPC estabeleceu e disciplinou o instituto da "assunção de competência", que permite **ao órgão colegiado competente**, quando do julgamento de recursos, de remessa necessária ou de processos de competência originária, a instauração de incidente para a **uniformização de jurisprudência**, desde que a matéria envolvida trate de **relevantes questões de direito**, com grande **repercussão social**, **sem repetição em múltiplos processos** (potencialidade de repetições futuras), e se reconhecido o **interesse público na assunção de competência**.

A sua principal função é otimizar a prestação jurisdicional e gerar a necessária estabilização nos entendimentos da própria Corte, garantindo, assim, a tão esperada segurança jurídica, integridade e coerência nos julgamentos dos casos análogos. O instituto em questão, pois, serve mais à uniformidade da Corte do que à efetiva resolução dos casos concretos, por intermédio da manifestação de um colegiado superior no âmbito do referido tribunal.

Os **requisitos** de admissibilidade do incidente de assunção de competência são, pois:
i) relevante questão de direito;
ii) com grande repercussão social,
iii) sem repetição em múltiplos processos, e
iv) reconhecido interesse público.

Procedimento: o incidente de assunção de competência poderá ser **instaurado de ofício pelo relator** ou a **pedido das partes**, do **Ministério Público** ou da **Defensoria Pública**, ou seja, somente estarão sujeitas ao procedimento os **recursos, a remessa ne-**

cessária **ou os processos de competência originária** que estiverem tramitando e em curso no tribunal, a serem julgados pelo órgão colegiado competente, que o regimento indicar.

Em sendo regularmente julgado, o acórdão proferido em assunção de competência **vinculará** (art. 927, III, do CPC) todos os juízes e órgãos fracionários, demonstrando a fixação dos limites territoriais do incidente aos seus órgãos e julgadores, exceto se houver revisão de tese.

Por fim, aplicar-se-á o procedimento de incidente de assunção de competência quando ocorrer relevante questão de direito a respeito da qual seja conveniente a prevenção ou a composição de divergência entre câmaras ou turmas do tribunal, trazendo, no caso da prevenção, unidade de julgamento, no intuito de evitar julgamentos dissonantes nas matérias analisadas, bem como, mais uma vez, de conferir estabilidade à Corte, com a manutenção da coerência jurisprudencial, prevenindo ou compondo divergência interna no próprio tribunal.

19.1.2. Como identificar a peça

Em se tratando de incidente de assunção de competência, certamente o examinador, no momento de formulação do enunciado da questão prática, indicará aos candidatos a existência de um recurso, remessa necessária ou de processo de competência originária, que estiverem tramitando e em curso no Tribunal, indicando, ainda, a existência de matéria envolvida que se trate de relevantes questões de direito, com grande repercussão social, sem repetição em múltiplos processos e de reconhecido interesse público.

19.1.3. Estrutura resumida da peça

1. Endereçamento: atentar que o incidente de assunção de competência será proposto perante o Desembargador Relator diretamente no Tribunal. Assim, a título de exemplo, utilizar: "EXCELENTÍSSIMO SENHOR DOUTOR DESEMBARGADOR RELATOR DO PROCESSO... DA TURMA JULGADORA DO TRIBUNAL DE JUSTIÇA DE...".

2. Número do processo: importante verificar que, por se tratar de incidente de assunção de competência, existiu ou existe uma ação em andamento, estando o processo no Tribunal, inclusive tendo recebido o devido número de distribuição. Assim, identificar o processo logo em seguida ao endereçamento: "Processo n. ...".

3. Identificação das partes: "NOME DO INTERESSADO", já qualificado nos autos do recurso em epígrafe...". Note que não há réu, recorrido ou parte contrária, mas apenas interessado.

4. Nome da ação e sua fundamentação legal: "vem, respeitosamente, à presença de Vossa Excelência suscitar o INCIDENTE DE ASSUNÇÃO DE COMPETÊNCIA, com fundamento no art. 947 do CPC, pelas razões de fato e de direito a seguir afirmadas".

5. Fatos: transcrição integral do texto apresentado pelo examinador no enunciado da peça prática, ressaltando a impossibilidade de criar dados inexistentes, para não identificar a peça profissional e ter a prova zerada pelo examinador.

6. Fundamentação: faça a correta ligação entre os fatos e os dispositivos legais aplicáveis, como artigos de lei, súmulas, precedentes, desenvolvendo raciocínio lógico e coerência jurídica, ressaltando que a mera indicação do artigo ou da lei não é suficiente para a pontuação, sendo necessário demonstrar a correta coligação entre fato e direito. Não se esqueça de demonstrar que a matéria envolvida trata de relevantes questões de direito, com grande repercussão social, sem repetição em múltiplos processos (potencialidade de repetições futuras), e se reconhecido o interesse público na assunção de competência.

7. Pedidos e requerimentos: "Assim, com base no art. 947 do Código de Processo Civil, requer-se o julgamento deste incidente de assunção de competência, em razão da relevante questão de direito a respeito da qual seja conveniente a prevenção ou a composição de divergência entre câmaras ou turmas do tribunal, trazendo, no caso da prevenção, unidade de julgamento, no intuito de evitar julgamentos dissonantes nas matérias analisadas, bem como, mais uma vez, de conferir estabilidade à Corte, com a manutenção da coerência jurisprudencial, prevenindo ou compondo divergência interna no próprio tribunal".

8. Fechamento da peça: Nestes Termos, Pede Deferimento. "Local..." e "Data..." OAB n. ..., "Assinatura...".

19.2. Do incidente de conflito de competência

19.2.1. Apresentação

Como regra, o processo civil brasileiro consagrou **três possibilidades distintas para a instauração do conflito de competência**, conforme art. 66 do CPC:

a) quando dois ou mais juízes se declararem competentes para determinada causa **(conflito positivo de competência);**

b) quando dois ou mais juízes reputarem-se incompetentes para certa demanda judicial, atribuindo um ao outro a competência **(conflito negativo de competência);** e

c) quando entre dois ou mais juízes surgir **controvérsia acerca da reunião ou da separação de processos**.

Em havendo, pois, qualquer dessas situações, terá lugar o conflito de competência, como forma de resolver a controvérsia criada, estabelecendo e declarando uma única autoridade judiciária como competente para o julgamento da causa isolada ou para as causas em conjunto.

Nestes casos, o conflito de competência poderá ser suscitado por **qualquer das partes envolvidas na relação processual**, pelo **Ministério Público** ou pelo **juiz**, sendo esses, portanto, os seus legitimados.

No caso do Ministério Público, somente será ouvido nos conflitos de competência relativos aos processos que envolverem interesse público, interesse de incapazes ou litígios coletivos pela posse de terra urbana ou rural, conforme previstos no art. 178, mas terá qualidade de parte nos conflitos que suscitar.

Importante ressaltar o fato de que terceiro não tem legitimidade para suscitar o conflito de competência, com exceção dos casos em que demonstre interesse jurídico, pois a apreciação da legitimidade para arguição depende mais da existência de interesse jurídico do requerente que propriamente de sua qualidade como parte.

Por fim, destaque-se que não pode suscitar conflito a parte que, no processo, arguiu incompetência relativa (art. 952 do CPC). Entretanto, o conflito de competência não obsta a que a parte que não o arguiu suscite a incompetência.

Procedimento: o conflito será suscitado ao Tribunal:
i) pelo juiz, por ofício, ou
ii) pela parte e pelo Ministério Público, por petição.

O ofício e a petição serão instruídos com os documentos necessários à prova do conflito.

Após a distribuição do conflito de competência, o relator determinará a oitiva dos juízes em conflito ou, se um deles for suscitante, apenas do suscitado, buscando os elementos para o julgamento do conflito. Ademais, no prazo designado pelo relator, incumbirá ao juiz ou aos juízes prestar as informações eventualmente solicitadas.

Ainda, quando o **conflito for positivo**, poderá o relator, de ofício ou a requerimento de qualquer das partes, determinar o **sobrestamento do processo** e, nesse caso, bem como no de **conflito negativo, designará um dos juízes para resolver, em caráter provisório**, as medidas urgentes, sempre objetivando a efetiva prestação jurisdicional.

Poderá o relator julgar de plano o conflito de competência quando sua decisão se fundar em:
i) súmula do Supremo Tribunal Federal, do Superior Tribunal de Justiça ou do próprio tribunal; ou
ii) tese firmada em julgamento de casos repetitivos ou em incidente de assunção de competência, ou seja, possibilitando o julgamento de plano dos casos em que envolvam a força vinculante do sistema de precedentes.

Decorrido o prazo para apresentação das informações, conforme designado pelo relator, será ouvido o Ministério Público, no prazo de 05 (cinco) dias, ainda que as informações não tenham sido prestadas pelos juízes envolvidos no conflito, e, em seguida, o conflito será levado a julgamento (art. 956 do CPC).

Desta forma, ao decidir o conflito, o tribunal declarará qual o juízo competente, pronunciando-se também sobre a validade dos atos do juízo incompetente, possibilitando, assim, o prosseguimento do processo agora conduzido e gerido pelo juiz competente, sendo os autos do processo em que se manifestou o conflito, portanto, remetidos ao juiz declarado competente.

Por outro lado, no conflito que envolva órgãos fracionários dos tribunais, desembargadores e juízes em exercício no tribunal, observar-se-á o que dispuser o regimento interno do tribunal, em especial quanto ao procedimento e à estrutura de julgamento, bem como o próprio regimento interno regulamentará, ainda, o processo e o julgamento do conflito de atribuições entre autoridade judiciária e autoridade administrativa.

19.2.2. Como identificar a peça

Em se tratando de incidente de conflito de competência, atente-se que o examinador apresentará o caso prático demonstrando uma das hipóteses de cabimento do conflito, ou seja a possibilidade de suscitar ao Tribunal que dois ou mais juízes se declararam competentes para determinada causa, ou que dois ou mais juízes reputaram-se incompetentes para certa demanda judicial, ou, finalmente, que entre dois ou mais juízes surgiu controvérsia acerca da reunião ou da separação de processos.

19.2.3. Estrutura resumida da peça

1. Endereçamento: atentar que o incidente de conflito de competência será proposto diretamente perante o Tribunal, direcionando ao Presidente do Tribunal competente. Assim, a título de exemplo, utilizar: "EXCELENTÍSSIMO SENHOR DOUTOR DESEMBARGADOR PRESIDENTE DO TRIBUNAL DE JUSTIÇA DO ESTADO DE...".

2. Número do processo: importante verificar que, por se tratar de incidente de conflito de competência, existiu ou existe uma ação em andamento, estando o processo no Tribunal, inclusive tendo recebido o devido número de distribuição. Assim, identificar o processo logo em seguida ao endereçamento: "Processo n. ...".

3. Identificação das partes: "NOME DO INTERESSADO", já qualificado nos autos do recurso em epígrafe...". Note que não há réu, recorrido ou parte contrária, mas apenas interessado.

4. Nome da ação e sua fundamentação legal: "vem, respeitosamente, à presença de Vossa Excelência suscitar o CONFLITO DE COMPETÊNCIA, com fundamento no art. 951 e seguintes do CPC, pelas razões de fato e de direito a seguir afirmadas".

5. Fatos: transcrição integral do texto apresentado pelo examinador no enunciado da peça prática, ressaltando a impossibilidade de criar dados inexistentes, para não identificar a peça profissional e ter a prova zerada pelo examinador.

6. Fundamentação: faça a correta ligação entre os fatos e os dispositivos legais aplicáveis, como artigos de lei, súmulas, precedentes, desenvolvendo raciocínio lógico e coerência jurídica, ressaltando que a mera indicação do artigo ou da lei não é suficiente para a pontuação, sendo necessário demonstrar a correta coligação entre fato e direito. Não se esqueça de demonstrar as hipóteses de cabimento: quando dois ou mais juízes se declararem competentes para determinada causa (conflito positivo de competência); quando dois ou mais juízes reputarem-se incompetentes para certa demanda judicial, atribuindo um ao outro a competência (conflito negativo de competência); e quando entre dois ou mais juízes surgir controvérsia acerca da reunião ou da separação de processos.

7. Pedidos e requerimentos: "Assim, com base no art. 957 do Código de Processo Civil, requer-se o julgamento deste incidente, pretendendo que este tribunal declare qual o juízo competente, pronunciando-se também sobre a validade dos atos do juízo incompetente."

8. Fechamento da peça: Nestes Termos, Pede Deferimento. "Local..." e "Data..." OAB n. ..., "Assinatura...".

19.3. Do incidente de resolução de demandas repetitivas

19.3.1. Apresentação

O chamado incidente de resolução de demandas repetitivas constitui instituto criado com a finalidade de **uniformizar a aplicação do Direito**, evitando que uma mesma questão de direito, presente em diversas demandas diferentes, possa ter um julgamento com respostas distintas conferidas por órgãos diversos do Judiciário e possibilitando, desta forma, a reunião dos processos com casos idênticos para julgamento único, e a aplicação da tese decidida pelo tribunal, respeitando o contraditório.

Cabimento: como bem determina o próprio art. 976 do CPC, será cabível a instauração do incidente de resolução de demandas repetitivas (IRDR) quando houver, simultaneamente:

i) a efetiva repetição de processos que contenham controvérsia sobre a mesma questão unicamente de direito e

ii) risco de ofensa à isonomia e à segurança jurídica.

O primeiro requisito diz respeito à efetiva repetição de processos, algo que se caracterizar, por evidente, quando, em sede "macro" nacional seja visualizado pelos tribunais a repetição de ações idênticas, sobre a mesma questão jurídica e, com base nisso, pedindo as tutelas jurisdicionais no mesmo sentido. A análise dessa repetitividade deve ser realizada pelos tribunais emissores de precedentes, tendo como primordial base a existência de controvérsia sobre a mesma questão unicamente de direito.

O segundo requisito, por sua vez, trata do risco de ofensa à isonomia e à segurança jurídica, valor relevante para a manutenção da coerência jurisprudencial e da paz social. Este requisito deve estar presente quando identificada a potencialidade de ocorrência de diversas posições ou decisões dos tribunais nos mais variados aspectos, que mais gera instabilidade e desorientação social face a total ausência de certeza de como será decidida aquela mesma questão idêntica, pois cada julgador acaba decidindo de uma forma sem qualquer compromisso com os precedentes.

Legitimidade: segundo o art. 977 do CPC, o pedido de instauração do incidente será **dirigido ao Presidente de Tribunal**:

i) pelo juiz ou relator, por ofício;

ii) pelas partes, por petição; ou

iii) pelo Ministério Público ou pela Defensoria Pública, por petição.

Nestes casos, o ofício ou a petição será instruído com os documentos necessários à demonstração do preenchimento dos pressupostos para a instauração do incidente, ou seja, aptos a comprovar a efetiva repetição de processos que contenham controvérsia sobre a mês questão unicamente de direito e o risco de ofensa à isonomia e à segurança jurídica.

Procedimento: destaca-se, inicialmente que no IRDR **não serão exigidas custas processuais para o seu processamento**, por força de disposição legal expressa do art. 976, § 5º, do CPC.

A desistência ou o abandono do processo não impede o exame de mérito do incidente, sendo mantida a sua ordem de julgamento, em razão da relevância de sua questão para a estabilidade e uniformização jurisprudencial, bem como para a segurança jurídica proporcionada pelas orientações proferidas pelas Cortes. Ademais, se não for o requerente, o Ministério Público intervirá obrigatoriamente no incidente e deverá assumir sua titularidade em caso de desistência ou de abandono.

A inadmissão do incidente de resolução de demandas repetitivas por ausência de qualquer de seus pressupostos de admissibilidade não impede que, uma vez satisfeito o requisito, seja o incidente novamente suscitado.

No entanto, será incabível o incidente de resolução de demandas repetitivas quando um dos tribunais superiores, no âmbito de sua respectiva competência, **já tiver afetado recurso para definição de tese sobre questão de direito material ou processual repetitiva**, competindo aos tribunais inferiores, tão somente, aguardar pelo julgamento do recurso nos tribunais superiores, em razão da supremacia hierárquica e da questão repetitiva analisada.

A competência para o julgamento do incidente de resolução de demandas repetitivas caberá ao órgão indicado pelo regimento interno dentre aqueles responsáveis pela uniformização de jurisprudência do tribunal. Sendo que o órgão colegiado incumbido de julgar o incidente e de fixar a tese jurídica julgará igualmente o recurso, a remessa necessária ou o processo de competência originária do qual se originou o incidente.

Importante atentar-se que a instauração e o julgamento do incidente serão sucedidos da mais ampla e específica divulgação e publicidade, por meio de registro eletrônico no Conselho Nacional de Justiça, em razão da necessidade de conhecimento por todos a respeito da posição adotada pelo tribunal, bem como da tese fixada por ocasião do julgamento. Ressalta-se que essa regra deverá ser aplicada ao julgamento de recursos repetitivos e da repercussão geral em recurso extraordinário.

Os tribunais manterão banco eletrônico de dados atualizados com informações específicas sobre questões de direito submetidas ao incidente, comunicando-o imediatamente ao Conselho Nacional de Justiça para inclusão no cadastro. Para possibilitar a identificação dos processos abrangidos pela decisão do incidente, o registro eletrônico das teses jurídicas constantes do cadastro conterá, no mínimo, os fundamentos determinantes da decisão e os dispositivos normativos a ela relacionados.

Assim, após a regular distribuição, o órgão colegiado competente para julgar o incidente procederá ao seu juízo de admissibilidade, considerando a presença dos pressupostos necessários para a admissão do IRDR.

Em sendo admitido o incidente, o relator:

i) suspenderá os processos pendentes, individuais ou coletivos, que tramitam no Estado ou na região, conforme o caso;
ii) poderá requisitar informações a órgãos em cujo juízo tramita processo no qual se discute o objeto do incidente, que as prestarão no prazo de 15 (quinze) dias, sendo o caso, inclusive, de participação do *amicus curiae*; e
iii) intimará o Ministério Público para, querendo, manifestar-se no prazo de 15 (quinze) dias.

A suspensão será comunicada aos órgãos jurisdicionais competentes e, durante a suspensão, o pedido de tutela de urgência deverá ser dirigido ao juízo onde tramita o processo suspenso. Visando à garantia da segurança jurídica, qualquer dos legitimados poderá requerer, ao tribunal competente para conhecer do recurso extraordinário ou especial, a suspensão de todos os processos individuais ou coletivos em curso no território nacional que versem sobre a questão objeto do incidente já instaurado.

Nesse sentido, é incumbência do relator designado para o incidente ordenar a suspensão dos casos individuais ou coletivos que veiculem a mesma questão de direito, na região de competência do tribunal julgador. É possível a extensão da suspensão a todo o território nacional em qualquer caso, desde que realizado requerimento fundamentado, assim como autoriza o art. 982, § 3º, do CPC.

Ademais, cessará a suspensão concedida pelo relator se não for interposto recurso especial ou recurso extraordinário contra a decisão proferida no incidente.

Processado o incidente, o relator ouvirá as partes e os demais interessados, inclusive pessoas, órgãos e entidades com interesse na controvérsia, que, no prazo comum de 15 (quinze) dias, poderão requerer a juntada de documentos, bem como as diligências necessárias para a elucidação da questão de direito controvertida, e, em seguida, manifestar-se-á o Ministério Público, no mesmo prazo (art. 983 do CPC).

Para instruir o incidente, o relator poderá designar data para, em audiência pública, ouvir depoimentos de pessoas com experiência e conhecimento na matéria e, sendo concluídas as diligências, o relator solicitará dia para o julgamento do incidente.

Por fim, no julgamento, observar-se-á a seguinte ordem, nos termos do art. 984 do CPC:

I – o relator fará a exposição do objeto do incidente;

II – poderão sustentar suas razões, sucessivamente:

    a) o autor e o réu do processo originário e o Ministério Público, pelo prazo de 30 (trinta) minutos;

    b) os demais interessados, no prazo de 30 (trinta) minutos, divididos entre todos, sendo exigida inscrição com 2 (dois) dias de antecedência.

Ainda assim, considerando o número de inscritos, o prazo poderá ser ampliado.

O incidente será julgado no prazo de 01 (um) ano e terá preferência sobre os demais feitos, ressalvados os que envolvam réu preso e os pedidos de *habeas corpus*. Superado esse prazo, consequentemente cessa a suspensão dos processos, salvo decisão fundamentada do relator em sentido contrário determinando a manutenção da suspensão, caso necessária.

Sendo decidido o IRDR, o conteúdo do acórdão abrangerá a análise de todos os fundamentos suscitados concernentes à tese jurídica discutida, sejam favoráveis ou contrários, devendo ser aplicada, obrigatoriamente:

I – a todos os processos individuais ou coletivos que versem sobre idêntica questão de direito e que tramitem na área de jurisdição do respectivo tribunal, inclusive àqueles que tramitem nos juizados especiais do respectivo Estado ou região;

II – aos casos futuros que versem idêntica questão de direito e que venham a tramitar no território de competência do tribunal, salvo revisão na forma do art. 986, do CPC.

Se o incidente tiver por objeto questão relativa à prestação de serviço concedido, permitido ou autorizado, o resultado do julgamento será comunicado ao órgão, ao ente ou à agência reguladora competente para fiscalização da efetiva aplicação, por parte dos entes sujeitos a regulação, da tese adotada.

Ressaltando que, em não sendo observada a tese jurídica adotada por ocasião do julgamento do incidente (IRDR), caberá a interposição de reclamação contra a decisão, fazendo valer a força do precedente.

Deve-se destacar, finalmente, a possibilidade de revisão da tese jurídica firmada no incidente ou, até mesmo, de sua superação, a ser realizada obrigatoriamente pelo mesmo tribunal, de ofício ou mediante requerimento dos legitimados (art. 986 do CPC).

Do julgamento do mérito do incidente caberá recurso extraordinário ou especial, conforme o caso, com efeito suspensivo, presumindo-se a repercussão geral de questão constitucional eventualmente discutida.

Por fim, apreciado o mérito do recurso, a tese jurídica adotada pelo Supremo Tribunal Federal ou pelo Superior Tribunal de Justiça será aplicada no território nacional a todos os processos individuais ou coletivos que versem sobre idêntica questão de direito.

19.3.2. Como identificar a peça

Em se tratando de incidente de resolução de demandas repetitivas, atente-se que o examinador apresentará o caso prático demonstrando que o caso concreto contém uma demanda que envolve, simultaneamente a efetiva repetição de processos que contenham controvérsia sobre a mesma questão unicamente de direito, e risco de ofensa à isonomia e à segurança jurídica.

19.3.3. Estrutura resumida da peça

1. Endereçamento: atentar que o incidente de resolução de demandas repetitivas será proposto diretamente perante o Tribunal, direcionando ao Presidente do Tribunal competente. Assim, a título de exemplo, utilizar: "EXCELENTÍSSIMO SENHOR DOUTOR DESEMBARGADOR PRESIDENTE DO TRIBUNAL DE JUSTIÇA DO ESTADO DE...".

2. Número do processo: importante verificar que, por se tratar de incidente de resolução de demandas repetitivas, existiu ou existe uma ação em andamento, estando o processo no Tribunal, inclusive tendo recebido o devido número de distribuição. Assim, identificar o processo logo em seguida ao endereçamento: "Processo n. ...".

3. Identificação das partes: "NOME DO INTERESSADO", já qualificado nos autos do recurso em epígrafe...". Note que não há réu, recorrido ou parte contrária, mas apenas interessado.

4. Nome da ação e sua fundamentação legal: "vem, respeitosamente, à presença de Vossa Excelência suscitar o INCIDENTE DE RESOLUÇÃO DE DEMANDAS REPETITIVAS, com fundamento no art. 976 e seguintes do CPC, pelas razões de fato e de direito a seguir afirmadas".

5. Fatos: transcrição integral do texto apresentado pelo examinador no enunciado da peça prática, ressaltando a impossibilidade de criar dados inexistentes, para não identificar a peça profissional e ter a prova zerada pelo examinador.

6. Fundamentação: faça a correta ligação entre os fatos e os dispositivos legais aplicáveis, como artigos de lei, súmulas, precedentes, desenvolvendo raciocínio lógico e coerência jurídica, ressaltando que a mera indicação do artigo ou da lei não é suficiente para a pontuação, sendo necessário demonstrar a correta coligação entre fato e direito. Não se esqueça de demonstrar as hipóteses de cabimento, qual seja a efetiva repetição de processos que contenham controvérsia sobre a mesma questão unicamente de direito, e o risco de ofensa à isonomia e à segurança jurídica.

7. Pedidos e requerimentos: "Assim, com base no art. 985 do Código de Processo Civil, requer-se o julgamento deste incidente, pretendendo a fixação da tese jurídica firmada a todos os processos individuais ou coletivos que versem sobre idêntica questão de direito e que tramitem na área de jurisdição do respectivo tribunal, inclusive àqueles que tramitem nos juizados especiais do respectivo Estado ou região e aos casos futuros que versem idêntica questão de direito e que venham a tramitar no território de competência do tribunal, salvo revisão na forma do art. 986".

8. Fechamento da peça: Nestes Termos, Pede Deferimento. "Local..." e "Data..." OAB n. ..., "Assinatura...".

19.3.4. Modelos de Incidentes

EXCELENTÍSSIMO SENHOR DOUTOR DESEMBARGADOR RELATOR DO PROCESSO... DA TURMA JULGADORA DO TRIBUNAL DE JUSTIÇA DE...

Ou

EXCELENTÍSSIMO SENHOR DOUTOR DESEMBARGADOR PRESIDENTE DO TRIBUNAL DE JUSTIÇA DO ESTADO DE...

"Processo n. ..."

NOME DO INTERESSADO", já qualificado nos autos do recurso em epígrafe...", nos autos da ação (NOME DA AÇÃO), vem, respeitosamente, à presença de Vossa Excelência apresentar (NOME DO INCIDENTE), com fundamento no art... do CPC, pelas razões de fato e de direito a seguir afirmadas:

I – DOS FATOS
"Resumo dos fatos fornecidos pelo enunciado da questão."

II – NO MÉRITO
"Apresentar todos os elementos do enunciado da questão, especialmente, com relação a cada incidente.
Observar se há precedente."

III – DOS PEDIDOS
Assim, com base no art... do Código de Processo Civil, requer-se: "(fazer o pedido de acordo com os modelos e as estruturas apresentadas acima)".

Nestes termos,
Pede deferimento.
"Local..." e "Data..."
OAB n. ..., "Assinatura..."

19.4. Da homologação de decisão estrangeira e da concessão do *exequatur* à carta rogatória

19.4.1. Apresentação

De fato, a homologação de decisão estrangeira – não mais apenas de sentença – será requerida por meio de **ação originária de competência do Superior Tribunal de Justiça** (art. 105, I, alínea "i", da CF), salvo disposição especial em sentido contrário prevista em tratado.

A homologação de decisão estrangeira, pois, será requerida por ação de homologação de decisão estrangeira, salvo disposição especial em sentido contrário prevista em tratado (art. 960 do CPC). Por seu turno, a decisão interlocutória estrangeira poderá ser executada no Brasil por meio de carta rogatória.

Com relação à homologação da decisão estrangeira, resta informar que obedecerá ao que dispuserem os tratados em vigor no Brasil e o Regimento Interno do Superior Tribunal de Justiça, pois órgão jurisdicional competente para tal função de homologar decisões estrangeiras que possam ser cumpridas no Brasil, de igual maneira, a homologação de decisão arbitral estrangeira obedecerá ao disposto em tratado e em lei, aplicando-se, subsidiariamente, as disposições ora analisadas.

Destacando-se que, efetivamente, a decisão estrangeira somente terá eficácia no Brasil após a homologação de sentença estrangeira ou a concessão do *exequatur* às cartas rogatórias, salvo disposição em sentido contrário de lei ou tratado (art. 961 do CPC).

Será passível de homologação a decisão judicial definitiva, bem como a decisão não judicial que, pela lei brasileira, teria natureza jurisdicional, sendo possível, ainda, que a decisão estrangeira seja homologada parcialmente, cuja análise ficará a critério do STJ. No entanto, a autoridade judiciária brasileira poderá deferir pedidos de urgência e realizar atos de execução provisória no processo de homologação de decisão estrangeira.

Da mesma forma, a sentença estrangeira de divórcio consensual produz efeitos no Brasil, independentemente de homologação pelo Superior Tribunal de Justiça, competindo a qualquer juiz examinar a validade da decisão, em caráter principal ou incidental, quando essa questão for suscitada em processo de sua competência.

Ademais, é passível de execução a decisão estrangeira concessiva de medida de urgência (cujo juízo sobre a urgência da medida competirá, exclusivamente, à autoridade jurisdicional prolatora da decisão estrangeira), sendo ela interlocutória, será executada no Brasil por intermédio de carta rogatória e caso a medida de urgência tenha sido concedida sem audiência do réu poderá ser executada, desde que garantido o contraditório em momento posterior, evitando-se, assim, eventual arguição de nulidade posterior por cerceamento de defesa.

Entretanto, quando dispensada a homologação para que a sentença estrangeira produza efeitos no Brasil, a decisão concessiva de medida de urgência dependerá, para produzir efeitos, de ter sua validade expressamente reconhecida pelo juiz competente para dar-lhe cumprimento, dispensada a homologação pelo Superior Tribunal de Justiça.

Requisitos: conforme determina o art. 963 do CPC, constituem requisitos indispensáveis à homologação da decisão:
i) ser proferida por autoridade competente;
ii) ser precedida de citação regular, ainda que verificada a revelia;
iii) ser eficaz no país em que foi proferida;
iv) não ofender a coisa julgada brasileira;
v) estar acompanhada de tradução oficial, salvo disposição que a dispense prevista em tratado;
vi) não conter manifesta ofensa à ordem pública.

Assim, para a concessão do *exequatur* às cartas rogatórias, observar-se-ão todos os pressupostos antes tratados, não possibilitando a homologação da decisão estrangeira ou da carta rogatória, na hipótese de competência exclusiva da autoridade judiciária brasileira.

Por fim, o cumprimento de decisão estrangeira far-se-á perante o **juízo federal competente**, a requerimento da parte, conforme as normas estabelecidas para o cumprimento de decisão proferida em território nacional, respeitando, pois, a soberania nacional, bem como o princípio da cooperação internacional. Ademais, o pedido de execução deverá ser instruído com cópia autenticada da decisão homologatória ou do *exequatur*, conforme o caso, no intuito de municiar a autoridade brasileira com os elementos necessários para cumprir a decisão estrangeira em solo nacional.

19.4.2. Como identificar a peça

Em se tratando de homologação de sentença estrangeira, atente-se que o examinador apresentará o caso prático demonstrando que o caso concreto contém uma sentença ou decisão interlocutória para cumprimento ou execução no Brasil, sendo interposta a ação própria, perante o STJ, para buscar a satisfação da sentença ou a concessão do *exequatur* à carta rogatória.

19.4.3. Estrutura resumida da peça

1. Endereçamento: atentar que a homologação de decisão estrangeira ou a concessão do *exequatur* à carta rogatória serão propostas diretamente perante o Tribunal, direcionando ao Presidente do Tribunal competente. Assim, a título de exemplo, utilizar: "EXCELENTÍSSIMO SENHOR DOUTOR MINISTRO PRESIDENTE DO SUPERIOR TRIBUNAL DE JUSTIÇA".

2. Identificação das partes: "NOME DO AUTOR", "nacionalidade...", "estado civil...", "profissão..." (se pessoa jurídica indicar se de direito privado, público interno ou público externo), portador do "RG n. ...", inscrito no "CPF/CNPJ sob o n. ...", "endereço eletrônico...", "domiciliado na rua..." (se for pessoa jurídica "com sede na rua..."), "número...", "bairro...", "Município...", "Estado de...", "CEP...". Note que não há réu, recorrido ou parte contrária, mas apenas interessado.

NOME DO RÉU, "nacionalidade...", "estado civil...", "profissão..." (se pessoa jurídica indicar se de direito privado, público interno ou público externo), portador do "RG n. ...", inscrito no "CPF/CNPJ sob o n. ...", "endereço eletrônico...", "domiciliado na rua..."

(se for pessoa jurídica "com sede na rua..."), "número...", "bairro...", "Município...", "Estado de...", "CEP...".

3. Nome da ação e sua fundamentação legal: "vem, respeitosamente, à presença de Vossa Excelência pleitear a HOMOLOGAÇÃO DA SENTENÇA ESTRANGEIRA OU DA CONCESSÃO DO *EXEQUATUR* À CARTA ROGATÓRIA , com fundamento no art. 960 e seguintes do CPC, pelas razões de fato e de direito a seguir afirmadas".

4. Fatos: transcrição integral do texto apresentado pelo examinador no enunciado da peça prática, ressaltando a impossibilidade de criar dados inexistentes, para não identificar a peça profissional e ter a prova zerada pelo examinador.

5. Fundamentação: faça a correta ligação entre os fatos e os dispositivos legais aplicáveis, como artigos de lei, súmulas, precedentes, desenvolvendo raciocínio lógico e coerência jurídica, ressaltando que a mera indicação do artigo ou da lei não é suficiente para a pontuação, sendo necessário demonstrar a correta coligação entre fato e direito. Não se esqueça de demonstrar a existência de sentença estrangeira ou de decisão interlocutória, pretendendo o reconhecimento e o *exequatur* necessário para seu cumprimento.

6. Pedidos e requerimentos: "Assim, com base no art. 965 do Código de Processo Civil, requer-se o julgamento deste incidente, conferindo o *exequatur* necessário para o cumprimento da sentença ou da decisão interlocutória perante o juízo federal competente, conforme as normas estabelecidas para o cumprimento de decisão nacional".

7. Valor da causa: Dá-se à causa o valor de R$...

8. Fechamento da peça: Nestes Termos, Pede Deferimento. "Local..." e "Data..." OAB n. ..., "Assinatura...".

19.4.4. Modelo de homologação de decisão estrangeira

EXCELENTÍSSIMO SENHOR DOUTOR MINISTRO PRESIDENTE DO SUPERIOR TRIBUNAL DE JUSTIÇA

NOME DO AUTOR, "nacionalidade...", "estado civil...", "profissão..." (se pessoa jurídica indicar se de direito privado, público interno ou público externo), portador do "RG n. ...", inscrito no "CPF/CNPJ sob o n. ...", "endereço eletrônico...", "domiciliado na rua..." (se for pessoa jurídica "com sede na rua..."), "número...", "bairro...", "Município...", "Estado de...", "CEP...", vem, respeitosamente, por intermédio de seu advogado infra-assinado, perante Vossa Excelência, ajuizar a presente HOMOLOGAÇÃO DE SENTENÇA ESTRANGEIRA, com fulcro no "art. 960 e seguintes do CPC", em face de NOME DO RÉU, "nacionalidade...", "estado civil...", "profissão..." (se pessoa jurídica indicar se de direito privado, público interno ou público externo), portador do "RG n. ...", inscrito no "CPF/CNPJ sob o n. ...", "endereço eletrônico...", "domiciliado na rua..." (se for pessoa jurídica "com sede na rua..."), "número...", "bairro...", "Município...", "Estado de...", "CEP..." , pelos fundamentos de fato e de direito a seguir expostos:

I – DOS FATOS
Resumo dos fatos fornecidos pelo enunciado da questão.

II – DOS FUNDAMENTOS DE DIREITO
"Lições jurídicas sobre o tema da peça processual.
Observar se há precedente.
Caso o precedente seja favorável, fazer a adesão. Caso desfavorável, fazer a distinção – 'distinguishing'.
Não se esqueça de demonstrar a existência de sentença estrangeira ou de decisão interlocutória, pretendendo o reconhecimento e o "exequatur" necessário para seu cumprimento."

III – DOS PEDIDOS
Diante de todo o exposto, requer-se a Vossa Excelência, com base no art. 965 do Código de Processo Civil, o julgamento deste incidente, conferindo o "exequatur" necessário para o cumprimento da sentença ou da decisão interlocutória perante o juízo federal competente, conforme as normas estabelecidas para o cumprimento de decisão nacional.
Por fim, requer-se a produção de todos os meios de prova em direito admitidos, sem exceção.
O endereço do advogado do autor, onde deverá receber as intimações, é "Endereço...".
Dá-se à causa o valor de R$...

Nestes termos,
Pede deferimento.
"Local..." e "Data..."
OAB n. ..., "Assinatura..."

19.5. Da reclamação

19.5.1. Apresentação

Trata-se de um mecanismo efetivo de preservação de todo o sistema processual civil, em razão de sua vocação de garantir que a prestação jurisdicional seja efetiva e possa atingir certo grau de estabilidade, previsibilidade e de valorização das teses jurídicas proclamadas pelos Tribunais e, acima de tudo, da força conferida ao uso dos precedentes judiciais.

A propósito, outra não foi a orientação do legislador senão aquela prevista pelo art. 926 do CPC: os tribunais devem priorizar a manutenção de sua jurisprudência uniforme e estável, íntegra e coerente, editando súmulas e entendimentos que correspondam às teses jurídicas derivadas de julgamentos de casos repetitivos em questões de direito material ou processual (art. 928, parágrafo único, do CPC), ou seja, os precedentes judiciais.

A reclamação, analisada à luz da norma processual civil, que expressamente regulamenta o seu procedimento, não deve ser concebida como recurso ou sucedâneo recursal, tampouco como incidente processual.

Por certo, a reclamação tem a natureza jurídica de ação originária proposta no tribunal, que muito se assemelha aos remédios processuais, de índole constitucional, embora agora também regulamentada pelo CPC, destinada à cassação da decisão ou avocação dos autos para observância da competência, distribuída ao relator que proferiu a decisão ou acórdão cuja tese jurídica não é aplicada ou respeitada em outra ação ou mesmo em outro recurso ainda pendente de julgamento.

Cabimento: segundo o art. 988 do CPC, caberá reclamação para:
i) preservar a competência do tribunal;
ii) garantir a autoridade das decisões do tribunal;
iii) garantir a observância de enunciado de súmula vinculante e de decisão do Supremo Tribunal Federal em controle concentrado de constitucionalidade;
iv) garantir a observância de acórdão proferido em julgamento de incidente de resolução de demandas repetitivas ou de incidente de assunção de competência.

A reclamação pode ser proposta perante qualquer tribunal, e seu julgamento compete ao órgão jurisdicional cuja competência se busca preservar ou cuja autoridade se pretenda garantir, previsão normativa clara, evidente e irrefutável, possibilitando a propositura da reclamação perante o Tribunal (Estadual ou Federal) que desobedecer o julgado ou a tese jurídica por ele determinada, para que se possa, assim, ter um sistema brasileiro de precedentes que tenha efetiva sustentabilidade em face dos julgadores que, sem fazer a devida distinção (*distinguishing*), resolvam descumprir os precedentes e as orientações firmes dos tribunais aos quais estão subordinados.

Legitimidade: poderá propor a reclamação a parte interessada ou o Ministério Público (art. 988 do CPC), assim entendida como a atribuição conferida a todo e qualquer interessado legitimado para a propositura da reclamação, inclusive, opção que confirma o entendimento formado no STF.

De fato, tendo em vista que a função principal da reclamação não é de cuidar do simples interesse particular, mas de assegurar a autoridade das decisões, dos precedentes e de preservar a competência dos Tribunais Superiores, e, também, de se tratar da hipótese em que alguém, que não tenha figurado pessoalmente no processo, mas que realmente iria se beneficiar da decisão reclamada, por estar ela relacionada a interesse público, conclui-se que a reclamação poderia ser utilizada também por este terceiro interessado .

Com relação ao Ministério Público (Federal, da União ou Estadual), mesmo atuando como fiscal da lei, ostenta a legitimidade ativa para a propositura da Reclamação. Importante mencionar que, na reclamação em que não houver formulado, o Ministério Público terá vista do processo por 05 (cinco) dias, após o decurso do prazo para informações e para o oferecimento da contestação pelo beneficiário do ato impugnado.

A legitimidade passiva, por sua vez, deve recair naquele ao qual é imputada a prática do ato justificador, incluindo autoridade administrativa, da ação ou ainda do juízo que usurpa a competência dos Tribunais Superiores, pois situações incompatíveis tanto para o sistema jurídico, a estabilidade e a coerência sistêmica.

Procedimento: além da possibilidade da propositura em qualquer tribunal, a reclamação deverá ser instruída com prova documental e dirigida ao presidente do tribunal.

Assim que recebida, a reclamação será autuada e distribuída ao relator do processo principal, sempre que possível e, na sequência, competirá ao relator o exame de sua regularidade formal (pressupostos processuais e condições da ação), requisitar informações da autoridade a quem for imputada a prática do ato impugnado, bem assim apreciar eventual pedido liminar.

Por ter natureza jurídica de ação (remédio constitucional), a petição inicial deverá cumprir os requisitos contidos nos arts. 319 e 320 do CPC, sendo necessária a instrução e comprovação por prova documental, demonstrando a similaridade entre a reclamação e o mandado de segurança.

No entanto, será inadmissível a reclamação quando:

i) proposta após o trânsito em julgado da decisão reclamada;

ii) proposta para garantir a observância de acórdão de recurso extraordinário com repercussão geral reconhecida ou de acórdão proferido em julgamento de recursos extraordinário ou especial repetitivos, quando não esgotadas as instâncias ordinárias.

Ademais, a inadmissibilidade ou o julgamento do recurso interposto contra a decisão proferida pelo órgão reclamado não prejudica a reclamação.

Desta forma, ao ser distribuída a reclamação ao relator, caberá a ele tomar algumas providencias, previstas no art. 989 do CPC, ao despachar a reclamação, sendo:

I – requisitar informações da autoridade a quem for imputada a prática do ato impugnado, que as prestará no prazo de 10 (dez) dias;

II – se necessário, ordenar a suspensão do processo ou do ato impugnado para evitar dano irreparável;

III – determinar a citação do beneficiário da decisão impugnada, que terá prazo de 15 (quinze) dias para apresentar a sua contestação.

Sendo julgados os pedidos formulados na reclamação, o tribunal cassará a decisão exorbitante de seu julgado ou determinará medida adequada à solução da controvérsia, bem como o imediato cumprimento da decisão, lavrando-se o acórdão posteriormente, fazendo-se valer, com isso, o devido respeito e observância dos precedentes judiciais e, por evidente, a preservação da competência do Tribunal e garantindo a autoridade das decisões por ele proferidas.

19.5.2. Como identificar a peça

Em se tratando de Reclamação, atente-se que o examinador apresentará o caso prático demonstrando uma decisão proferida que desrespeitou o entendimento proferido por Tribunal, havendo a necessidade de preservar a competência do tribunal, de garantir a autoridade das decisões do tribunal, de garantir a observância de enunciado de súmula vinculante e de decisão do Supremo Tribunal Federal em controle concentrado de constitucionalidade, ou de garantir a observância de acórdão proferido em

PRÁTICA CIVIL

161

julgamento de incidente de resolução de demandas repetitivas ou de incidente de assunção de competência.

19.5.3. Estrutura resumida da peça

1. Endereçamento: atentar que o incidente de resolução de demandas repetitivas será proposto diretamente perante o Tribunal, direcionando ao Presidente do Tribunal competente. Assim, a título de exemplo, utilizar: "EXCELENTÍSSIMO SENHOR DOUTOR MINISTRO PRESIDENTE DO SUPERIOR TRIBUNAL DE JUSTIÇA ou SUPREMO TRIBUNAL FEDERAL".

2. Identificação das partes: "NOME DO INTERESSADO, "nacionalidade...", "estado civil...", "profissão..." (se pessoa jurídica indicar se de direito privado, público interno ou público externo), portador do "RG n. ...", inscrito no "CPF/CNPJ sob o n. ...", "endereço eletrônico...", "domiciliado na rua..." (se for pessoa jurídica "com sede na rua..."), "número...", "bairro...", "Município...", "Estado de...", "CEP...".

3. Nome da ação e sua fundamentação legal: "vem, respeitosamente, à presença de Vossa Excelência apresentar a sua RECLAMAÇÃO, com fundamento no art. 102, I, *l*, da CF e art. 988 e seguintes do CPC, em face da decisão proferida pela Turma Julgadora da... Câmara do Tribunal de Justiça do Estado de... pelas razões de fato e de direito a seguir afirmadas".

4. Fatos: transcrição integral do texto apresentado pelo examinador no enunciado da peça prática, ressaltando a impossibilidade de criar dados inexistentes, para não identificar a peça profissional e ter a prova zerada pelo examinador.

5. Fundamentação: faça a correta ligação entre os fatos e os dispositivos legais aplicáveis, como artigos de lei, súmulas, precedentes, desenvolvendo raciocínio lógico e coerência jurídica, ressaltando que a mera indicação do artigo ou da lei não é suficiente para a pontuação, sendo necessário demonstrar a correta coligação entre fato e direito. Não se esqueça de demonstrar a existência da necessidade de preservar a competência do tribunal, garantir a autoridade das decisões do tribunal, garantir a observância de enunciado de súmula vinculante e de decisão do Supremo Tribunal Federal em controle concentrado de constitucionalidade, garantir a observância de acórdão proferido em julgamento de incidente de resolução de demandas repetitivas ou de incidente de assunção de competência.

6. Pedidos e requerimentos: "Assim, com base no art. 992 do Código de Processo Civil, requer-se: a) a suspensão do processo ou do ato impugnado para evitar dano irreparável (art. 989, I, do CPC); b) procedência do pedido para cassar a decisão que afrontou ordem do tribunal; c) requisição de informação a autoridade a quem for imputada a prática do ato impugnado no prazo de 10 dias; d) citação de eventual Interessado para contestação; e) oitiva do Ministério Público – quando este não for autor (artigo 991 do CPC); f) produção de provas; g) juntada do comprovante de custas; h) condenação ao pagamento de custas e honorários advocatícios".

7. Valor da causa: Dá-se à causa o valor de R$...

8. Fechamento da peça: Nestes Termos, Pede Deferimento. "Local..." e "Data..." OAB n. ..., "Assinatura...".

19.5.4. Modelo de reclamação

EXCELENTÍSSIMO SENHOR DOUTOR MINISTRO PRESIDENTE DO SUPREMO TRIBUNAL FEDERAL

NOME DO INTERESSADO, "nacionalidade...", "estado civil...", "profissão..." (se pessoa jurídica indicar se de direito privado, público interno ou público externo), portador do "RG n. ...", inscrito no "CPF/CNPJ sob o n. ...", "endereço eletrônico...", "domiciliado na rua..." (se for pessoa jurídica "com sede na rua..."), "número...", "bairro...", "Município...", "Estado de...", "CEP...", vem, respeitosamente, por intermédio de seu advogado infra-assinado, perante Vossa Excelência, ajuizar a presente RECLAMAÇÃO, com fulcro no "art. 102, I, 1, da CF e art. 988 e seguintes do CPC", pelos fundamentos de fato e de direito a seguir expostos:

I – DOS FATOS
"Resumo dos fatos fornecidos pelo enunciado da questão."

II – DOS FUNDAMENTOS DE DIREITO
"Lições jurídicas sobre o tema da peça processual.
Observar se há precedente.
Caso o precedente seja favorável, fazer a adesão. Caso desfavorável, fazer a distinção – 'distinguishing'.
Não se esqueça de demonstrar a existência dos requisitos do art. 988 do CPC: necessidade de preservar a competência do tribunal, garantir a autoridade das decisões do tribunal, garantir a observância de enunciado de súmula vinculante e de decisão do Supremo Tribunal Federal em controle concentrado de constitucionalidade, garantir a observância de acórdão proferido em julgamento de incidente de resolução de demandas repetitivas ou de incidente de assunção de competência."

III – DOS PEDIDOS
"Assim, com base no art. 992 do Código de Processo Civil, requer-se:
a) a suspensão do processo ou do ato impugnado para evitar dano irreparável (art. 989, I, do CPC);
b) procedência do pedido para cassar a decisão que afrontou ordem do tribunal;
c) requisição de informação a autoridade a quem for imputada a prática do ato impugnado no prazo de 10 dias;
d) citação de eventual Interessado para contestação;
e) oitiva do Ministério Público – quando este não for autor (artigo 991 do CPC);
f) produção de provas;
g) juntada do comprovante de custas;
h) condenação ao pagamento de custas e honorários advocatícios.

O endereço do advogado do autor, onde deverá receber as intimações, é "Endereço...".
Dá-se à causa o valor de R$...

Nestes termos,
Pede deferimento.
"Local..." e "Data..."
OAB n. ..., "Assinatura..."

PARA LEMBRAR:

Processos de competência dos tribunais			
	Requisitos	**Procedimento**	**Efeitos**
Incidente de Assunção de Competência	(i) relevante questão de direito; (ii) com grande repercussão social; (iii) sem repetição em múltiplos processos; (iv) reconhecido interesse público.	(i) instaurado de ofício pelo relator ou a pedido das partes, do Ministério Público ou da Defensoria Pública; (ii) julgamento será feito pelo órgão colegiado;	O acórdão proferido vinculará todos os juízes fracionários, demonstrando a fixação dos limites territoriais do incidente aos seus órgãos e julgadores, exceto se houver revisão de tese.
Conflito de Competência	a) quando dois ou mais juízes se declararem competentes para determinada causa (conflito positivo de competência); b) quando dois ou mais juízes reputarem-se incompetentes para certa demanda judicial, atribuindo um ao outro a competência (conflito negativo de competência); e c) quando entre dois ou mais juízes surgir controvérsia acerca da reunião ou da separação de processos.	O conflito de competência poderá ser suscitado por qualquer das partes envolvidas na relação processual, pelo Ministério Público ou pelo juiz. Poderá o relator, de ofício ou a requerimento de qualquer das partes, determinar o sobrestamento do processo e designará um dos juízes para resolver, em caráter provisório, as medidas urgentes, sempre objetivando a efetiva prestação jurisdicional.	Ao decidir o conflito, o tribunal declarará qual o juízo competente, pronunciando-se também sobre a validade dos atos do juízo incompetente, sendo os autos do processo em que se manifestou o conflito, portanto, remetidos ao juiz declarado competente.
Homologação de Decisão Estrangeira e Concessão do *Exequatur* à Carta Rogatória	(i) ser proferida por autoridade competente; (ii) ser precedida de citação regular, ainda que verificada a revelia; (iii) ser eficaz no país em que foi proferida; (iv) não ofender a coisa julgada brasileira; (v) estar acompanhada de tradução oficial, salvo disposição que a dispense prevista em tratado; (vi) não conter manifesta ofensa à ordem pública.	O pedido de execução deverá ser instruído com cópia autenticada da decisão homologatória ou do *exequatur*, conforme o caso, no intuito de municiar a autoridade brasileira com os elementos necessários para cumprir a decisão estrangeira em solo nacional.	A decisão estrangeira somente terá eficácia no Brasil após a homologação de sentença estrangeira ou a concessão do *exequatur* às cartas rogatórias, salvo disposição em sentido contrário de lei ou tratado.
Incidente de Resolução de Demandas Repetitivas	(i) a efetiva repetição de processos que contenham controvérsia sobre a mesma questão unicamente de direito; e (ii) risco de ofensa à isonomia e à segurança jurídica.	O pedido de instauração do incidente será dirigido ao presidente de tribunal: (i) pelo juiz ou relator, por ofício; (ii) pelas partes, por petição; ou (iii) pelo Ministério Público ou pela Defensoria Pública, por petição. Não serão exigidas custas processuais para o seu processamento;	A tese jurídica discutida, seja favorável ou contrária, devendo ser aplicada, obrigatoriamente: I – a todos os processos individuais ou coletivos que versem sobre idêntica questão de direito e que tramitem na área de jurisdição do respectivo tribunal, inclusive àqueles que tramitem nos juizados especiais do respectivo Estado ou região;
Incidente de Resolução de Demandas Repetitivas		a competência para o julgamento do incidente de resolução de demandas repetitivas caberá ao órgão indicado pelo regimento interno dentre aqueles responsáveis pela uniformização de jurisprudência do tribunal.	II – aos casos futuros que versem idêntica questão de direito e que venham a tramitar no território de competência do tribunal, salvo revisão na forma do art. 986 do CPC.

Processos de competência dos tribunais			
	Requisitos	**Procedimento**	**Efeitos**
Reclamação	(i) preservar a competência do tribunal; (ii) garantir a autoridade das decisões do tribunal; (iii) garantir a observância de enunciado de súmula vinculante e de decisão do Supremo Tribunal Federal em controle concentrado de constitucionalidade; (iv) garantir a observância de acórdão proferido em julgamento de incidente de resolução de demandas repetitivas ou de incidente de assunção de competência.	(i) possibilidade da propositura em qualquer tribunal; a reclamação deverá ser instruída com prova documental e dirigida ao presidente do tribunal; (ii) tem natureza jurídica de ação, sendo necessária a instrução e comprovação por prova documental, demonstrando a similaridade entre a reclamação e o mandado de segurança.	Quando reconhecida, ordena o que for adequado para a preservação de sua competência ou impõe o cumprimento de seu julgado.

19.6. Ação rescisória

19.6.1. Apresentação

Sabidamente a **coisa julgada**, assim como visto, é o mecanismo de estabilidade das decisões judiciais, gerando a segurança jurídica esperada pelas partes.

A ação rescisória, portanto, deve ser considerada como o **mecanismo de relativização da coisa julgada**, acabando por **rescindir a decisão judicial anteriormente proferida e já transitada em julgado**.

Com efeito, ação rescisória não é recurso, mas, sim, por sua natureza, ação consubstanciada na desconstituição da coisa julgada.

Desta forma, segundo o STJ *a ação rescisória constitui demanda de natureza excepcional, de sorte que seus pressupostos devem ser observados com rigor, sob pena de se transformar em espécie de recurso ordinário para rever decisão já ao abrigo da coisa julgada.*

Cabimento: excepcionalmente nasce, por meio da ação rescisória, um dos primeiros mecanismos de relativização da coisa julgada.

Nesse contexto, os casos de relativização da coisa julgada estão especificados no CPC. Veja-se:

> Art. 966. A decisão de mérito, transitada em julgado, pode ser rescindida quando:
> I – se verificar que foi proferida por força de prevaricação, concussão ou corrupção do juiz;
> II – for proferida por juiz impedido ou por juízo absolutamente incompetente;
> III – resultar de dolo ou coação da parte vencedora em detrimento da parte vencida ou, ainda, de simulação ou colusão entre as partes, a fim de fraudar a lei;
> IV – ofender a coisa julgada;
> V – violar manifestamente norma jurídica;
> VI – for fundada em prova cuja falsidade tenha sido apurada em processo criminal ou venha a ser demonstrada na própria ação rescisória;

VII – obtiver o autor, posteriormente ao trânsito em julgado, prova nova cuja existência ignorava ou de que não pôde fazer uso, capaz, por si só, de lhe assegurar pronunciamento favorável;
VIII – for fundada em erro de fato verificável do exame dos autos.

Nestes casos, previstos de forma taxativa pelo CPC, haverá a possibilidade de cabimento da ação rescisória, destinada precipuamente a obter uma revisão da decisão judicial de mérito transitada em julgado e, em sendo o caso, desconstituir o julgado (ou a força da coisa julgada) eivado de vício. Analisemos, pois, tais hipóteses:

No caso do inciso I, ou seja, da decisão proferida por força de prevaricação, concussão ou corrupção do juiz, deve-se analisar que os três defeitos apresentados constituem ilícitos penais previstos, respectivamente, nos arts. 319, 316 e 317, do Código Penal, cujo sujeito ativo será o funcionário público (no caso, o juiz), comprometendo a seriedade da prestação jurisdicional e justificando, portanto, a desconstituição da coisa julgada.

A segunda hipótese de rescisão do julgado é o impedimento do juiz ou a incompetência absoluta do juízo (inciso II), previstos pelos arts. 144 e 62, do CPC, assim entendidos como a falta de capacidade subjetiva ou objetiva absoluta do magistrado. Ressalta-se que somente a incompetência absoluta e o impedimento são causas que possibilitam a rescisão da decisão judicial, sendo inadmissível a sua propositura em caso de incompetência relativa (art. 63 do CPC) ou de suspeição (art. 145 do CPC), cujos vícios serão sanados pela coisa julgada.

Por sua vez, quando o resultado da lide resultar de dolo ou coação da parte vencedora em detrimento da parte vencida ou, ainda, de simulação ou colusão entre as partes, a fim de fraudar a lei (inciso III), desde que devidamente comprovados, possibilitará ao julgador rescindir o julgado, evitando o desvirtuamento da função jurisdicional praticado por ato ilícito e de má-fé processual por uma ou por ambas as partes. Conforma estabelece o art. 142 do CPC, convencendo-se o magistrado, pelas circunstâncias da causa, que as partes se serviram do processo para praticar ato simulado ou para conseguir fins proibidos por lei, o juiz proferirá decisão que impeça os objetivos das partes e, de ofício, aplicará as penalidades da litigância de má-fé.

A hipótese prevista no inciso IV determinada a possibilidade de rescisão em caso de ofensa à coisa julgada, ou seja, caso haja a propositura de uma segunda demanda judicial idêntica à anterior com a mesma finalidade, cuja decisão tenha transitado em julgado, e essa nova demanda venha a ser definitivamente resolvida (caberia ao réu, preliminarmente, na contestação, arguir a existência de coisa julgada, nos termos do art. 337, VII, do CPC), a coisa julgada nela formada ofende a coisa julgada formada na lide anterior. Neste caso, deverá ser proposta a ação rescisória visando a desconstituição desta segunda coisa julgada por ofensa àquela formada anteriormente.

Ainda, poderá ser proposta a rescisória quando a decisão jurídica violar manifestamente norma jurídica (inciso V), assim entendido como o desrespeito por parte do magistrado, no momento de julgamento, da norma jurídica incidente ao caso concreto analisado.

Importante verificar, neste caso, a orientação constante da **Súmula 343 do STF**, no *qual não cabe ação rescisória por ofensa a literal disposição de lei, quando a decisão rescindenda* *se tiver baseado em texto legal de interpretação controvertida nos tribunais*. Este entendimento, apesar de editado sob a vigência do CPC/73, continua válido e de observação obrigatória, tendo em vista que a rescisória somente será cabível em caso de violação manifesta à norma jurídica e não de simples divergência interpretativa.

Segundo o inciso VI, cabe a rescisória quando a decisão for fundada em prova cuja falsidade tenha sido apurada em processo criminal ou venha a ser demonstrada na própria ação rescisória, apta a sanar, portanto, a decisão que tenha sido proferida pelo magistrado induzido a erro pela falsidade da prova produzida. Na verdade, a rescisória somente poderá ser promovida no caso de a prova falsa ter efetivamente influenciado a decisão tomada pelo juiz; no entanto se, de outra forma, a referida prova não tiver a capacidade de alterar o resultado do julgamento, ou seja, ainda que não tivesse sido produzida, o resultado da lide permaneceria o mesmo, não haverá razão para a desconstituição do julgado.

O inciso VII, por sua vez, apresenta a hipótese de obter o autor, posteriormente ao trânsito em julgado, prova nova cuja existência ignorava ou de que não pôde fazer uso, capaz, por si só, de lhe assegurar pronunciamento favorável, prevalecendo o entendimento do Código de buscar a verdadeira e real reconstrução dos fatos da causa. Neste caso, o desconhecimento da prova ou a impossibilidade de sua utilização no momento oportuno possibilitará a propositura da ação rescisória, desde que seja capaz de alterar a compreensão dos fatos e que seja relevante para assegurar o pronunciamento favorável.

Finalmente, o inciso VIII possibilita a rescisão da decisão que tiver sido proferida com fundamento em erro de fato verificável do exame dos autos. Desta forma, há erro de fato quando a decisão rescindenda admitir fato inexistente ou quando considerar inexistente fato efetivamente ocorrido, sendo indispensável, em ambos os casos, que o fato não represente ponto controvertido sobre o qual o juiz deveria ter se pronunciado.

Como regra, é cabível a ação rescisória contra qualquer decisão de mérito, inclusive aquelas proferidas em jurisdição voluntária.

No entanto, o art. 966, § 2º, constitui uma exceção à regra, possibilitando a ação rescisória nas hipóteses anteriormente analisadas, quando a decisão transitada em julgado, embora não seja de mérito, impeça:

i) nova propositura da demanda, como nos casos das sentenças terminativas fundamentadas em ilegitimidade de parte, falta de interesse de agir, reconhece litispendência, coisa julgada ou perempção, casos em que pode ser possível a rescisão da decisão que tenha, eventualmente, violado a norma jurídica; ou

ii) admissibilidade do recurso correspondente.

Da mesma forma, os atos de disposição de direitos, praticados pelas partes ou por outros participantes do processo e homologados pelo juízo (atos processuais das partes), bem como os atos homologatórios praticados no curso da execução, não estão sujeitos à desconstituição pela via da ação rescisória, em razão da previsão constante do art. 966, § 4º, do CPC, estabelecendo, para tanto, a necessidade de propositura da ação anulatória, nos termos da lei.

Ademais, a ação rescisória pode ter por objeto a decisão judicial como um todo, ou apenas ser direcionada a um capítulo específico da decisão (art. 966, § 3º, do CPC).

Cabe, ainda, a ação rescisória, com fundamento na violação manifesta à norma jurídica, contra decisão baseada em enunciado de súmula ou acórdão proferido em julgamento de casos repetitivos (observando os precedentes judiciais) que não tenha considerado a existência de distinção (*distinguishing*) entre a questão discutida no processo e o padrão decisório que lhe deu fundamento, cabendo, pois, neste caso, ao autor, sob pena de inépcia da inicial, demonstrar, fundamentadamente, tratar-se de situação particularizada por hipótese fática distinta ou de questão jurídica não examinada, a impor outra solução jurídica.

Prazo: merece destaque, por fim, o fato de que, diferentemente da sistemática do CPC/1973, o direito à rescisão se **extingue em 02 (dois) anos**, contados **do trânsito em julgado da última decisão proferida no processo**, prorrogando-se até o primeiro dia útil imediatamente subsequente, quando expirar durante férias forenses, recesso, feriados ou em dia em que não houver expediente forense.

No entanto, se a ação rescisória for fundada na hipótese do inciso VII do art. 966 (obtiver o autor, posteriormente ao trânsito em julgado, prova nova cuja existência ignorava ou de que não pôde fazer uso, capaz, por si só, de lhe assegurar pronunciamento favorável), o termo inicial do prazo será a data de descoberta da prova nova, observado o **prazo máximo de 05 (cinco) anos**, contado **do trânsito em julgado da última decisão proferida no processo**.

Por fim, nas hipóteses de simulação ou de colusão das partes, o prazo começa a contar, para o terceiro prejudicado e para o Ministério Público, que não interveio no processo, a partir do momento em que têm ciência da simulação ou da colusão.

Deve-se, necessariamente, respeitar este prazo para que ainda possa ser utilizada a ação rescisória, pois vencido este prazo a rescisória já não mais será o mecanismo adequado para rescindir a sentença de mérito.

Legitimidade: de outro lado, em relação aos **legitimados**, faz-se necessário observar:

> Art. 967. Têm **legitimidade para propor a ação rescisória**:
> I – quem foi parte no processo ou o seu sucessor a título universal ou singular;
> II – o terceiro juridicamente interessado;
> III – o Ministério Público:
> a) se não foi ouvido no processo em que lhe era obrigatória a intervenção;
> b) quando a decisão rescindenda é o efeito de simulação ou de colusão das partes, a fim de fraudar a lei;
> c) em outros casos em que se imponha sua atuação;
> IV – aquele que não foi ouvido no processo em que lhe era obrigatória a intervenção.

Desta forma, têm legitimidade para propor a ação rescisória:

i) quem foi parte no processo ou o seu sucessor a título universal ou singular;
ii) o terceiro juridicamente interessado;
iii) o Ministério Público, se não foi ouvido no processo em que lhe era obrigatória a intervenção, se a decisão rescindenda resultou de simulação ou de colusão entre as partes, a fim de fraudar a lei, bem como em outros casos em que se impunha a sua atuação.

Quanto à legitimidade de quem foi parte no processo ou seu sucessor a título universal ou singular, dúvida parece não existir, pois se foi parte do processo e a decisão rescindenda se enquadra em uma das situações do art. 966 do CPC, plenamente legitimado estará o referido sujeito.

Outrossim, possui legitimidade o terceiro juridicamente interessado, pois acaba sendo aquele que foi atingido pela eficácia reflexa da sentença rescindenda que foi proferida entre outros sujeitos, mas que, de certo modo, lhe atinge, dando margem à legitimidade do terceiro, desde que nos casos de cabimento do art. 966 do CPC. Reforce-se ainda que a decisão rescindenda deve ter causado prejuízo ao terceiro para que seja viável a rescisória. Chama-se a atenção para a circunstância de que a ação rescisória, geralmente, não se restringe ao juízo rescindens, mas envolve pedido de novo julgamento da causa, o chamado juízo *rescissorium*.

O Ministério Público tem legitimidade, exclusiva, para pretender rescisão de decisão proferida em processo em que deveria ter intervindo como fiscal da ordem jurídica, tendo, também, legitimidade para a rescisória fundada em simulação ou colusão das partes, para fraudar a lei. Ademais, reforça-se que a legitimidade do Ministério Público para propor ação rescisória se dá, também, sempre que a causa envolver direitos públicos indisponíveis.

Procedimento: vencido este aspecto de prazo e da legitimidade, relevante considerar que poderá ser proposta a ação rescisória, levando-se em conta os princípios da demanda ou disponibilidade. Com efeito, assim como determina o art. 968 do CPC, a petição inicial será elaborada com observância dos requisitos essenciais dos arts. 319 e 320 do CPC, devendo o autor cumular ao pedido de rescisão, se for o caso, o de novo julgamento da causa, bem como depositar a importância de 5% (cinco por cento) sobre o valor da causa, que se converterá em multa, caso a ação seja, por unanimidade de votos, declarada inadmissível ou improcedente.

Com efeito, importante destacar que o depósito de 5% (cinco por cento) sobre o valor da causa não se aplica à União, aos Estados, ao Distrito Federal, aos Municípios, às suas respectivas autarquias e fundações de direito público ao Ministério Público, à Defensoria Pública e àqueles que tenham obtido o benefício da gratuidade de justiça.

Atente-se ao teto para depósito e que não poderá ser superior a 1.000 (mil) salários-mínimos, conforme determinação do art. 968, § 2º. Ademais, caso o depósito realizado tenha se dado por meio de guia imprópria, deve o órgão jurisdicional determinar a sua regularização, sendo vedado indeferir a petição inicial de plano.

Importante ressaltar que, além dos casos previstos no art. 330 do CPC, a petição inicial será indeferida quando não efetuado o depósito exigido pelo inciso II do art. 968.

Ainda, caso a petição inicial possua defeito sanável, a parte tem direito subjetivo à emenda da petição inicial, proibindo-se ao juiz indeferi-la de plano sem manifestação do autor, sem falar da violação ao que dispõe o art. 321 do CPC.

Conforme art. 968, § 4º, aplica-se à ação rescisória as regras da improcedência liminar do pedido, dispostas no art. 332 do CPC, o que permite nas causas que dispensem a fase instrutória, ao juiz, independentemente da citação do réu, julgar liminarmente improcedente o pedido que contrariar:

i) enunciado de súmula do Supremo Tribunal Federal ou do Superior Tribunal de Justiça;
ii) acórdão proferido pelo Supremo Tribunal Federal ou pelo Superior Tribunal de Justiça em julgamento de recursos repetitivos;
iii) entendimento firmado em incidente de resolução de demandas repetitivas ou de assunção de competência;
iv) enunciado de súmula de tribunal de justiça sobre direito local. Poderá, ainda, o juiz julgar liminarmente improcedente o pedido se verificar, desde logo, a ocorrência de decadência ou de prescrição.

Em sendo reconhecida a incompetência do tribunal para julgar a ação rescisória, o autor será intimado para emendar a petição inicial, a fim de adequar o objeto da ação rescisória, quando a decisão apontada como rescindenda:

i) não tiver apreciado o mérito e não se enquadrar na situação prevista no § 2º do art. 966; ou ainda se
ii) tiver sido substituída por decisão posterior.

Nesses casos, após a emenda da petição inicial, será permitido ao réu complementar os fundamentos de defesa, e, em seguida, os autos serão remetidos ao tribunal competente (art. 968, § 6º, do CPC). Com efeito, o ajuizamento da ação rescisória não impede o cumprimento (definitivo) da decisão rescindenda, ressalvada a concessão da tutela provisória.

O relator ordenará a citação do réu, designando-lhe **prazo nunca inferior a 15 (quinze) dias nem superior a 30 (trinta) dias** para, querendo, apresentar resposta, ao fim do qual, com ou sem contestação, observar-se-á, no que couber, o procedimento comum (art. 970 do CPC).

Assim, devolvidos os autos pelo relator, a secretaria do tribunal expedirá cópias do relatório e as distribuirá entre os juízes que compuserem o órgão competente para o julgamento. A escolha de relator recairá, sempre que possível, em juiz que não haja participado do julgamento rescindendo, permitindo-se, desta forma, o maior compromisso com a análise não isenta e eventualmente parcial pelo anterior julgador, que já tem sua convicção formada e manifestada nos próprios autos.

Ademais, caso os fatos alegados pelas partes dependam da produção de prova, o relator poderá delegar a competência ao órgão que proferiu a decisão rescindenda, fixando prazo de 01 (um) a 03 (três) meses para a devolução dos autos com a prova devidamente realizada (art. 972 do CPC). Concluída a instrução, será aberta vista ao autor e ao réu para razões finais, sucessivamente, pelo prazo de 10 (dez) dias e, em seguida, os autos serão conclusos ao relator, procedendo-se ao julgamento pelo órgão competente, nos termos do regimento interno do respectivo tribunal.

Desta forma, em sendo julgado procedente o pedido, o tribunal rescindirá a decisão, proferirá, se for o caso, novo julgamento e determinará a restituição do depósito realizado pelo autor. De outro lado, considerando, por unanimidade, inadmissível ou improcedente o pedido rescisório, o tribunal determinará a reversão, em favor do réu, da importância do depósito, sem prejuízo do disposto no § 2º do art. 82.

Por fim, contra a decisão que resolveu a ação rescisória poderá ser cabível ainda, a depender do caso, embargos de declaração, recurso especial e/ou recurso extraordinário.

19.6.2. Como identificar a peça

Em se tratando de Ação Rescisória, atente-se que o examinador apresentará o caso prático demonstrando a existência de uma sentença transitada em julgado, necessitando buscar, por ação própria, a rescisão do julgado, utilizando, para tanto, o modelo de petição inicial.

19.6.3. Estrutura resumida da peça

1. Endereçamento: atentar que a Ação Rescisória será proposta diretamente perante o Tribunal de Justiça, direcionando ao Presidente do Tribunal competente. Assim, a título de exemplo, utilizar: "EXCELENTÍSSIMO SENHOR DOUTOR DESEMBARGADOR PRESIDENTE DO EGRÉGIO TRIBUNAL DE JUSTIÇA DO ESTADO DE...".

2. Identificação das partes: NOME DO AUTOR, "nacionalidade...", "estado civil...", "profissão..." (se pessoa jurídica indicar se de direito privado, público interno ou público externo), portador do "RG n. ...", inscrito no "CPF/CNPJ sob o n. ...", "endereço eletrônico...", "domiciliado na rua..." (se for pessoa jurídica "com sede na rua..."), "número...", "bairro...", "Município...", "Estado de...", "CEP...".

NOME DO RÉU, "nacionalidade...", "estado civil...", "profissão..." (se pessoa jurídica indicar se de direito privado, público interno ou público externo), portador do "RG n. ...", inscrito no "CPF/CNPJ sob o n. ...", "endereço eletrônico...", "domiciliado na rua..." (se for pessoa jurídica "com sede na rua..."), "número...", "bairro...", "Município...", "Estado de...", "CEP...".

3. Nome da ação e sua fundamentação legal: "vem, respeitosamente, à presença de Vossa Excelência propor AÇÃO RESCISÓRIA, com fundamento no art. 966 e seguintes do CPC, em face da sentença transitada em julgado, proferida nos autos do processo n. ..., pelas razões de fato e de direito a seguir afirmadas".

4. Fatos: transcrição integral do texto apresentado pelo examinador no enunciado da peça prática, ressaltando a impossibilidade de criar dados inexistentes, para não identificar a peça profissional e ter a prova zerada pelo examinador.

5. Fundamentação: faça a correta ligação entre os fatos e os dispositivos legais aplicáveis, como artigos de lei, súmulas, precedentes, desenvolvendo raciocínio lógico e coerência jurídica, ressaltando que a mera indicação do artigo ou da lei não é suficiente para a pontuação, sendo necessário demonstrar a correta coligação entre fato e direito. Não se esqueça de demonstrar a existência dos requisitos do art. 966 do CPC: I – se verificar que foi proferida por força de prevaricação, concussão ou corrupção do juiz; II – for proferida por juiz impedido ou por juízo absolutamente incompetente; III – resultar de dolo ou coação da parte vencedora em detrimento da parte vencida ou, ainda, de simulação ou colusão entre as partes, a fim de fraudar a lei; IV – ofender a coisa julgada; V – violar manifestamente norma jurídica; VI – for fundada em prova cuja falsidade tenha sido apurada em processo criminal ou venha a ser demonstrada na própria ação rescisória; VII – obtiver o autor, posteriormente ao trânsito em julgado, prova nova cuja existência ignorava ou de que não pôde fazer uso, capaz, por si só, de lhe assegurar pronunciamento favorável; VIII – for fundada em erro de fato verificável do exame dos autos.

6. Pedidos e requerimentos: "Assim, com base no art. 992 do Código de Processo Civil, requer-se: a) a citação do réu para, querendo, contestar a presente ação no prazo que Vossa Excelência designar nos termos do art. 970 do Código de Processo Civil; b) nos termos do art. 968, II, do Código de Processo Civil, a juntada da inclusa guia do depósito de R$ (...), correspondente a 5% (cinco por cento) do valor da causa, devidamente atualizado até a presente data (documento anexo); c) que a presente ação seja julgada totalmente procedente, rescindindo-se o acórdão com a prolação de novo julgamento nos termos do art. 968, I, do Código de Processo Civil; d) com a procedência, a restituição do depósito ao autor (CPC, art. 974); e) a condenação do réu nas custas e honorários que forem arbitrados;

Por fim, requer-se a produção de todos os meios de prova em direito admitidos, sem exceção".

7. Valor da causa: Dá-se à causa o valor de R$...

8. Fechamento da peça: Nestes Termos, Pede Deferimento. "Local..." e "Data..." OAB n. ..., "Assinatura...".

19.6.4. Modelo de ação rescisória

EXCELENTÍSSIMO SENHOR DOUTOR DESEMBARGADOR PRESIDENTE DO EGRÉGIO TRIBUNAL DE JUSTIÇA DE...

NOME DO AUTOR, "nacionalidade...", "estado civil...", "profissão..." (se pessoa jurídica indicar se de direito privado, público interno ou público externo), portador do "RG n. ...", inscrito no "CPF/CNPJ sob o n. ...", "endereço eletrônico...", "domiciliado na rua..." (se for pessoa jurídica "com sede na rua..."), "número...", "bairro...", "Município...", "Estado de...", "CEP...", vem, respeitosamente, por intermédio de seu advogado infra-assinado, perante Vossa Excelência, ajuizar a presente AÇÃO RESCISÓRIA, com fulcro no "art. 966 (identificar o inciso) do CPC", em face de NOME DO RÉU, "nacionalidade...", "estado civil...", "profissão..." (se pessoa jurídica indicar se de direito privado, público interno ou público externo) portador do "RG n. ...", inscrito no "CPF/CNPJ sob o n. ...", "endereço eletrônico...", "domiciliado na rua..." (se for pessoa jurídica "com sede na rua..."), "número...", "bairro...", "Município...", "Estado de...", "CEP...", pelos fundamentos de fato e de direito a seguir expostos:

I – DOS FATOS
"Resumo dos fatos fornecidos pelo enunciado da questão."

II – DOS FUNDAMENTOS DE DIREITO
"Lições jurídicas sobre o tema da peça processual.
Observar se há precedente.

Caso o precedente seja favorável, fazer a adesão. Caso desfavorável, fazer a distinção – 'distinguishing'.
Não se esqueça de demonstrar a existência dos requisitos do art. 966 do CPC; I – se verificar que foi proferida por força de prevaricação, concussão ou corrupção do juiz; II – for proferida por juiz impedido ou por juízo absolutamente incompetente; III – resultar de dolo ou coação da parte vencedora em detrimento da parte vencida ou, ainda, de simulação ou colusão entre as partes, a fim de fraudar a lei; IV – ofender a coisa julgada; V – violar manifestamente norma jurídica; VI – for fundada em prova cuja falsidade tenha sido apurada em processo criminal ou venha a ser demonstrada na própria ação rescisória; VII – obtiver o autor, posteriormente ao trânsito em julgado, prova nova cuja existência ignorava ou de que não pôde fazer uso, capaz, por si só, de lhe assegurar pronunciamento favorável; VIII – for fundada em erro de fato verificável do exame dos autos."

III – DOS PEDIDOS
Diante de todo o exposto, requer-se a Vossa Excelência:

a) a citação do réu para, querendo, contestar a presente ação no prazo que Vossa excelência designar nos termos do art. 970 do Código de Processo Civil;
b) nos termos do art. 968, II, do Código de Processo Civil, a juntada da inclusa guia do depósito de R$ (...), correspondente a 5% (cinco por cento) do valor da causa, devidamente atualizado até a presente data (documento anexo);
c) que a presente ação seja julgada totalmente procedente, rescindindo-se o acórdão com a prolação de novo julgamento nos termos do art. 968, I, do Código de Processo Civil;
d) com a procedência, a restituição do depósito ao autor (CPC, art. 974);
e) a condenação do réu nas custas e honorários que forem arbitrados.
Por fim, requer-se a produção de todos os meios de prova em direito admitidos, sem exceção.
O endereço do advogado do autor, onde deverá receber as intimações, é "Endereço...".
Dá-se à causa o valor de R$...

Nestes termos,
Pede deferimento.
"Local..." e "Data..."
OAB n. ..., "Assinatura..."

PARA LEMBRAR:

Ação rescisória						
Cabimento	Legitimidade	Competência	Prazo	Requisito específico	Efeito
Decisão de mérito transitada em julgado, desde que ocorra alguma das hipóteses do art. 966 do CPC.	As partes; o Ministério Público; e o terceiro interessado.	Sempre do órgão jurisdicional de segundo grau.	Decadencial de 02 anos, contado do trânsito em julgado da última decisão proferida no processo.	Depósito de 5% do valor da causa.	Não tem efeito suspensivo, salvo se a parte requerer, preenchidos os requisitos, cautelar ou antecipação de tutela.

20. PRINCIPAIS PEÇAS PROCESSUAIS DA PARTE GERAL DO DIREITO CIVIL

20.1. Ação de tutela de direitos da personalidade, com pedido de tutela antecipada

20.1.1. Apresentação

Os direitos da personalidade tutelam aqueles direitos inerentes e que integram o próprio ser humano, sendo necessária uma análise da proteção da personalidade diante de três perspectivas:

a) integridade física, compreendendo a vida, a saúde, o alimento, o próprio corpo ou o corpo alheio;
b) integridade intelectual, compreendendo a liberdade de pensamento, a autoria literária, científica e artística;
c) integridade moral, compreendendo a honra, o segredo profissional, o direito de autor, a identidade familiar, pessoal e social.

Desta forma, a chamada tutela geral de personalidade encontra, no direito brasileiro, reconhecido, não apenas no art. 1º, III, da CF, como princípio da dignidade da pessoa humana, mas com profundida de proteção mais profunda no art. 12 do CC, que traça uma hipótese de proteção geral aos direitos de personalidade.

Ainda, no que tange à referida proteção civil, a tutela jurídica dos direitos da personalidade deve ser concebida no ordenamento jurídico como uma forma de tutela binária, ou seja, representando:

– por um lado, uma tutela preventiva; e
– por outro lado, também em perdas e danos, portanto, sem prejuízo de ser também reparatória.

Os direitos da personalidade, como um todo, submetem-se a esse esquema de proteção: preventiva e reparatória. A proteção preventiva poderá ser exercida pelo titular do direito ameaçado por meio de uma chamada tutela inibitória, assim entendida como o provimento judicial que visa impedir a prática, a continuação ou a repetição de um ato ilícito.

Desta forma, a tutela específica das obrigações está disposta no art. 497 do CPC, em se tratando de tutela individual e no art. 84 do CDC, nas tutelas coletivas, sendo a forma em que se materializa a tutela preventiva, se consubstanciando no processo por intermédio das tutelas específicas. Por seu turno, a tutela reparatória se dará pela propositura de uma de indenização por danos morais, verificando a efetiva ocorrência do dano e identificando o esquema protetivo que se visa reparar, ou seja, se a honra, a imagem, a privacidade, a integridade física etc.

20.1.2. Estrutura resumida da peça

1. Endereçamento: por ser uma petição inicial, faz-se a mesma recomendação anteriormente realizada, ou seja, atentar sempre para o enunciado proposto pelo examinador com respeito à competência (se Vara Única, se Vara Distrital, Regional ou Específica – Família e Sucessões, Criança e Adolescente etc.), ou se já há identificação exata da cidade/comarca "Vara Cível da Comarca da Capital de São Paulo". Ainda, observar se vara cível da Justiça Federal ou Estadual, bem como se de competência originária dos Tribunais. Assim, utilizar: "EXCELENTÍSSIMO SENHOR DOUTOR JUIZ DE DIREITO DA... VARA CÍVEL DA COMARCA DE... ESTADO DE...".

2. Identificação das partes: NOME DO AUTOR, "nacionalidade...", "estado civil...", "profissão..." (se pessoa jurídica indicar se de direito privado, público interno ou público externo), portador do "RG n. ...", inscrito no "CPF/CNPJ sob o n. ...", "endereço eletrônico...", "domiciliado na rua..." (se for pessoa jurídica "com sede na rua..."), "número...", "bairro...", "Município...", "Estado de...", "CEP...".

NOME DO RÉU, "nacionalidade...", "estado civil...", "profissão..." (se pessoa jurídica indicar se de direito privado, público interno ou público externo), portador do "RG n. ...", inscrito no "CPF/CNPJ sob o n. ...", "endereço eletrônico...", "domiciliado na rua..." (se for pessoa jurídica "com sede na rua..."), "número...", "bairro...", "Município...", "Estado de...", "CEP...".

3. Nome da ação e sua fundamentação legal: "vem, respeitosamente, por intermédio de seu advogado infra-assinado, perante Vossa Excelência, propor (ou ajuizar) a presente NOME DA AÇÃO, com fulcro no art. ..." (...). Observar se é caso de cumulação de pedidos, ou se é hipótese de requerer a concessão de tutela antecipada. No caso específico: AÇÃO DE TUTELA DE DIREITOS DA PERSONALIDADE, COM PEDIDO DE TUTELA ANTECIPADA. Se o ato ilícito tiver sido finalizado com algum dano causado, verificar ser hipótese de propor AÇÃO DE INDENIZAÇÃO POR DANOS MORAIS.

4. Fatos: transcrição integral do texto apresentado pelo examinador no enunciado da peça prática, ressaltando a impossibilidade de criar dados inexistentes, para não identificar a peça profissional e ter a prova zerada pelo examinador.

5. Fundamentação: faça a correta ligação entre os fatos e os dispositivos legais aplicáveis, como artigos de lei, súmulas, precedentes, desenvolvendo raciocínio lógico e coerência jurídica, ressaltando que a mera indicação do artigo ou da lei não é suficiente para a pontuação, sendo necessário demonstrar a correta coligação entre fato e direito. Não esquecer que caso o examinador indique a existência de precedente fazer a adesão, se for o caso, ou a distinção. Ainda, sendo caso de pedido de tutela de urgência, utilizar o fundamento legal do art. 300 do CPC, demonstrando o *fumus boni iuris* (probabilidade do direito) e o *periculum in mora* (perigo de dano ou o risco ao resultado útil do processo).

6. Pedidos e requerimentos: "Diante de todo o exposto, requer-se a Vossa Excelência: a) seja o réu citado para, querendo, apresentar resposta no prazo legal em uma das modalidades permitidas na lei processual; b) seja concedida *initio litis* tutela antecipada para a condenação imediata a não mais (fazer pedido. Ex.: cessar a utilização da imagem do autor), sob pena de condenação do réu ao pagamento de multa diária a ser arbitrada por esse MM. Juízo, nos termos do art. 497, do CPC; c) nos termos do art. 334, *caput* ou § 5º, do Código de Processo Civil, o autor deve se manifestar sobre o interesse (ou desinteresse, a depender do caso concreto) em autocomposição para a realização da audiência de conciliação ou de mediação do art. 334 do CPC; d) seja, ao final, confirmada a tutela antecipada, sendo julgado procedente o pedido da presente ação, condenando o réu a abster-se de usar a imagem do autor para fins comerciais, sob pena de fixação de multa diária a ser arbitrada por esse MM. Juízo; e) seja o réu condenado em custas e honorários advocatícios em percentuais arbitrados nos termos do art. 85, § 2º, do Código de Processo Civil; f) sejam deferidos todos os meios de prova admitidos em direito para comprovação dos fatos que se apresentarem controvertidos após apresentação da contestação pelo réu; g) juntada das guias judiciais devidamente quitadas; ou (se for o caso), a concessão dos benefícios da justiça gratuita, nos termos do art. 5º, LXXIV, da Constituição Federal, da Lei n. 1.060/50 c/c com o art. 98 e seguintes do CPC, por ser o autor pobre no sentido legal, não podendo arcar com o pagamento das custas sem prejuízo do próprio sustento.

O endereço do advogado do autor, onde deverá receber as intimações, é "Endereço...".

7. Valor da causa: Dá-se à causa o valor de R$ (...).

8. Fechamento da peça: Nestes Termos, Pede Deferimento. "Local..." e "Data..." OAB n. ..., "Assinatura...".

20.1.3. Modelo de ação de tutela de direitos da personalidade, com pedido de tutela antecipada

EXCELENTÍSSIMO SENHOR DOUTOR JUIZ DE DIREITO DA... VARA CÍVEL DA COMARCA DE... ESTADO DE...

NOME DO AUTOR, "nacionalidade...", "estado civil...", "profissão..." (se pessoa jurídica indicar se de direito privado, público interno ou público externo), portador do "RG n. ...", inscrito no "CPF/CNPJ sob o n. ...", "endereço eletrônico...", "domiciliado na rua..." (se for pessoa jurídica "com sede na rua..."), "número...", "bairro...", "Município...", "Estado de...", "CEP...", vem, respeitosamente, por intermédio de seu advogado infra-assinado, perante Vossa Excelência, ajuizar a presente AÇÃO DE TUTELA DE DIREITOS DA PERSONALIDADE, COM PEDIDO DE TUTELA ANTECIPADA, com fulcro no "art. ...", em face de NOME DO RÉU, "nacionalidade...", "estado civil...", "profissão..." (se pessoa jurídica indicar se de direito privado, público interno ou público externo), portador do "RG n. ...", inscrito no "CPF/CNPJ sob o n. ...", "endereço eletrônico...", "domiciliado na rua..." (se for pessoa jurídica "com sede na rua..."), "número...", "bairro...", "Município...", "Estado de...", "CEP...", pelos fundamentos de fato e de direito a seguir expostos:

I – DOS FATOS
"Resumo dos fatos fornecidos pelo enunciado da questão."

II – DOS FUNDAMENTOS DE DIREITO
"'Vide' pertinentes noções de Direito Civil destacadas.
Observar se há precedente.
Caso o precedente seja favorável, fazer a adesão. Caso desfavorável, fazer a distinção 'distinguishing'."

III – DA TUTELA ANTECIPADA
"Fundamento legal; art. 300 do CPC. Comprovação do 'fumus boni iuris' (probabilidade do direito) e do 'periculum in mora' (perigo de dano ou o risco ao resultado útil do processo)."

IV – DOS PEDIDOS
Diante de todo o exposto, requer-se a Vossa Excelência:

a) seja o réu citado para, querendo, apresentar resposta no prazo legal em uma das modalidades permitidas na lei processual;
b) seja concedida "initio litis" tutela antecipada para a condenação imediata a não mais (Fazer pedido. Ex: cessar a utilização da imagem do autor), sob pena de condenação do réu ao pagamento de multa diária a ser arbitrada por esse MM. Juízo, nos termos do art. 497 do CPC;
c) nos termos do art. 334, "caput" ou § 5º, do Código de Processo Civil, o autor deve se manifestar sobre o interesse (ou desinteresse, a depender do caso concreto) em autocomposição para a realização da audiência de conciliação ou de mediação do art. 334 do CPC;
d) seja, ao final, confirmada a tutela antecipada, sendo julgado procedente o pedido da presente ação, condenando o réu a abster-se de usar a imagem do autor para fins comerciais, sob pena de fixação de multa diária a ser arbitrada por esse MM. Juízo;
e) seja o réu condenado em custas e honorários advocatícios em percentuais arbitrados nos termos do art. 85, § 2º, do Código de Processo Civil;
f) sejam deferidos todos os meios de prova admitidos em direito para comprovação dos fatos que se apresentarem controvertidos após apresentação da contestação pelo réu;
g) juntada das guias judiciais devidamente quitadas; ou (se for o caso), a concessão dos benefícios da justiça gratuita, nos termos do art. 5º, LXXIV, da Constituição Federal e da Lei n. 1.060/50, por ser o autor pobre no sentido legal, não podendo arcar com o pagamento das custas sem prejuízo do próprio sustento;
h) todas as intimações sejam realizadas em nome, endereço eletrônico e profissional do advogado do autor.
O endereço do advogado do autor, onde deverá receber as intimações, é "Endereço...".
Dá-se à causa o valor de R$ (...).

Nestes termos,
Pede deferimento.
"Local..." e "Data..."
OAB n. ..., "Assinatura..."

20.2. Ação declaratória de nulidade e ação anulatória

20.2.1. Apresentação

A previsibilidade doutrinária e normativa da teoria das nulidades impede a proliferação de atos jurídicos considerados como ilegais ou portadores de algum vício, a depender da natureza do interesse jurídico violado. Sendo assim, é possível afirmar que o reconhecimento desses estados é uma forma de proteção e defesa do ordenamento jurídico vigente. Dentro dessa perspectiva, é correto dizer-se que o ato nulo (ou de nulidade absoluta) viola norma de ordem pública, de natureza cogente, e carrega em si vício considerado grave. Por sua vez, o ato anulável (ou de nulidade relativa), contaminado de vício menos grave, decorre de infringência de norma jurídica protetora de interesses eminentemente privados.

Sabe-se que o negócio jurídico pode ser declarado nulo ou anulável, observando que no caso de nulidade, com a sua declaração, todos os atos deverão ser desfeitos, desde a data da sua celebração, tendo assim, efeitos retroativos, por se tratar de nulidade absoluta. Pode ser declarado de ofício pelo juiz, pois, evidente, que o negócio jurídico não se torna nulo a partir da decisão judicial, já o é desde a sua celebração. Desta forma, o magistrado apenas o declara, ou seja, torna pública e notória sua nulidade.

Já nos casos de anulabilidade, o negócio jurídico pode ter sido válido até a sua declaração de nulidade e, por óbvio, pode ter gerado plenamente seus efeitos. Sua nulidade, portanto, é relativa e, portanto, atribui-se ao instituto, a propriedade de ser anulável, podendo ou não ser invocado o instituto do aproveitamento dos atos do negócio, que se faz mediante um ato decisório, pelo qual o juiz, quando presentes certos pressupostos, adequa um modelo jurídico negocial a outro, preservando seu conteúdo e objetivos, afastando a anulabilidade, aproveitando, naquilo que for possível, os atos válidos e preservando a vontade das partes em alcançar um objetivo lícito, que seria prejudicado pela anulabilidade, conforme os arts. 170 e seguintes do Código Civil. Quanto aos efeitos, observa-se:

Nulidade absoluta	Nulidade relativa
1. O ato nulo atinge interesse público.	1. O ato anulável atinge interesses privados.
2. Opera-se de pleno direito.	2. Não se opera de pleno direito.
3. Pode ser arguida pelas partes, terceiro interessado, MP, DP, ou até mesmo de ofício pelo juiz.	3. Somente pode ser arguida pelos legítimos interessados.
4. Não se admite confirmação.	4. Admite-se confirmação expressa ou tácita.
5. Ação declaratória de nulidade é decidida por sentença de natureza declaratória.	5. Ação anulatória é decidida por sentença desconstitutiva.
6. Pode ser reconhecida, segundo o CC, a qualquer tempo, não se sujeitando ao prazo prescricional ou decadencial.	6. A anulabilidade somente pode ser arguida pela via judicial, em prazos decadenciais de 4 anos (regra geral) ou de 2 anos (regra supletiva), salvo norma em sentido contrário.

Verifica-se que as ações serão diferentes para o reconhecimento do vício, dependendo do negócio jurídico, ou seja, caso seja *nulo*, a ação é chamada de **ação declaratória** de nulidade (com evidente natureza declaratória), enquanto se o negócio jurídico for *anulável*, a ação é chamada de **ação anulatória** (com natureza constitutiva ou desconstitutiva).

Por isso, faz-se necessário saber que, se o negócio jurídico é nulo, a ação será declaratória e, portanto, gerando tão somente efeitos *ex tunc*. No entanto, se anulável o negócio jurídico, a ação será constitutiva ou desconstitutiva, e seus efeitos, como regra, serão *ex nunc*.

Segundo o art. 166 do Código Civil de 2002, o negócio jurídico é nulo quando

I – celebrado por pessoa absolutamente incapaz;

II – for ilícito, impossível ou indeterminável o seu objeto;

III – o motivo determinante, comum a ambas as partes, for ilícito;

IV – não revestir a forma prescrita em lei;

V – for preterida alguma solenidade que a lei considere essencial para a sua validade;

VI – tiver por objetivo fraudar lei imperativa;

VII – a lei taxativamente o declarar nulo, ou proibir-lhe a prática, sem cominar sanção.

Da mesma forma, o art. 171 do Código Civil, determina que são anuláveis, além de outros casos previstos em lei:

I – por incapacidade relativa do agente;

II – por vício resultante de erro, dolo, coação, estado de perigo, lesão ou fraude contra credores.

20.2.2. Estrutura resumida da peça

1. Endereçamento: por ser uma petição inicial, faz-se a mesma recomendação anteriormente realizada, ou seja, atentar sempre para o enunciado proposto pelo examinador com respeito à competência (se Vara Única, se Vara Distrital, Regional ou Específica – Família e Sucessões, Criança e Adolescente etc.), ou se já há identificação exata da cidade/comarca "Vara Cível da Comarca da Capital de São Paulo". Ainda, observar se vara cível da Justiça Federal ou Estadual, bem como se de competência originária dos Tribunais. Assim, utilizar: "EXCELENTÍSSIMO SENHOR DOUTOR JUIZ DE DIREITO DA ... VARA CÍVEL DA COMARCA DE ... ESTADO DE...".

2. Identificação das partes: NOME DO AUTOR, "nacionalidade...", "estado civil...", "profissão..." (se pessoa jurídica indicar se de direito privado, público interno ou público externo), portador do "RG n. ...", inscrito no "CPF/CNPJ sob o n. ...", "endereço eletrônico...", "domiciliado na rua..." (se for pessoa jurídica "com sede na rua..."), "número...", "bairro...", "Município...", "Estado de...", "CEP...".

NOME DO RÉU, "nacionalidade...", "estado civil...", "profissão..." (se pessoa jurídica indicar se de direito privado, público interno ou público externo), portador do "RG n. ...", inscrito no "CPF/CNPJ sob o n. ...", "endereço eletrônico...", "domiciliado na rua..." (se for pessoa jurídica "com sede na rua..."), "número...", "bairro...", "Município...", "Estado de...", "CEP...".

3. Nome da ação e sua fundamentação legal: "vem, respeitosamente, por intermédio de seu advogado infra-assinado, perante Vossa Excelência, propor (ou ajuizar) a presente DECLARATÓRIA DE NULIDADE, com fulcro no art. 166 do Código Civil" ou "vem, respeitosamente, por intermédio de seu advogado infra-assinado, perante Vossa Excelência, propor (ou ajuizar) a presente ANULATÓRIA, com fulcro no arts. 319 e 320 do Código de Processo Civil e art. 177 e seguintes do Código Civil (se com base em fraude contra credores, chamar de AÇÃO PAULIANA)". Observar se é caso de cumulação de pedidos, ou se é hipótese de requerer a concessão de tutela antecipada.

4. Fatos: transcrição integral do texto apresentado pelo examinador no enunciado da peça prática, ressaltando a impossibilidade de criar dados inexistentes, para não identificar a peça profissional e ter a prova zerada pelo examinador.

5. Fundamentação: faça a correta ligação entre os fatos e os dispositivos legais aplicáveis, como artigos de lei, súmulas, precedentes, desenvolvendo raciocínio lógico e coerência jurídica, ressaltando que a mera indicação do artigo ou da lei não é suficiente para a pontuação, sendo necessário demonstrar a correta coligação entre fato e direito. Não esquecer que caso o examinador indique a existência de precedente fazer a adesão, se for o caso, ou a distinção. Ainda, sendo caso de pedido de tutela de urgência, utilizar o fundamento legal do art. 300 do CPC, demonstrando o *fumus boni iuris* (probabilidade do direito) e o *periculum in mora* (perigo de dano ou o risco ao resultado útil do processo).

6. Pedidos e requerimentos: "Diante de todo o exposto, requer-se a Vossa Excelência: a) seja o réu citado para, querendo, apresentar resposta no prazo legal em uma das modalidades permitidas na lei processual; b) seja julgado procedente o pedido da presente ação, sendo declarado nulo (ou anulável) o "ato..." praticado pelo réu da presente demanda; c) nos termos do art. 334, *caput* ou § 5º, do Código de Processo Civil, o autor deve se manifestar sobre o interesse (ou desinteresse, a depender do caso concreto) em autocomposição para a realização da audiência de conciliação ou de mediação; d) seja o réu condenado em custas e honorários advocatícios em percentuais arbitrados nos termos do art. 85, § 2º, do Código de Processo Civil; e) sejam deferidos todos os meios de prova admitidos em direito para comprovação dos fatos que se apresentarem controvertidos após apresentação da contestação pelo réu; f) juntada das guias judiciais devidamente quitadas; ou (se for o caso), a concessão dos benefícios da justiça gratuita, nos termos do art. 5º, LXXIV, da Constituição Federal e da Lei n. 1.060/50, por ser o autor pobre no sentido legal, não podendo arcar com o pagamento das custas sem prejuízo do próprio sustento.

O endereço do advogado do autor, onde deverá receber as intimações, é "Endereço...".

7. Valor da causa: Dá-se à causa o valor de R$ (...).

8. Fechamento da peça: Nestes Termos, Pede Deferimento. "Local..." e "Data...", OAB n. ..., "Assinatura...".

20.2.3. Modelo de ação declaratória de nulidade

EXCELENTÍSSIMO SENHOR DOUTOR JUIZ DE DIREITO DA... VARA CÍVEL DA COMARCA DE... ESTADO DE...

NOME DO AUTOR, "nacionalidade...", "estado civil...", "profissão..." (se pessoa jurídica indicar se de direito privado, público interno ou público externo), portador do "RG n. ...", inscrito no "CPF/CNPJ sob o n. ...", "endereço eletrônico...", "domiciliado na rua..." (se for pessoa jurídica "com sede na rua..."), "número...", "bairro...", "Município...", "Estado de...", "CEP...", vem, respeitosamente, por intermédio de seu advogado infra-assinado, perante Vossa Excelência, ajuizar a presente DECLARATÓRIA DE NULIDADE, com fulcro nos "arts. 319 e 320 do Código de Processo Civil e art. 177 e seguintes do Código Civil", em face de NOME DO RÉU, "nacionalidade...", "estado civil...", "profissão..." (se pessoa jurídica indicar se de direito privado, público interno ou público externo), portador do "RG n. ...", inscrito no "CPF/CNPJ sob o n. ...", "endereço eletrônico...", "domiciliado na rua..." (se for pessoa jurídica "com sede na rua..."), "número...", "bairro...", "Município...", "Estado de...", "CEP...", pelos fundamentos de fato e de direito a seguir expostos:

I – DOS FATOS
"Resumo dos fatos fornecidos pelo enunciado da questão, em especial previstos no art. 166 do Código Civil."

II – DOS FUNDAMENTOS DE DIREITO
"'Vide' pertinentes noções de Direito Civil destacadas.
Observar se há precedente.
Caso o precedente seja favorável, fazer a adesão. Caso desfavorável, fazer a distinção 'distinguishing.'"

III – DOS PEDIDOS
Diante de todo o exposto, requer-se a Vossa Excelência:

a) seja o réu citado para, querendo, apresentar resposta no prazo legal em uma das modalidades permitidas na lei processual;
b) seja julgado procedente o pedido da presente ação, sendo declarado nulo o "a-to..." praticado pelo réu da presente demanda;
c) nos termos do art. 334, "caput" ou § 5º, do Código de Processo Civil, o autor deve se manifestar sobre o interesse (ou desinteresse, conforme o caso apresentado) em autocomposição para a realização da audiência de conciliação ou de mediação;
d) seja o réu condenado em custas e honorários advocatícios em percentuais arbitrados nos termos do art. 85, § 2º, do Código de Processo Civil;
e) sejam deferidos todos os meios de prova admitidos em direito para comprovação dos fatos que se apresentarem controvertidos após apresentação da contestação pelo réu;
f) juntada das guias judiciais devidamente quitadas; ou (se for o caso), a concessão dos benefícios da justiça gratuita, nos termos do art. 5º, LXXIV, da Constituição Federal e da Lei n. 1.060/50, por ser o autor pobre no sentido legal, não podendo arcar com o pagamento das custas sem prejuízo do próprio sustento;
g) todas as intimações sejam realizadas em nome, endereço eletrônico e profissional do advogado do autor.
Dá-se à causa o valor de R$ (...).

Nestes termos,
Pede deferimento.
"Local..." e "Data..."
OAB n. ..., "Assinatura..."

20.2.4. Modelo de ação anulatória

EXCELENTÍSSIMO SENHOR DOUTOR JUIZ DE DIREITO DA... VARA CÍVEL DA COMARCA DE... ESTADO DE...

NOME DO AUTOR, "nacionalidade...", "estado civil...", "profissão..." (se pessoa jurídica indicar se de direito privado, público interno ou público externo), portador do "RG n. ...", inscrito no "CPF/CNPJ sob o n. ...", "endereço eletrônico...", "domiciliado na rua..." (se for pessoa jurídica "com sede na rua..."), "número...", "bairro...", "Município...", "Estado de...",

"CEP...", vem, respeitosamente, por intermédio de seu advogado infra-assinado, perante Vossa Excelência, ajuizar a presente DECLARATÓRIA ANULATÓRIA, com fulcro nos "arts. 319 e 320 do Código de Processo Civil", (se com base em fraude contra credores, chamar de AÇÃO PAULIANA), em face de NOME DO RÉU, "nacionalidade...", "estado civil...", "profissão..." (se pessoa jurídica indicar se de direito privado, público interno ou público externo), portador do "RG n. ...", inscrito no "CPF/CNPJ sob o n. ...", "endereço eletrônico...", "domiciliado na rua..." (se for pessoa jurídica "com sede na rua..."), "número...", "bairro...", "Município...", "Estado de...", "CEP...", pelos fundamentos de fato e de direito a seguir expostos;

I – DOS FATOS
"Resumo dos fatos fornecidos pelo enunciado da questão."

II – DOS FUNDAMENTOS DE DIREITO
"'Vide' pertinentes noções de Direito Civil destacadas, em especial analisando o art. 177 do Código Civil. Observar se há precedente.
Caso o precedente seja favorável, fazer a adesão. Caso desfavorável, fazer a distinção 'distinguishing'."

III – DOS PEDIDOS
Diante de todo o exposto, requer-se a Vossa Excelência;

a) seja o réu citado para, querendo, apresentar resposta no prazo legal em uma das modalidades permitidas na lei processual;
b) seja julgado procedente o pedido da presente ação, sendo anulado o "ato..." praticado pelo réu da presente demanda;
c) nos termos do art. 334, "caput" ou § 5º, do Código de Processo Civil, o autor deve se manifestar sobre o interesse (ou desinteresse, se for o caso) em autocomposição para a realização da audiência de conciliação ou de mediação;
d) seja o réu condenado em custas e honorários advocatícios em percentuais arbitrados nos termos do art. 85, § 2º, do Código de Processo Civil;
e) sejam deferidos todos os meios de prova admitidos em direito para comprovação dos fatos que se apresentarem controvertidos após apresentação da contestação pelo réu;
f) juntada das guias judiciais devidamente quitadas; ou (se for o caso), a concessão dos benefícios da justiça gratuita, nos termos do art. 5º, LXXIV, da Constituição Federal e da Lei n. 1.060/50, por ser o autor pobre no sentido legal, não podendo arcar com o pagamento das custas sem prejuízo do próprio sustento;
g) todas as intimações sejam realizadas em nome, endereço eletrônico e profissional do advogado do autor.
Dá-se à causa o valor de R$ (...).

Nestes termos,
Pede deferimento.
"Local..." e "Data..."
OAB n. ..., "Assinatura..."

20.3. Principais peças processuais do direito das obrigações

20.3.1. Ação de obrigação de dar coisa certa e incerta

20.3.1.1. Apresentação

Sabe-se que obrigação é o vínculo jurídico pelo qual o sujeito passivo pode dar, fazer ou não fazer qualquer coisa em favor do sujeito ativo, sendo classificada em três espécies: **positivas: de dar e de fazer**; e **negativas: de não fazer**.

Desta forma, verifica-se que a obrigação de dar consiste na efetiva entrega de alguma coisa (certa ou incerta) pelo devedor ao credor, ou seja, o devedor que se obrigar à entrega ou restituição de coisa certa e determinada ao seu credor deverá cumprir sua obrigação, entregando ou restituindo essa mesma coisa, sem que haja qualquer alteração no objeto da prestação jurídica.

As modalidades de obrigação de dar consistem na entrega de coisa certa ou incerta. Por certo, dar coisa certa significa que ao devedor cabe o dever jurídico de entregar ou de restituir a coisa determinada, bem como seus acessórios, salvo se o contrário resultar do título obrigacional ou das circunstâncias do caso, segundo se depreende do art. 233 do CC.

Importante verificar algumas regras principais a respeito da obrigação de dar:

Deteriorada a coisa, não sendo o devedor culpado, poderá o credor resolver a obrigação, ou aceitar a coisa, abatido de seu preço o valor que perdeu. Sendo culpado o devedor, poderá o credor exigir o equivalente, ou aceitar a coisa no estado em que se acha, com direito a reclamar, em um ou em outro caso, indenização das perdas e danos.

Até a tradição pertence ao devedor a coisa, com os seus melhoramentos e acrescidos, pelos quais poderá exigir aumento no preço; se o credor não anuir, poderá o devedor resolver a obrigação. Os frutos percebidos são do devedor, cabendo ao credor os pendentes.

Se a obrigação for de restituir coisa certa, e esta, sem culpa do devedor, se perder antes da tradição, sofrerá o credor a perda, e a obrigação se resolverá, ressalvados os seus direitos até o dia da perda. Se a coisa se perder por culpa do devedor, responderá este pelo equivalente, mais perdas e danos.

No entanto, o art. 243 do CC determina que a coisa incerta será indicada, ao menos, pelo gênero e quantidade, ou seja, a obrigação de dar coisa incerta tem como objeto da obrigação coisa indeterminada, no entanto, evidente que o objeto da obrigação não poderá permanecer indeterminado. Na verdade, há a necessidade de ser determinável, então, posteriormente, quando se conhecer sua qualidade. Desta forma, sem a mínima indicação do gênero e da quantidade da coisa não é possível o cumprimento obrigacional.

Desta forma, verificar que as coisas determinadas pelo gênero e pela quantidade, a escolha pertence ao devedor, se o contrário não resultar do título da obrigação; mas não poderá dar a coisa pior, nem será obrigado a prestar a melhor. Cientificado da escolha o credor, vigorará as disposições quanto à obrigação de dar coisa certa. Por fim, antes da escolha, não poderá o devedor alegar perda ou deterioração da coisa, ainda que por força maior ou caso fortuito.

A respeito das **regras processuais**, verificar as disposições dos **arts. 498 a 501 e 538 do CPC**:

Na ação que tenha por objeto a entrega de coisa, o juiz, ao conceder a tutela específica, fixará o prazo para o cumprimento da obrigação. Tratando-se de entrega de coisa determinada pelo gênero e pela quantidade, o autor individualizá-la-á na petição inicial, se lhe couber a escolha, ou, se a escolha couber ao réu, este a entregará individualizada, no prazo fixado pelo juiz. A obrigação somente será convertida em perdas e danos se o autor o requerer ou se impossível a tutela específica ou a obtenção de tutela pelo resultado prático equivalente.

A indenização por perdas e danos dar-se-á sem prejuízo da multa fixada periodicamente para compelir o réu ao cumprimento específico da obrigação. Na ação que tenha por objeto a emissão de declaração de vontade, a sentença que julgar procedente o pedido, uma vez transitada em julgado, produzirá todos os efeitos da declaração não emitida.

Não cumprida a obrigação de entregar coisa no prazo estabelecido na sentença, será expedido mandado de busca e apreensão ou de imissão na posse em favor do credor, conforme se tratar de coisa móvel ou imóvel. A existência de benfeitorias deve ser alegada na fase de conhecimento, em contestação, de forma discriminada e com atribuição, sempre que possível e justificadamente, do respectivo valor.

O direito de retenção por benfeitorias deve ser exercido na contestação, na fase de conhecimento. Aplicam-se ao procedimento previsto neste artigo, no que couber, as disposições sobre o cumprimento de obrigação de fazer ou de não fazer.

20.3.1.2. Estrutura resumida da peça

1. Endereçamento: por ser uma petição inicial, faz-se a mesma recomendação anteriormente realizada, ou seja, atentar sempre para o enunciado proposto pelo examinador com respeito à competência (se Vara Única, se Vara Distrital, Regional ou Específica – Família e Sucessões, Criança e Adolescente etc.), ou se já há identificação exata da cidade/comarca "Vara Cível da Comarca da Capital de São Paulo". Ainda, observar se vara cível da Justiça Federal ou Estadual, bem como se de competência originária dos Tribunais. Assim, utilizar: "EXCELENTÍSSIMO SENHOR DOUTOR JUIZ DE DIREITO DA ... VARA CÍVEL DA COMARCA DE ... ESTADO DE...".

2. Identificação das partes: NOME DO AUTOR, "nacionalidade...", "estado civil...", "profissão..." (se pessoa jurídica indicar se de direito privado, público interno ou público externo), portador do "RG n. ...", inscrito no "CPF/CNPJ sob o n. ...", "endereço eletrônico...", "domiciliado na rua..." (se for pessoa jurídica "com sede na rua..."), "número...", "bairro...", "Município...", "Estado de...", "CEP...".

NOME DO RÉU, "nacionalidade...", "estado civil...", "profissão..." (se pessoa jurídica indicar se de direito privado, público interno ou público externo), portador do "RG n. ...", inscrito no "CPF/CNPJ sob o n. ...", "endereço eletrônico...", "domiciliado na rua..." (se for pessoa jurídica "com sede na rua..."), "número...", "bairro...", "Município...", "Estado de...", "CEP...".

3. Nome da ação e sua fundamentação legal: "vem, respeitosamente, por intermédio de seu advogado infra-assinado, perante Vossa Excelência, propor (ou ajuizar) a presente AÇÃO DE OBRIGAÇÃO DE DAR COISA (CERTA OU INCERTA), (se for o caso, COM PEDIDO DE TUTELA ANTECIPADA), com fulcro nos arts. 233 e seguintes do CC e art. 498 do CPC". Observar se é caso de cumulação de pedidos, ou se é hipótese de requerer a concessão de tutela antecipada.

4. Fatos: transcrição integral do texto apresentado pelo examinador no enunciado da peça prática, ressaltando a impossibilidade de criar dados inexistentes, para não identificar a peça profissional e ter a prova zerada pelo examinador.

5. Fundamentação: faça a correta ligação entre os fatos e os dispositivos legais aplicáveis, como artigos de lei, súmulas, precedentes, desenvolvendo raciocínio lógico e coerência jurídica, ressaltando que a mera indicação do artigo ou da lei não é suficiente para a pontuação, sendo necessário demonstrar a correta coligação entre fato e direito. Não esquecer que caso o examinador indique a existência de precedente fazer a adesão, se for o caso, ou a distinção. Ainda, sendo caso de pedido de tutela de urgência, utilizar o fundamento legal do art. 300 do CPC, demonstrando o *fumus boni iuris* (probabilidade do direito) e o *periculum in mora* (perigo de dano ou o risco ao resultado útil do processo).

6. Pedidos e requerimentos: "Diante de todo o exposto, requer-se a Vossa Excelência: a) seja o réu citado para, querendo, apresentar resposta no prazo legal em uma das modalidades permitidas na lei processual; b) seja concedida *initio litis* tutela antecipada para condenar o réu a entregar o "bem...", no prazo fixado por esse MM. Juízo, sob pena de condenação do réu ao pagamento de multa diária a ser também arbitrada por Vossa Excelência, conforme o art. 498 do CPC; c) nos termos do art. 334, *caput* ou § 5º, do Código de Processo Civil, o autor deve se manifestar sobre o interesse (ou desinteresse, se for o caso) em autocomposição para a realização da audiência de conciliação ou de mediação; d) NO MÉRITO, seja, ao final, confirmada a tutela antecipada, sendo julgado procedente o pedido da presente ação; e) seja o réu condenado em custas e honorários advocatícios em percentuais arbitrados nos termos do art. 85, § 2º, do Código de Processo Civil; f) sejam deferidos todos os meios de prova admitidos em direito para comprovação dos fatos que se apresentarem controvertidos após apresentação da contestação pelo réu; g) juntada das guias judiciais devidamente quitadas; ou (se for o caso), a concessão dos benefícios da justiça gratuita, nos termos do art. 5º, LXXIV, da Constituição Federal e da Lei n. 1.060/50, por ser o autor pobre no sentido legal, não podendo arcar com o pagamento das custas sem prejuízo do próprio sustento.

O endereço do advogado do autor, onde deverá receber as intimações, é "Endereço...".

7. Valor da causa: Dá-se à causa o valor de R$ (...).

8. Fechamento da peça: Nestes Termos, Pede Deferimento. "Local..." e "Data...", OAB n. ..., "Assinatura...".

20.3.1.3. Modelo de ação de obrigação de dar coisa certa ou incerta

EXCELENTÍSSIMO SENHOR DOUTOR JUIZ DE DIREITO DA... VARA CÍVEL DA COMARCA DE... ESTADO DE...

NOME DO AUTOR, "nacionalidade...", "estado civil...", "profissão..." (se pessoa jurídica indicar se de direito privado, público interno ou público externo), portador do "RG n. ...", inscrito no "CPF/CNPJ sob o n. ...", "endereço eletrônico...", "domiciliado na rua..." (se for pessoa jurídica "com sede na rua..."), "número...", "bairro...", "Município...", "Estado de...", "CEP...", vem, respeitosamente, por intermédio de seu advogado infra-assinado, perante Vossa Excelência, ajuizar a presente AÇÃO DE OBRIGAÇÃO DE DAR COISA (CERTA OU INCERTA) (se for o caso, COM PEDIDO DE TUTELA ANTECIPADA), com fulcro nos arts. 233 e seguintes do CC e arts. 498 e 538 do CPC, em face de NOME DO RÉU, "nacionalidade...", "estado civil...", "profissão..." (se pessoa jurídica indicar se de direito privado, público interno ou público externo), portador do "RG n. ...", inscrito no "CPF/CNPJ sob o n. ...", "endereço eletrônico...", "domiciliado na rua..." (se for pessoa jurídica "com sede na rua..."), "número...", "bairro...", "Município...", "Estado de...", "CEP...", pelos fundamentos de fato e de direito a seguir expostos:

I – DOS FATOS
"Resumo dos fatos fornecidos pelo enunciado da questão."

II – DOS FUNDAMENTOS DE DIREITO
"'Vide' pertinentes noções de Direito Civil destacadas, em especial dos arts. 233 e seguintes do CC e arts. 498 e 538 do CPC.
Observar se há precedente.
Caso o precedente seja favorável, fazer a adesão. Caso desfavorável, fazer a distinção 'distinguishing'."

III – DA TUTELA ANTECIPADA
"Fundamento legal: art. 300 do CPC. Comprovação do 'fumus boni iuris' (probabilidade do direito) e do 'periculum in mora' (perigo de dano ou risco ao resultado útil do processo)."

IV – DOS PEDIDOS
Diante de todo o exposto, requer-se a Vossa Excelência:

a) seja o réu citado para, querendo, apresentar resposta no prazo legal em uma das modalidades permitidas na lei processual;
b) seja concedida "initio litis" tutela antecipada para condenar o réu a entregar o "bem..." no prazo fixado por esse MM. Juízo, sob pena de condenação do réu ao pagamento de multa diária a também ser arbitrada por Vossa Excelência;
c) nos termos do art. 334, "caput" ou § 5º, do Código de Processo Civil, o autor deve se manifestar sobre o interesse (ou desinteresse, se for o caso) em autocomposição para a realização da audiência de conciliação ou de mediação;

d) NO MÉRITO, seja, ao final, confirmada a tutela antecipada, sendo julgado procedente o pedido da presente ação;

e) seja o réu condenado em custas e honorários advocatícios em percentuais arbitrados nos termos do art. 85, § 2º, do Código de Processo Civil;

f) sejam deferidos todos os meios de prova admitidos em direito para comprovação dos fatos que se apresentarem controvertidos após apresentação da contestação pelo réu;

g) juntada das guias judiciais devidamente quitadas; ou (se for o caso), a concessão dos benefícios da justiça gratuita, nos termos do art. 5º, LXXIV, da Constituição Federal e da Lei n. 1.060/50, por ser o autor pobre no sentido legal, não podendo arcar com o pagamento das custas sem prejuízo do próprio sustento;

h) todas as intimações sejam realizadas em nome, endereço eletrônico e profissional do advogado do autor.

Dá-se à causa o valor de R$ (...).

Nestes termos,

Pede deferimento.

"Local..." e "Data..."

OAB n. ..., "Assinatura..."

20.3.2. Ação de obrigação de fazer

20.3.2.1. Apresentação

Seguindo a análise dos direitos das obrigações, vejamos algumas das principais consequências de direito material e de direito processual a respeito da obrigação de fazer, assim entendida como a obrigação que se concretiza com uma determinada atividade a ser praticada pelo devedor, físico ou intelectual.

Observamos algumas regras de direito material previstas nos **arts. 247 a 249 do CC**: incorre na obrigação de indenizar perdas e danos o devedor que recusar a prestação a ele só imposta, ou só por ele exequível. Se a prestação do fato se tornar impossível sem culpa do devedor, resolver-se-á a obrigação; se por culpa dele, responderá por perdas e danos.

Se o fato puder ser executado por terceiro, será livre ao credor mandá-lo executar à custa do devedor, havendo recusa ou mora deste, sem prejuízo da indenização cabível. Em caso de urgência, pode o credor, independentemente de autorização judicial, executar ou mandar executar o fato, sendo depois ressarcido.

Verifiquem, ainda, as regras de processo, previstas no **arts. 497, 536 e seguintes do CPC**.

Na ação que tenha por objeto a prestação de fazer ou de não fazer, o juiz, se procedente o pedido, concederá a tutela específica ou determinará providências que assegurem a obtenção de tutela pelo resultado prático equivalente. Para a concessão da tutela específica destinada a inibir a prática, a reiteração ou a continuação de um ilícito, ou a sua remoção, é irrelevante a demonstração da ocorrência de dano ou da existência de culpa ou dolo.

No cumprimento de sentença que reconheça a exigibilidade de obrigação de fazer ou de não fazer, o juiz poderá, de ofício ou a requerimento, para a efetivação da tutela específica ou a obtenção de tutela pelo resultado prático equivalente, determinar as medidas necessárias à satisfação do exequente.

Para atender ao disposto no *caput*, o juiz poderá determinar, entre outras medidas, a imposição de multa, a busca e apreensão, a remoção de pessoas e coisas, o desfazimento de obras e o impedimento de atividade nociva, podendo, caso necessário, requisitar o auxílio de força policial.

O mandado de busca e apreensão de pessoas e coisas será cumprido por dois oficiais de justiça, observando-se o disposto no art. 846, §§ 1º a 4º, se houver necessidade de arrombamento. O executado incidirá nas penas de litigância de má-fé quando injustificadamente descumprir a ordem judicial, sem prejuízo de sua responsabilização por crime de desobediência.

No cumprimento de sentença que reconheça a exigibilidade de obrigação de fazer ou de não fazer, aplica-se o art. 525, no que couber. O disposto neste artigo aplica-se, no que couber, no cumprimento de sentença que reconheça deveres de fazer e de não fazer de natureza não obrigacional.

A multa independe de requerimento da parte e poderá ser aplicada na fase de conhecimento, em tutela provisória ou na sentença, ou na fase de execução, desde que seja suficiente e compatível com a obrigação e que se determine prazo razoável para cumprimento do preceito. O juiz poderá, de ofício ou a requerimento, modificar o valor ou a periodicidade da multa vincenda ou excluí-la, caso verifique que:

I – se tornou insuficiente ou excessiva;

II – o obrigado demonstrou cumprimento parcial superveniente da obrigação ou justa causa para o descumprimento.

O valor da multa será devido ao exequente e a decisão que fixa a multa é passível de cumprimento provisório, devendo ser depositada em juízo, permitido o levantamento do valor após o trânsito em julgado da sentença favorável à parte. A multa será devida desde o dia em que se configurar o descumprimento da decisão e incidirá enquanto não for cumprida a decisão que a tiver cominado, verificando que todas as disposições serão aplicadas, no que couber, ao cumprimento de sentença que reconheça deveres de fazer e de não fazer de natureza não obrigacional.

20.3.2.2. Estrutura resumida da peça

1. Endereçamento: por ser uma petição inicial, faz-se a mesma recomendação anteriormente realizada, ou seja, atentar sempre para o enunciado proposto pelo examinador com respeito à competência (se Vara Única, se Vara Distrital, Regional ou Específica – Família e Sucessões, Criança e Adolescente etc.), ou se já há identificação exata da cidade/comarca "Vara Cível da Comarca da Capital de São Paulo". Ainda, observar se vara cível da Justiça Federal ou Estadual, bem como se de competência originária dos Tribunais. Assim, utilizar: "EXCELENTÍSSIMO SENHOR DOUTOR JUIZ DE DIREITO DA ... VARA CÍVEL DA COMARCA DE ... ESTADO DE...".

2. Identificação das partes: NOME DO AUTOR, "nacionalidade...", "estado civil...", "profissão..." (se pessoa jurídica indicar se de direito privado, público interno ou público externo), portador do "RG n. ...", inscrito no "CPF/CNPJ sob o n. ...", "endereço eletrônico...", "domiciliado na rua..." (se for pessoa jurídica "com sede na rua..."), "número...", "bairro...", "Município...", "Estado de...", "CEP...".

NOME DO RÉU, "nacionalidade...", "estado civil...", "profissão..." (se pessoa jurídica indicar se de direito privado, público interno ou público externo), portador do "RG n. ...", inscrito no "CPF/CNPJ sob o n. ...", "endereço eletrônico...", "domiciliado na rua..." (se for pessoa jurídica "com sede na rua..."), "número...", "bairro...", "Município...", "Estado de...", "CEP...".

3. Nome da ação e sua fundamentação legal: "vem, respeitosamente, por intermédio de seu advogado infra-assinado, perante Vossa Excelência, propor (ou ajuizar) a presente AÇÃO DE OBRIGAÇÃO DE FAZER, (se for o caso, COM PEDIDO DE TUTELA ANTECIPADA), com fulcro nos arts. 247 e seguintes do CC e arts. 497, 536 e seguintes do CPC". Observar se é caso de cumulação de pedidos, ou se é hipótese de requerer a concessão de tutela antecipada.

4. Fatos: transcrição integral do texto apresentado pelo examinador no enunciado da peça prática, ressaltando a impossibilidade de criar dados inexistentes, para não identificar a peça profissional e ter a prova zerada pelo examinador.

5. Fundamentação: faça a correta ligação entre os fatos e os dispositivos legais aplicáveis, como artigos de lei, súmulas, precedentes, desenvolvendo raciocínio lógico e coerência jurídica, ressaltando que a mera indicação do artigo ou da lei não é suficiente para a pontuação, sendo necessário demonstrar a correta coligação entre fato e direito. Não esquecer que caso o examinador indique a existência de precedente fazer a adesão, se for o caso, ou a distinção. Ainda, sendo caso de pedido de tutela de urgência, utilizar o fundamento legal do art. 300 do CPC, demonstrando o *fumus boni iuris* (probabilidade do direito) e o *periculum in mora* (perigo de dano ou o risco ao resultado útil do processo).

6. Pedidos e requerimentos: "Diante de todo o exposto, requer-se a Vossa Excelência: a) seja o réu citado para, querendo, apresentar resposta no prazo legal em uma das modalidades permitidas na lei processual; b) seja concedida *initio litis* tutela antecipada para condenar em obrigação de fazer, consistente na (...), sob pena de multa diária, a ser prudentemente fixada por este MM. Juízo, nos termos dos arts. 497, 536 e seguintes do CPC; c) nos termos do art. 334, *caput* ou § 5º, do Código de Processo Civil, o autor deve se manifestar sobre o interesse (ou desinteresse, se for o caso) em autocomposição para a realização da audiência de conciliação ou de mediação; d) NO MÉRITO, seja, ao final, confirmada a tutela antecipada, sendo julgado procedente o pedido da presente ação; e) seja o réu condenado em custas e honorários advocatícios em percentuais arbitrados nos termos do art. 85, § 2º, do Código de Processo Civil; f) sejam deferidos todos os meios de prova admitidos em direito para comprovação dos fatos que se apresentarem controvertidos após apresentação da contestação pelo réu; g) juntada das guias judiciais devidamente quitadas; ou (se for o caso), a concessão dos benefícios da justiça gratuita, nos termos do art. 5º, LXXIV, da Constituição Federal e da Lei n. 1.060/50, por ser o autor pobre no sentido legal, não podendo arcar com o pagamento das custas sem prejuízo do próprio sustento.

O endereço do advogado do autor, onde deverá receber as intimações, é "Endereço...".

7. Valor da causa: Dá-se à causa o valor de R$ (...).

8. Fechamento da peça: Nestes Termos, Pede Deferimento. "Local..." e "Data...", OAB n. ..., "Assinatura...".

20.3.2.3. Modelo de ação de obrigação de fazer

EXCELENTÍSSIMO SENHOR DOUTOR JUIZ DE DIREITO DA... VARA CÍVEL DA COMARCA DE... ESTADO DE...

NOME DO AUTOR, "nacionalidade...", "estado civil...", "profissão..." (se pessoa jurídica indicar se de direito privado, público interno ou público externo), portador do "RG n. ...", inscrito no "CPF/CNPJ sob o n. ...", "endereço eletrônico...", "domiciliado na rua..." (se for pessoa jurídica "com sede na rua..."), vem, respeitosamente, por intermédio de seu advogado infra-assinado, perante Vossa Excelência, ajuizar a presente AÇÃO DE OBRIGAÇÃO DE FAZER, (se for o caso, COM PEDIDO DE TUTELA ANTECIPADA), com fulcro nos arts. 247 e seguintes do CC e arts. 497, 536 e seguintes do CPC, em face de NOME DO RÉU, "nacionalidade...", "estado civil...", "profissão..." (se pessoa jurídica indicar se de direito privado, público interno ou público externo), portador do "RG n. ...", inscrito no "CPF/CNPJ sob o n. ...", "endereço eletrônico...", "domiciliado na rua..." (se for pessoa jurídica "com sede na rua..."), pelos fundamentos de fato e de direito a seguir expostos:

I – DOS FATOS

"Resumo dos fatos fornecidos pelo enunciado da questão."

II – DOS FUNDAMENTOS DE DIREITO

"'Vide' pertinentes noções de Direito Civil destacadas, em especial os arts. 247 a 249 do Código Civil e arts. 497, 536 e 537 do Código de Processo Civil.

Observar se há precedente.

Caso o precedente seja favorável, fazer a adesão. Caso desfavorável, fazer a distinção 'distinguishing'."

III – DA TUTELA ANTECIPADA

"Fundamento legal: art. 300 do CPC. Comprovação do 'fumus boni iuris' (probabilidade do direito) e do 'periculum in mora' (perigo de dano ou risco ao resultado útil do processo)."

IV – DOS PEDIDOS

Diante de todo o exposto, requer-se a Vossa Excelência:

a) seja o réu citado para, querendo, apresentar resposta no prazo legal em uma das modalidades permitidas na lei processual;

b) seja concedida "inicio litis" tutela antecipada para condenar em obrigação de fazer, consistente na (...), sob pena de multa diária, a ser prudentemente fixada por este MM. Juízo, nos termos dos arts. 497, 536 e seguintes do CPC;

c) nos termos do art. 334, "caput" ou § 5º, do Código de Processo Civil, o autor deve se manifestar sobre o interesse (ou desinteresse, se for o caso) em autocomposição para a realização da audiência de conciliação ou de mediação;

d) NO MÉRITO, seja, ao final, confirmada a tutela antecipada, sendo julgado procedente o pedido da presente ação;

e) seja o réu condenado em custas e honorários advocatícios em percentuais arbitrados nos termos do art. 85, § 2º, do Código de Processo Civil;

f) sejam deferidos todos os meios de prova admitidos em direito para comprovação dos fatos que se apresentarem controvertidos após apresentação da contestação pelo réu.

O endereço do advogado do autor, onde deverá receber as intimações, é "Endereço...".

Dá-se à causa o valor de R$ (...).

Nestes termos,

Pede deferimento.

"Local..." e "Data..."

OAB n. ..., "Assinatura..."

20.3.3. Ação ordinária de obrigação de não fazer

20.3.3.1. Apresentação

Por seu turno, vejamos agora as principais regras a respeito das obrigações de não fazer, ou seja, nas obrigações em que incumbe ao devedor deixar de executar determinada conduta, ato ou comportamento em favor do credor.

Desta forma, segundo os **arts. 250 e 251 do CC**: extingue-se a obrigação de não fazer, desde que, sem culpa do devedor, se lhe torne impossível abster-se do ato, que se obrigou a não praticar. Praticado pelo devedor o ato, a cuja abstenção se obrigara, o credor pode exigir dele que o desfaça, sob pena de se desfazer à sua custa, ressarcindo o culpado perdas e danos. Em caso de urgência, poderá o credor desfazer ou mandar desfazer, independentemente de autorização judicial, sem prejuízo do ressarcimento devido.

Verifiquem, ainda, as regras de processo, previstas no **arts. 497, 536 e 537 do CPC**.

Na ação que tenha por objeto a prestação de fazer ou de não fazer, o juiz, se procedente o pedido, concederá a tutela específica ou determinará providências que assegurem a obtenção de tutela pelo resultado prático equivalente. Para a concessão da tutela específica destinada a inibir a prática, a reiteração ou a continuação de um ilícito, ou a sua remoção, é irrelevante a demonstração da ocorrência de dano ou da existência de culpa ou dolo.

No cumprimento de sentença que reconheça a exigibilidade de obrigação de fazer ou de não fazer, o juiz poderá, de ofício ou a requerimento, para a efetivação da tutela específica ou a obtenção de tutela pelo resultado prático equivalente, determinar as medidas necessárias à satisfação do exequente.

Para atender ao disposto no *caput*, o juiz poderá determinar, entre outras medidas, a imposição de multa, a busca e apreensão, a remoção de pessoas e coisas, o desfazimento de obras e o impedimento de atividade nociva, podendo, caso necessário, requisitar o auxílio de força policial.

O mandado de busca e apreensão de pessoas e coisas será cumprido por dois oficiais de justiça, observando-se o disposto no art. 846, §§ 1º a 4º, se houver necessidade de arrombamento. O executado incidirá nas penas de litigância de má-fé quando injustificadamente descumprir a ordem judicial, sem prejuízo de sua responsabilização por crime de desobediência.

No cumprimento de sentença que reconheça a exigibilidade de obrigação de fazer ou de não fazer, aplica-se o art. 525, no que couber. O disposto neste artigo aplica-se, no que couber, ao cumprimento de sentença que reconheça deveres de fazer e de não fazer de natureza não obrigacional.

A multa independe de requerimento da parte e poderá ser aplicada na fase de conhecimento, em tutela provisória ou na sentença, ou na fase de execução, desde que seja suficiente e compatível com a obrigação e que se determine prazo razoável para cumprimento do preceito. O juiz poderá, de ofício ou a requerimento, modificar o valor ou a periodicidade da multa vincenda ou excluí-la, caso verifique que:

I – se tornou insuficiente ou excessiva;

II –o obrigado demonstrou cumprimento parcial superveniente da obrigação ou justa causa para o descumprimento.

O valor da multa será devido ao exequente e a decisão que fixa a multa é passível de cumprimento provisório, devendo ser depositada em juízo, permitido o levantamento do valor após o trânsito em julgado da sentença favorável à parte. A multa será devida desde o dia em que se configurar o descumprimento da decisão e incidirá enquanto não for cumprida a decisão que a tiver cominado, verificando que todas as disposições serão aplicadas, no que couber, ao cumprimento de sentença que reconheça deveres de fazer e de não fazer de natureza não obrigacional.

20.3.3.2. Estrutura resumida da peça

1. Endereçamento: por ser uma petição inicial, faz-se a mesma recomendação anteriormente realizada, ou seja, atentar sempre para o enunciado proposto pelo examinador com respeito à competência (se Vara Única, se Vara Distrital, Regional ou Específica – Família e Sucessões, Criança e Adolescente etc.), ou se já há identificação exata da cidade/comarca "Vara Cível da Comarca da Capital de São Paulo". Ainda, observar se vara cível da Justiça Federal ou Estadual, bem como se de competência originária dos Tribunais. Assim, utilizar: "EXCELENTÍSSIMO SENHOR DOUTOR JUIZ DE DIREITO DA ... VARA CÍVEL DA COMARCA DE ... ESTADO DE...".

2. Identificação das partes: NOME DO AUTOR, "nacionalidade...", "estado civil...", "profissão..." (se pessoa jurídica indicar se de direito privado, público interno ou público externo), portador do "RG n. ...", inscrito no "CPF/CNPJ sob o n. ...", "endereço eletrônico...", "domiciliado na rua..." (se for pessoa jurídica "com sede na rua..."), "número...", "bairro...", "Município...", "Estado de...", "CEP...".

NOME DO RÉU, "nacionalidade...", "estado civil...", "profissão..." (se pessoa jurídica indicar se de direito privado, público interno ou público externo), portador do "RG n. ...", inscrito no "CPF/CNPJ sob o n. ...", "endereço eletrônico...", "domiciliado na rua..." (se for pessoa jurídica "com sede na rua..."), "número...", "bairro...", "Município...", "Estado de...", "CEP...".

3. Nome da ação e sua fundamentação legal: "vem, respeitosamente, por intermédio de seu advogado infra-assinado, perante Vossa Excelência, propor (ou ajuizar) a presente AÇÃO DE OBRIGAÇÃO DE NÃO FAZER (se for o caso, COM PEDIDO DE TUTELA ANTECIPADA), com fulcro nos arts. 250 e 251 do CC e arts. 497, 536 a 538 do CPC". Observar se é caso de cumulação de pedidos, ou se é hipótese de requerer a concessão de tutela antecipada.

4. Fatos: transcrição integral do texto apresentado pelo examinador no enunciado da peça prática, ressaltando a impossibilidade de criar dados inexistentes, para não identificar a peça profissional e ter a prova zerada pelo examinador.

5. Fundamentação: faça a correta ligação entre os fatos e os dispositivos legais aplicáveis, como artigos de lei, súmulas, precedentes, desenvolvendo raciocínio lógico e coerência jurídica, ressaltando que a mera indicação do artigo ou da lei não é suficiente para a pontuação, sendo necessário demonstrar a correta coligação entre fato e direito. Não esquecer que caso o examinador indique a existência de precedente fazer a adesão, se for o caso, ou a distinção. Ainda, sendo caso de pedido de tutela de urgência, utilizar o fundamento legal do art. 300 do CPC, demonstrando o *fumus boni iuris* (probabilidade do direito) e o *periculum in mora* (perigo de dano ou o risco ao resultado útil do processo).

6. Pedidos e requerimentos: "Diante de todo o exposto, requer-se a Vossa Excelência: a) seja o réu citado para, querendo, apresentar resposta no prazo legal em uma das modalidades permitidas na lei processual; b) seja concedida *initio litis* tutela antecipada para condenar o réu a se abster de (fazer o pedido da obrigação de não fazer), sob pena de multa diária, a ser prudentemente fixada por este MM. Juízo, nos termos dos arts. 497, 536 e seguintes do CPC; c) nos termos do art. 334, *caput* ou § 5º, do Código de Processo Civil, o autor deve se manifestar sobre o interesse (ou desinteresse, se for o caso) em autocomposição para a realização da audiência de conciliação ou de mediação; d) NO MÉRITO, seja, ao final, confirmada a tutela antecipada, sendo julgado procedente o pedido da presente ação; e) seja o réu condenado em custas e honorários advocatícios em percentuais arbitrados nos termos do art. 85, § 2º, do Código de Processo Civil; f) sejam deferidos todos os meios de prova admitidos em direito para comprovação dos fatos que se apresentarem controvertidos após apresentação da contestação pelo réu; g) juntada das guias judiciais devidamente quitadas; ou (se for o caso), a concessão dos benefícios da justiça gratuita, nos termos do art. 5º, LXXIV, da Constituição

Federal e da Lei n. 1.060/50, por ser o autor pobre no sentido legal, não podendo arcar com o pagamento das custas sem prejuízo do próprio sustento.

O endereço do advogado do autor, onde deverá receber as intimações, é "Endereço...".

7. Valor da causa: Dá-se à causa o valor de R$ (...).

8. Fechamento da peça: Nestes Termos, Pede Deferimento. "Local..." e "Data..." OAB n. ..., "Assinatura...".

20.3.3.3. Modelo de ação de obrigação de não fazer

EXCELENTÍSSIMO SENHOR DOUTOR JUIZ DE DIREITO DA... VARA CÍVEL DA COMARCA DE... ESTADO DE...

NOME DO AUTOR, "nacionalidade...", "estado civil...", "profissão..." (se pessoa jurídica indicar se de direito privado, público interno ou público externo), portador do "RG n. ...", inscrito no "CPF/CNPJ sob o n. ...", "endereço eletrônico...", "domiciliado na rua..." (se for pessoa jurídica "com sede na rua..."), "número...", "bairro...", "Município...", "Estado de...", "CEP...", vem, respeitosamente, por intermédio de seu advogado infra-assinado, perante Vossa Excelência, ajuizar a presente AÇÃO DE OBRIGAÇÃO DE NÃO FAZER (se for o caso, COM PEDIDO DE TUTELA ANTECIPADA), com fulcro nos arts. 250 e 251 do CC e arts. 497, 536 e 537 do CPC, em face de NOME DO RÉU, "nacionalidade...", "estado civil...", "profissão..." (se pessoa jurídica indicar se de direito privado, público interno ou público externo), portador do "RG n. ...", inscrito no "CPF/CNPJ sob o n. ...", "endereço eletrônico...", "domiciliado na rua..." (se for pessoa jurídica "com sede na rua..."), "número...", "bairro...", "Município...", "Estado de...", "CEP.", pelos fundamentos de fato e de direito a seguir expostos;

I – DOS FATOS

"Resumo dos fatos fornecidos pelo enunciado da questão."

II – DOS FUNDAMENTOS DE DIREITO

"'Vide' pertinentes noções de Direito Civil destacadas, em especial destacando os arts. 250 e 251 do CC e arts. 497, 536 a 538 do CPC.

Observar se há precedente.

Caso o precedente seja favorável, fazer a adesão. Caso desfavorável, fazer a distinção – 'distinguishing'."

III – DA TUTELA ANTECIPADA

"Fundamento legal: art. 300 do CPC. Comprovação do 'fumus boni iuris' (probabilidade do direito) e do 'periculum in mora' (perigo de dano ou risco ao resultado útil do processo)."

IV – DOS PEDIDOS

Diante de todo o exposto, requer-se a Vossa Excelência;

a) seja o réu citado para, querendo, apresentar resposta no prazo legal em uma das modalidades permitidas na lei processual;

b) seja concedida initio litis tutela antecipada para condenar o réu em obrigação de não fazer consubstanciada na determinação que se abstenha de (fazer o pedido da obrigação de não fazer), fixando a tutela específica para o cumprimento da obrigação, nos termos dos arts. 497, 536 e 537 do CPC;

c) nos termos do art. 334, "caput" ou § 5º, do Código de Processo Civil, o autor deve se manifestar sobre o interesse (ou o desinteresse, se for o caso) em autocomposição para a realização da audiência de conciliação ou de mediação;

d) NO MÉRITO, seja, ao final, confirmada a tutela antecipada, sendo julgado procedente o pedido da presente ação;

e) seja o réu condenado em custas e honorários advocatícios em percentuais arbitrados nos termos do art. 85, § 2º, do Código de Processo Civil;

f) sejam deferidos todos os meios de prova admitidos em direito para comprovação dos fatos que se apresentarem controvertidos após apresentação da contestação pelo réu;

g) juntada das guias judiciais devidamente quitadas; ou (se for o caso), a concessão dos benefícios da justiça gratuita, nos termos do art. 5º, LXXIV, da Constituição Federal e da Lei n. 1.060/50, por ser o autor pobre no sentido legal, não podendo arcar com o pagamento das custas sem prejuízo do próprio sustento;

h) todas as intimações sejam realizadas em nome, endereço eletrônico e profissional do advogado do autor.

Dá-se à causa o valor de R$ (...).

Nestes termos,
Pede deferimento.
"Local..." e "Data..."
OAB n. ..., "Assinatura..."

20.3.4. Ação de consignação em pagamento

Com efeito, consignação em pagamento é considerado pelo Código de Processo Civil como típico procedimento especial de jurisdição contenciosa.

Considera-se como pagamento na modalidade indireta, extinguindo-se a obrigação, com o depósito judicial ou em estabelecimento bancário da coisa devida, nos casos e forma legais, assim como preceitua o art. 334 do CC/2002.

Sabe-se que a consignação é forma especial de pagamento que tem por objetivo desonerar o devedor de uma obrigação, quando este encontrar óbices que o impeçam de adimplir com o que assumiu. Desta forma, o devedor não possui somente a obrigação de pagar, mas o direito, e quando encontrar obstáculos que o impeçam de praticar o ato de adimplemento obrigacional, poderá consignar o pagamento.

Importante lembrar que não somente o devedor terá legitimidade para consignar o pagamento, mas também terceiros interessados ou não, conforme previsto no art. 304 e parágrafo único do Código Civil. O legitimado passivo será o credor.

As hipóteses de cabimento estão previstas no art. 335 do Código Civil:

Art. 335. A consignação tem lugar:
I – se o credor não puder, ou, sem justa causa, recusar receber o pagamento, ou dar quitação na devida forma;
II – se o credor não for, nem mandar receber a coisa no lugar, tempo e condição devidos;
III – se o credor for incapaz de receber, for desconhecido, declarado ausente, ou residir em lugar incerto ou de acesso perigoso ou difícil;
IV – se ocorrer dúvida sobre quem deva legitimamente receber o objeto do pagamento;
V – se pender litígio sobre o objeto do pagamento.

Atente-se que, pelo Código de Processo Civil de 2015, existem duas espécies de consignação em pagamento: **a judicial e a extrajudicial**.

Importante verificar que, na consignação extrajudicial, somente será admitido desde que seja consignado em dinheiro.

Assim, o devedor comparecerá em estabelecimento bancário, efetuando o depósito do valor em conta corrente com atualização monetária. O credor será cientificado por carta com aviso de recebimento para que, no prazo de 10 (dez) dias contados do retorno do AR, manifeste a recusa por escrito. Caso não haja manifestação, considerar-se-á o devedor liberado da obrigação, ficando à disposição do credor a quantia depositada.

Caso a recusa seja apresentada por escrito ao estabelecimento bancário, caberá ao devedor propor a ação de consignação, instruindo a petição inicial com a prova do depósito e da recusa, no prazo de 1 (um) mês. Não proposta a ação, ficará sem efeito o depósito, podendo levantá-lo o depositante.

Por outro lado, a consignação judicial será utilizada para bens móveis, imóveis e dinheiro, devendo ser proposta no lugar do pagamento ou, caso exista previsão contratual, no foro de eleição (art. 540 do CPC), cessando para o devedor, à data do depósito, os juros e os riscos, salvo se a demanda for julgada improcedente.

Na petição inicial o Autor deverá observar, além dos requisitos dos arts. 319 e 320 do CPC, também aqueles determinados pelo art. 542 do CPC. Desta forma, temos:

Requisitos da inicial:
1) Requisitos dos arts. 319 e 320 do CPC.
2) o depósito da quantia ou da coisa devida, a ser efetivado no prazo de 5 (cinco) dias contados do deferimento, ou comprovar que o depósito já foi efetuado extrajudicialmente. Não efetuando o depósito, o processo será extinto sem resolução do mérito.
3) a citação do réu para levantar o depósito ou oferecer contestação.

Na sequência, o Réu terá o prazo de 15 (quinze) dias para contestar. Apesar da lei não impor um prazo específico, aplica-se a regra geral na ação de consignação em pagamento. Na contestação, poderá o Réu alegar:

– não houve recusa ou mora em receber a quantia ou a coisa devida;
– foi justa a recusa;
– o depósito não se efetuou no prazo ou no lugar do pagamento;
– o depósito não é integral, indicando o montante que entende ser devido, sob pena desta tese não ser admitida.

Alegando a insuficiência do depósito, poderá o autor completar em 10 (dez) dias, exceto se corresponder a prestação cujo inadimplemento acarrete a rescisão do contrato.

Neste caso, o valor parcialmente depositado pelo Autor será considerado incontroverso, podendo desde já ser liberado em favor do Réu, e o devedor liberado parcialmente da obrigação, prosseguindo-se o processo em relação ao saldo remanescente controvertido. Assim, a sentença que concluir pela insuficiência do depósito determinará, sempre que possível, o montante devido e valerá como título executivo, facultado ao credor promover-lhe o cumprimento nos mesmos autos, após liquidação, se necessária.

Caso o credor, após ser citado, receba o bem objeto da ação de consignação, o pedido será julgado procedente, o juiz declarará extinta a obrigação, com a condenação do Réu ao pagamento de custas e honorários advocatícios.

Na hipótese de a obrigação tratar-se de prestações sucessivas, com a consignação da primeira, as demais poderão ser depositadas no mesmo processo, no prazo de até 5 (cinco) dias contados da data do respectivo vencimento.

Tratando-se de prestação de coisa indeterminada e couber ao credor a escolha, este será citado para exercer o direito dentro de 5 (cinco) dias, se outro prazo não constar de lei ou do contrato, ou para aceitar que o devedor a faça, devendo o juiz, ao despachar a petição inicial, fixar lugar, dia e hora em que se fará a entrega, sob pena de depósito.

Quando a consignação tiver por objeto a dúvida de quem deva legitimamente receber o pagamento, o Autor requererá a citação dos possíveis titulares do crédito para que provem o respectivo direito. Não comparecendo nenhum pretendente, o depósito será convertido em arrecadação de coisa vaga. Já, se apenas um comparecer, o juiz decidirá de plano ou, comparecendo mais de um, o juiz declarará efetuado o depósito e extinta a obrigação, continuando o processo a correr unicamente entre os presuntivos credores, observando o rito comum, nos termos do art. 548 do CPC.

20.3.4.1. Identificação da peça

As principais dicas para que se possa identificar se efetivamente trata de petição inicial em Ação de Consignação em Pagamento será a apresentação pelo examinador da existência de uma relação jurídica entre as partes, bem como do débito por parte do Autor. Na sequência, atente-se que o enunciado demonstrará os requisitos para a consignação, ou seja, informará que o credor não pôde, ou, sem justa causa, se recusa a receber o pagamento, ou a dar quitação na devida forma; ainda, que o credor não foi, nem mandou receber a coisa no lugar, tempo e condição devidos; bem como, que o credor é incapaz de receber, é desconhecido, declarado ausente, ou reside em lugar incerto ou de acesso perigoso ou difícil.

20.3.4.1.1. Estrutura resumida da peça

1. Endereçamento: por ser uma petição inicial, faz-se a mesma recomendação anteriormente realizada, ou seja, atentar sempre para o enunciado proposto pelo examinador com respeito à competência (se Vara Única, se Vara Distrital, Regional ou Específica – Família e Sucessões, Criança e Adolescente etc.), ou se já há identificação exata da cidade/comarca "Vara Cível da Comarca da Capital de São Paulo". Ainda, observar se vara cível da Justiça Federal ou Estadual, bem como se de competência originária dos Tribunais. Assim, utilizar: "EXCELENTÍSSIMO SENHOR DOUTOR JUIZ DE DIREITO DA ... VARA CÍVEL DA COMARCA DE ... ESTADO DE...".

2. Identificação das partes: NOME DO AUTOR, "nacionalidade...", "estado civil...", "profissão..." (se pessoa jurídica indicar se de direito privado, público interno ou público externo), portador do "RG n. ...", inscrito no "CPF/CNPJ sob o n. ...", "endereço eletrônico...", "domiciliado na rua..." (se for pessoa jurídica "com sede na rua..."), "número...", "bairro...", "Município...", "Estado de...", "CEP...".

NOME DO RÉU, "nacionalidade...", "estado civil...", "profissão..." (se pessoa jurídica indicar se de direito privado, público interno ou público externo), portador do "RG n. ...", inscrito no "CPF/CNPJ sob o n. ...", "endereço eletrônico...", "domiciliado na rua..." (se for pessoa jurídica "com sede na rua..."), "número...", "bairro...", "Município...", "Estado de...", "CEP...".

3. Nome da ação e sua fundamentação legal: "vem, respeitosamente, por intermédio de seu advogado infra-assinado, perante Vossa Excelência, propor (ou ajuizar) a presente AÇÃO DE CONSIGNAÇÃO EM PAGAMENTO, (se for o caso, COM PEDIDO DE TUTELA ANTECIPADA), com fulcro nos arts. 335 e seguintes do CC e arts. 539 e seguintes do CPC. Observar se é caso de cumulação de pedidos, ou se é hipótese de requerer a concessão de tutela antecipada.

4. Fatos: transcrição integral do texto apresentado pelo examinador no enunciado da peça prática, ressaltando a impossibilidade de criar dados inexistentes, para não identificar a peça profissional e ter a prova zerada pelo examinador.

5. Fundamentação: faça a correta ligação entre os fatos e os dispositivos legais aplicáveis, como artigos de lei, súmulas, precedentes, desenvolvendo raciocínio lógico e coerência jurídica, ressaltando que a mera indicação do artigo ou da lei não é suficiente para a pontuação, sendo necessário demonstrar a correta coligação entre fato e direito. Não esquecer que caso o examinador indique a existência de precedente fazer a adesão, se for o caso, ou a distinção. Ainda, sendo caso de pedido de tutela de urgência, utilizar o fundamento legal do art. 300 do CPC, demonstrando o *fumus boni iuris* (probabilidade do direito) e o *periculum in mora* (perigo de dano ou o risco ao resultado útil do processo).

6. Pedidos e requerimentos: "Diante de todo o exposto, requer-se a Vossa Excelência: a) O julgamento de procedência do pedido para declarar extinta a obrigação, art. 546 do CPC; b) Condenação ao pagamento de custas e honorários advocatícios, arts. 82, § 2º, e 85 do CPC; c) Citação do Réu para aceitar a coisa depositada ou apresentar contestação no prazo de 15 (quinze) dias, art. 542, II, do CPC; d) A juntada da guia de custas devidamente recolhida ou pedido de gratuidade da justiça; e) A tramitação prioritária dos autos por se tratar de pessoa idosa, conforme determina o art. 1.071 do CPC (se o caso); f) A produção de todos os meios de prova em direito admitidos, especialmente, testemunhal e pericial; g) Informa o interesse ou desinteresse na audiência de conciliação.

O endereço do advogado do autor, onde deverá receber as intimações, é "Endereço...".

7. Valor da causa: Dá-se à causa o valor de R$ (...).

8. Fechamento da peça: Nestes Termos, Pede Deferimento. "Local..." e "Data...", OAB n. ..., "Assinatura...".

20.3.4.1.2. Modelo de ação de consignação em pagamento

EXCELENTÍSSIMO SENHOR DOUTOR JUIZ DE DIREITO DA... VARA CÍVEL DA COMARCA DE... ESTADO DE...

NOME DO AUTOR, "nacionalidade...", "estado civil...", "profissão..." (se pessoa jurídica indicar se de direito privado, público interno ou público externo), portador do "RG n. ...", inscrito no "CPF/CNPJ sob o n. ...", "endereço eletrônico...", "domiciliado na rua..." (se for pessoa jurídica "com sede na rua..."), "número...", "bairro...", "Município...", "Estado de...", "CEP...", vem, respeitosamente, por intermédio de seu advogado infra-assinado, perante Vossa Excelência, ajuizar a presente AÇÃO DE CONSIGNAÇÃO EM PAGAMENTO, com fulcro nos arts. 335 e seguintes do CC e arts. 539 e seguintes do CPC, em face de NOME DO RÉU, "nacionalidade...", "estado civil...", "profissão..." (se pessoa jurídica indicar se de direito privado, público interno ou público externo), portador do "RG n. ...", inscrito no "CPF/CNPJ sob o n. ...", "endereço eletrônico...", "domiciliado na rua..." (se for pessoa jurídica "com sede na rua..."), "número...", "bairro...", "Município...", "Estado de...", "CEP...", pelos fundamentos de fato e de direito a seguir expostos:

I – DOS FATOS
"Resumo dos fatos fornecidos pelo enunciado da questão."

II – DOS FUNDAMENTOS DE DIREITO
"'Vide' pertinentes noções de Direito Civil destacadas, em especial dos arts. 355 e seguintes do CC e arts. 539 e seguintes do CPC.
Observar se há precedente.
Caso o precedente seja favorável, fazer a adesão. Caso desfavorável, fazer a distinção 'distinguishing'."

III – DA TUTELA ANTECIPADA
"Fundamento legal: art. 300 do CPC. Comprovação do 'fumus boni iuris' (probabilidade do direito) e do 'periculum in mora' (perigo de dano ou risco ao resultado útil do processo)."

IV – DOS PEDIDOS
Diante de todo o exposto, requer-se a Vossa Excelência:

a) O julgamento de procedência do pedido para declarar extinta a obrigação, art. 546 do CPC;
b) Condenação ao pagamento de custas e honorários advocatícios, arts. 82, § 2º, e 85 do CPC;
c) Citação do Réu para aceitar a coisa depositada ou apresentar contestação no prazo de 15 (quinze) dias, art. 542, II, do CPC;
d) A juntada da guia de custas devidamente recolhida ou pedido de gratuidade da justiça;

e) A tramitação prioritária dos autos por se tratar de pessoa idosa, conforme determina o art. 1.071 do CPC (se o caso);
f) A produção de todos os meios de prova em direito admitidos, especialmente, testemunhal e pericial;
g) Informa o interesse ou desinteresse na audiência de conciliação.
h) todas as intimações sejam realizadas em nome, endereço eletrônico e profissional do advogado do autor.
Dá-se à causa o valor de R$ (...).

Nestes termos,
Pede deferimento.
"Local..." e "Data..."
OAB n. ..., "Assinatura..."

20.4. Principais peças processuais do direito contratual

20.4.1. Ação redibitória e ação *quanti minoris* ou estimatória

Com efeito, as ações redibitórias e as ações estimatórias ou *quanti minoris* consistem naquelas ações relativas à necessidade de reparação de danos em razão da existência de eventuais vícios redibitórios existentes na coisa objeto de contrato, de forma que poderá o prejudicar buscar o abatimento do preço, de forma proporcional à diminuição do valor da coisa ou visando à própria rescisão do contrato, restituindo as partes ao status quo ante à contratação.

Por vícios redibitórios entenda-se, conforme o art. 441 do CC: "A coisa recebida em virtude de contrato comutativo pode ser enjeitada por vícios ou defeitos ocultos, que a tornem imprópria ao uso a que é destinada ou lhe diminuam o valor".

Assim, o que guiará a escolha da ação a ser proposta pelo prejudicado é justamente a impropriedade da coisa definida para o uso a que destinada ou com valor diminuído, sendo opção do adquirente a utilização da ação redibitória para o desfazimento do negócio, ou da ação *quanti minoris* ou estimatória para abatimento do preço (art. 442 do CC).

Todavia, uma vez decidida e proposta a ação, o autor não pode mais variar o pedido, porque nosso ordenamento processual não permite, a menos que haja o consentimento do réu, considerando que a prova do vício é de responsabilidade do adquirente, seguindo-se a regra geral do ônus probatório do autor.

Vejamos as principais regras previstas nos **arts. 441 a 443 do CC**: se o alienante conhecia o vício ou defeito da coisa, restituirá o que recebeu com perdas e danos; se o não conhecia, tão somente restituirá o valor recebido, mais as despesas do contrato.

A responsabilidade do alienante subsiste ainda que a coisa pereça em poder do alienatário, se perecer por vício oculto, já existente ao tempo da tradição.

O adquirente decai do direito de obter a redibição ou abatimento no preço no prazo de **30 dias se a coisa for móvel**, e de **um ano se for imóvel**, contado da entrega efetiva; se já estava na posse, o **prazo conta-se da alienação, reduzido à metade**.

Quando o vício, por sua natureza, só puder ser conhecido mais tarde, o prazo contar-se-á do momento em que dele tiver ciência, até o prazo máximo de 180 dias, em se tratando de bens móveis; e de um ano, para os imóveis.

Tratando-se de venda de animais, os prazos de garantia por vícios ocultos serão os estabelecidos em lei especial, ou, na falta desta, pelos usos locais, aplicando-se o disposto no parágrafo antecedente se não houver regras disciplinando a matéria.

Por fim, não correrão os prazos do artigo antecedente na constância de cláusula de garantia; mas o adquirente deve denunciar o defeito ao alienante nos 30 dias seguintes ao seu descobrimento, sob pena de decadência.

20.4.2. Estrutura resumida da peça

1. Endereçamento: por ser uma petição inicial, faz-se a mesma recomendação anteriormente realizada, ou seja, atentar sempre para o enunciado proposto pelo examinador com respeito à competência (se Vara Única, se Vara Distrital, Regional ou Específica – Família e Sucessões, Criança e Adolescente etc.), ou se já há identificação exata da cidade/comarca "Vara Cível da Comarca da Capital de São Paulo". Ainda, observar se vara cível da Justiça Federal ou Estadual, bem como se de competência originária dos Tribunais. Assim, utilizar: "EXCELENTÍSSIMO SENHOR DOUTOR JUIZ DE DIREITO DA ... VARA CÍVEL DA COMARCA DE ... ESTADO DE...".

2. Identificação das partes: NOME DO AUTOR, "nacionalidade...", "estado civil...", "profissão..." (se pessoa jurídica indicar se de direito privado, público interno ou público externo), portador do "RG n. ...", inscrito no "CPF/CNPJ sob o n. ...", "endereço eletrônico...", "domiciliado na rua..." (se for pessoa jurídica "com sede na rua..."), "número...", "bairro...", "Município...", "Estado de...", "CEP...".

NOME DO RÉU, "nacionalidade...", "estado civil...", "profissão..." (se pessoa jurídica indicar se de direito privado, público interno ou público externo), portador do "RG n. ...", inscrito no "CPF/CNPJ sob o n. ...", "endereço eletrônico...", "domiciliado na rua..." (se for pessoa jurídica "com sede na rua..."), "número...", "bairro...", "Município...", "Estado de...", "CEP...".

3. Nome da ação e sua fundamentação legal: "vem, respeitosamente, por intermédio de seu advogado infra-assinado, perante Vossa Excelência, propor (ou ajuizar) a presente AÇÃO REDIBITÓRIA ou AÇÃO ESTIMATÓRIA OU *QUANTI MINORIS* (se for o caso, COM PEDIDO DE TUTELA ANTECIPADA), com fulcro nos arts. 319 e 320 do Código de Processo Civil e arts. 441 a 446 do CC". Observar se é caso de cumulação de pedidos, ou se é hipótese de requerer a concessão de tutela antecipada.

4. Fatos: transcrição integral do texto apresentado pelo examinador no enunciado da peça prática, ressaltando a impossibilidade de criar dados inexistentes, para não identificar a peça profissional e ter a prova zerada pelo examinador.

5. Fundamentação: faça a correta ligação entre os fatos e os dispositivos legais aplicáveis, como artigos de lei, súmulas, precedentes, desenvolvendo raciocínio lógico e coerência jurídica, ressaltando que a mera indicação do artigo ou da lei não é suficiente para a pontuação, sendo necessário demonstrar a correta coligação entre fato e direito. Não esquecer que caso o examinador indique a existência de precedente fazer a adesão, se for o caso, ou a distinção. Ainda, sendo caso de pedido de tutela de urgência, utilizar o fundamento legal do art. 300 do CPC, demonstrando o *fumus boni iuris* (probabilidade do direito) e o *periculum in mora* (perigo de dano ou o risco ao resultado útil do processo).

6. Pedidos e requerimentos: "Diante de todo o exposto, requer-se a Vossa Excelência: a) seja o réu citado para, querendo, apresentar resposta no prazo legal em uma das modalidades permitidas na lei processual; b) seja julgado procedente o pedido da presente ação, sendo desconstituída uma situação jurídica de validade contratual a partir da redibição do "contrato..." objeto do presente processo (*se ação estimatória usar: Seja julgado procedente o pedido da presente ação, sendo condenado o réu à repetição do "valor..." em razão do abatimento do preço do "bem..." por ele vendido ao autor da presente demanda decorrente de vício redibitório*), conforme os arts. 441 a 446 do CC; c) nos termos do art. 334, *caput* ou § 5º, do Código de Processo Civil, o autor deve se manifestar sobre o interesse (ou desinteresse, conforme o caso) em autocomposição para a realização da audiência de conciliação ou de mediação; d) seja o réu condenado em custas e honorários advocatícios em percentuais arbitrados nos termos do art. 85, § 2º, do Código de Processo Civil; e) sejam deferidos todos os meios de prova admitidos em direito para comprovação dos fatos que se apresentarem controvertidos após apresentação da contestação pelo réu; f) juntada das guias judiciais devidamente quitadas; ou (se for o caso), a concessão dos benefícios da justiça gratuita, nos termos do art. 5º, LXXIV, da Constituição Federal e da Lei n. 1.060/50, por ser o autor pobre no sentido legal, não podendo arcar com o pagamento das custas sem prejuízo do próprio sustento.

O endereço do advogado do autor, onde deverá receber as intimações, é "Endereço...".

7. Valor da causa: Dá-se à causa o valor de R$ (...).

8. Fechamento da peça: Nestes Termos, Pede Deferimento. "Local..." e "Data...", OAB n. ..., "Assinatura...".

20.4.3. Modelo de ação redibitória

EXCELENTÍSSIMO SENHOR DOUTOR JUIZ DE DIREITO DA... VARA CÍVEL DA COMARCA DE... ESTADO DE...

NOME DO AUTOR, "nacionalidade...", "estado civil...", "profissão..." (se pessoa jurídica indicar se de direito privado, público interno ou público externo), portador do "RG n. ...", inscrito no "CPF/CNPJ sob o n. ...", "endereço eletrônico...", "domiciliado na rua..." (se for pessoa jurídica "com sede na rua..."), "número...", "bairro...", "Município...", "Estado de...", "CEP...", vem, respeitosamente, por intermédio de seu advogado infra--assinado, perante Vossa Excelência, propor (ou ajuizar) a presente AÇÃO REDIBITÓRIA, com fulcro nos arts. 319 e 320 do Código de Processo Civil e arts. 441 a 446 do CC, em face de NOME DO RÉU, "nacionalidade...", "estado civil...", "profissão..." (se pessoa jurídica indicar se de direito privado, público interno ou público externo), portador do "RG n. ...", inscrito no "CPF/CNPJ sob o n. ...", "endereço eletrônico...", "domiciliado na rua..." (se for pessoa jurídica "com sede na rua..."), "número...", "bairro...", "Município...", "Estado de...", "CEP...", pelos fundamentos de fato e de direito a seguir expostos:

I – DOS FATOS
"Resumo dos fatos fornecidos pelo enunciado da questão."

II – DOS FUNDAMENTOS DE DIREITO
"'Vide' pertinentes noções de Direito Civil destacadas, principalmente nos arts. 441 a 446 do CC.
Observar se há precedente.
Caso o precedente seja favorável, fazer a adesão. Caso desfavorável, fazer a distinção 'distinguishing'."

III – DOS PEDIDOS
Diante de todo o exposto, requer-se a Vossa Excelência:

a) seja o réu citado para, querendo, apresentar resposta no prazo legal em uma das modalidades permitidas na lei processual;
b) seja julgado procedente o pedido da presente ação, sendo desconstituída uma situação jurídica de validade contratual a partir da redibição do "contrato..." objeto do presente processo, conforme os arts. 441 a 446 do CC;
c) nos termos do art. 334, "caput" ou § 5º, do Código de Processo Civil, o autor deve se manifestar sobre o interesse (ou desinteresse, se for o caso) em autocomposição para a realização da audiência de conciliação ou de mediação;
d) seja o réu condenado em custas e honorários advocatícios em percentuais arbitrados nos termos do art. 85, § 2º, do Código de Processo Civil;
e) sejam deferidos todos os meios de prova admitidos em direito para comprovação dos fatos que se apresentarem controvertidos após apresentação da contestação pelo réu;
f) juntada das guias judiciais devidamente quitadas; ou (se for o caso), a concessão dos benefícios da justiça gratuita, nos termos do art. 5º, LXXIV, da Constituição Federal e da Lei n. 1.060/50, por ser o autor pobre no sentido legal, não podendo arcar com o pagamento das custas sem prejuízo do próprio sustento;
g) todas as intimações sejam realizadas em nome, endereço eletrônico e profissional do advogado do autor.
O endereço do advogado do autor, onde deverá receber as intimações, é "Endereço...".
Dá-se à causa o valor de R$ (...).

Nestes termos,
Pede deferimento.
"Local..." e "Data..."
OAB n. ..., "Assinatura..."

20.4.4. Modelo de ação *quanti minoris* ou estimatória

EXCELENTÍSSIMO SENHOR DOUTOR JUIZ DE DIREITO DA... VARA CÍVEL DA COMARCA DE... ESTADO DE...

NOME DO AUTOR, "nacionalidade...", "estado civil...", "profissão..." (se pessoa jurídica indicar se de direito privado, público interno ou público externo), portador do "RG n. ...", inscrito no "CPF/CNPJ sob o n. ...", "endereço eletrônico...", "domiciliado na rua..." (se for pessoa jurídica "com sede na rua..."), "número...", "bairro...", "Município...", "Estado de...", "CEP...", vem, respeitosamente, por intermédio de seu advogado infra-assinado, perante Vossa Excelência, propor (ou ajuizar) a presente AÇÃO ESTIMATÓRIA OU "QUANTI MINORIS", com fulcro nos arts. 319 e 320 do Código de Processo Civil e arts. 441 a 446 do CC, em face de NOME DO RÉU, "nacionalidade...", "estado civil...", "profissão..." (se pessoa jurídica indicar se de direito privado, público interno ou público externo), portador do "RG n. ...", inscrito no "CPF/CNPJ sob o n. ...", "endereço eletrônico...", "domiciliado na rua..." (se for pessoa jurídica "com sede na rua..."), "número...", "bairro...", "Município...", "Estado de...", "CEP...", pelos fundamentos de fato e de direito a seguir expostos:

I – DOS FATOS
"Resumo dos fatos fornecidos pelo enunciado da questão."

II – DOS FUNDAMENTOS DE DIREITO
"'Vide' pertinentes noções de Direito Civil destacadas, em especial dos arts. 441 a 446, do CC.
Observar se há precedente.
Caso o precedente seja favorável, fazer a adesão. Caso desfavorável, fazer a distinção 'distinguishing'."

III – DOS PEDIDOS
Diante de todo o exposto, requer-se a Vossa Excelência:

a) seja o réu citado para, querendo, apresentar resposta no prazo legal em uma das modalidades permitidas na lei processual;
b) seja julgado procedente o pedido da presente ação, sendo condenado o réu à repetição do "valor..." em razão do abatimento do preço do "bem..." por ele vendido ao autor da presente demanda decorrente de vício redibitório;
c) nos termos do art. 334, "caput" ou § 5º, do Código de Processo Civil, o autor deve se manifestar sobre o interesse (ou desinteresse, se o caso) em autocomposição para a realização da audiência de conciliação ou de mediação;
d) seja o réu condenado em custas e honorários advocatícios em percentuais arbitrados nos termos do art. 85, § 2º, do Código de Processo Civil;
e) sejam deferidos todos os meios de prova admitidos em direito para comprovação dos fatos que se apresentarem controvertidos após apresentação da contestação pelo réu;

f) juntada das guias judiciais devidamente quitadas; ou (se for o caso), a concessão dos benefícios da justiça gratuita, nos termos do art. 5º, LXXIV, da Constituição Federal e da Lei n. 1.060/50, por ser o autor pobre no sentido legal, não podendo arcar com o pagamento das custas sem prejuízo do próprio sustento;

g) todas as intimações sejam realizadas em nome, endereço eletrônico e profissional do advogado do autor.

Dá-se à causa o valor de R$ (...).

Nestes termos,
Pede deferimento.
"Local..." e "Data..."
OAB n. ..., "Assinatura..."

20.4.5. Ação de evicção

20.4.5.1. Apresentação

Com efeito, considera-se evicção a perda total ou parcial de um bem adquirido em favor de um terceiro, que tem direito anterior, em virtude de decisão judicial, relacionada a causas de um contrato. Referida evicção, ressalta-se, poderá ser total ou parcial. A evicção total se dá pela perda total da coisa; a evicção parcial se dá pela perda de parte da coisa.

Ainda, para ocorrer uma evicção, existem alguns requisitos a ser observados pelo candidato, tais como:

i) a onerosidade na aquisição da coisa;

ii) a perda total ou parcial da propriedade, posse ou uso da coisa alienada;

iii) a ignorância por parte do adquirente da litigiosidade da coisa;

iv) o direito do evictor anterior à alienação e a denunciação da lide ao alienante.

O art. 447 do CC estipula que, nos contratos onerosos, o **alienante responde pela evicção**, ou seja, pelos prejuízos causados ao adquirente. Subsiste esta garantia ainda que a aquisição se tenha realizado em hasta pública. Podem as partes, por cláusula expressa, reforçar, diminuir ou excluir a responsabilidade pela evicção. Não obstante a cláusula que exclui a garantia contra a evicção, se esta se der, tem direito o evicto a receber o preço que pagou pela coisa evicta, se não soube do risco da evicção, ou, dele informado, não o assumiu.

Salvo estipulação em contrário, tem direito o evicto, além da restituição integral do preço ou das quantias que pagou:

I – à indenização dos frutos que tiver sido obrigado a restituir;

II – à indenização pelas despesas dos contratos e pelos prejuízos que diretamente resultarem da evicção;

III – às custas judiciais e aos honorários do advogado por ele constituído.

O preço, seja a evicção total ou parcial, será o do valor da coisa, na época em que se evenceu, e proporcional ao desfalque sofrido, no caso de evicção parcial, verificando que subsiste para o alienante esta obrigação, ainda que a coisa alienada esteja deteriorada, exceto havendo dolo do adquirente.

Ainda verificar que as benfeitorias necessárias ou úteis, não abonadas ao que sofreu a evicção, serão pagas pelo alienante e, se parcial, mas considerável, for a evicção, poderá o evicto optar entre a rescisão do contrato e a restituição da parte do preço correspondente ao desfalque sofrido. Se não for considerável, caberá somente direito a indenização.

20.4.5.2. Estrutura resumida da peça

1. Endereçamento: por ser uma petição inicial, faz-se a mesma recomendação anteriormente realizada, ou seja, atentar sempre para o enunciado proposto pelo examinador com respeito à competência (se Vara Única, se Vara Distrital, Regional ou Específica – Família e Sucessões, Criança e Adolescente etc.), ou se já há identificação exata da cidade/comarca "Vara Cível da Comarca da Capital de São Paulo". Ainda, observar se vara cível da Justiça Federal ou Estadual, bem como se de competência originária dos Tribunais. Assim, utilizar: "EXCELENTÍSSIMO SENHOR DOUTOR JUIZ DE DIREITO DA ... VARA CÍVEL DA COMARCA DE ... ESTADO DE...".

2. Identificação das partes: NOME DO AUTOR, "nacionalidade...", "estado civil...", "profissão..." (se pessoa jurídica indicar se de direito privado, público interno ou público externo), portador do "RG n. ...", inscrito no "CPF/CNPJ sob o n. ...", "endereço eletrônico...", "domiciliado na rua..." (se for pessoa jurídica "com sede na rua..."), "número...", "bairro...", "Município...", "Estado de...", "CEP...".

NOME DO RÉU, "nacionalidade...", "estado civil...", "profissão..." (se pessoa jurídica indicar se de direito privado, público interno ou público externo), portador do "RG n. ...", inscrito no "CPF/CNPJ sob o n. ...", "endereço eletrônico...", "domiciliado na rua..." (se for pessoa jurídica "com sede na rua..."), "número...", "bairro...", "Município...", "Estado de...", "CEP...".

3. Nome da ação e sua fundamentação legal: "vem, respeitosamente, por intermédio de seu advogado infra-assinado, perante Vossa Excelência, propor (ou ajuizar) a presente AÇÃO DE EVICÇÃO (se for o caso, COM PEDIDO DE TUTELA ANTECIPADA), com fulcro nos arts. 319 e 320 do Código de Processo Civil e arts. 447 a 457 do CC". Observar se é caso de cumulação de pedidos, ou se é hipótese de requerer a concessão de tutela antecipada.

4. Fatos: transcrição integral do texto apresentado pelo examinador no enunciado da peça prática, ressaltando a impossibilidade de criar dados inexistentes, para não identificar a peça profissional e ter a prova zerada pelo examinador.

5. Fundamentação: faça a correta ligação entre os fatos e os dispositivos legais aplicáveis, como artigos de lei, súmulas, precedentes, desenvolvendo raciocínio lógico e coerência jurídica, ressaltando que a mera indicação do artigo ou da lei não é suficiente para a pontuação, sendo necessário demonstrar a correta coligação entre fato e direito. Não esquecer que caso o examinador indique a existência de precedente fazer a adesão, se for o caso, ou a distinção. Ainda, sendo caso de pedido de tutela de urgência, utilizar o fundamento legal do art. 300 do CPC, demonstrando o *fumus boni iuris* (probabilidade do direito) e o *periculum in mora* (perigo de dano ou o risco ao resultado útil do processo).

6. Pedidos e requerimentos: "Diante de todo o exposto, requer-se a Vossa Excelência: a) seja o réu citado para, querendo, apresentar resposta no prazo legal em uma das modalidades permitidas na lei processual; b) seja julgado procedente o pedido da presente ação, sendo condenado o réu à restituição do "valor...", a ele pago pelo autor para aquisição do bem evicto; c) nos termos do art. 334, *caput* ou § 5º, do Código de Processo Civil, o autor deve se manifestar sobre o interesse (ou desinteresse, se for o caso) em autocomposição para a realização da audiência de conciliação ou de mediação; d) seja o réu condenado ao pagamento de "valor..." a título de perdas e danos em razão da perda do bem pela evicção; e) seja condenado o réu ao pagamento de "valor..." a título de frutos que fora obrigado a restituir ao evictor; f) seja condenado o réu ao pagamento de "valor..." a título de gastos com custas e honorários advocatícios na ação em que perdeu o bem pela evicção; g) seja o réu condenado em custas e honorários advocatícios em percentuais arbitrados nos termos do art. 85, § 2º, do Código de Processo Civil; h) sejam deferidos todos os meios de prova admitidos em direito para comprovação dos fatos que se apresentarem controvertidos após apresentação da contestação pelo réu; i) juntada das guias judiciais devidamente quitadas; ou (se for o caso), a concessão dos benefícios da justiça gratuita, nos termos do art. 5º, LXXIV, da Constituição Federal e da Lei n. 1.060/50, por ser o autor pobre no sentido legal, não podendo arcar com o pagamento das custas sem prejuízo do próprio sustento.

O endereço do advogado do autor, onde deverá receber as intimações, é "Endereço...".

7. Valor da causa: Dá-se à causa o valor de R$ (...).

8. Fechamento da peça: Nestes Termos, Pede Deferimento. "Local..." e "Data...", OAB n. ..., "Assinatura...".

20.4.5.3. Modelo de ação de evicção

EXCELENTÍSSIMO SENHOR DOUTOR JUIZ DE DIREITO DA... VARA CÍVEL DA COMARCA DE... ESTADO DE...

NOME DO AUTOR, "nacionalidade...", "estado civil...", "profissão..." (se pessoa jurídica indicar se de direito privado, público interno ou público externo), portador do "RG n. ...", inscrito no "CPF/CNPJ sob o n. ...", "endereço eletrônico...", "domiciliado na rua..." (se for pessoa jurídica "com sede na rua..."), "número...", "bairro...", "Município...", "Estado de...", "CEP...", vem, respeitosamente, por intermédio de seu advogado infra-assinado, perante Vossa Excelência, propor (ou ajuizar) a presente AÇÃO DE EVICÇÃO, com fulcro nos arts. 319 e 320 do Código de Processo Civil e arts. 447 a 457 do CC, em face de NOME DO RÉU, "nacionalidade...", "estado civil...", "profissão..." (se pessoa jurídica indicar se de direito privado, público interno ou público externo), portador do "RG n. ...", inscrito no "CPF/CNPJ sob o n. ...", "endereço eletrônico...", "domiciliado na rua..." (se for pessoa jurídica "com sede na rua..."), "número...", "bairro...", "Município...", "Estado de...", "CEP...", pelos fundamentos de fato e de direito a seguir expostos;

I – DOS FATOS
"Resumo dos fatos fornecidos pelo enunciado da questão."

II – DOS FUNDAMENTOS DE DIREITO
"'Vide' pertinentes noções de Direito Civil destacadas, em especial dos arts. 447 a 457 do CC.
Observar se há precedente.
Caso o precedente seja favorável, fazer a adesão. Caso desfavorável, fazer a distinção 'distinguishing'."

III – DOS PEDIDOS
Diante de todo o exposto, requer-se a Vossa Excelência;

a) seja o réu citado para, querendo, apresentar resposta no prazo legal em uma das modalidades permitidas na lei processual;
b) seja julgado procedente o pedido da presente ação, sendo condenado o réu à restituição do "valor...", a ele pago pelo autor para aquisição do bem evicto;
c) nos termos do art. 334, "caput" ou § 5º, do Código de Processo Civil, o autor deve se manifestar sobre o interesse (ou desinteresse, conforme o caso) em autocomposição para a realização da audiência de conciliação ou de mediação;
d) seja o réu condenado ao pagamento de "valor..." a título de perdas e danos em razão da perda do bem pela evicção;
e) seja condenado o réu ao pagamento de "valor..." a título de frutos que fora obrigado a restituir ao evictor;
f) seja condenado o réu ao pagamento de "valor..." a título gastos com custas e honorários advocatícios na ação em que perdeu o bem pela evicção;
g) seja o réu condenado em custas e honorários advocatícios em percentuais arbitrados nos termos do art. 85, § 2º, do Código de Processo Civil;
h) sejam deferidos todos os meios de prova admitidos em direito para comprovação dos fatos que se apresentarem controvertidos após apresentação da contestação pelo réu;
i) juntada das guias judiciais devidamente quitadas; ou (se for o caso), a concessão dos benefícios da justiça gratuita, nos termos do art. 5º, LXXIV, da Constituição Federal e da Lei n. 1.060/50, por ser o autor pobre no sentido legal, não podendo arcar com o pagamento das custas sem prejuízo do próprio sustento;
j) todas as intimações sejam realizadas em nome, endereço eletrônico e profissional do advogado do autor.
O endereço do advogado do autor, onde deverá receber as intimações, é "Endereço...".
Dá-se à causa o valor de R$ (...).

Nestes termos,
Pede deferimento.
"Local..." e "Data..."
OAB n. ..., "Assinatura..."

20.5. Ação de cobrança

20.5.1. Apresentação

A principal problemática em uma ação de cobrança no exame de ordem é justamente a sua identificação e, mais do que isso, visualizar a diferença entre a ação e a execução de título extrajudicial, para que o candidato não se equivoque no momento de realização da peça prática profissional.

A ação de cobrança, por certo, é aquela utilizada para exigir ou cobrar uma obrigação que não foi quitada tempestivamente pelo devedor, ou seja, quando se encontrar inadimplente quanto às prestações do contrato, no entanto o título ou instrumento da referida ação não terá eficácia de título executivo extrajudicial, caso contrário estamos diante de uma execução por título extrajudicial.

Portanto, a ação de cobrança é uma ação de conhecimento, seguindo as regras da petição inicial e visando a um título executivo judicial (sentença de natureza condenatória), reconhecendo o débito e, consequentemente, a obrigação do devedor de pagar a quantia certa.

Observar que, pelo art. 389 do CC, não cumprida a obrigação, responde o devedor por perdas e danos, mais juros e atualização monetária segundo índices oficiais regularmente estabelecidos, e honorários de advogado, sendo que, pelo inadimplemento das obrigações respondem todos os bens do devedor.

20.5.2. Estrutura resumida da peça

1. Endereçamento: por ser uma petição inicial, faz-se a mesma recomendação anteriormente realizada, ou seja, atentar sempre para o enunciado proposto pelo examinador com respeito à competência (se Vara Única, se Vara Distrital, Regional ou Específica – Família e Sucessões, Criança e Adolescente etc.), ou se já há identificação exata da cidade/comarca "Vara Cível da Comarca da Capital de São Paulo". Ainda, observar se vara cível da Justiça Federal ou Estadual, bem como se de competência originária dos Tribunais. Assim, utilizar: "EXCELENTÍSSIMO SENHOR DOUTOR JUIZ DE DIREITO DA ... VARA CÍVEL DA COMARCA DE ... ESTADO DE...".

2. Identificação das partes: NOME DO AUTOR, "nacionalidade...", "estado civil...", "profissão..." (se pessoa jurídica indicar se de direito privado, público interno ou público externo), portador do "RG n. ...", inscrito no "CPF/CNPJ sob o n. ...", "endereço eletrônico...", "domiciliado na rua..." (se for pessoa jurídica "com sede na rua..."), "número...", "bairro...", "Município...", "Estado de...", "CEP...".

NOME DO RÉU, "nacionalidade...", "estado civil...", "profissão..." (se pessoa jurídica indicar se de direito privado, público interno ou público externo), portador do "RG n. ...", inscrito no "CPF/CNPJ sob o n. ...", "endereço eletrônico...", "domiciliado na rua..." (se for pessoa jurídica "com sede na rua..."), "número...", "bairro...", "Município...", "Estado de...", "CEP...".

3. Nome da ação e sua fundamentação legal: "vem, respeitosamente, por intermédio de seu advogado infra-assinado, perante Vossa Excelência, propor (ou ajuizar) a presente AÇÃO DE COBRANÇA (se for o caso, COM PEDIDO DE TUTELA ANTECIPADA), com fulcro nos arts. 319 e 320 do Código de Processo Civil e arts. 389 a 393 do

CC". Observar se é caso de cumulação de pedidos, ou se é hipótese de requerer a concessão de tutela antecipada.

4. Fatos: transcrição integral do texto apresentado pelo examinador no enunciado da peça prática, ressaltando a impossibilidade de criar dados inexistentes, para não identificar a peça profissional e ter a prova zerada pelo examinador.

5. Fundamentação: faça a correta ligação entre os fatos e os dispositivos legais aplicáveis, como artigos de lei, súmulas, precedentes, desenvolvendo raciocínio lógico e coerência jurídica, ressaltando que a mera indicação do artigo ou da lei não é suficiente para a pontuação, sendo necessário demonstrar a correta coligação entre fato e direito. Não esquecer que caso o examinador indique a existência de precedente fazer a adesão, se for o caso, ou a distinção. Ainda, sendo caso de pedido de tutela de urgência, utilizar o fundamento legal do art. 300 do CPC, demonstrando o *fumus boni iuris* (probabilidade do direito) e o *periculum in mora* (perigo de dano ou o risco ao resultado útil do processo).

6. Pedidos e requerimentos: "Diante de todo o exposto, requer-se a Vossa Excelência: a) seja o réu citado para, querendo, apresentar resposta no prazo legal em uma das modalidades permitidas na lei processual; b) seja julgado procedente o pedido da presente ação, condenando, por consequência, o réu ao pagamento de quantia no valor de "R$..."; c) nos termos do art. 334, *caput* ou § 5º, do Código de Processo Civil, o autor deve se manifestar sobre o interesse (ou desinteresse, se for o caso) em autocomposição para a realização da audiência de conciliação ou de mediação; d) seja o réu condenado em custas e honorários advocatícios em percentuais arbitrados nos termos do art. 85, § 2º, do Código de Processo Civil; e) sejam deferidos todos os meios de prova admitidos em direito para comprovação dos fatos que se apresentarem controvertidos após apresentação da contestação pelo réu; f) juntada das guias judiciais devidamente quitadas; ou (se for o caso), a concessão dos benefícios da justiça gratuita, nos termos do art. 5º, LXXIV, da Constituição Federal e da Lei n. 1.060/50, por ser o autor pobre no sentido legal, não podendo arcar com o pagamento das custas sem prejuízo do próprio sustento.

O endereço do advogado do autor, onde deverá receber as intimações, é "Endereço...".

7. Valor da causa: Dá-se à causa o valor de R$ (...).

8. Fechamento da peça: Nestes Termos, Pede Deferimento. "Local..." e "Data..." OAB n. ..., "Assinatura...".

20.5.3. Modelo de ação de cobrança

EXCELENTÍSSIMO SENHOR DOUTOR JUIZ DE DIREITO DA... VARA CÍVEL DA COMARCA DE... ESTADO DE...

NOME DO AUTOR, "nacionalidade...", "estado civil...", "profissão..." (se pessoa jurídica indicar se de direito privado, público interno ou público externo), portador do "RG n. ...", inscrito no "CPF/CNPJ sob o n. ...", "endereço eletrônico...", "domiciliado na rua..." (se for pessoa jurídica "com sede na rua..."), "número...", "bairro...", "Município...", "Estado de...", "CEP...", vem, respeitosamente, por intermédio de seu advogado infra-assinado, perante Vossa Excelência, ajuizar a presente AÇÃO DE COBRANÇA, com fulcro nos arts. 319 e 320 do Código de Processo Civil e arts. 389 a 393 do CC, em face de NOME DO RÉU, "nacionalidade...", "estado civil...", "profissão..." (se pessoa jurídica indicar se de direito privado, público interno ou público externo), portador do "RG n. ...", inscrito no "CPF/CNPJ sob o n. ...", "endereço eletrônico...", "domiciliado na rua..." (se for pessoa jurídica "com sede na rua..."), "número...", "bairro...", "Município...", "Estado de...", "CEP...", pelos fundamentos de fato e de direito a seguir expostos:

I – DOS FATOS
"Resumo dos fatos fornecidos pelo enunciado da questão."

II – DOS FUNDAMENTOS DE DIREITO
"'Vide' pertinentes noções de Direito Civil destacadas, em especial a respeito da natureza da obrigação e do inadimplemento (arts. 389 a 393 do CC).
Observar se há precedente.
Caso o precedente seja favorável, fazer a adesão. Caso desfavorável, fazer a distinção 'distinguishing'."

III – DA TUTELA ANTECIPADA
"Fundamento legal: art. 300 do CPC. Comprovação do 'fumus boni iuris' (probabilidade do direito) e do 'periculum in mora' (perigo de dano ou risco ao resultado útil do processo)."

IV – DOS PEDIDOS
Diante de todo o exposto, requer-se a Vossa Excelência:

a) seja o réu citado para, querendo, apresentar resposta no prazo legal em uma das modalidades permitidas na lei processual;
b) seja julgado procedente o pedido da presente ação, condenando, por consequência, o réu ao pagamento de quantia no valor de "R$...";
c) nos termos do art. 334, "caput" ou § 5º, do Código de Processo Civil, o autor deve se manifestar sobre o interesse (ou desinteresse, se o caso) em autocomposição para a realização da audiência de conciliação ou de mediação;
d) seja o réu condenado em custas e honorários advocatícios em percentuais arbitrados nos termos do art. 85, § 2º, do Código de Processo Civil;
e) sejam deferidos todos os meios de prova admitidos em direito para comprovação dos fatos que se apresentarem controvertidos após apresentação da contestação pelo réu;
f) juntada das guias judiciais devidamente quitadas; ou (se for o caso), a concessão dos benefícios da justiça gratuita, nos termos do art. 5º, LXXIV, da Constituição Federal e da Lei n. 1.060/50, por ser o autor pobre no sentido legal, não podendo arcar com o pagamento das custas sem prejuízo do próprio sustento;
g) todas as intimações sejam realizadas em nome, endereço eletrônico e profissional do advogado do autor.

Dá-se à causa o valor de R$ (...).

Nestes termos,
Pede deferimento.
"Local..." e "Data..."
OAB n. ..., "Assinatura..."

20.6. Principal peça processual da responsabilidade civil: ação indenizatória

20.6.1. Apresentação

Sabe-se que, de acordo com o Código Civil, aquele que, por ato ilícito (arts. 186 e 187), causar dano a outrem fica obrigado a repará-lo. Esta é a determinação legal contida no art. 927 do CC, consistente no fundamento principal para a indenização pelos danos causados. Ademais, os danos poderão ser causados quando praticados por ação ou omissão voluntária, negligência ou imprudência, surgindo a responsabilidade de indenizar quando violar direito e causar dano a outrem, ainda que exclusivamente moral, comete ato ilícito (art. 186 do CC).

Importante mencionar que os danos passíveis de serem indenização são todos aqueles de natureza material, capazes de reparar todos os prejuízos patrimoniais sofridos pela parte, aí incluídos os danos emergentes, os lucros cessantes e, eventualmente, os danos estéticos, bem como aqueles de natureza extrapatrimoniais, como os danos morais e à imagem que, todavia, são passíveis de conversão em pecúnia.

Ainda, também comete ato ilícito o titular de um direito que, ao exercê-lo, excede manifestamente os limites impostos pelo seu fim econômico ou social, pela boa-fé ou pelos bons costumes. No entanto, atentar que não constituem atos ilícitos, para efeitos de indenização aqueles: I – os praticados em legítima defesa ou no exercício regular de um direito reconhecido; II – a deterioração ou destruição da coisa alheia, ou a lesão a pessoa, a fim de remover perigo iminente.

Finalmente, atentar que no momento de realizar o pedido quanto aos valores da indenização, o CC determina que a indenização se mede pela extensão do dano e de acordo com ela deverá ser pleiteada, sob pena de enriquecimento sem causa (art. 884 do CC). Ademais, verificar que toda indenização tem um duplo caráter, ou seja, um caráter punitivo para que o causador do dano, pelo fato da condenação, se veja castigado pela ofensa que praticou; e o caráter compensatório para a vítima, que receberá a quantia necessária para lhe proporcionar a contrapartida ao mal sofrido.

20.6.2. Estrutura resumida da peça

1. Endereçamento: por ser uma petição inicial, faz-se a mesma recomendação anteriormente realizada, ou seja, atentar sempre para o enunciado proposto pelo examinador com respeito à competência (se Vara Única, se Vara Distrital, Regional ou Específica – Família e Sucessões, Criança e Adolescente etc.), ou se já há identificação exata da cidade/comarca "Vara Cível da Comarca da Capital de São Paulo". Ainda, observar se vara cível da Justiça Federal ou Estadual, bem como se de competência originária dos Tribunais. Assim, utilizar: "EXCELENTÍSSIMO SENHOR DOUTOR JUIZ DE DIREITO DA ... VARA CÍVEL DA COMARCA DE ... ESTADO DE...".

2. Identificação das partes: NOME DO AUTOR, "nacionalidade...", "estado civil...", "profissão..." (se pessoa jurídica indicar se de direito privado, público interno ou público externo), portador do "RG n. ...", inscrito no "CPF/CNPJ sob o n. ...", "endereço eletrônico...", "domiciliado na rua..." (se for pessoa jurídica "com sede na rua..."), "número...", "bairro...", "Município...", "Estado de...", "CEP...".

NOME DO RÉU, "nacionalidade...", "estado civil...", "profissão..." (se pessoa jurídica indicar se de direito privado, público interno ou público externo), portador do "RG n. ...", inscrito no "CPF/CNPJ sob o n. ...", "endereço eletrônico...", "domiciliado na rua..." (se for pessoa jurídica "com sede na rua..."), "número...", "bairro...", "Município...", "Estado de...", "CEP...".

3. Nome da ação e sua fundamentação legal: "vem, respeitosamente, por intermédio de seu advogado infra-assinado, perante Vossa Excelência, propor (ou ajuizar) a presente AÇÃO DE INDENIZAÇÃO (POR DANOS MORAIS, MATERIAIS, ESTÉTICOS), (se for o caso, COM PEDIDO DE TUTELA ANTECIPADA), com fulcro nos arts. 319 e 320 do Código de Processo Civil e arts. 186 e 187 do CC". Observar se é caso de cumulação de pedidos, ou se é hipótese de requerer a concessão de tutela antecipada.

4. Fatos: transcrição integral do texto apresentado pelo examinador no enunciado da peça prática, ressaltando a impossibilidade de criar dados inexistentes, para não identificar a peça profissional e ter a prova zerada pelo examinador.

5. Fundamentação: faça a correta ligação entre os fatos e os dispositivos legais aplicáveis, como artigos de lei, súmulas, precedentes, desenvolvendo raciocínio lógico e coerência jurídica, ressaltando que a mera indicação do artigo ou da lei não é suficiente para a pontuação, sendo necessário demonstrar a correta coligação entre fato e direito. Não esquecer que caso o examinador indique a existência de precedente fazer a adesão, se for o caso, ou a distinção. Ainda, sendo caso de pedido de tutela de urgência, utilizar o fundamento legal do art. 300 do CPC, demonstrando o *fumus boni iuris* (probabilidade do direito) e o *periculum in mora* (perigo de dano ou o risco ao resultado útil do processo).

6. Pedidos e requerimentos: "Diante de todo o exposto, requer-se a Vossa Excelência: a) seja o réu citado para, querendo, apresentar resposta no prazo legal em uma das modalidades permitidas na lei processual; b) seja julgado procedente o pedido no sentido de condenar o réu ao pagamento de "valor..." a título de danos materiais; c) nos termos do art. 334, *caput* ou § 5º, do Código de Processo Civil, o autor deve se manifestar sobre o interesse (ou desinteresse, se for o caso) em autocomposição para a realização da audiência de conciliação ou de mediação; d) seja julgado procedente o pedido no sentido de condenar o réu ao pagamento de "valor..." a título de danos emergentes e/ou lucros cessantes; e) seja julgado procedente o pedido no sentido de condenar o réu ao pagamento de indenização por danos morais em valor a ser arbitrado por esse MM. Juízo; f) seja julgado procedente o pedido no sentido de condenar o réu ao pagamento de indenização por danos estéticos em valor a ser arbitrado por esse MM. Juízo; g) seja o réu condenado em custas e honorários advocatícios em percentuais arbitrados nos termos do art. 85, § 2º, do Código de Processo Civil; h) sejam deferidos todos os meios de prova admitidos em direito para comprovação dos fatos que se apresentarem controvertidos após apresentação da contestação pelo réu; i) juntada das

PRÁTICA CIVIL   213

guias judiciais devidamente quitadas; ou (se for o caso), a concessão dos benefícios da justiça gratuita, nos termos do art. 5º, LXXIV, da Constituição Federal e da Lei n. 1.060/50, por ser o autor pobre no sentido legal, não podendo arcar com o pagamento das custas sem prejuízo do próprio sustento.

O endereço do advogado do autor, onde deverá receber as intimações, é "Endereço...".

7. Valor da causa: Dá-se à causa o valor de R$ (...).

8. Fechamento da peça: Nestes Termos, Pede Deferimento. "Local..." e "Data...", OAB n. ..., "Assinatura...".

20.6.3. Modelo de ação de indenização

EXCELENTÍSSIMO SENHOR DOUTOR JUIZ DE DIREITO DA... VARA CÍVEL DA COMARCA DE... ESTADO DE...

NOME DO AUTOR, "nacionalidade...", "estado civil...", "profissão..." (se pessoa jurídica indicar se de direito privado, público interno ou público externo), portador do "RG n. ...", inscrito no "CPF/CNPJ sob o n. ...", "endereço eletrônico...", "domiciliado na rua..." (se for pessoa jurídica "com sede na rua..."), "número...", "bairro...", "Município...", "Estado de...", "CEP...", vem, respeitosamente, por intermédio de seu advogado infra-assinado, perante Vossa Excelência, ajuizar a presente AÇÃO DE INDENIZAÇÃO (POR DANOS MORAIS, MATERIAIS, ESTÉTICOS), (se for o caso, COM PEDIDO DE TUTELA ANTECIPADA), com fulcro nos arts. 319 e 320 do Código de Processo Civil e arts. 186 e 187 do CC, em face de NOME DO RÉU, "nacionalidade...", "estado civil...", "profissão..." (se pessoa jurídica indicar se de direito privado, público interno ou público externo), portador do "RG n. ...", inscrito no "CPF/CNPJ sob o n. ...", "endereço eletrônico...", "domiciliado na rua..." (se for pessoa jurídica "com sede na rua..."), "número...", "bairro...", "Município...", "Estado de...", "CEP...", pelos fundamentos de fato e de direito a seguir expostos.

I – DOS FATOS

"Resumo dos fatos fornecidos pelo enunciado da questão."

II – DOS FUNDAMENTOS DE DIREITO

"Lições jurídicas sobre o tema da peça processual, em especial demonstrando o ato ilícito praticado (arts. 186 e 187 do CC), bem como da obrigação e do dever de indenizar (arts. 927 a 943 e 944 a 954, todos do CC).

Observar se há precedente.

Caso o precedente seja favorável, fazer a adesão. Caso desfavorável, fazer a distinção 'distinguishing'."

III – DOS PEDIDOS

Diante de todo o exposto, requer-se a Vossa Excelência:

a) seja o réu citado para, querendo, apresentar resposta no prazo legal em uma das modalidades permitidas na lei processual;

b) seja julgado procedente o pedido da presente ação, condenando, por consequência, o réu ao pagamento de quantia no valor de "R$...";

c) nos termos do art. 334, "caput" ou § 5º, do Código de Processo Civil, o autor deve se manifestar sobre o interesse (ou desinteresse, se o caso) em autocomposição para a realização da audiência de conciliação ou de mediação;

d) seja o réu condenado em custas e honorários advocatícios em percentuais arbitrados nos termos do art. 85, § 2º, do Código de Processo Civil;

e) sejam deferidos todos os meios de prova admitidos em direito para comprovação dos fatos que se apresentarem controvertidos após apresentação da contestação pelo réu;

f) juntada das guias judiciais devidamente quitadas; ou (se for o caso) a concessão dos benefícios da justiça gratuita, nos termos do art. 5º, LXXIV, da Constituição Federal e da Lei n. 1.060/50, por ser o autor pobre no sentido legal, não podendo arcar com o pagamento das custas sem prejuízo do próprio sustento;

g) todas as intimações sejam realizadas em nome, endereço eletrônico e profissional do advogado do autor.

Dá-se à causa o valor de R$ (...).

Nestes termos,
Pede deferimento.
"Local..." e "Data..."
OAB n. ..., "Assinatura..."

20.7. Principais peças processuais dos direitos reais

20.7.1. Ações possessórias

Com efeito, as ações possessórias são aquelas que visam assegurar, garantir ou defender a posse, em razão de alguma circunstância fática que tenha acarretado na sua perda ou na ameaça de perda. No CPC, a proteção possessória vem disciplinada como procedimento especial, previstas pelos arts. 554 a 558, cabível quando a posse sofrer turbação ou esbulho dentro do prazo de ano e dia, caso contrário, seguirá as regras do procedimento comum.

Quanto ao procedimento, importante mencionar a possibilidade de o examinador apontar a existência de invasão com número indeterminado de pessoas, neste caso, mencionar que deverá ser realizada a citação pessoal dos ocupantes que forem encontrados no local e a citação por edital dos demais, determinando-se, ainda, a intimação do Ministério Público e, se envolver pessoas em situação de hipossuficiência econômica, da Defensoria Pública (art. 554 do CPC).

Ainda, segundo o CPC, é lícito ao autor cumular ao pedido possessório o de:

I – condenação em perdas e danos;

II – indenização dos frutos.

De igual maneira, pode o autor requerer, ainda, imposição de medida necessária e adequada para:

I – evitar nova turbação ou esbulho;

II – cumprir-se a tutela provisória ou final.

Observar que as ações possessórias constituem ações de natureza dúplice, portanto, segundo as regras do CPC, é lícito ao réu, na contestação, alegando que foi o ofendido em sua posse, demandar a proteção possessória e a indenização pelos prejuízos resultantes da turbação ou do esbulho cometido pelo autor.

Por fim, são considerados como ações possessórias: as ações de reintegração, de manutenção de posse e o interdito proibitório.

20.7.2. Ações de reintegração e de manutenção de posse

20.7.2.1. Apresentação

Para verificar a natureza da ação possessória a ser proposta, o candidato deve, inicialmente, identificar qual circunstância fática houve para justificar a tutela da posse, ou seja, caberá ação de reintegração de posse quando ficar evidenciada a prática de esbulho à posse, ou seja, a perda total da posse, razão pela qual o possuidor terá direito a ser reintegrado. No entanto, caberá a ação de manutenção da posse quando estiver demonstrada a prática de turbação, ou seja, quando existir um impedimento ao exercício pleno da posse pelo possuidor.

Na petição inicial, incumbe ao autor provar alguns requisitos essenciais, quais sejam:

I – a sua posse;

II – a turbação ou o esbulho praticado pelo réu;

III – a data da turbação ou do esbulho;

IV – a continuação da posse, embora turbada, na ação de manutenção, ou a perda da posse, na ação de reintegração.

Estando a petição inicial devidamente instruída, o juiz deferirá, sem ouvir o réu, a expedição do mandado liminar de manutenção ou de reintegração, caso contrário, determinará que o autor justifique previamente o alegado, na chamada **audiência de justificação prévia**, citando-se o réu para comparecer à audiência que for designada (art. 562 do CPC).

Se for caso de litígio coletivo pela posse de imóvel, quando o esbulho ou a turbação afirmado na petição inicial houver ocorrido **há mais de ano e dia**, observar que, antes de apreciar o pedido de concessão da medida liminar, o juiz deverá designar **audiência de mediação**, a realizar-se em até 30 dias (art. 565 do CPC).

20.7.2.2. Estrutura resumida da peça

1. Endereçamento: por ser uma petição inicial, faz-se a mesma recomendação anteriormente realizada, ou seja, atentar sempre para o enunciado proposto pelo examinador com respeito à competência (se Vara Única, se Vara Distrital, Regional ou Específica – Família e Sucessões, Criança e Adolescente etc.), ou se já há identificação exata da cidade/comarca "Vara Cível da Comarca da Capital de São Paulo". Ainda, observar se vara cível da Justiça Federal ou Estadual, bem como se de competência originária dos Tribunais. Assim, utilizar: "EXCELENTÍSSIMO SENHOR DOUTOR JUIZ DE DIREITO DA ... VARA CÍVEL DA COMARCA DE... ESTADO DE...".

2. Identificação das partes: NOME DO AUTOR, "nacionalidade...", "estado civil...", "profissão..." (se pessoa jurídica indicar se de direito privado, público interno ou público externo), portador do "RG n. ...", inscrito no "CPF/CNPJ sob o n. ...", "endereço eletrônico...", "domiciliado na rua..." (se for pessoa jurídica "com sede na rua..."), "número...", "bairro...", "Município...", "Estado de...", "CEP...".

NOME DO RÉU, "nacionalidade...", "estado civil...", "profissão..." (se pessoa jurídica indicar se de direito privado, público interno ou público externo), portador do "RG n. ...", inscrito no "CPF/CNPJ sob o n. ...", "endereço eletrônico...", "domiciliado na rua..." (se for pessoa jurídica "com sede na rua..."), "número...", "bairro...", "Município...", "Estado de...", "CEP...".

3. Nome da ação e sua fundamentação legal: "vem, respeitosamente, por intermédio de seu advogado infra-assinado, perante Vossa Excelência, propor (ou ajuizar) a presente AÇÃO DE REINTEGRAÇÃO ou MANUTENÇÃO DE POSSE, com fulcro nos arts. 560 e seguintes do CPC. Observar se é caso de cumulação de pedidos, ou se é hipótese de requerer a concessão da liminar ou da tutela antecipada.

4. Fatos: transcrição integral do texto apresentado pelo examinador no enunciado da peça prática, ressaltando a impossibilidade de criar dados inexistentes, para não identificar a peça profissional e ter a prova zerada pelo examinador. Importante demonstrar o esbulho possessório, no caso da reintegração de posse e a turbação, no caso da manutenção de posse.

5. Fundamentação: faça a correta ligação entre os fatos e os dispositivos legais aplicáveis, como artigos de lei, súmulas, precedentes, desenvolvendo raciocínio lógico e coerência jurídica, ressaltando que a mera indicação do artigo ou da lei não é suficiente para a pontuação, sendo necessário demonstrar a correta coligação entre fato e direito, em especial demonstrando o preenchimento dos requisitos dos arts. 561 e 562 do CPC. Sendo ação possessória de força nova (ano e dia), é fundamental abrir um capítulo para justificar o pedido que será feito de liminar específica. O fundamento legal: art. 562 do CPC, bastando comprovação de que o autor tinha a posse e que foi agredido. Ou, ainda, solicitar a audiência de justificação prévia. Caso seja ação possessória de força velha (a partir de ano e dia), até pode ser pedido tutela antecipada geral, caso em que o fundamento legal será o art. 300 do CPC e exigirá a comprovação do *fumus boni iuris* e do *periculum in mora* (procedimento comum).

6. Pedidos e requerimentos: "Diante de todo o exposto, requer-se a Vossa Excelência: a) seja o réu citado para, querendo, apresentar resposta no prazo legal em uma das modalidades permitidas na lei processual; b) seja liminarmente deferida a expedição de mandado de (reintegração ou manutenção) de posse determinando que (o réu seja retirado da posse do bem para reintegração do autor ou que o autor seja mantido em sua posse) ou outro mandado possessório, caso se entenda ser outro o tipo de agressão da posse, o que se permite fazer em razão da fungibilidade das ações possessórias; c) o autor deve se manifestar sobre o interesse (ou desinteresse) em autocomposição para a realização da audiência de mediação do art. 565 do CPC, no prazo de 30 dias, (ou de justificação prévia do art. 562 do CPC); d) NO MÉRITO, seja, ao final, confirmada a tutela antecipada, sendo julgado procedente o pedido para que seja o autor reintegrado na posse do bem ou que seja concedida outra medida possessória, caso se entenda ser outro o tipo de agressão da posse, o que se permite fazer em razão da fungibilidade das ações possessórias; e) seja o réu condenado a indenizar o autor em perdas e danos no "valor..." em razão do prejuízo experimentado em decorrência da agressão à sua posse; f) seja cominada pena pecuniária em valor a ser arbitrado por esse MM. Juízo para eventual nova agressão do réu à posse do autor da presente demanda; g) seja o réu condenado a desfazer a obra ou plantação (depende do caso) por ele feita em detrimento à posse do autor. h) seja o réu condenado em custas e honorários advocatícios em percentuais arbitrados nos termos do art. 85, § 2º, do Código de Processo Civil; i) juntada das guias judiciais devidamente quitadas; ou (se for o caso), a concessão dos benefícios da justiça gratuita, nos termos do art. 5º, LXXIV, da Constituição Federal e da Lei n. 1.060/50, por ser o autor pobre no sentido legal, não podendo arcar com o pagamento das custas sem prejuízo do próprio sustento. Sejam deferidos todos os meios de prova admitidos em direito para comprovação dos fatos que se apresentarem controvertidos após apresentação da contestação pelo réu.

O endereço do advogado do autor, onde deverá receber as intimações, é "Endereço...".

7. Valor da causa: Dá-se à causa o valor de R$ (...).

8. Fechamento da peça: Nestes Termos, Pede Deferimento. "Local..." e "Data..." OAB n. ..., "Assinatura...".

20.7.2.3. Modelo de ação de reintegração de posse

EXCELENTÍSSIMO SENHOR DOUTOR JUIZ DE DIREITO DA... VARA CÍVEL DA COMARCA DE... ESTADO DE...

NOME DO AUTOR, "nacionalidade...", "estado civil...", "profissão..." (se pessoa jurídica indicar se de direito privado, público interno ou público externo), portador do "RG n. ...", inscrito no "CPF/CNPJ sob o n. ...", "endereço eletrônico...", "domiciliado na rua..." (se for pessoa jurídica "com sede na rua..."), "número...", "bairro...", "Município...", "Estado de...", "CEP...", vem, respeitosamente, por intermédio de seu advogado infra-assinado, perante Vossa Excelência, propor (ou ajuizar) a presente AÇÃO DE REINTEGRAÇÃO DE POSSE, com fulcro no art. 560 e seguintes do CPC, em face de NOME DO RÉU, "nacionalidade...", "estado civil...", "profissão..." (se pessoa jurídica indicar se de direito privado, público interno ou público externo), portador do "RG n. ...", inscrito no "CPF/CNPJ sob o n. ...", "endereço eletrônico...", "domiciliado na rua..." (se for pessoa jurídica "com sede na rua..."), "número...", "bairro...", "Município...", "Estado de...", "CEP." (se for o caso de um número indeterminado de pessoas, cabe indicação genérica, por exemplo, em face dos invasores da 'fazenda...'") pelos fundamentos de fato e de direito a seguir expostos:

I – DOS FATOS
"Resumo dos fatos fornecidos pelo enunciado da questão, demonstrando o esbulho possessório."

II – DOS FUNDAMENTOS DE DIREITO

"Vide pertinentes noções de Direito Civil destacadas, em especial demonstrando o preenchimento dos requisitos dos arts. 561 e 562 do CPC.
Observar se há precedente.
Caso o precedente seja favorável, fazer a adesão. Caso desfavorável, fazer a distinção 'distinguishing'."

III – DA LIMINAR ESPECÍFICA

"Sendo ação possessória de força nova, é fundamental você abrir um capítulo para justificar o pedido que será feito de liminar específica. O fundamento legal: art. 562 do CPC, bastando comprovação de que o autor tinha a posse e que foi agredido. Ou, ainda, solicitar a audiência de justificação prévia.
Obs.: caso seja ação possessória de força velha, até pode ser pedido tutela antecipada geral, caso em que o fundamento legal será o art. 300 do CPC e exigirá de você a comprovação do 'fumus boni iuris' e do 'periculum in mora' (procedimento comum)."

IV – DOS PEDIDOS

Diante de todo o exposto, requer-se a Vossa Excelência:

a) seja o réu citado para, querendo, apresentar resposta no prazo legal em uma das modalidades permitidas na lei processual;

b) seja liminarmente deferida a expedição de mandado de reintegração de posse determinando que o réu seja retirado da posse do bem para reintegração do autor em sua posse ou outro mandado possessório, caso se entenda ser outro o tipo de agressão da posse, o que se permite fazer em razão da fungibilidade das ações possessórias;

c) o autor deve se manifestar sobre o interesse (ou desinteresse) em autocomposição para a realização da audiência de mediação do art. 565 do CPC, no prazo de 30 dias, (ou de justificação prévia do art. 562 do CPC);

d) NO MÉRITO, seja, ao final, confirmada a tutela antecipada, sendo julgado procedente o pedido para que seja o autor reintegrado na posse do bem ou que seja concedida outra medida possessória, caso se entenda ser outro o tipo de agressão da posse, o que se permite fazer em razão da fungibilidade das ações possessórias;

e) seja o réu condenado a indenizar o autor em perdas e danos no "valor..." em razão do prejuízo experimentado em decorrência da agressão à sua posse;

f) seja cominada pena pecuniária em valor a ser arbitrado por esse MM. Juízo para eventual nova agressão do réu à posse do autor da presente demanda;

g) seja o réu condenado a desfazer a obra ou plantação (depende do caso) por ele feita em detrimento à posse do autor;

h) seja o réu condenado em custas e honorários advocatícios em percentuais arbitrados nos termos do art. 85, § 2º, do Código de Processo Civil;

i) sejam deferidos todos os meios de prova admitidos em direito para comprovação dos fatos que se apresentarem controvertidos após apresentação da contestação pelo réu;

j) juntada das guias judiciais devidamente quitadas; ou (se for o caso), a concessão dos benefícios da justiça gratuita, nos termos do art. 5º, LXXIV, da Constituição Federal e da Lei n. 1.060/50, por ser o autor pobre no sentido legal, não podendo arcar com o pagamento das custas sem prejuízo do próprio sustento;
k) todas as intimações sejam realizadas em nome, endereço eletrônico e profissional do advogado do autor.
Dá-se à causa o valor de R$ (...).

Nestes termos,
Pede deferimento.
"Local..." e "Data..."
OAB n. ..., "Assinatura..."

20.7.2.4. Modelo de ação de manutenção de posse

EXCELENTÍSSIMO SENHOR DOUTOR JUIZ DE DIREITO DA ... VARA CÍVEL DA COMARCA DE... ESTADO DE...

NOME DO AUTOR, "nacionalidade...", "estado civil...", "profissão..." (se pessoa jurídica indicar se de direito privado, público interno ou público externo), portador do "RG n. ...", inscrito no "CPF/CNPJ sob o n. ...", "endereço eletrônico...", "domiciliado na rua..." (se for pessoa jurídica "com sede na rua..."), "número...", "bairro...", "Município...", "Estado de...", "CEP...", vem, respeitosamente, por intermédio de seu advogado infra-assinado, perante Vossa Excelência, propor (ou ajuizar) a presente AÇÃO DE MANUTENÇÃO DE POSSE, com fulcro no art. 560 e seguintes do CPC, em face de NOME DO RÉU, "nacionalidade...", "estado civil...", "profissão..." (se pessoa jurídica indicar se de direito privado, público interno ou público externo), portador do "RG n. ...", inscrito no "CPF/CNPJ sob o n. ...", "endereço eletrônico...", "domiciliado na rua..." (se for pessoa jurídica "com sede na rua..."), "número...", "bairro...", "Município...", "Estado de...", "CEP." (se for pessoa jurídica "com sede na rua...") (se for o caso de um número indeterminado de pessoas, cabe indicação genérica, por exemplo, em face dos invasores da "fazenda...") pelos fundamentos de fato e de direito a seguir expostos;

I – DOS FATOS
"Resumo dos fatos fornecidos pelo enunciado da questão, demonstrando a prática de turbação na posse."

II – DOS FUNDAMENTOS DE DIREITO
"'Vide' pertinentes noções de Direito Civil destacadas, em especial demonstrando o preenchimento dos requisitos dos arts. 561 e 562 do CPC.
Observar se há precedente.
Caso o precedente seja favorável, fazer a adesão. Caso desfavorável, fazer a distinção 'distinguishing.'"

III – DA LIMINAR ESPECÍFICA
"Sendo ação possessória de força nova, é fundamental você abrir um capítulo para justificar o pedido que será feito de liminar específica. O fundamento legal, art. 562 do CPC, bastando comprovação de que o autor tinha a posse e que foi agredido. Ou, se o caso, solicitar a realização da audiência de justificação prévia.
Obs.: caso seja ação possessória de força velha, até pode ser pedido tutela antecipada geral, caso em que o fundamento legal será o art. 300 do CPC e exigirá de você a comprovação do 'fumus boni iuris' e do 'periculum in mora'."

IV – DOS PEDIDOS
Diante de todo o exposto, requer-se a Vossa Excelência:

a) seja o réu citado para, querendo, apresentar resposta no prazo legal em uma das modalidades permitidas na lei processual;
b) seja liminarmente deferida a expedição de mandado de manutenção de posse determinando que o réu cesse com a agressão à posse do autor desta ação para que ele seja mantido em sua posse ou outro mandado possessório, caso se entenda ser outro o tipo de agressão da posse, o que se permite fazer em razão da fungibilidade das ações possessórias;
c) o autor deve se manifestar sobre o interesse (ou desinteresse) em autocomposição para a realização da audiência de mediação do art. 565 do CPC, no prazo de 30 dias, (ou de justificação prévia do art. 562 do CPC);
d) NO MÉRITO, seja, ao final, confirmada a tutela antecipada, sendo julgado procedente o pedido para que seja o autor mantido na posse do bem ou que seja concedida outra medida possessória, caso se entenda ser outro o tipo de agressão da posse, o que se permite fazer em razão da fungibilidade das ações possessórias;
e) seja o réu condenado a indenizar o autor em perdas e danos no "valor..." em razão do prejuízo experimentado em decorrência da agressão à sua posse;
f) seja cominada pena pecuniária em valor a ser arbitrado por esse MM. Juízo para eventual nova agressão do réu à posse do autor da presente demanda;
g) seja o réu condenado a desfazer a obra ou plantação (depende do caso) por ele feita em detrimento à posse do autor;
h) seja o réu condenado em custas e honorários advocatícios em percentuais arbitrados nos termos do art. 85, § 2º, do Código de Processo Civil;
i) sejam deferidos todos os meios de prova admitidos em direito para comprovação dos fatos que se apresentarem controvertidos após apresentação da contestação pelo réu;
j) juntada das guias judiciais devidamente quitadas; ou (se for o caso), a concessão dos benefícios da justiça gratuita, nos termos do art. 5º, LXXIV, da Constituição Federal e da Lei n. 1.060/50, por ser o autor pobre no sentido legal, não podendo arcar com o pagamento das custas sem prejuízo do próprio sustento;
k) todas as intimações sejam realizadas em nome, endereço eletrônico e profissional do advogado do autor.
Dá-se à causa o valor de R$ (...).

Nestes termos,
Pede deferimento.
"Local..." e "Data..."
OAB n. ..., "Assinatura..."

20.7.3. Ação de interdito proibitório

20.7.3.1. Apresentação

Interdito proibitório é a ação possessória competente e utilizada em situações de agressão iminente ou receio justificável de perturbação da posse, ou seja, circunstâncias em que a turbação ou o esbulho são altamente prováveis e atuais.

Desta forma, diz o art. 567 do CPC que o possuidor direto ou indireto que tenha justo receio de ser molestado na posse poderá requerer ao juiz que o segure da turbação ou esbulho iminente, mediante mandado proibitório em que se comine ao réu determinada pena pecuniária caso transgrida o preceito.

Assim, o interdito visa efetivamente tutelar a ameaça ao estado de fato de bens pertencentes ao possuidor direto e indireto contra eventuais atos de perturbação da posse, tais como supressão do fornecimento de energia elétrica ou de água ao imóvel, suspensão de sinais televisivos e informáticos, de linha telefônica ou outra modalidade de comunicação, dentre outros.

Prevê-se, portanto, a possibilidade de expedição de mandado proibitório como forma de coibir a situação de ameaça ou violência iminente sobre a posse, inclusive sendo possível a imposição de pena pecuniária (*astreintes*) em caso de descumprimento, sendo fundamental para a efetividade do interdito, sendo que, caso o autor não requeira o mandado proibitório, deve o juiz concedê-lo de ofício.

20.7.3.2. Estrutura resumida da peça

1. Endereçamento: por ser uma petição inicial, faz-se a mesma recomendação anteriormente realizada, ou seja, atentar sempre para o enunciado proposto pelo examinador com respeito à competência (se Vara Única, se Vara Distrital, Regional ou Específica – Família e Sucessões, Criança e Adolescente etc.), ou se já há identificação exata da cidade/comarca "Vara Cível da Comarca da Capital de São Paulo". Ainda, observar se vara cível da Justiça Federal ou Estadual, bem como se de competência originária dos Tribunais. Assim, utilizar: "EXCELENTÍSSIMO SENHOR DOUTOR JUIZ DE DIREITO DA ... VARA CÍVEL DA COMARCA DE... ESTADO DE...".

2. Identificação das partes: NOME DO AUTOR, "nacionalidade...", "estado civil...", "profissão..." (se pessoa jurídica indicar se de direito privado, público interno ou público externo), portador do "RG n. ...", inscrito no "CPF/CNPJ sob o n. ...", "endereço eletrônico...", "domiciliado na rua..." (se for pessoa jurídica "com sede na rua..."), "número...", "bairro...", "Município...", "Estado de...", "CEP...".

NOME DO RÉU, "nacionalidade...", "estado civil...", "profissão..." (se pessoa jurídica indicar se de direito privado, público interno ou público externo), portador do "RG

n. ...", inscrito no "CPF/CNPJ sob o n. ...", "endereço eletrônico...", "domiciliado na rua..." (se for pessoa jurídica "com sede na rua..."), "número...", "bairro...", "Município...", "Estado de...", "CEP...".

3. Nome da ação e sua fundamentação legal: "vem, respeitosamente, por intermédio de seu advogado infra-assinado, perante Vossa Excelência, propor (ou ajuizar) o presente INTERDITO PROIBITÓRIO, com fulcro nos arts. 567 e 568 do CPC. Observar se é caso de cumulação de pedidos, ou se é hipótese de requerer a concessão da liminar ou da tutela antecipada.

4. Fatos: transcrição integral do texto apresentado pelo examinador no enunciado da peça prática, ressaltando a impossibilidade de criar dados inexistentes, para não identificar a peça profissional e ter a prova zerada pelo examinador. Importante demonstrar a hipótese de ameaça ou violência eminente à posse.

5. Fundamentação: faça a correta ligação entre os fatos e os dispositivos legais aplicáveis, como artigos de lei, súmulas, precedentes, desenvolvendo raciocínio lógico e coerência jurídica, ressaltando que a mera indicação do artigo ou da lei não é suficiente para a pontuação, sendo necessário demonstrar a correta coligação entre fato e direito, em especial demonstrando o preenchimento dos requisitos dos arts. 561 e 562 do CPC. Sendo ação possessória de força nova (ano e dia), é fundamental abrir um capítulo para justificar o pedido que será feito de liminar específica. O fundamento legal: art. 562 do CPC, bastando comprovação de que o autor tinha a posse e que foi agredido. Ou, ainda, solicitar a audiência de justificação prévia. Caso seja ação possessória de força velha (a partir de ano e dia), até pode ser pedido tutela antecipada geral, caso em que o fundamento legal será o art. 300 do CPC e exigirá a comprovação do *fumus boni iuris* e do *periculum in mora* (procedimento comum).

6. Pedidos e requerimentos: "Diante de todo o exposto, requer-se a Vossa Excelência: a) seja o réu citado para, querendo, apresentar resposta no prazo legal em uma das modalidades permitidas na lei processual; b) seja liminarmente deferida a expedição de mandado proibitório fixando multa suficientemente alta a ser arbitrada por esse MM. Juízo para coibir o réu a concretizar a ameaça de agressão à posse do autor da presente demanda, ou outro mandado possessório, caso se entenda ser outro o tipo de agressão da posse, o que se permite fazer em razão da fungibilidade das ações possessórias; c) o autor deve se manifestar sobre o interesse (ou desinteresse) em autocomposição para a realização da audiência de mediação do art. 565 do CPC (ou de justificação prévia do art. 562 do CPC); d) NO MÉRITO, seja, ao final, confirmada a tutela antecipada, sendo julgado procedente o pedido para que seja fixada multa suficientemente alta a ser arbitrada por esse MM. Juízo para coibir o réu a concretizar a ameaça de agressão à posse do autor da presente demanda ou que seja concedida outra medida possessória, caso se entenda ser outro o tipo de agressão da posse, o que se permite fazer em razão da fungibilidade das ações possessórias; e) seja o réu condenado a indenizar o autor em perdas e danos no "valor..." em razão do prejuízo experimentado em decorrência da agressão à sua posse; f) seja cominada pena pecuniária em valor a ser arbitrado por esse MM. Juízo para eventual nova agressão do réu à posse do autor da presente demanda; g) seja o réu condenado em custas e honorários advocatícios em percentuais arbitrados nos termos do art. 85, § 2º, do Código de Processo Civil; h) sejam deferidos todos os meios de prova admitidos em direito para comprovação dos fatos que se apresentarem controvertidos após apresentação da contestação pelo réu; i) juntada das guias judiciais devidamente quitadas; ou (se for o caso), a concessão dos benefícios da justiça gratuita, nos termos do art. 5º, LXXIV, da Constituição Federal e da Lei n. 1.060/50, por ser o autor pobre no sentido legal, não podendo arcar com o pagamento das custas sem prejuízo do próprio sustento.

O endereço do advogado do autor, onde deverá receber as intimações, é "Endereço...".

7. Valor da causa: Dá-se à causa o valor de R$ (...).

8. Fechamento da peça: Nestes Termos, Pede Deferimento. "Local..." e "Data..." OAB n. ..., "Assinatura...".

20.7.3.3. Modelo de interdito proibitório

EXCELENTÍSSIMO SENHOR DOUTOR JUIZ DE DIREITO DA... VARA CÍVEL DA COMARCA DE... ESTADO DE...

NOME DO AUTOR, "nacionalidade...", "estado civil...", "profissão..." (se pessoa jurídica indicar se de direito privado, público interno ou público externo), portador do "RG n. ...", inscrito no "CPF/CNPJ sob o n. ...", "endereço eletrônico...", "domiciliado na rua..." (se for pessoa jurídica "com sede na rua..."), "número...", "bairro...", "Município...", "Estado de...", "CEP.", vem, respeitosamente, por intermédio de seu advogado infra-assinado, perante Vossa Excelência, propor (ou ajuizar) o presente INTERDITO PROIBITÓRIO, com fulcro no art. 567 do CPC, em face de NOME DO RÉU, "nacionalidade...", "estado civil...", "profissão..." (se pessoa jurídica indicar se de direito privado, público interno ou público externo), portador do "RG n. ...", inscrito no "CPF/CNPJ sob o n. ...", "endereço eletrônico...", "domiciliado na rua..." (se for pessoa jurídica "com sede na rua..."), "número...", "bairro...", "Município...", "Estado de...", "CEP." ("se for o caso de um número indeterminado de pessoas, cabe indicação genérica, por exemplo, em face dos invasores da 'fazenda...") pelos fundamentos de fato e de direito a seguir expostos:

I – DOS FATOS
"Resumo dos fatos fornecidos pelo enunciado da questão, identificando as causas de perturbação da posse."

II – DOS FUNDAMENTOS DE DIREITO
"'Vide' pertinentes noções de Direito Civil destacadas, em especial do art. 567 do CPC.
Observar se há precedente.
Caso o precedente seja favorável, fazer a adesão. Caso desfavorável, fazer a distinção 'distinguishing'."

III – DA LIMINAR ESPECÍFICA
"Sendo ação possessória de força nova, é fundamental você abrir um capítulo para justificar o pedido que será feito de liminar específica. O fundamento legal: art. 562 do CPC, bastando comprovação de que o autor tinha a posse e que foi agredido.

Obs.: caso seja ação possessória de força velha, até pode ser pedido tutela antecipada geral, caso em que o fundamento legal será o art. 300 do CPC e exigirá de você a comprovação do 'fumus boni iuris' e do 'periculum in mora'."

IV – DOS PEDIDOS
Diante de todo o exposto, requer-se a Vossa Excelência:

a) seja o réu citado para, querendo, apresentar resposta no prazo legal em uma das modalidades permitidas na lei processual;

b) seja liminarmente deferida a expedição de mandado proibitório fixando multa suficientemente alta a ser arbitrada por esse MM. Juízo para coibir o réu a concretizar a ameaça de agressão à posse do autor da presente demanda, ou outro mandado possessório, caso se entenda ser outro o tipo de agressão da posse, o que se permite fazer em razão da fungibilidade das ações possessórias;

c) o autor deve se manifestar sobre o interesse (ou desinteresse) em autocomposição para a realização da audiência de mediação do art. 565 do CPC (ou de justificação prévia do art. 562 do CPC);

d) NO MÉRITO, seja, ao final, confirmada a tutela antecipada, sendo julgado procedente o pedido para que seja fixada multa suficientemente alta a ser arbitrada por esse MM. Juízo para coibir o réu a concretizar a ameaça de agressão à posse do autor da presente demanda ou que seja concedida outra medida possessória, caso se entenda ser outro o tipo de agressão da posse, o que se permite fazer em razão da fungibilidade das ações possessórias;

e) seja o réu condenado a indenizar o autor em perdas e danos no "valor..." em razão do prejuízo experimentado em decorrência da agressão à sua posse;

f) seja cominada pena pecuniária em valor a ser arbitrado por esse MM. Juízo para eventual nova agressão do réu à posse do autor da presente demanda;

g) seja o réu condenado em custas e honorários advocatícios em percentuais arbitrados nos termos do art. 85, § 2º, do Código de Processo Civil;

h) sejam deferidos todos os meios de prova admitidos em direito para comprovação dos fatos que se apresentarem controvertidos após apresentação da contestação pelo réu;

i) juntada das guias judiciais devidamente quitadas; ou (se for o caso), a concessão dos benefícios da justiça gratuita, nos termos do art. 5º, LXXIV, da Constituição Federal e da Lei n. 1.060/50, por ser o autor pobre no sentido legal, não podendo arcar com o pagamento das custas sem prejuízo do próprio sustento;

j) todas as intimações sejam realizadas em nome, endereço eletrônico e profissional do advogado do autor.

Dá-se à causa o valor de R$ (...).

Nestes termos,
Pede deferimento.
"Local..." e "Data..."
OAB n. ..., "Assinatura..."

20.7.3.4. Contestação da ação de reintegração ou manutenção de posse ou interdito proibitório

20.7.3.4.1. Estrutura resumida da peça

1. Endereçamento: atentar que por se tratar de contestação já há a identificação exata do juízo competente, ou seja da cidade/comarca ao qual a peça deverá ser endereçada. Assim, utilizar: "EXCELENTÍSSIMO SENHOR DOUTOR JUIZ DE DIREITO DA 1ª VARA CÍVEL DA COMARCA DE CAMPINAS, ESTADO DE SÃO PAULO".

2. Número do processo: importante verificar que por se tratar de contestação, já existe uma petição inicial protocolada e distribuída, recebendo o devido número de distribuição. Assim, identificar o processo logo em seguida ao endereçamento: "Processo n. ...".

3. Identificação das partes: "NOME DO RÉU", "nacionalidade...", "estado civil...", "profissão..." (se pessoa jurídica indicar se de direito privado, público interno ou público externo), portador do "RG n. ...", inscrito no "CPF/CNPJ sob o n. ...", "endereço eletrônico...", "domiciliado na rua..." (se for pessoa jurídica "com sede na rua..."), "número...", "bairro...", "Município...", "Estado de...", "CEP...".

"NOME DO AUTOR", "nacionalidade...", "estado civil...", "profissão..." (se pessoa jurídica indicar se de direito privado, público interno ou público externo), portador do "RG n. ...", inscrito no "CPF/CNPJ sob o n. ...", "endereço eletrônico...", "domiciliado na rua..." (se for pessoa jurídica "com sede na rua..."), "número...", "bairro...", "Município...", "Estado de...", "CEP...".

4. Nome da ação e sua fundamentação legal: "vem, respeitosamente, por intermédio de seu advogado infra-assinado, nos autos da AÇÃO DE REINTEGRAÇÃO OU MANUTENÇÃO DE POSSE (OU INTERDITO PROIBITÓRIO), apresentar a sua CONTESTAÇÃO, nos termos do art. 335 e seguintes do Código de Processo Civil".

5. Preliminares: analisar se é caso de alegação de eventuais temas que estejam elencados no art. 337 do CPC como preliminares de mérito, criando tópico específico: "I – DAS PRELIMINARES".

6. Fatos: transcrição integral do texto apresentado pelo examinador no enunciado da peça prática, ressaltando a impossibilidade de criar dados inexistentes, para não identificar a peça profissional e ter a prova zerada pelo examinador, demonstrando as questões relativas ao alegado esbulho, turbação ou ameaça da posse do autor. Lembrando que as ações possessórias possuem natureza dúplice, portanto verificar ser o caso ou não de pedir a proteção possessória do réu.

7. Fundamentação: faça a correta ligação entre os fatos e os dispositivos legais aplicáveis, como artigos de lei, súmulas, precedentes, desenvolvendo raciocínio lógico e coerência jurídica, ressaltando que a mera indicação do artigo ou da lei não é suficiente para a pontuação, sendo necessário demonstrar a correta coligação entre fato e direito, lembrando dos princípios do ônus da impugnação especificada e da eventualidade. Não esquecer que caso o examinador indique a existência de precedente fazer a adesão, se for o caso, ou a distinção.

8. Pedidos e requerimentos: "ISTO POSTO, deve ser acolhida a preliminar, resultando na prolação de sentença terminativa, que extingue o processo sem julgamento do mérito (*ou determinação de medida judicial cabível em caso de questão preliminar indireta*). No mérito, pelas razões de direito aduzidas nesta contestação, requer-se: a) que o pedido da presente ação seja julgado improcedente em todos os seus termos; b) que seja, em razão da sua natureza dúplice, expedido mandado de manutenção de posse contra o autor, determinando que ele cesse com a agressão à posse do réu desta ação para que ele seja mantido em sua posse; c) seja condenado o autor nas custas processuais e honorários advocatícios a serem arbitrados nos percentuais definidos no art. 85, § 2º, do Código de Processo Civil".

9. Valor da causa: Lembrar que na contestação não há valor da causa.

10. Fechamento da peça: Nestes Termos, Pede Deferimento. "Local..." e "Data..." OAB n. ..., "Assinatura..."

20.7.3.4.2. Modelo de contestação da ação de reintegração ou manutenção de posse ou interdito proibitório

EXCELENTÍSSIMO SENHOR DOUTOR JUIZ DE DIREITO DA... VARA CÍVEL DA COMARCA DE... ESTADO DE...

"Processo n. ..."

NOME DO RÉU, "nacionalidade...", "estado civil...", "profissão..." (se pessoa jurídica indicar se de direito privado, público interno ou público externo), portador do "RG n. ...", inscrito no "CPF/CNPJ sob o n. ...", "endereço eletrônico...", "domiciliado na rua..." (se for pessoa jurídica "com sede na rua..."), "número...", "bairro...", "Município...", "Estado de...", "CEP...", vem, respeitosamente, por intermédio de seu advogado infra-assinado, nos autos da AÇÃO DE REINTEGRAÇÃO OU MANUTENÇÃO DE POSSE (OU INTERDITO PROIBITÓRIO) que lhe move NOME DO AUTOR, "nacionalidade...", "estado civil...", "profissão..." (se pessoa jurídica indicar se de direito privado, público interno ou público externo), portador do "RG n. ...", inscrito no "CPF/CNPJ sob o n. ...", "endereço eletrônico...", "domiciliado na rua..." (se for pessoa jurídica "com sede na rua..."), "número...", "bairro...", "Município...", "Estado de...", "CEP...", apresentar a sua CONTESTAÇÃO, nos termos do art. 335 e seguintes do CPC, o que faz, articuladamente, nos seguintes e melhores termos de direito:

I – PRELIMINARES
"Alegação de eventuais temas que estejam elencados no art. 337 do CPC."

II – NO MÉRITO
"Apresentar todos os elementos do enunciado da questão que estiverem equivocados em relação às alegações do autor na inicial, lembrando dos princípios do ônus da impugnação especificada e da eventualidade e que estamos diante de uma ação dúplice.
Observar se há precedente.
Caso o precedente seja favorável, fazer a adesão. Caso desfavorável, fazer a distinção – 'distinguishing'."

ISTO POSTO, deve ser acolhida a preliminar, resultando na prolação de sentença terminativa, que extingue o processo sem julgamento do mérito ("ou determinação de medida judicial cabível em caso de questão preliminar indireta").

No mérito, pelas razões de direito aduzidas nesta contestação, requer-se:

a) que o pedido da presente ação seja julgado improcedente em todos os seus termos;

b) que seja, em razão da sua natureza dúplice, expedido mandado de manutenção de posse contra o autor, determinando que ele cesse com a agressão à posse do réu desta ação para que ele seja mantido em sua posse;

c) seja condenado o autor nas custas processuais e honorários advocatícios a serem arbitrados nos percentuais definidos no art. 85, § 2º, do Código de Processo Civil.

Protesta-se por todos os meios de prova admitidos em direito.

Nestes termos,
Pede deferimento.
"Local..." e "Data..."
OAB n. ..., "Assinatura..."

20.7.4. Ação de imissão de posse

20.7.4.1. Apresentação

Primeiro, importante esclarecer que, ao contrário das ações possessórias, as ações de imissão na posse e reivindicatória são ações chamadas de petitórias, pois buscam a defesa da posse, no entanto, com fundamento no direito de propriedade.

Desta forma, a ação de imissão na posse é aquela utilizada pelo proprietário do bem, todavia que nunca teve na posse. Isso porque, é comum que alguém adquira a propriedade de um bem, por intermédio de contrato de compra e venda, pela arrematação em leilão etc., mas tenha a dificuldade de ser investido na posse em virtude de injusta resistência apresentada pelo atual possuidor. Poderá ser utilizada a ação para que seja imitido pela primeira vez na posse do imóvel, ao contrário da reivindicatória que veremos na sequência.

Importante esclarecer que, para que a ação de imissão de posse seja a ação adequada, é necessário que a posse do atual possuidor tenha se originado de qualquer fato (ocupação irregular, contrato de comodato, dentre outros), exceto de um contrato de locação, porque, neste caso, existe lei específica tutelando a locação (qual seja, Lei n. 8.245/91), que previu instrumento específico (ação de despejo) para o exercício daquele direito.

20.7.4.2. Estrutura resumida da peça

1. Endereçamento: por ser uma petição inicial, faz-se a mesma recomendação anteriormente realizada, ou seja, atentar sempre para o enunciado proposto pelo examinador com respeito à competência (se Vara Única, se Vara Distrital, Regional ou Específica – Família e Sucessões, Criança e Adolescente etc.), ou se já há identificação exata da cidade/comarca "Vara Cível da Comarca da Capital de São Paulo". Ainda, observar se vara cível da Justiça Federal ou Estadual, bem como se de competência originária dos Tribunais. Assim, utilizar: "EXCELENTÍSSIMO SENHOR DOUTOR JUIZ DE DIREITO DA ... VARA CÍVEL DA COMARCA DE... ESTADO DE...".

2. Identificação das partes: NOME DO AUTOR, "nacionalidade...", "estado civil...", "profissão..." (se pessoa jurídica indicar se de direito privado, público interno ou público externo), portador do "RG n. ...", inscrito no "CPF/CNPJ sob o n. ...", "endereço eletrônico...", "domiciliado na rua..." (se for pessoa jurídica "com sede na rua..."), "número...", "bairro...", "Município...", "Estado de...", "CEP...".

NOME DO RÉU, "nacionalidade...", "estado civil...", "profissão..." (se pessoa jurídica indicar se de direito privado, público interno ou público externo), portador do "RG n. ...", inscrito no "CPF/CNPJ sob o n. ...", "endereço eletrônico...", "domiciliado na rua..." (se for pessoa jurídica "com sede na rua..."), "número...", "bairro...", "Município...", "Estado de...", "CEP...".

3. Nome da ação e sua fundamentação legal: "vem, respeitosamente, por intermédio de seu advogado infra-assinado, perante Vossa Excelência, propor (ou ajuizar) a presente AÇÃO DE IMISSÃO NA POSSE, com fulcro no art. 1.228 do CC e arts. 536 e seguintes do CPC". Observar se é caso de cumulação de pedidos, ou se é hipótese de requerer a concessão da liminar ou da tutela antecipada.

4. Fatos: transcrição integral do texto apresentado pelo examinador no enunciado da peça prática, ressaltando a impossibilidade de criar dados inexistentes, para não identificar a peça profissional e ter a prova zerada pelo examinador. Importante demonstrar a hipótese de eventual violação ao direito de propriedade e a impossibilidade de reaver a coisa de quem a tenha injustamente.

5. Fundamentação: faça a correta ligação entre os fatos e os dispositivos legais aplicáveis, como artigos de lei, súmulas, precedentes, desenvolvendo raciocínio lógico e coerência jurídica, ressaltando que a mera indicação do artigo ou da lei não é suficiente para a pontuação, sendo necessário demonstrar a correta coligação entre fato e direito.

6. Pedidos e requerimentos: "Diante de todo o exposto, requer-se a Vossa Excelência: a) seja o réu citado para, querendo, apresentar resposta no prazo legal em uma das modalidades permitidas na lei processual; b) seja julgado procedente o pedido no sentido de ser o autor imitido na posse do referido imóvel, exercendo seu pleno direito de propriedade; c) nos termos do art. 334, *caput* ou § 5º, do Código de Processo Civil, o autor deve se manifestar sobre o interesse (ou desinteresse) em autocomposição para a realização da audiência de conciliação ou de mediação; d) seja o réu condenado em custas e honorários advocatícios em percentuais arbitrados nos termos do art. 85, § 2º, do Código de Processo Civil; e) sejam deferidos todos os meios de prova admitidos em direito para comprovação dos fatos que se apresentarem controvertidos após apresentação da contestação pelo réu; f) juntada das guias judiciais devidamente quitadas; ou (se for o caso), a concessão dos benefícios da justiça gratuita, nos termos do art. 5º, LXXIV, da Constituição Federal e da Lei n. 1.060/50, por ser o autor pobre no sentido legal, não podendo arcar com o pagamento das custas sem prejuízo do próprio sustento.

O endereço do advogado do autor, onde deverá receber as intimações, é "Endereço...".

7. Valor da causa: Dá-se à causa o valor de R$ (...).

8. Fechamento da peça: Nestes Termos, Pede Deferimento. "Local..." e "Data..." OAB n. ..., "Assinatura...".

20.7.4.3. Modelo de ação de imissão de posse

EXCELENTÍSSIMO SENHOR DOUTOR JUIZ DE DIREITO DA... "VARA..." DA "COMARCA DE... ESTADO DE..."

NOME DO AUTOR, "nacionalidade...", "estado civil...", "profissão..." (se pessoa jurídica indicar se de direito privado, público interno ou público externo), portador do "RG n. ...", inscrito no "CPF/CNPJ sob o n. ...", "endereço eletrônico...", "domiciliado na rua..." (se for pessoa jurídica "com sede na rua..."), "número...", "bairro...", "Município...", "Estado de...", "CEP...", vem, respeitosamente, por intermédio de seu advogado infra-assinado, perante Vossa Excelência, propor (ou ajuizar) a presente AÇÃO DE IMISSÃO DE POSSE, com fulcro no art. 1.228 do CC e arts. 536 e seguintes do CPC, em face de NOME DO RÉU, nacionalidade...", "estado civil...", "profissão..." (se pessoa jurídica indicar se de direito privado, público interno ou público externo), portador do "RG n. ...", inscrito no "CPF/CNPJ sob o n. ...", "endereço eletrônico...", "domiciliado na rua..." (se for pessoa jurídica "com sede na rua..."), "número...", "bairro...", "Município...", "Estado de...", "CEP...", pelos fundamentos de fato e de direito a seguir expostos:

I – DOS FATOS
"Fazer a transcrição integral do texto apresentado pelo examinador no enunciado da peça prática, ressaltando a impossibilidade de criar dados inexistentes, para não identificar a peça profissional e ter a prova zerada pelo examinador. Importante demonstrar a hipótese de eventual violação ao direito de propriedade e a impossibilidade de reaver a coisa de quem a tenha injustamente."

II – DOS FUNDAMENTOS DE DIREITO
"Faça a correta ligação entre os fatos e os dispositivos legais aplicáveis, como artigos de lei, súmulas, precedentes, desenvolvendo raciocínio lógico e coerência jurídica, ressaltando que a mera indicação do artigo ou da lei não é suficiente para a pontuação, sendo necessário demonstrar a correta coligação entre fato e direito.
Observar se há precedente.
Caso o precedente seja favorável, fazer a adesão. Caso desfavorável, fazer a distinção 'distinguishing'."

III – DOS PEDIDOS
Diante de todo o exposto, requer-se a Vossa Excelência:

a) seja o réu citado para, querendo, apresentar resposta no prazo legal em uma das modalidades permitidas na lei processual;
b) seja julgado procedente o pedido no sentido de ser o autor imitido na posse do referido imóvel, exercendo plenamente seu direito de propriedade;
c) nos termos do art. 334, "caput" ou § 5º, do Código de Processo Civil, o autor deve se manifestar sobre o interesse (ou desinteresse) em autocomposição para a realização da audiência de conciliação ou de mediação;

d) seja o réu condenado em custas e honorários advocatícios em percentuais arbitrados nos termos do art. 85, § 2º, do Código de Processo Civil;

e) sejam deferidos todos os meios de prova admitidos em direito para comprovação dos fatos que se apresentarem controvertidos após apresentação da contestação pelo réu;

f) juntada das guias judiciais devidamente quitadas; ou (se for o caso), a concessão dos benefícios da justiça gratuita, nos termos do art. 5º, LXXIV, da Constituição Federal e da Lei n. 1.060/50, por ser o autor pobre no sentido legal, não podendo arcar com o pagamento das custas sem prejuízo do próprio sustento;

g) todas as intimações sejam realizadas em nome, endereço eletrônico e profissional do advogado do autor.

Dá-se à causa o valor de R$ (...).

Nestes termos,
Pede deferimento.
"Local..." e "Data..."
OAB n. ..., "Assinatura..."

20.7.5. Ação reivindicatória

20.7.5.1. Apresentação

Por certo, a ação reivindicatória também é espécie das chamadas ações petitórias, utilizadas com fundamento no direito de propriedade, no entanto, somente legitimando a propositura pelo proprietário que já esteve na posse do bem, mas a perdeu por qualquer outra circunstância e deseja recuperá-la de quem a detenha injustamente.

Desta forma, está fundada no direito de sequela, ou seja, no direito que tem o proprietário de perseguir a coisa, buscando-a das mãos de quem quer que injustamente a detenha, também com fundamento no direito de propriedade e no exercício pleno dos poderes a ela inerentes, previstos no art. 1.228 do CC.

20.7.5.2. Estrutura resumida da peça

1. Endereçamento: por ser uma petição inicial, faz-se a mesma recomendação anteriormente realizada, ou seja, atentar sempre para o enunciado proposto pelo examinador com respeito à competência (se Vara Única, se Vara Distrital, Regional ou Específica – Família e Sucessões, Criança e Adolescente etc.), ou se já há identificação exata da cidade/comarca "Vara Cível da Comarca da Capital de São Paulo". Ainda, observar se vara cível da Justiça Federal ou Estadual, bem como se de competência originária dos Tribunais. Assim, utilizar: "EXCELENTÍSSIMO SENHOR DOUTOR JUIZ DE DIREITO DA ... VARA CÍVEL DA COMARCA DE... ESTADO DE...".

2. Identificação das partes: NOME DO AUTOR, "nacionalidade...", "estado civil...", "profissão..." (se pessoa jurídica indicar se de direito privado, público interno ou público externo), portador do "RG n. ...", inscrito no "CPF/CNPJ sob o n. ...", "endereço eletrônico...", "domiciliado na rua..." (se for pessoa jurídica "com sede na rua..."), "número...", "bairro...", "Município...", "Estado de...", "CEP...".

NOME DO RÉU, "nacionalidade...", "estado civil...", "profissão..." (se pessoa jurídica indicar se de direito privado, público interno ou público externo), portador do "RG n. ...", inscrito no "CPF/CNPJ sob o n. ...", "endereço eletrônico...", "domiciliado na rua..." (se for pessoa jurídica "com sede na rua..."), "número...", "bairro...", "Município...", "Estado de...", "CEP...".

3. Nome da ação e sua fundamentação legal: "vem, respeitosamente, por intermédio de seu advogado infra-assinado, perante Vossa Excelência, propor (ou ajuizar) a presente AÇÃO REIVINDICATÓRIA, com fulcro no art. 1.228 do CC. Observar se é caso de cumulação de pedidos, ou se é hipótese de requerer a concessão da liminar ou da tutela antecipada.

4. Fatos: transcrição integral do texto apresentado pelo examinador no enunciado da peça prática, ressaltando a impossibilidade de criar dados inexistentes, para não identificar a peça profissional e ter a prova zerada pelo examinador. Importante demonstrar a hipótese de violação ao direito de propriedade e a impossibilidade de reaver a coisa de quem a tenha injustamente (art. 1.228 do CC).

5. Fundamentação: faça a correta ligação entre os fatos e os dispositivos legais aplicáveis, como artigos de lei, súmulas, precedentes, desenvolvendo raciocínio lógico e coerência jurídica, ressaltando que a mera indicação do artigo ou da lei não é suficiente para a pontuação, sendo necessário demonstrar a correta coligação entre fato e direito.

6. Pedidos e requerimentos: "Diante de todo o exposto, requer-se a Vossa Excelência: a) seja o réu citado para, querendo, apresentar resposta no prazo legal em uma das modalidades permitidas na lei processual; b) seja julgado procedente o pedido no sentido de ser o autor imitido na posse do referido imóvel, exercendo seu pleno direito de propriedade; c) nos termos do art. 334, *caput* ou § 5º, do Código de Processo Civil, o autor deve se manifestar sobre o interesse (ou desinteresse) em autocomposição para a realização da audiência de conciliação ou de mediação; d) seja o réu condenado em custas e honorários advocatícios em percentuais arbitrados nos termos do art. 85, § 2º, do Código de Processo Civil; e) sejam deferidos todos os meios de prova admitidos em direito para comprovação dos fatos que se apresentarem controvertidos após apresentação da contestação pelo réu; f) juntada das guias judiciais devidamente quitadas; ou (se for o caso), a concessão dos benefícios da justiça gratuita, nos termos do art. 5º, LXXIV, da Constituição Federal e da Lei n. 1.060/50, por ser o autor pobre no sentido legal, não podendo arcar com o pagamento das custas sem prejuízo do próprio sustento.

O endereço do advogado do autor, onde deverá receber as intimações, é "Endereço...".

7. Valor da causa: Dá-se à causa o valor de R$ (...).

8. Fechamento da peça: Nestes Termos, Pede Deferimento. "Local..." e "Data...", OAB n. ..., "Assinatura...".

20.7.5.3. Modelo de ação reivindicatória

EXCELENTÍSSIMO SENHOR DOUTOR JUIZ DE DIREITO DA... VARA CÍVEL DA COMARCA DE... ESTADO DE...

NOME DO AUTOR, "nacionalidade...", "estado civil...", "profissão..." (se pessoa jurídica indicar se de direito privado, público interno ou público externo), portador do "RG n. ...", inscrito no "CPF/CNPJ sob o n. ...", "endereço eletrônico...", "domiciliado na rua..." (se for pessoa jurídica "com sede na rua..."), "número...", "bairro...", "Município...", "Estado de...", "CEP..." ("não se esqueça de indicar e qualificar o cônjuge, se ele for casado"), inscrito no "CPF sob o n. ...", "domiciliado à rua...", vem, respeitosamente, por intermédio de seu advogado infra-assinado, perante Vossa Excelência, propor (ou ajuizar) a presente AÇÃO REIVINDICATÓRIA, com fulcro no art. 1.228 do CC, em face de NOME DO RÉU, "nacionalidade...", "estado civil...", "profissão..." (se pessoa jurídica indicar se de direito privado, público interno ou público externo), portador do "RG n. ...", inscrito no "CPF/CNPJ sob o n. ...", "endereço eletrônico...", "domiciliado na rua..." (se for pessoa jurídica "com sede na rua..."), "número...", "bairro...", "Município...", "Estado de...", "CEP..." (se for pessoa jurídica "com sede na rua..."), pelos fundamentos de fato e de direito a seguir expostos:

I – DOS FATOS

"Resumo dos fatos fornecidos pelo enunciado da questão, em especial analisando a perda da propriedade e pretensão de reivindicar em poder de quem a detiver, com fundamento no direito de propriedade (art. 1.228 do CC)."

II – DOS FUNDAMENTOS DE DIREITO

"Lições jurídicas sobre o tema da peça processual. A discussão aqui gira em torno da propriedade.
Observar se há precedente.
Caso o precedente seja favorável, fazer a adesão. Caso desfavorável, fazer a distinção 'distinguishing'."

III – DOS PEDIDOS

Diante de todo o exposto, requer-se a Vossa Excelência:

a) seja o réu citado para, querendo, apresentar resposta no prazo legal em uma das modalidades permitidas na lei processual;

b) seja julgado procedente o pedido no sentido de ser condenado o réu a devolver o "bem..." ao autor por ser ele o seu legítimo proprietário;

c) nos termos do art. 334, "caput" ou § 5º, do Código de Processo Civil, o autor deve se manifestar sobre o interesse (ou desinteresse, conforme o caso) em autocomposição para a realização da audiência de conciliação ou de mediação do art. 334 do CPC;

d) seja o réu condenado em custas e honorários advocatícios em percentuais arbitrados nos termos do art. 85, § 2º, do Código de Processo Civil;

e) sejam deferidos todos os meios de prova admitidos em direito para comprovação dos fatos que se apresentarem controvertidos após apresentação da contestação pelo réu;

f) juntada das guias judiciais devidamente quitadas; ou (se for o caso), a concessão dos benefícios da justiça gratuita, nos termos do art. 5º, LXXIV, da Constituição Federal e da Lei 1.060/50, por ser o autor pobre no sentido legal, não podendo arcar com o pagamento das custas sem prejuízo do próprio sustento;

g) todas as intimações sejam realizadas em nome, endereço eletrônico e profissional do advogado do autor.

Dá-se à causa o valor de R$ (...).

Nestes termos,
Pede deferimento.
"Local..." e "Data..."
OAB n. ..., "Assinatura..."

20.7.6. Ação de usucapião

20.7.6.1. Apresentação

A usucapião, também chamada de hipótese de prescrição aquisitiva, é considerada uma forma originária de aquisição da propriedade. Consiste em uma posse prolongada no tempo de um bem móvel ou imóvel, acompanhada de determinados requisitos e restrições estabelecidos pela lei, para que possa ser exercida ou pleiteada.

No que diz respeito aos bens imóveis, a legislação prevê algumas espécies de usucapião, quais sejam: a ordinária, a extraordinária, a especial urbana, a especial rural e a especial coletiva, além da usucapião especial indígena, algumas das modalidades previstas no Código Civil e outras estabelecidas no Estatuto das Cidades.

No CPC, a ação de usucapião deixou de ser considerada uma ação a ser processada perante procedimento especial, sendo adotada para todas as espécies de usucapião o procedimento comum.

Assim, quanto às espécies de usucapião, temos:

1. usucapião de bens móveis;
2. usucapião de bens imóveis;
    2.1. usucapião extraordinária (art. 1.238, *caput* e parágrafo único, do CC);
    2.2. usucapião ordinária (art. 1.242, *caput* e parágrafo único, do CC);
    2.3. usucapião especial urbana (art. 183 da CF/88 e art. 1.240 do CC);
    2.4. usucapião especial urbana por abandono do lar conjugal – Lei n. 12.424/2011 (art. 1.240–A do CC);
    2.5. usucapião especial rural (art. 191 da CF/88 e art. 1.239 do CC);
    2.6. usucapião coletiva (art. 10 da Lei n. 10.257/2001);
    2.7. usucapião indígena (art. 33 da Lei n. 6.001/73).

Resta, agora, a necessidade de analisar os requisitos principais essenciais autorizadores da usucapião, em especial se for para justificar o preenchimento, no caso de petições iniciais, ou para rejeitar o pedido, nos casos de recursos ou de contestação.

Requisitos comuns:
1. **Requisitos pessoais:** condição de possuidor.
2. **Requisitos reais:** bens que podem ser usucapidos (bens públicos não podem ser usucapidos, bem como os bens de absolutamente incapazes, pois contra eles não correm a prescrição).
3. **Requisitos formais:** tempo e posse.

– Tempo: inicia-se no primeiro dia da posse e não se admite que o tempo transcorrido entre o ajuizamento da usucapião e da sentença seja computada (STJ – REsp 3.325/SP).

– Posse: admite-se a somatória da posse anterior com a atual, entre os possuidores, desde que contínua e pacífica. Portanto, deve ser mansa, pacífica, tranquila e ininterrupta (sem a oposição ou contestação por parte do proprietário).

Requisitos específicos para cada espécie de usucapião:

Usucapião extraordinária	Art. 1.238 do CC: – prazo: 15 anos; – posse: contínua, mansa, pacífica e tranquila; – sem a necessidade de justo título e boa-fé. Art. 1.238, parágrafo único, do CC: – prazo: 10 anos, se o possuidor houver estabelecido no imóvel a sua moradia habitual ou nele realizado obras ou serviços de natureza produtiva; – posse mansa, pacífica, tranquila e contínua; – sem a necessidade de justo título e boa-fé.
Usucapião ordinária	1. art. 1.242 do CC: – prazo: 10 anos; – posse mansa, pacífica, tranquila e contínua; – justo título e boa-fé. 2. art. 1.242, parágrafo único, do CC: – prazo: 5 anos, se o imóvel houver sido adquirido, onerosamente, com base no registro constante do respectivo cartório, cancelada posteriormente, desde que os possuidores nele tiverem estabelecido a sua moradia, ou realizado investimentos de interesse social e econômico; – posse mansa, pacífica, tranquila e contínua; – justo título e boa-fé.
Usucapião especial urbana	– prazo: 5 anos; – posse mansa, pacífica, tranquila e contínua; – animo de dono; – sem justo título e boa-fé; – área não superior a 250m^2; – utilização para moradia; – possuidor não pode ser proprietário de outro imóvel urbano ou rural; – somente pessoa física.

Usucapião especial urbana por abandono do lar conjugal	– prazo: 2 anos; – posse mansa e pacífica, exclusiva e direta; – propriedade comum do casal e compreende todas as formas de família ou entidades familiares; – área não superior a 250m²; – abandono do lar; – cônjuge abandonado não ser proprietário de outro imóvel;
Usucapião especial rural	– prazo: 5 anos; – posse mansa, pacífica, tranquila e contínua; – animo de dono; – sem justo título e boa-fé; – área não superior a 50 hectares; – tornou a terra produtiva por seu trabalho ou de sua família, tendo nela moradia; – possuidor não pode ser proprietário de outro imóvel urbano ou rural; – somente pessoa física.
Usucapião coletiva	– prazo: 5 anos; – posse mansa, pacífica, tranquila e contínua; – animo de dono; – sem justo título e boa-fé; – área urbana superior a 250 m²; – possuidor de baixa renda; – possuidor não pode ser proprietário de outro imóvel urbano ou rural; – forma especial de condomínio.
Usucapião indígena	– prazo: 10 anos; – animo de dono; – área rural e particular inferior a 50 hectares.

Regras específicas previstas pelo CPC para a ação de usucapião:

1. Petição inicial: arts. 319 e 320 do CPC.
2. Publicação de edital: art. 259, I, do CPC.
3. Citação dos confrontantes da área: art. 246, § 3º, do CPC.
4. Participação do MP nos litígios coletivos pela posse de terra rural ou urbana: art. 178, III, do CPC.

Por fim, importante ressaltar que o CPC estabeleceu uma nova modalidade de usucapião extrajudicial, em seu art. 1.071, alterando a Lei de Registros Públicos.

20.7.6.2. Estrutura resumida da peça

1. Endereçamento: por ser uma petição inicial, faz-se a mesma recomendação anteriormente realizada, ou seja, atentar sempre para o enunciado proposto pelo examinador com respeito à competência (se Vara Única, se Vara Distrital, Regional ou Específica), ou se já há identificação exata da cidade/comarca "Vara Cível da Comarca da Capital de São Paulo". Ainda, observar se vara cível da Justiça Federal ou Estadual, bem como se de competência originária dos Tribunais. Assim, utilizar: "EXCELENTÍSSIMO SENHOR DOUTOR JUIZ DE DIREITO DA... VARA CÍVEL DA COMARCA DE... ESTADO DE...".

2. Identificação das partes: NOME DO AUTOR, "nacionalidade...", "estado civil...", "profissão..." (se pessoa jurídica indicar se de direito privado, público interno ou público externo), portador do "RG n. ...", inscrito no "CPF/CNPJ sob o n. ...", "endereço eletrônico...", "domiciliado na rua..." (se for pessoa jurídica "com sede na rua..."), "número...", "bairro...", "Município...", "Estado de...", "CEP...".

NOME DO RÉU, "nacionalidade...", "estado civil...", "profissão..." (se pessoa jurídica indicar se de direito privado, público interno ou público externo), portador do "RG n. ...", inscrito no "CPF/CNPJ sob o n. ...", "endereço eletrônico...", "domiciliado na rua..." (se for pessoa jurídica "com sede na rua..."), "número...", "bairro...", "Município...", "Estado de...", "CEP...".

3. Nome da ação e sua fundamentação legal: "vem, respeitosamente, por intermédio de seu advogado infra-assinado, perante Vossa Excelência, propor (ou ajuizar) a presente AÇÃO DECLARATÓRIA DE USUCAPIÃO, com fulcro no (*ver qual a natureza da usucapião*)".

4. Fatos: transcrição integral do texto apresentado pelo examinador no enunciado da peça prática, ressaltando a impossibilidade de criar dados inexistentes, para não identificar a peça profissional e ter a prova zerada pelo examinador. Importante demonstrar o lapso temporal para a aquisição da propriedade e a posse mansa, pacífica, tranquila e ininterrupta.

5. Fundamentação: faça a correta ligação entre os fatos e os dispositivos legais aplicáveis, como artigos de lei, súmulas, precedentes, desenvolvendo raciocínio lógico e coerência jurídica, ressaltando que a mera indicação do artigo ou da lei não é suficiente para a pontuação, sendo necessário demonstrar a correta coligação entre fato e direito.

6. Pedidos e requerimentos: "a) sejam citados o réu e todos os vizinhos confrontantes do imóvel para, querendo, apresentarem defesa no prazo legal em uma das modalidades permitidas na lei processual; b) seja julgado procedente o pedido no sentido de ser declarado o domínio em nome do autor do imóvel objeto da presente ação; c) nos termos do art. 334, *caput* ou § 5º, do Código de Processo Civil, o autor deve se manifestar sobre o interesse (ou desinteresse) em autocomposição para a realização da audiência de conciliação ou de mediação; d) seja o réu condenado em custas e honorários advocatícios em percentuais arbitrados nos termos do art. 85, § 2º, do Código de Processo Civil; e) requer-se a participação do Ministérios Público (art. 178, III, CPC); f) sejam deferidos todos os meios de prova admitidos em direito para comprovação dos fatos que se apresentarem controvertidos após apresentação da contestação pelo réu; g) juntada das guias judiciais devidamente quitadas; ou (se for o caso), a concessão dos benefícios da justiça gratuita, nos termos do art. 5º, LXXIV, da Constituição Federal e da Lei n. 1.060/50, por ser o autor pobre no sentido legal, não podendo arcar com o pagamento das custas sem prejuízo do próprio sustento.

O endereço do advogado do autor, onde deverá receber as intimações, é "Endereço...".

7. Valor da causa: Dá-se à causa o valor de R$ (...).

8. Fechamento da peça: Nestes Termos, Pede Deferimento. "Local..." e "Data...", OAB n. ..., "Assinatura...".

20.7.6.3. Modelo de ação declaratória de usucapião

EXCELENTÍSSIMO SENHOR DOUTOR JUIZ DE DIREITO DA... VARA CÍVEL DA COMARCA DE... ESTADO DE...

NOME DO AUTOR, "nacionalidade...", "estado civil...", "profissão..." (se pessoa jurídica indicar se de direito privado, público interno ou público externo), portador do "RG n. ...", inscrito no "CPF/CNPJ sob o n. ...", "endereço eletrônico...", "domiciliado na rua..." (se for pessoa jurídica "com sede na rua..."), "número...", "bairro...", "Município...", "Estado de...", "CEP...", vem, respeitosamente, por intermédio de seu advogado infra-assinado, perante Vossa Excelência, propor (ou ajuizar) a presente AÇÃO DECLARATÓRIA DE USUCAPIÃO, com fulcro no (ver qual a natureza da usucapião), em face de NOME DO RÉU, "nacionalidade...", "estado civil...", "profissão..." (se pessoa jurídica indicar se de direito privado, público interno ou público externo), portador do "RG n. ...", inscrito no "CPF/CNPJ sob o n. ...", "endereço eletrônico...", "domiciliado na rua..." (se for pessoa jurídica "com sede na rua..."), "número...", "bairro...", "Município...", "Estado de...", "CEP...", pelos fundamentos de fato e de direito a seguir expostos:

I – DOS FATOS
"Resumo dos fatos fornecidos pelo enunciado da questão, em especial decorrendo o lapso temporal para a aquisição da propriedade, sendo a posse mansa, pacífica e ininterrupta."

II – DOS FUNDAMENTOS DE DIREITO
"Lições jurídicas sobre o tema da peça processual.
Observar se há precedente.
Caso o precedente seja favorável, fazer a adesão. Caso desfavorável, fazer a distinção 'distinguishing'."

III – DOS PEDIDOS
Diante de todo o exposto, requer-se a Vossa Excelência:

a) sejam citados o réu e todos os vizinhos confrontantes do imóvel para, querendo, apresentarem defesa no prazo legal em uma das modalidades permitidas na lei processual;

b) seja julgado procedente o pedido no sentido de ser declarado o domínio em nome do autor do imóvel objeto da presente ação;

c) nos termos do art. 334, "caput" ou § 5º, do Código de Processo Civil, o autor deve se manifestar sobre o interesse (ou desinteresse) em autocomposição para a realização da audiência de conciliação ou de mediação do art. 334 do CPC;

d) seja o réu condenado em custas e honorários advocatícios em percentuais arbitrados nos termos do art. 85, § 2º, do Código de Processo Civil;

e) requer-se a participação do Ministérios Público (art. 178, III, do CPC);

f) sejam deferidos todos os meios de prova admitidos em direito para comprovação dos fatos que se apresentarem controvertidos após apresentação da contestação pelo réu;

g) juntada das guias judiciais devidamente quitadas; ou (se for o caso), a concessão dos benefícios da justiça gratuita, nos termos do art. 5º, LXXIV, da Constituição Federal e da Lei n. 1.060/50, por ser o autor pobre no sentido legal, não podendo arcar com o pagamento das custas sem prejuízo do próprio sustento;

h) todas as intimações sejam realizadas em nome, endereço eletrônico e profissional do advogado do autor.

Dá-se à causa o valor de R$ (...).

Nestes termos,
Pede deferimento.
"Local..." e "Data..."
OAB n. ..., "Assinatura..."

20.7.7. Ação de adjudicação compulsória

20.7.7.1. Apresentação

A adjudicação compulsória é o procedimento adotado para exigir do vendedor a transferência obrigatória (ou compulsória) de um bem móvel ou imóvel, quando houver aquisição de um imóvel por intermédio de um compromisso de venda e compra, no qual ambas as partes se comprometem, após a quitação do débito, a passar a escritura definitiva.

Neste caso, em face da recusa dos promitentes vendedores em assinar a escritura definitiva, utiliza-se o procedimento, ou seja, se alguma das partes, por razões diversas, negar-se a concluir o negócio, lavrando a escritura definitiva, a parte interessada pode ingressar com ação de adjudicação compulsória com a finalidade de obter, pela sentença, a denominada carta de adjudicação, o que substitui a lavratura da escritura definitiva (arts. 1.417 e 1.418 do CC).

Adjudicar, portanto, é ato judicial pelo qual se transfere determinado bem do patrimônio do devedor para o do credor, ou seja, é a ação pessoal pertinente ao compromissário comprador, ajuizada em relação ao titular do domínio do imóvel, que se negou à transferência do bem, visando o suprimento judicial desta outorga, mediante sentença com a mesma eficácia do ato praticado.

Esta ação segue o procedimento comum estabelecido no Código de Processo Civil, nos termos do art. 318, bem como é regulado pelos arts. 1.417 e 1.418 do CC.

20.7.7.2. Estrutura resumida da peça

1. Endereçamento: por ser uma petição inicial, faz-se a mesma recomendação anteriormente realizada, ou seja, atentar sempre para o enunciado proposto pelo examinador com respeito à competência (se Vara Única, se Vara Distrital, Regional ou Específica), ou se já há identificação exata da cidade/comarca "Vara Cível da Comarca da Capital de São Paulo". Ainda, observar se vara cível da Justiça Federal ou Estadual, bem como se de competência originária dos Tribunais. Assim, utilizar: "EXCELENTÍSSIMO SENHOR DOUTOR JUIZ DE DIREITO DA ... VARA CÍVEL DA COMARCA DE... ESTADO DE...".

2. Identificação das partes: NOME DO AUTOR, "nacionalidade...", "estado civil...", "profissão..." (se pessoa jurídica indicar se de direito privado, público interno ou público externo), portador do "RG n. ...", inscrito no "CPF/CNPJ sob o n. ...", "endereço eletrônico...", "domiciliado na rua..." (se for pessoa jurídica "com sede na rua..."), "número...", "bairro...", "Município...", "Estado de...", "CEP...".

NOME DO RÉU, "nacionalidade...", "estado civil...", "profissão..." (se pessoa jurídica indicar se de direito privado, público interno ou público externo), portador do "RG n. ...", inscrito no "CPF/CNPJ sob o n. ...", "endereço eletrônico...", "domiciliado na rua..." (se for pessoa jurídica "com sede na rua..."), "número...", "bairro...", "Município...", "Estado de...", "CEP...".

3. Nome da ação e sua fundamentação legal: "vem, respeitosamente, por intermédio de seu advogado infra-assinado, perante Vossa Excelência, propor (ou ajuizar) a presente AÇÃO DE ADJUDICAÇÃO COMPULSÓRIA, com fulcro nos arts. 319 e 320 do Código de Processo Civil e arts. 1.417 e 1.418 do CC".

4. Fatos: transcrição integral do texto apresentado pelo examinador no enunciado da peça prática, ressaltando a impossibilidade de criar dados inexistentes, para não identificar a peça profissional e ter a prova zerada pelo examinador. Importante demonstrar a negativa de transferência do bem, após regular quitação e demonstrando a existência de compromisso de compra e venda.

5. Fundamentação: faça a correta ligação entre os fatos e os dispositivos legais aplicáveis, como artigos de lei, súmulas, precedentes, desenvolvendo raciocínio lógico e coerência jurídica, ressaltando que a mera indicação do artigo ou da lei não é suficiente para a pontuação, sendo necessário demonstrar a correta coligação entre fato e direito.

6. Pedidos e requerimentos: "a) seja O RÉU citado para, querendo, apresentar defesa no prazo legal em uma das modalidades permitidas na lei processual; b) seja julgado procedente o pedido da presente ação, sendo notificado o réu para, no prazo de cinco dias, outorgar ao autor desta ação a escritura pública definitiva, sob pena de ser o imóvel adjudicado compulsoriamente ao peticionário, através da conversão da promessa de compra e venda em contrato definitivo de compra e venda para registro como tal no devido cartório de registro de imóveis; c) nos termos do art. 334, *caput* ou § 5º, do Código de Processo Civil, o autor deve se manifestar sobre o interesse (ou desinteresse, dependendo do caso) em autocomposição para a realização da audiência de conciliação ou de mediação; d) seja o réu condenado em custas e honorários advocatícios em percentuais arbitrados nos termos do art. 85, § 2º, do Código de Processo Civil; e) sejam deferidos todos os meios de prova admitidos em direito para comprovação dos fatos que se apresentarem controvertidos após apresentação da contestação pelo réu; f) juntada das guias judiciais devidamente quitadas; ou (se for o caso), a concessão dos benefícios da justiça gratuita, nos termos do art. 5º, LXXIV, da Constituição Federal e da Lei n. 1.060/50, por ser o autor pobre no sentido legal, não podendo arcar com o pagamento das custas sem prejuízo do próprio sustento.

O endereço do advogado do autor, onde deverá receber as intimações, é "Endereço...".

7. Valor da causa: Dá-se à causa o valor de R$ (...).

8. Fechamento da peça: Nestes Termos, Pede Deferimento. "Local..." e "Data...", OAB n. ..., "Assinatura...".

20.7.7.3. Modelo de ação de adjudicação compulsória

EXCELENTÍSSIMO SENHOR DOUTOR JUIZ DE DIREITO DA... VARA CÍVEL DA COMARCA DE... ESTADO DE...

NOME DO AUTOR, "nacionalidade...", "estado civil...", "profissão..." (se pessoa jurídica indicar se de direito privado, público interno ou público externo), portador do "RG n. ...", inscrito no "CPF/CNPJ sob o n. ...", "endereço eletrônico...", "domiciliado na rua..." (se for pessoa jurídica "com sede na rua..."), "número...", "bairro...", "Município...", "Estado de...", "CEP...", vem, respeitosamente, por intermédio de seu advogado infra-assinado, perante Vossa Excelência, ajuizar a presente AÇÃO DE ADJUDICAÇÃO COMPULSÓRIA, com fulcro nos arts. 319 e 320 do Código de Processo Civil e arts. 1.417 e 1.418 do CC, em face de NOME DO RÉU, "nacionalidade...", "estado civil...", "profissão..." (se pessoa jurídica indicar se de direito privado, público interno ou público externo), portador do "RG n. ...", inscrito no "CPF/CNPJ sob o n. ...", "endereço eletrônico...", "domiciliado na rua..." (se for pessoa jurídica "com sede na rua..."), "número...", "bairro...", "Município...", "Estado de...", "CEP...", pelos fundamentos de fato e de direito a seguir expostos:

I – DOS FATOS

"Resumo dos fatos fornecidos pelo enunciado da questão, em especial demonstrando a negativa de transferência do bem, após regular quitação e demonstrando a existência de compromisso de compra e venda."

II – DOS FUNDAMENTOS DE DIREITO

"Lições jurídicas sobre o tema da peça processual.
Observar se há precedente.
Caso o precedente seja favorável, fazer a adesão. Caso desfavorável, fazer a distinção "*istinguishing*."

III – DOS PEDIDOS

Diante de todo o exposto, requer-se a Vossa Excelência:

a) seja O RÉU citado para, querendo, apresentar defesa no prazo legal em uma das modalidades permitidas na lei processual:
b) seja julgado procedente o pedido da presente ação, sendo notificado o réu para, no prazo de cinco dias outorgar ao autor desta ação a escritura pública definitiva, sob pena de ser o imóvel adjudicado compulsoriamente ao peticionário, através da conversão da promessa de compra e venda em contrato definitivo de compra e venda para registro como tal no devido cartório de registro de imóveis:
c) nos termos do art. 334, "caput" ou § 5º, do Código de Processo Civil, o autor deve se manifestar sobre o interesse (ou desinteresse) em autocomposição para a realização da audiência de conciliação ou de mediação:
d) seja o réu condenado em custas e honorários advocatícios em percentuais arbitrados nos termos do art. 85, § 2º, do Código de Processo Civil:

PRÁTICA CIVIL   241

e) sejam deferidos todos os meios de prova admitidos em direito para comprovação dos fatos que se apresentarem controvertidos após apresentação da contestação pelo réu;

f) juntada das guias judiciais devidamente quitadas; ou (se for o caso), a concessão dos benefícios da justiça gratuita, nos termos do art. 5º, LXXIV, da Constituição Federal e da Lei n. 1.060/50, por ser o autor pobre no sentido legal, não podendo arcar com o pagamento das custas sem prejuízo do próprio sustento;

g) todas as intimações sejam realizadas em nome, endereço eletrônico e profissional do advogado do autor.

Dá-se à causa o valor de R$ (...).

Nestes termos,
Pede deferimento.
"Local..." e "Data..."
OAB n. ..., "Assinatura..."

20.8. Principais peças processuais do direito de família

20.8.1. Ação negatória de paternidade e ação de investigação de paternidade

20.8.1.1. Apresentação

Com efeito, em se tratando de ação de paternidade, temos duas possibilidades criadas pelo sistema civil, quais sejam, a do filho em ter reconhecida a sua paternidade, exigindo, assim, em face do suposto pai, a competente investigação de paternidade, inclusive, possibilitando buscar a fixação de alimentos provisórios ou provisionais. No entanto, há a possibilidade de o próprio pai que tenha reconhecido a sua paternidade propor a ação negatória de paternidade, quando, por algum motivo, tiver incorrido ou levado a erro no seu reconhecimento.

Importante verificarmos, primeiro, a questão da legitimidade ordinária ativa para a propositura da ação negatória de paternidade, competindo exclusivamente ao pai que estiver legitimamente constando do registro, por ser ação de estado, que protege direito personalíssimo e indisponível do genitor, nos termos do art. 27 do ECA, não comportando sub-rogação dos avós, porquanto direito intransmissível. Desta forma, somente o pai registral tem legitimidade para ajuizar a ação negatória de paternidade, sendo que os avós registrais da criança não podem propor essa demanda.

Ademais, apesar de o direito de contestar a paternidade ser personalíssimo, no entanto, atente-se à possibilidade de os avós continuarem com a ação em caso de falecimento do autor (pai). Isto porque o próprio pai, quando vivo, manifestou sua vontade de ver o reconhecimento da sua não paternidade, ao ajuizar a ação, ou seja, ele exerceu legitimamente o seu direito personalíssimo.

O ingresso dos herdeiros no polo ativo, na condição de sucessores processuais, não representa o exercício do direito de contestar a paternidade, mas sim, tão somente, o simples prosseguimento da vontade manifestada pelo titular do direito.

Neste sentido, de igual maneira, verifique a determinação constante do art. 1.601 do Código Civil. *Cabe ao marido o direito de contestar a paternidade dos filhos nascidos de sua mulher sendo tal ação imprescritível.*

Temos ainda, no entanto, a possibilidade de o filho buscar do suposto pai o reconhecimento judicial de sua paternidade, sendo, de igual maneira, um direito personalíssimo da criança. Por ser ação de estado, possui natureza declaratória e imprescritível e, desse modo, o filho cujo registro de nascimento não conste o nome de um ou de ambos os genitores, dispõe da ação investigatória de paternidade (ou de maternidade), para que se possa obter, oficialmente, o reconhecimento de seu estado de filiação e a regularização de seu registro de nascimento.

Ainda, por ser ação de estado, verifique que se torna indispensável a participação do Ministério Público, podendo ser ajuizada a qualquer tempo, pois não se sujeita a prazo decadencial ou prescricional.

Neste sentido, determina o art. 1.606 do Código Civil: "A ação de prova de filiação compete ao filho, enquanto viver, passando aos herdeiros, se ele morrer menor ou incapaz. Parágrafo único. Se iniciada a ação pelo filho, os herdeiros poderão continuá-la, salvo se julgado extinto o processo".

Por fim, observe que na ação de investigação de paternidade, todos os meios legais, bem como os moralmente legítimos, serão hábeis para provar a verdade dos fatos e caso o réu se recuse a se submeter ao exame de código genético DNA gerará a presunção de paternidade, a ser apreciada em conjunto com o contexto probatório (art. 2º-A, parágrafo único, da Lei n. 8.560/1990).

20.8.1.2. Estrutura resumida da peça de negatória de paternidade

1. Endereçamento: por ser uma petição inicial, faz-se a mesma recomendação anteriormente realizada, ou seja, atentar sempre para o enunciado proposto pelo examinador com respeito à competência (se Vara Única, se Vara Distrital, Regional ou Específica, em especial se possui Vara de Família), ou se já há identificação exata da cidade/comarca "Vara Cível da Comarca da Capital de São Paulo". Ainda, observar se vara cível da Justiça Federal ou Estadual, bem como se de competência originária dos Tribunais. Assim, utilizar: "EXCELENTÍSSIMO SENHOR DOUTOR JUIZ DE DIREITO DA ... VARA CÍVEL DA COMARCA DE... ESTADO DE...".

2. Identificação das partes: NOME DO AUTOR, "nacionalidade...", "estado civil...", "profissão...", portador do "RG n. ...", inscrito no "CPF/CNPJ sob o n. ...", "endereço eletrônico...", "domiciliado na rua...", "número...", "bairro...", "Município...", "Estado de...", "CEP...".

NOME DO RÉU, neste ato representado por sua genitora, NOME DA GENITORA, "nacionalidade...", "estado civil...", "profissão...", portador do "RG n. ...", inscrito no "CPF/CNPJ sob o n. ...", "endereço eletrônico...", "domiciliado na rua...", "número...", "bairro...", "Município...", "Estado de...", "CEP...".

3. Nome da ação e sua fundamentação legal: "vem, respeitosamente, por intermédio de seu advogado infra-assinado, perante Vossa Excelência, propor (ou ajuizar) a presente AÇÃO NEGATÓRIA DE PATERNIDADE, com fulcro no art. 1.601 do Código Civil...".

4. Fatos: transcrição integral do texto apresentado pelo examinador no enunciado da peça prática, ressaltando a impossibilidade de criar dados inexistentes, para não identificar a peça profissional e ter a prova zerada pelo examinador.

5. Fundamentação: faça a correta ligação entre os fatos e os dispositivos legais aplicáveis, como artigos de lei, súmulas, precedentes, desenvolvendo raciocínio lógico e coerência jurídica, ressaltando que a mera indicação do artigo ou da lei não é suficiente para a pontuação, sendo necessário demonstrar a correta coligação entre fato e direito.

6. Pedidos e requerimentos: "a) seja o réu citado para, querendo, apresentar resposta no prazo legal em uma das modalidades permitidas na lei processual; b) seja julgado procedente o pedido no sentido de ser declarada a inexistência do estado de filiação ora em julgamento, com a consequente expedição de mandado de averbação ao devido cartório de registro civil de pessoa natural; c) seja o réu condenado em custas e honorários advocatícios em percentuais arbitrados nos termos do art. 85, § 2º, do Código de Processo Civil; d) seja deferido o requerimento de apresentação de exame de DNA, bem como de todos os meios de prova admitidos em direito para comprovação dos fatos que se apresentarem controvertidos após apresentação da contestação pelo réu; e) juntada das guias judiciais devidamente quitadas; ou (se for o caso), a concessão dos benefícios da justiça gratuita, nos termos do art. 5º, LXXIV, da Constituição Federal e da Lei n. 1.060/50, por ser o autor pobre no sentido legal, não podendo arcar com o pagamento das custas sem prejuízo do próprio sustento.

O endereço do advogado do autor, onde deverá receber as intimações, é "Endereço...".

7. Valor da causa: Dá-se à causa o valor de R$ (...).

8. Fechamento da peça: Nestes Termos, Pede Deferimento. "Local..." e "Data..." OAB n. ..., "Assinatura...".

20.8.1.3. Modelo de ação negatória de paternidade

EXCELENTÍSSIMO SENHOR DOUTOR JUIZ DE DIREITO DA... VARA CÍVEL DA COMARCA DE... ESTADO DE...

NOME DO AUTOR, "nacionalidade...", "estado civil...", "profissão...", portador do "RG n. ...", inscrito no "CPF/CNPJ sob o n. ...", "endereço eletrônico...", "domiciliado na rua...", "número...", "bairro...", "Município...", "Estado de...", "CEP...", vem, respeitosamente, por intermédio de seu advogado infra-assinado, perante Vossa Excelência, ajuizar a presente AÇÃO NEGATÓRIA DE PATERNIDADE, com fulcro no art. 1.601 do Código Civil, em face de NOME DO RÉU, neste ato representado por sua genitora, NOME, "nacionalidade...", "estado civil...", "profissão...", portador do "RG n. ...", inscrito no "CPF/CNPJ sob o n. ...", "endereço eletrônico...", "domiciliado na rua...", "número...", "bairro...", "Município...", "Estado de...", "CEP...", pelos fundamentos de fato e de direito a seguir expostos:

I – DOS FATOS
"Resumo dos fatos fornecidos pelo enunciado da questão."

II - DOS FUNDAMENTOS DE DIREITO
"Lições jurídicas sobre o tema da peça processual.
Observar se há precedente.
Caso o precedente seja favorável, fazer a adesão. Caso desfavorável, fazer a distinção 'distinguishing'."

III - DOS PEDIDOS
Diante de todo o exposto, requer-se a Vossa Excelência:

a) seja o réu citado para, querendo, apresentar resposta no prazo legal em uma das modalidades permitidas na lei processual;
b) seja julgado procedente o pedido no sentido de ser declarada a inexistência do estado de filiação ora em julgamento, com a consequente expedição de mandado de averbação ao devido cartório de registro civil de pessoa natural;
c) seja o réu condenado em custas e honorários advocatícios em percentuais arbitrados nos termos do art. 85, § 2º, do Código de Processo Civil;
d) seja deferido o requerimento de apresentação de exame de DNA, bem como de todos os meios de prova admitidos em direito para comprovação dos fatos que se apresentarem controvertidos após apresentação da contestação pelo réu;
e) juntada das guias judiciais devidamente quitadas; ou (se for o caso), a concessão dos benefícios da justiça gratuita, nos termos do art. 5º, LXXIV, da Constituição Federal e da Lei n. 1.060/50, por ser o autor pobre no sentido legal, não podendo arcar com o pagamento das custas sem prejuízo do próprio sustento;
f) todas as intimações sejam realizadas em nome, endereço eletrônico e profissional do advogado do autor.
Dá-se à causa o valor de R$ (...).

Nestes termos,
Pede deferimento.
"Local..." e "Data..."
OAB n. ..., "Assinatura..."

20.8.1.4. Estrutura resumida da peça de investigação de paternidade

1. Endereçamento: por ser uma petição inicial, faz-se a mesma recomendação anteriormente realizada, ou seja, atentar sempre para o enunciado proposto pelo examinador com respeito à competência (se Vara Única, se Vara Distrital, Regional ou Específica, em especial se existe Vara de Família), ou se já há identificação exata da cidade/comarca "Vara Cível da Comarca da Capital de São Paulo". Ainda, observar se vara cível da Justiça Federal ou Estadual, bem como se de competência originária dos Tribunais. Assim, utilizar: "EXCELENTÍSSIMO SENHOR DOUTOR JUIZ DE DIREITO DA ... VARA CÍVEL DA COMARCA DE... ESTADO DE...".

2. Identificação das partes: NOME DO AUTOR, neste ato representado por sua genitora, NOME, "nacionalidade...", "estado civil...", "profissão...", portador do "RG n. ...", inscrito no "CPF/CNPJ sob o n. ...", "endereço eletrônico...", "domiciliado na rua...", "número...", "bairro...", "Município...", "Estado de...", "CEP...".

NOME DO RÉU, "nacionalidade...", "estado civil...", "profissão...", portador do "RG n. ...", inscrito no "CPF/CNPJ sob o n. ...", "endereço eletrônico...", "domiciliado na rua...", "número...", "bairro...", "Município...", "Estado de...", "CEP...".

3. Nome da ação e sua fundamentação legal: "vem, respeitosamente, por intermédio de seu advogado infra-assinado, perante Vossa Excelência, propor (ou ajuizar) a presente AÇÃO DE INVESTIGAÇÃO DE PATERNIDADE (se for o caso 'CUMULADA COM PEDIDO DE ALIMENTOS'), com fulcro no art. 227, § 6º, da Constituição Federal e art. 1.606 do Código Civil".

4. Fatos: transcrição integral do texto apresentado pelo examinador no enunciado da peça prática, ressaltando a impossibilidade de criar dados inexistentes, para não identificar a peça profissional e ter a prova zerada pelo examinador. Importante demonstrar a negativa de transferência do bem, após regular quitação e demonstrando a existência de compromisso de compra e venda.

5. Fundamentação: faça a correta ligação entre os fatos e os dispositivos legais aplicáveis, como artigos de lei, súmulas, precedentes, desenvolvendo raciocínio lógico e coerência jurídica, ressaltando que a mera indicação do artigo ou da lei não é suficiente para a pontuação, sendo necessário demonstrar a correta coligação entre fato e direito.

6. Pedidos e requerimentos: "a) seja o réu citado para, querendo, apresentar resposta no prazo legal em uma das modalidades permitidas na lei processual; b) seja concedida *initio litis* alimentos provisórios a título de tutela antecipada para a condenação imediata do réu ao pagamento de pensão alimentícia ao autor da presente ação no 'valor...'; c) NO MÉRITO, seja julgado procedente o pedido no sentido de ser declarada a existência do estado de paternidade do réu em relação ao autor da presente ação, com a consequente expedição de mandado de averbação ao devido cartório de registro civil de pessoa natural; d) NO MÉRITO, cumulativamente e como consequência da procedência do primeiro pedido de mérito, seja julgado procedente o pedido sucessivo da presente ação, condenando o réu ao pagamento de pensão alimentícia ao autor da presente ação no 'valor...'; e) seja o réu condenado em custas e honorários advocatícios em percentuais arbitrados nos termos do art. 85, § 2º, do Código de Processo Civil; f) seja deferido o requerimento de apresentação de exame de DNA, bem como de todos os meios de prova admitidos em direito para comprovação dos fatos que se apresentarem controvertidos após apresentação da contestação pelo réu; g) juntada das guias judiciais devidamente quitadas; ou (se for o caso), a concessão dos benefícios da justiça gratuita, nos termos do art. 5º, LXXIV, da Constituição Federal e da Lei n. 1.060/50, por ser o autor pobre no sentido legal, não podendo arcar com o pagamento das custas sem prejuízo do próprio sustento. O endereço do advogado do autor, onde deverá receber as intimações, é 'Endereço...'.

7. Valor da causa: Dá-se à causa o valor de R$ (...).

8. Fechamento da peça: Nestes Termos, Pede Deferimento. "Local..." e "Data...", OAB n. ..., "Assinatura...".

20.8.1.5. Modelo de ação de investigação de paternidade, cumulada com pedido de alimentos

EXCELENTÍSSIMO SENHOR DOUTOR JUIZ DE DIREITO DA... VARA CÍVEL DA COMARCA DE... ESTADO DE...

NOME DO AUTOR, neste ato representado por sua genitora, NOME, "nacionalidade...", "estado civil...", "profissão...", portador do "RG n. ...", inscrito no "CPF/CNPJ sob o n. ...", "endereço eletrônico...", "domiciliado na rua...", "número...", "bairro...", "Município...", "Estado de...", "CEP...", vem, respeitosamente, por intermédio de seu advogado infra-assinado, perante Vossa Excelência, propor (ou ajuizar) a presente AÇÃO DE INVESTIGAÇÃO DE PATERNIDADE (se for o caso "CUMULADA COM PEDIDO DE ALIMENTOS"), com fulcro no art. 227, § 6º, da Constituição Federal e art. 1.606 do Código Civil, em face de NOME DO RÉU, "nacionalidade...", "estado civil...", "profissão...", portador do "RG n. ...", inscrito no "CPF/CNPJ sob o n. ...", "endereço eletrônico...", "domiciliado na rua...", "número...", "bairro...", "Município...", "Estado de...", "CEP...", pelos fundamentos de fato e de direito a seguir expostos:

I – DOS FATOS
"Resumo dos fatos fornecidos pelo enunciado da questão."

II – DOS FUNDAMENTOS DE DIREITO
"Lições jurídicas sobre o tema da peça processual.
Observar se há precedente.
Caso o precedente seja favorável, fazer a adesão. Caso desfavorável, fazer a distinção 'distinguishing'."

III – DOS ALIMENTOS PROVISÓRIOS
"'Vide' lições jurídicas sobre alimentos que será destacada na análise de nossa próxima ação judicial, que é exatamente a ação de alimentos."

IV – DOS PEDIDOS
Diante de todo o exposto, requer-se a Vossa Excelência:

a) seja o réu citado para, querendo, apresentar resposta no prazo legal em uma das modalidades permitidas na lei processual;
b) seja concedida "initio litis" alimentos provisórios a título de tutela antecipada para a condenação imediata do réu ao pagamento de pensão alimentícia ao autor da presente ação no "valor...";
c) NO MÉRITO, seja julgado procedente o pedido no sentido de ser declarada a existência do estado de paternidade do réu em relação ao autor da presente ação, com a consequente expedição de mandado de averbação ao devido cartório de registro civil de pessoa natural;
d) NO MÉRITO, cumulativamente e como consequência da procedência do primeiro pedido de mérito, seja julgado procedente o pedido sucessivo da presente ação, condenando o réu ao pagamento de pensão alimentícia ao autor da presente ação no "valor...";
e) seja o réu condenado em custas e honorários advocatícios em percentuais arbitrados nos termos do art. 85, § 2º, do Código de Processo Civil;

f) seja deferido o requerimento de apresentação de exame de DNA, bem como de todos os meios de prova admitidos em direito para comprovação dos fatos que se apresentarem controvertidos após apresentação da contestação pelo réu;
g) juntada das guias judiciais devidamente quitadas; ou (se for o caso), a concessão dos benefícios da justiça gratuita, nos termos do art. 5º, LXXIV, da Constituição Federal e da Lei n. 1.060/50, por ser o autor pobre no sentido legal, não podendo arcar com o pagamento das custas sem prejuízo do próprio sustento;
h) todas as intimações sejam realizadas em nome, endereço eletrônico e profissional do advogado do autor.

Dá-se à causa o valor de R$ (...).

Nestes termos,
Pede deferimento.
"Local..." e "Data..."
OAB n. ..., "Assinatura..."

20.8.2. Ação de alimentos

20.8.2.1. Apresentação

Além da possibilidade de ser discutida a eventual existência da paternidade, como anteriormente estudada, mister analisar, ainda, a necessidade de o filho requerer daquele que já ostenta a condição de pai, devidamente reconhecido e registrado, os alimentos necessários para sua subsistência.

Na verdade, a ação de alimentos tem cabimento sempre que o autor demonstrar ao juiz suas efetivas necessidades para prover sua subsistência, tais como moradia, alimentação, assistência médica, educação, remédios etc. É oportuno ressaltar que a Lei de Alimentos (Lei n. 5.478/68) não restringe a obrigação de exigir (ou de pagar) alimentos somente com relação a pai/filho, mas sim sendo possível a propositura da ação por qualquer pessoa, seja criança, idoso, homem, mulher, mas tão somente condicionando o pedido à comprovação da situação de necessitado, bem como da situação daquele que tem obrigação de prestá-la.

Desta forma, a Lei de Alimentos prevê procedimento específico para o processamento da ação para pleitear alimentos:

a) a petição inicial deverá comprovar, além dos requisitos básicos dos arts. 319 e 320 do CPC, a presença do binômio necessidade/possibilidade, ou seja, as necessidades do alimentando e as possibilidades financeiras do alimentante, requerendo ao juiz a fixação de alimentos provisórios;
b) deverá, ainda, comprovar a situação de parentesco entre as partes;
c) recebida a petição inicial, o juiz poderá fixar de imediato os alimentos provisórios e designar a audiência de conciliação, instrução e julgamento;
d) assim, será o alimentante (réu) citado para comparecer à audiência, bem como, em sendo fixado os alimentos provisórios, será também intimado para efetuar o imediato pagamento;

e) na audiência de conciliação, instrução e julgamento, o não comparecimento do autor implica o arquivamento do pedido e a ausência do réu importa em revelia, além de confissão quanto às matérias de fato (art. 7º da Lei n. 5.478/68);

f) autor e réu deverão comparecer na audiência acompanhados de suas testemunhas, no máximo de três, apresentando, ainda, as demais provas (art. 8º da Lei n. 5.478/68);

g) se frutífera a conciliação, o juiz reduzirá a termo e homologará por sentença; se infrutífera, o juiz proferirá a sua sentença, após a oitiva das partes, das testemunhas, dos advogados das partes e do representante do Ministério Público;

h) o Ministério Público de verá ser intimado para intervir em todas as fases do processo (art. 9º da Lei n. 5.478/68).

Como regra, o foro competente para a propositura da ação de alimentos é o do domicílio ou residência do alimentando (art. 53, II, do CPC), podendo optar pela regra geral do domicílio do réu, por conveniência do alimentando, conforme o art. 46 do CPC.

20.8.2.2. Estrutura resumida da peça

1. Endereçamento: por ser uma petição inicial, faz-se a mesma recomendação anteriormente realizada, ou seja, atentar sempre para o enunciado proposto pelo examinador com respeito à competência (se Vara Única, se Vara Distrital, Regional ou Específica, em especial se tratando de Vara de Família), ou se já há identificação exata da cidade/comarca "Vara Cível da Comarca da Capital de São Paulo". Ainda, observar se vara cível da Justiça Federal ou Estadual, bem como se de competência originária dos Tribunais. Assim, utilizar: "EXCELENTÍSSIMO SENHOR DOUTOR JUIZ DE DIREITO DA ... VARA CÍVEL DA COMARCA DE... ESTADO DE...".

2. Identificação das partes: NOME DO AUTOR, "nacionalidade...", "estado civil...", "profissão...", portador do "RG n. ...", inscrito no "CPF/CNPJ sob o n. ...", "endereço eletrônico...", "domiciliado na rua...", "número...", "bairro...", "Município...", "Estado de...", "CEP..."; ou, se menor, NOME DO AUTOR, neste ato representado por sua genitora, NOME, "nacionalidade...", "estado civil...", "profissão...", portador do "RG n. ...", inscrito no "CPF/CNPJ sob o n. ...", "endereço eletrônico...", "domiciliado na rua...", "número...", "bairro...", "Município...", "Estado de...", "CEP...".

NOME DO RÉU, "nacionalidade...", "estado civil...", "profissão...", portador do "RG n. ...", inscrito no "CPF/CNPJ sob o n. ...", "endereço eletrônico...", "domiciliado na rua...", "número...", "bairro...", "Município...", "Estado de...", "CEP...".

3. Nome da ação e sua fundamentação legal: "vem, respeitosamente, por intermédio de seu advogado infra-assinado, perante Vossa Excelência, propor (ou ajuizar) a presente AÇÃO DE ALIMENTOS COM PEDIDO DE ALIMENTOS PROVISÓRIOS, com fulcro nas determinações da Lei n. 5.478/68".

4. Fatos: transcrição integral do texto apresentado pelo examinador no enunciado da peça prática, ressaltando a impossibilidade de criar dados inexistentes, para não identificar a peça profissional e ter a prova zerada pelo examinador. Importante demonstrar as condições de necessidade do alimentando e de possibilidade do alimentante.

5. Fundamentação: faça a correta ligação entre os fatos e os dispositivos legais aplicáveis, como artigos de lei, súmulas, precedentes, desenvolvendo raciocínio lógico e coerência jurídica, ressaltando que a mera indicação do artigo ou da lei não é suficiente para a pontuação, sendo necessário demonstrar a correta coligação entre fato e direito.

6. Pedidos e requerimentos: "a) seja o réu citado para, querendo, apresentar resposta no prazo legal em uma das modalidades permitidas na lei processual e comparecer à audiência de conciliação, instrução e julgamento, sob pena de revelia, conforme o art. 7º da Lei n. 5.478/68; b) seja concedida *initio litis* tutela antecipada para a condenação imediata do réu ao pagamento mensal de alimentos provisórios no 'valor...'; c) seja, ao final, confirmada a tutela antecipada, sendo julgado procedente o pedido da presente ação, condenando o réu ao pagamento mensal de alimentos definitivos no 'valor...'; d) seja o réu condenado em custas e honorários advocatícios em percentuais arbitrados nos termos do art. 85, § 2º, do Código de Processo Civil; e) sejam deferidos todos os meios de prova admitidos em direito para comprovação dos fatos que se apresentarem controvertidos após apresentação da contestação pelo réu; f) juntada das guias judiciais devidamente quitadas; ou (se for o caso), a concessão dos benefícios da justiça gratuita, nos termos do art. 5º, LXXIV, da Constituição Federal e da Lei n. 1.060/50, por ser o autor pobre no sentido legal, não podendo arcar com o pagamento das custas sem prejuízo do próprio sustento.

O endereço do advogado do autor, onde deverá receber as intimações, é 'Endereço...'."

7. Valor da causa: Dá-se à causa o valor de R$ (...).

8. Fechamento da peça: Nestes Termos, Pede Deferimento. "Local..." e "Data...", OAB n. ..., "Assinatura...".

20.8.3. Modelo de ação de alimentos com pedido de tutela antecipada (alimentos provisórios)

EXCELENTÍSSIMO SENHOR DOUTOR JUIZ DE DIREITO DA... VARA CÍVEL DA COMARCA DE... ESTADO DE...

NOME DO AUTOR, neste ato representado por sua genitora, NOME, "nacionalidade...", "estado civil...", "profissão...", portador do "RG n. ...", inscrito no "CPF/CNPJ sob o n. ...", "endereço eletrônico...", "domiciliado na rua...", "número...", "bairro...", "Município...", "Estado de...", "CEP...", vem, respeitosamente, por intermédio de seu advogado infra-assinado, perante Vossa Excelência, propor (ou ajuizar) a presente AÇÃO DE ALIMENTOS COM PEDIDO DE ALIMENTOS PROVISÓRIOS, com fulcro nas determinações da Lei n. 5.478/68, em face de NOME DO RÉU, "nacionalidade...", "estado civil...", "profissão...", portador do "RG n. ...", inscrito no "CPF/CNPJ sob o n. ...", "endereço eletrônico...", "domiciliado na rua...", "número...", "bairro...", "Município...", "Estado de...", "CEP...", pelos fundamentos de fato e de direito a seguir expostos:

I – DOS FATOS

"Resumo dos fatos fornecidos pelo enunciado da questão, em especial ressaltando as condições de necessidade do alimentando e de possibilidade do alimentante."

II – DOS FUNDAMENTOS DE DIREITO
"'Vide' pertinentes noções de Direito Civil destacadas.
Observar se há precedente.
Caso o precedente seja favorável, fazer a adesão. Caso desfavorável, fazer a distinção 'distinguishing'."

III – DOS ALIMENTOS PROVISÓRIOS
Destaque ser caso de antecipação de tutela, art. 300 do CPC e faça menção ao fumus boni iuris (probabilidade do direito) e ao periculum in mora (perigo de dano ou risco ao resultado útil do processo).

IV – DOS PEDIDOS
Diante de todo o exposto, requer-se a Vossa Excelência:

a) seja o réu citado para, querendo, apresentar resposta no prazo legal em uma das modalidades permitidas na lei processual e comparecer à audiência de conciliação, instrução e julgamento, sob pena de revelia, conforme o art. 7º da Lei n. 5.478/68;
b) seja concedida "initio litis" tutela antecipada para a condenação imediata do réu ao pagamento mensal de alimentos provisórios no "valor...";
c) seja, ao final, confirmada a tutela antecipada, sendo julgado procedente o pedido da presente ação, condenando o réu ao pagamento mensal de alimentos definitivos no "valor...";
d) seja o réu condenado em custas e honorários advocatícios em percentuais arbitrados nos termos do art. 85, § 2º, do Código de Processo Civil;
e) sejam deferidos todos os meios de prova admitidos em direito para comprovação dos fatos que se apresentarem controvertidos após apresentação da contestação pelo réu;
f) juntada das guias judiciais devidamente quitadas; ou (se for o caso), a concessão dos benefícios da justiça gratuita, nos termos do art. 5º, LXXIV, da Constituição Federal e da Lei n. 1.060/50, por ser o autor pobre no sentido legal, não podendo arcar com o pagamento das custas sem prejuízo do próprio sustento;
g) todas as intimações sejam realizadas em nome, endereço eletrônico e profissional do advogado do autor.
Dá-se à causa o valor de R$ (...).

Nestes termos,
Pede deferimento.
"Local..." e "Data..."
OAB n. ..., "Assinatura..."

20.9. Principais peças processuais relativas ao direito do consumidor

20.9.1. Ação de indenização por fato do produto ou do serviço

20.9.1.1. Apresentação

Primeiro, deve-se identificar se a questão, de fato, trata de matéria relativa à relação de consumo, ou seja, incidentes as disposições legais do Código de Defesa do Consumidor.

Nesse sentido, verificar tais disposições, previstas pela Lei n. 8.078/90, que buscou definir em seus arts. 2º e 3º os elementos necessários à configuração de uma relação, ou seja, especificando o que é consumidor, fornecedor, produto e serviço.

Consumidor, segundo o art. 2º da Lei n. 8.078/90, é toda pessoa física ou jurídica que adquire ou utiliza produtos ou serviços como destinatário final. Por sua vez, fornecedor é toda pessoa física ou jurídica, pública ou privada, nacional ou estrangeira, bem como os entes despersonalizados, que desenvolvem atividades de produção, montagem, criação, construção, transformação, importação, exportação, distribuição ou comercialização de produtos ou prestação de serviços, conforme o art. 4º da Lei n. 8.078/90.

Ainda, conforme determina o art. 3º, §§ 1º e 2º, do Código de Defesa do Consumidor pode ser definido produto como "qualquer bem, móvel ou imóvel, material ou imaterial" e serviço como "qualquer atividade fornecida no mercado de consumo, mediante remuneração, inclusive as de natureza bancária, financeira, de crédito e securitária, salvo as decorrentes das relações de caráter trabalhista".

A responsabilidade civil pelo fato do produto e do serviço consiste em imputar ao fornecedor a responsabilidade pelos danos causados ao consumidor, em razão de defeito no fornecimento de produto ou de serviço, determinando-se a obrigação de indenizar pela violação do dever de segurança inerente ao mercado de consumo.

Desta forma, como regra, o fornecedor é o responsável pelo fato (defeito) apresentado no produto ou no serviço, por ser quem efetivamente apresenta os produtos ou os serviços defeituosos no mercado de consumo, devendo, portanto, assumir o risco dessa conduta e arcarem com o dever de indenizar, conforme o art. 12 do Código de Defesa do Consumidor, que estabelece:

> Art. 12. O fabricante, o produtor, o construtor, nacional ou estrangeiro, e o importador, respondem independentemente da existência de culpa, pela reparação dos danos causados aos consumidores por defeitos (...), bem como por informações insuficientes ou inadequados (...).

Ademais, a responsabilidade dos comerciantes está estabelecida no art. 13 do Código de Defesa do Consumidor, conforme o art. 13 do CDC:

> Art. 13. O comerciante é igualmente responsável, nos termos do artigo anterior, quando:
> I – o fabricante, o construtor, o produtor ou o importador não puderem ser identificados;
> II – o produto for fornecido sem identificação clara do seu fabricante, produtor, construtor ou importador;
> III – não conservar adequadamente os produtos perecíveis.

Finalmente, a responsabilidade pelo fato do serviço está elencada no art. 14 do Código de Defesa do Consumidor: "O fornecedor de serviços responde, independentemente da existência de culpa, pela reparação dos danos causados aos consumidores por defeitos relativos à prestação dos serviços, bem como por informações insuficientes ou inadequadas sobre sua fruição e riscos".

Ainda, observar se o enunciado não apresenta alguma das chamadas excludentes de responsabilidade dos fornecedores, previstas no art. 12, § 3º, do CDC: "O fabricante, o construtor, o produtor ou importador só não será responsabilizado quando provar: I – que não colocou o produto no mercado; II – que, embora haja colocado o produto no mercado, o defeito inexiste; III – a culpa exclusiva do consumidor ou de terceiro".

Desta feita, resta clara a importância de se identificar se o problema apresenta, de fato, uma relação de consumo dentro de um negócio jurídico, possibilitando, assim, a aplicação das regras inerentes ao Código de Defesa do Consumidor, como corpo legal para dirimir os conflitos, bem como, por se tratar de defeito apresentado nos produtos ou nos serviços prestados pelo fornecedor de produtos ou serviços, incidindo as regras ora trabalhadas.

Por fim, verifique que, por se tratar de relação de consumo, as regras de competência estão previstas no art. 101 do CDC, especificando que, na ação de responsabilidade civil do fornecedor de produtos e serviços, a ação pode ser proposta no domicílio do autor.

20.9.1.2. Estrutura resumida da peça

1. Endereçamento: por ser uma petição inicial, faz-se a mesma recomendação anteriormente realizada, ou seja, atentar sempre para o enunciado proposto pelo examinador com respeito à competência (se Vara Única, se Vara Distrital, Regional ou Específica), ou se já há identificação exata da cidade/comarca "Vara Cível da Comarca da Capital de São Paulo". Ainda, observar se vara cível da Justiça Federal ou Estadual, bem como se de competência originária dos Tribunais. Assim, utilizar: "EXCELENTÍSSIMO SENHOR DOUTOR JUIZ DE DIREITO DA ... VARA CÍVEL DA COMARCA DE... ESTADO DE...".

2. Identificação das partes: NOME DO AUTOR, "nacionalidade...", "estado civil...", "profissão..." (se pessoa jurídica indicar se de direito privado, público interno ou público externo), portador do "RG n. ...", inscrito no "CPF/CNPJ sob o n. ...", "endereço eletrônico...", "domiciliado na rua..." (se for pessoa jurídica "com sede na rua..."), "número...", "bairro...", "Município...", "Estado de...", "CEP...".

NOME DO RÉU, "nacionalidade...", "estado civil...", "profissão..." (se pessoa jurídica indicar se de direito privado, público interno ou público externo), portador do "RG n. ...", inscrito no "CPF/CNPJ sob o n. ...", "endereço eletrônico...", "domiciliado na rua..." (se for pessoa jurídica "com sede na rua..."), "número...", "bairro...", "Município...", "Estado de...", "CEP...".

3. Nome da ação e sua fundamentação legal: "vem, respeitosamente, por intermédio de seu advogado infra-assinado, perante Vossa Excelência, propor (ou ajuizar) a presente AÇÃO DE INDENIZAÇÃO POR FATO DO PRODUTO OU DO SERVIÇO (depende do caso), com fulcro nos arts. 12 e seguintes do Código de Defesa do Consumidor".

4. Fatos: transcrição integral do texto apresentado pelo examinador no enunciado da peça prática, ressaltando a impossibilidade de criar dados inexistentes, para não identificar a peça profissional e ter a prova zerada pelo examinador. Importante demonstrar a efetiva configuração da relação de consumo, com a incidência das normas do CDC.

5. Fundamentação: faça a correta ligação entre os fatos e os dispositivos legais aplicáveis, como artigos de lei, súmulas, precedentes, desenvolvendo raciocínio lógico e coerência jurídica, ressaltando que a mera indicação do artigo ou da lei não é suficiente para a pontuação, sendo necessário demonstrar a correta coligação entre fato e direito.

6. Pedidos e requerimentos: "a) seja o réu citado para, querendo, apresentar resposta no prazo legal em uma das modalidades permitidas na lei processual; b) seja concedida *initio litis* antecipação de tutela para... (fazer o pedido da tutela provisória, se for o caso); c) nos termos do art. 334, *caput* ou § 5º, do Código de Processo Civil, o autor deve se manifestar sobre o interesse (ou desinteresse) em autocomposição para a realização da audiência de conciliação ou de mediação; d) NO MÉRITO, ao final, sejam confirmados os efeitos da tutela para... (no nosso exemplo: para excluir o nome do autor da presente ação dos cadastros de inadimplentes); e) NO MÉRITO, seja julgado procedente o pedido da presente ação no sentido de condenar o réu ao pagamento de 'valor...' a título de... (dependendo do caso, pode ser dano emergente, lucro cessante, dano moral e/ou dano estético. No nosso exemplo: a título de danos morais, cujo valor deve ser arbitrado por esse MM. Juízo); f) seja o réu condenado em custas e honorários advocatícios em percentuais arbitrados nos termos do art. 85, § 2º, do Código de Processo Civil; g) sejam deferidos todos os meios de prova admitidos em direito para comprovação dos fatos que se apresentarem controvertidos após apresentação da contestação pelo réu (sustentar a possibilidade de inversão do ônus da prova, nos termos do art. 6º, VIII, do CDC); h) Juntada das guias judiciais devidamente quitadas; ou (se for o caso), a concessão dos benefícios da justiça gratuita, nos termos do art. 5º, LXXIV, da Constituição Federal e da Lei n. 1.060/50, por ser o autor pobre no sentido legal, não podendo arcar com o pagamento das custas sem prejuízo do próprio sustento.

O endereço do advogado do autor, onde deverá receber as intimações, é 'Endereço...'."

7. Valor da causa: Dá-se à causa o valor de R$ (...).

8. Fechamento da peça: Nestes Termos, Pede Deferimento. "Local..." e "Data...", OAB n. ..., "Assinatura...".

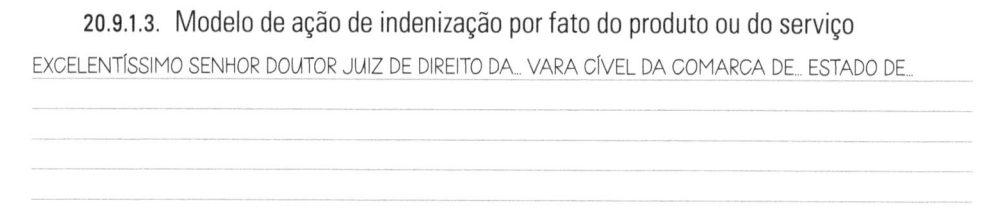

20.9.1.3. Modelo de ação de indenização por fato do produto ou do serviço

EXCELENTÍSSIMO SENHOR DOUTOR JUIZ DE DIREITO DA... VARA CÍVEL DA COMARCA DE... ESTADO DE...

NOME DO AUTOR, "nacionalidade...", "estado civil...", "profissão..." (se pessoa jurídica indicar se de direito privado, público interno ou público externo), portador do "RG n. ...", inscrito no "CPF/CNPJ sob o n. ...", "endereço eletrônico...", "domiciliado na rua..." (se for pessoa jurídica "com sede na rua..."), "número...", "bairro...", "Município...", "Estado de...", "CEP...", vem, respeitosamente, por intermédio de seu advogado infra-assinado, perante Vossa Excelência, propor (ou ajuizar) a presente AÇÃO DE INDENIZAÇÃO POR FATO DO PRODUTO OU DO SERVIÇO (depende do caso), com fulcro nos arts. 12 e seguintes do CDC, em face de NOME DO RÉU, "nacionalidade...", "estado civil...", "profissão..." (se pessoa jurídica indicar se de direito privado, público interno ou público externo), portador do "RG n. ...", inscrito no "CPF/CNPJ sob o n. ...", "endereço eletrônico...", "domiciliado na rua..." (se for pessoa jurídica "com sede na rua..."), "número...", "bairro...", "Município...", "Estado de...", "CEP...", pelos fundamentos de fato e de direito a seguir expostos:

I – DOS FATOS
Resumo dos fatos fornecidos pelo enunciado da questão. Importante demonstrar a efetiva configuração da relação de consumo, com a incidência das normas do CDC.

II – DOS FUNDAMENTOS DE DIREITO
Lições jurídicas sobre o tema da peça processual.
Observar se há precedente.
Caso o precedente seja favorável, fazer a adesão. Caso desfavorável, fazer a distinção "distinguishing".

III – DOS PEDIDOS
Diante de todo o exposto, requer-se a Vossa Excelência:

a) seja o réu citado para, querendo, apresentar resposta no prazo legal em uma das modalidades permitidas na lei processual:
b) seja concedida initio litis antecipação de tutela para... (fazer o pedido, se for o caso, da tutela provisória):
c) nos termos do art. 334, "caput" ou § 5º, do Código de Processo Civil, o autor deve se manifestar sobre o interesse (ou desinteresse) em autocomposição para a realização da audiência de conciliação ou de mediação:
d) NO MÉRITO, ao final, sejam confirmados os efeitos da tutela para... (no nosso exemplo: para excluir o nome do autor da presente ação dos cadastros de inadimplentes):
e) NO MÉRITO, seja julgado procedente o pedido da presente ação no sentido de condenar o réu ao pagamento de "valor..." a título de... (dependendo do caso, pode ser dano emergente, lucro cessante, dano moral e/ou dano estético. No nosso exemplo: a título de danos morais, cujo valor deve ser arbitrado por esse MM. Juízo):
f) seja o réu condenado em custas e honorários advocatícios em percentuais arbitrados nos termos do art. 85, § 2º, do Código de Processo Civil:
g) sejam deferidos todos os meios de prova admitidos em direito para comprovação dos fatos que se apresentarem controvertidos após apresentação da contestação pelo réu (sustentar a possibilidade de inversão do ônus da prova, nos termos do art. 6º, VIII, do CDC):
h) juntada das guias judiciais devidamente quitadas; ou (se for o caso), a concessão dos benefícios da justiça gratuita, nos termos do art. 5º, LXXIV, da Constituição Federal e da Lei n. 1.060/50, por ser o autor pobre no sentido legal, não podendo arcar com o pagamento das custas sem prejuízo do próprio sustento:
i) todas as intimações sejam realizadas em nome, endereço eletrônico e profissional do advogado do autor.
Dá-se à causa o valor de R$ (...).

Nestes termos,
Pede deferimento.
"Local..." e "Data..."
OAB n. ..., "Assinatura..."

20.9.2. Ação ordinária por vícios do produto ou do serviço

20.9.2.1. Apresentação

Vício é o defeito grave que torna uma coisa inadequada a certos fins ou funções a que se propõe. O verbo "redibir" significa anular judicialmente uma venda ou outro contrato comutativo em que a coisa negociada foi entregue com vícios ou defeitos ocultos, que impossibilitam o uso ao qual se destina que lhe diminuem o valor.

Desta forma, vícios redibitórios são defeitos ocultos que tornam a coisa imprópria para o uso a que é destinada, ou seja, de que o contrato não se teria realizado, se fossem deles conhecidos. Para que ocorra o vício aludido, necessário que exista uma coisa, recebida em decorrência de um contrato comutativo, sinalagmático, oneroso e não aleatório, que o vício seja oculto e preexistente no contrato, que tal defeito a torne imprópria ao uso a que se destina ou lhe diminua significativamente o valor.

Desta forma, estabelece o art. 18 do Código de Defesa do Consumidor:

> Art. 18. Os fornecedores de produtos de consumo duráveis ou não duráveis respondem solidariamente pelos vícios de qualidade ou quantidade que os tornem impróprios ou inadequados ao consumo a que se destinam ou lhes diminuam o valor, assim como por aqueles decorrentes da disparidade, com a indicações constantes do recipiente, da embalagem, rotulagem ou mensagem publicitária, respeitadas as variações decorrentes de sua natureza, podendo o consumidor exigir a substituição das partes viciadas.

Descobertos, portanto, os vícios ocultos existentes na coisa, ocorrerá a "redibição da coisa", ou seja, em não sendo sanado o vício no prazo máximo de 30 dias, poderá o consumidor exigir, à sua escolha, alternativamente:

I – a substituição do produto por outro da mesma espécie, em perfeitas condições de uso;

II – a restituição imediata da quantia paga, monetariamente atualizada, sem prejuízo de eventuais perdas e danos;

III – o abatimento proporcional do preço.

No tocante a vícios de qualidade, importante mencionar que referido vício é o defeito do produto, que determina a impropriedade ou inadequabilidade para consumo ou lhe reduza o valor econômico. Os vícios de qualidade do produto estão elencados no art. 18 do Código de Defesa do Consumidor, a saber:

1. aqueles capazes de torná-los impróprios ou inadequados ao consumo;
2. aqueles que lhes diminuam o valor;
3. aqueles que contêm falhas na informação (verdadeiros vícios de informação) em razão da disparidade com as indicações constantes do recipiente, da embalagem, rotulagem ou mensagem publicitária.

20.9.2.2. Estrutura resumida da peça

1. Endereçamento: por ser uma petição inicial, faz-se a mesma recomendação anteriormente realizada, ou seja, atentar sempre para o enunciado proposto pelo examinador com respeito à competência (se Vara Única, se Vara Distrital, Regional ou Específica), ou se já há identificação exata da cidade/comarca "Vara Cível da Comarca da Capital de São Paulo". Ainda, observar se vara cível da Justiça Federal ou Estadual, bem como se de competência originária dos Tribunais. Assim, utilizar: "EXCELENTÍSSIMO SENHOR DOUTOR JUIZ DE DIREITO DA ... VARA CÍVEL DA COMARCA DE... ESTADO DE...".

2. Identificação das partes: NOME DO AUTOR, "nacionalidade...", "estado civil...", "profissão..." (se pessoa jurídica indicar se de direito privado, público interno ou público externo), portador do "RG n. ...", inscrito no "CPF/CNPJ sob o n. ...", "endereço eletrônico...", "domiciliado na rua..." (se for pessoa jurídica "com sede na rua..."), "número...", "bairro...", "Município...", "Estado de...", "CEP...".

NOME DO RÉU, "nacionalidade...", "estado civil...", "profissão..." (se pessoa jurídica indicar se de direito privado, público interno ou público externo), portador do "RG n. ...", inscrito no "CPF/CNPJ sob o n. ...", "endereço eletrônico...", "domiciliado na rua..." (se for pessoa jurídica "com sede na rua..."), "número...", "bairro...", "Município...", "Estado de...", "CEP...".

3. Nome da ação e sua fundamentação legal: "vem, respeitosamente, por intermédio de seu advogado infra-assinado, perante Vossa Excelência, propor (ou ajuizar) a presente AÇÃO DE INDENIZAÇÃO POR VÍCIOS DO PRODUTO OU DO SERVIÇO (*depende do caso*), com fulcro nos arts. 18 e seguintes do CDC".

4. Fatos: transcrição integral do texto apresentado pelo examinador no enunciado da peça prática, ressaltando a impossibilidade de criar dados inexistentes, para não identificar a peça profissional e ter a prova zerada pelo examinador. Importante demonstrar a efetiva configuração da relação de consumo, com a incidência das normas do CDC, em especial dos vícios ocultos existentes nos produtos ou serviços.

5. Fundamentação: faça a correta ligação entre os fatos e os dispositivos legais aplicáveis, como artigos de lei, súmulas, precedentes, desenvolvendo raciocínio lógico e coerência jurídica, ressaltando que a mera indicação do artigo ou da lei não é suficiente para a pontuação, sendo necessário demonstrar a correta coligação entre fato e direito.

6. Pedidos e requerimentos: "a) seja o réu citado para, querendo, apresentar resposta no prazo legal em uma das modalidades permitidas na lei processual; b) seja concedida *initio litis* antecipação de tutela para... (fazer o pedido da tutela provisória, se for o caso); c) Nos termos do art. 334, *caput* ou § 5º, do Código de Processo Civil, o autor deve se manifestar sobre o interesse (ou desinteresse, se for o caso) em autocomposição para a realização da audiência de conciliação ou de mediação; d) NO MÉRITO, ao final, sejam confirmados os efeitos da tutela para... (fazer o pedido da tutela definitiva, nos termos do art. 18, § 1º, do CDC); e) NO MÉRITO, seja julgado procedente o pedido da presente ação no sentido de condenar o réu ao pagamento de 'valor...' a título de... (dependendo do caso, pode ser dano emergente, lucro cessante, dano moral e dano material. No nosso exemplo: a título de danos morais, cujo valor deve ser arbitrado por esse MM. Juízo); f) seja o réu condenado em custas e honorários advocatícios em percentuais arbitrados nos termos do art. 85, § 2º, do Código de Processo Civil; g) sejam deferidos todos os meios de prova admitidos em direito para comprovação dos fatos que se apresentarem controvertidos após apresentação da contestação pelo réu (sustentar a possibilidade de inversão do ônus da prova, nos termos do art. 6º, VIII, do CDC)'; h) juntada das guias judiciais devidamente quitadas; ou (se for o caso), a concessão dos benefícios da justiça gratuita, nos termos do art. 5º, LXXIV, da Constituição Federal e da Lei n. 1.060/50, por ser o autor pobre no sentido legal, não podendo arcar com o pagamento das custas sem prejuízo do próprio sustento.

PRÁTICA CIVIL   257

O endereço do advogado do autor, onde deverá receber as intimações, é 'Endereço...'.
7. Valor da causa: Dá-se à causa o valor de R$ (...).
8. Fechamento da peça: Nestes Termos, Pede Deferimento. "Local..." e "Data...", OAB n. ..., "Assinatura...".

20.9.2.3. Modelo de ação de indenização por vícios do produto ou do serviço

EXCELENTÍSSIMO SENHOR DOUTOR JUIZ DE DIREITO DA... VARA CÍVEL DA COMARCA DE... ESTADO DE...

NOME DO AUTOR, "nacionalidade...", "estado civil...", "profissão..." (se pessoa jurídica indicar se de direito privado, público interno ou público externo), portador do "RG n. ...", inscrito no "CPF/CNPJ sob o n. ...", "endereço eletrônico...", "domiciliado na rua..." (se for pessoa jurídica "com sede na rua..."), "número...", "bairro...", "Município...", "Estado de...", "CEP...", vem, respeitosamente, por intermédio de seu advogado infra-assinado, perante Vossa Excelência, propor (ou ajuizar) a presente AÇÃO DE INDENIZAÇÃO POR VÍCIOS DO PRODUTO OU DO SERVIÇO (depende do caso), com fulcro nos arts. 18 e seguintes do CDC, em face de NOME DO RÉU, "nacionalidade...", "estado civil...", "profissão..." (se pessoa jurídica indicar se de direito privado, público interno ou público externo), portador do "RG n. ...", inscrito no "CPF/CNPJ sob o n. ...", "endereço eletrônico...", "domiciliado na rua..." (se for pessoa jurídica "com sede na rua..."), "número...", "bairro...", "Município...", "Estado de...", "CEP...", pelos fundamentos de fato e de direito a seguir expostos:

I – DOS FATOS
"Resumo dos fatos fornecidos pelo enunciado da questão. Importante demonstrar a efetiva configuração da relação de consumo, com a incidência das normas do CDC, em especial dos vícios ocultos existentes nos produtos ou serviços."

II – DOS FUNDAMENTOS DE DIREITO
"Lições jurídicas sobre o tema da peça processual.
Observar se há precedente.
Caso o precedente seja favorável, fazer a adesão. Caso desfavorável, fazer a distinção 'distinguishing'."

III – DOS PEDIDOS
Diante de todo o exposto, requer-se a Vossa Excelência:

a) seja o réu citado para, querendo, apresentar resposta no prazo legal em uma das modalidades permitidas na lei processual;
b) seja concedida *initio litis* antecipação de tutela para... (no nosso exemplo: para excluir o nome do autor da presente ação dos cadastros de inadimplentes, sob pena de multa);
c) nos termos do art. 334, *caput* ou § 5º, do Código de Processo Civil, o autor deve se manifestar sobre o interesse (ou desinteresse) em autocomposição para a realização da audiência de conciliação ou de mediação do art. 334 do CPC;
d) NO MÉRITO, ao final, sejam confirmados os efeitos da tutela para... ("no nosso exemplo: para excluir o nome do autor da presente ação dos cadastros de inadimplentes");

e) NO MÉRITO, seja julgado procedente o pedido da presente ação no sentido de condenar o réu ao pagamento de "valor..." a título de... ("dependendo do caso, pode ser dano emergente, lucro cessante, dano moral e dano material. No nosso exemplo: a título de danos morais, cujo valor deve ser arbitrado por esse MM. Juízo"):

f) seja o réu condenado em custas e honorários advocatícios em percentuais arbitrados nos termos do art. 85, § 2º, do Código de Processo Civil;

g) sejam deferidos todos os meios de prova admitidos em direito para comprovação dos fatos que se apresentarem controvertidos após apresentação da contestação pelo réu (sustentar a possibilidade de inversão do ônus da prova, nos termos do art. 6º, VIII, do CDC);

h) juntada das guias judiciais devidamente quitadas; ou (se for o caso), a concessão dos benefícios da justiça gratuita, nos termos do art. 5º, LXXIV, da Constituição Federal e da Lei n. 1.060/50, por ser o autor pobre no sentido legal, não podendo arcar com o pagamento das custas sem prejuízo do próprio sustento;

i) todas as intimações sejam realizadas em nome, endereço eletrônico e profissional do advogado do autor.

Dá-se à causa o valor de R$ (...).

Nestes termos,
Pede deferimento.
"Local..." e "Data..."
OAB n. ..., "Assinatura..."

21. GABARITANDO AS PEÇAS PRÁTICAS[1]

21.1. Modelo de petição inicial

21.1.1. Ação de obrigação de fazer

(V Exame) Em 19 de março de 2005, Agenor da Silva Gomes, brasileiro, natural do Rio de Janeiro, bibliotecário, viúvo, aposentado, residente na Rua São João Batista, n. 24, apartamento 125, na Barra da Tijuca, Rio de Janeiro, RJ, contrata o Plano de Saúde Bem-Estar para prestação de serviços de assistência médica com cobertura total em casos de acidentes, cirurgias, emergências, exames, consultas ambulatoriais, resgate em ambulâncias e até mesmo com uso de helicópteros, enfim, tudo o que se espera de um dos melhores planos de saúde existentes no país.

Em 4 de julho de 2010, foi internado na Clínica São Marcelino Champagnat, na Barra da Tijuca, Rio de Janeiro, vítima de grave acidente vascular cerebral (AVC). Seu estado de saúde piora a cada dia, e seu único filho Arnaldo da Silva Gomes, brasileiro, natural do Rio de Janeiro, divorciado, dentista, que reside em companhia do pai, está seriamente preocupado.

Ao visitar o pai, no dia 16 de julho do mesmo mês, é levado à direção da clínica e informado pelo médico responsável, Dr. Marcos Vinícius Pereira, que o quadro comatoso do senhor Agenor é de fato muito grave, mas não há motivo para que ele permaneça internado na UTI (Unidade de Tratamento Intensivo) da clínica, e sim em casa com a instalação de *home care* com os equipamentos necessários à manutenção de sua vida com conforto e dignidade. Avisa ainda que, em 48 horas, não restará outra saída senão dar alta ao senhor Agenor para que ele continue com o tratamento em casa, pois certamente é a melhor opção de tratamento.

Em estado de choque com a notícia, vendo a impossibilidade do pai de manifestar-se sobre seu próprio estado de saúde, Arnaldo entra em contato imediatamente com o plano de saúde, e este informa que nada pode fazer, pois não existe a possibilidade de instalar *home care* para garantir o tratamento do paciente.

Acesse o *QR Code* e tenha acesso ao gabarito oficial desta peça, divulgado pela Banca Examinadora.

> http://uqr.to/1y5q7

---

[1] Importante mencionar que as peças práticas exigidas pela FGV/OAB, ainda quando da vigência do CPC/73, foram devidamente atualizadas para o CPC 2015, no entanto, mantendo a essência do gabarito original e definitivo da banca examinadora, mas com as disposições da nova sistemática processual civil.

21.1.1.1. Modelo da peça

EXCELENTÍSSIMO SENHOR DOUTOR JUIZ DE DIREITO DA... VARA CÍVEL DA COMARCA DO RIO DE JANEIRO/RJ

AGENOR DA SILVA GOMES, brasileiro, viúvo, bibliotecário, aposentado, absolutamente incapaz, portador da cédula de identidade RG n. ..., inscrito no CPF/MF sob o n. ..., neste ato representado por ARNALDO DA SILVA GOMES, brasileiro, divorciado, dentista, portador da cédula de identidade RG n. ..., inscrito no CPF/MF sob n. ..., endereço eletrônico n. ..., ambos domiciliados, na Rua São João Batista, n. 24, apartamento 125, bairro Barra da Tijuca, CEP..., cidade do Rio de Janeiro/RJ, por seu advogado que esta subscreve (instrumento de mandato anexo), com endereço profissional na..., n. ..., bairro..., na cidade de..., Estado..., CEP..., onde recebe intimações, vem respeitosamente a presença de Vossa Excelência, propor a presente AÇÃO DE OBRIGAÇÃO DE FAZER, COM PEDIDO LIMINAR, com fundamento nos arts. 300, 497 e 537 do Código de Processo Civil, em desfavor de PLANO DE SAÚDE BEM-ESTAR, pessoa jurídica de direito privado, com sede na..., n. ..., bairro..., na cidade de..., Estado de..., CEP..., na pessoa de seu representante legal, pelos motivos de fatos e de direitos a seguir expostos;

I – DOS FATOS

O autor Agenor da Silva Gomes firmou, em 19 de março de 2005, contrato com o Plano de Saúde Bem-Estar para prestação de serviços de assistência médica, com cobertura total em casos de acidentes, cirurgias, emergências, exames, consultas ambulatoriais, resgate em ambulâncias e até mesmo com uso de helicópteros, enfim, tudo o que se espera de um dos melhores planos de saúde existentes no país.

Em 4 de julho de 2010, o autor foi internado na Clínica São Marcelino Champagnat, na Barra da Tijuca, Rio de Janeiro, vítima de grave acidente vascular cerebral (AVC), permanecendo em estado de coma. Em razão disso, bem como pela piora em seu estado de saúde, encontra-se absolutamente incapacitado para a prática de quaisquer atos da vida civil, seu único filho Arnaldo da Silva Gomes, atuando na condição de substituto processual, providenciará todos os procedimentos necessários para a defesa dos interesses de seu genitor.

Ao visitar o pai, no dia 16 de julho do mesmo mês, é levado à direção da clínica e informado pelo médico responsável, Dr. Marcos Vinícius Pereira, que o quadro comatoso do senhor Agenor é de fato muito grave, mas não há motivo para que ele permaneça internado na UTI (Unidade de Tratamento Intensivo) da clínica, e sim em casa com a instalação de "home care" com os equipamentos necessários à manutenção de sua vida com conforto e dignidade.

Diante de tal situação, Arnaldo entrou em contato com o plano de saúde, solicitando a instalação dos equipamentos de "home care" em sua residência, visando ao atendimento das recomendações médicas, no entanto, tendo sido negado o procedimento.

Assim, a presente ação é necessária para que o autor tenha seu direito efetivado por sentença.

II – DOS FUNDAMENTOS DE DIREITO

Preliminarmente, em razão do estado de incapacidade civil absoluta em que o autor Agenor se encontra, decorrente de enfermidade que lhe retira a possibilidade de manifestar sua vontade, faz-se necessário declarar a sua incapacidade e constituir como curador para este ato seu filho ARNALDO DA SILVA GOMES, nos termos do art. 18, do CPC, com fulcro no art. 3º, III, do Código Civil, a despeito da posterior juntada do instrumento de procuração, conforme autoriza o art. 104 do CPC e art. 5º, § 1º, da Lei n. 8.906/90 (Estatuto da OAB).

Importante mencionar a relação de consumo existente entre as partes, uma vez que há, de um lado, o fornecedor de serviço de saúde e, do outro, um consumidor como destinatário final, conforme contrato de adesão ao plano de saúde que instrui a presente inicial, e, portanto, evidenciada a responsabilidade objetiva da Ré, nos termos da Lei n. 8.078/90 e do art. 5º, XXXVII, da Constituição Federal.

Cumpre ressaltar que o Autor está em dia com o pagamento das mensalidades, conforme faz prova o recibo anexo aos autos, e, desta forma, não há motivos para a negativa da Ré em providenciar a instalação dos equipamentos. Ademais, tendo em vista que o Autor está na iminência de ser compelido a retornar para a sua residência, portanto, sem cuidados médicos algum, necessário se faz a determinação em caráter liminar, da instalação do equipamento de "home care", conforme preceituam os arts. 536 e 537 do Código de Processo Civil, sendo certo que preenche os requisitos para a concessão da benesse antecipatória.

A despeito da inexistência do perigo de irreversibilidade do provimento, eis que ao final caso venha ser julgado improcedente o pedido, o serviço a ser prestado poderá ser regularmente cobrado. Por outro lado, com intuito de compelir a Ré ao cumprimento desta obrigação de tão importante necessidade, que este Nobre Julgador estipule multa diária, nos termos dos arts. 297 e 537 do Código de Processo Civil, caso não seja a obrigação cumprida no prazo determinado.

Destarte, ante a urgência do direito pleiteado e da recusa injustificada da Ré ao seu cumprimento, não resta outra opção senão se valer da tutela jurisdicional para ter seu direito efetivado.

III – DOS PEDIDOS

Diante de todo o exposto, requer-se a Vossa Excelência:

a) seja o réu citado para, querendo, apresentar resposta no prazo legal em uma das modalidades permitidas na lei processual;
b) a intimação do ilustre Representante do Ministério Público para manifestação, sob pena de nulidade processual;
c) a declaração da incapacidade absoluta do autor AGENOR DA SILVA GOMES e para constituir Curador Especial para este ato, ARNALDO DA SILVA GOMES;
d) seja concedida "initio litis" tutela antecipada para condenar em obrigação de fazer, consistente na imediata instalação do "home care" nas dependências da residência do autor, sob pena de multa diária, a ser prudentemente fixada por este MM. Juízo, nos termos dos arts. 300, 536 e 537 do CPC;
e) seja o réu condenado em custas e honorários advocatícios em percentuais arbitrados nos termos do art. 85, § 2º, do Código de Processo Civil;
f) seja deferida a inversão do ônus da prova, por se tratar de relação de consumo, bem como, subsidiariamente, pugnar por todos os meios de prova admitidos em direito para comprovação dos fatos que se apresentarem controvertidos após apresentação da contestação pelo réu;
g) juntada das guias judiciais devidamente quitadas; ou (se for o caso), a concessão dos benefícios da justiça gratuita, nos termos do art. 5º, LXXIV, da Constituição Federal e da Lei n. 1.060/50, por ser o autor pobre no sentido legal, não podendo arcar com o pagamento das custas sem prejuízo do próprio sustento.

O endereço do advogado do autor, onde deverá receber as intimações, é "Endereço...".

Dá-se à causa o valor de R$ (...).

Nestes termos,
Pede deferimento.
"Local..." e "Data..."
OAB n. ..., "Assinatura..."

21.1.2. Ação declaratória de inexistência de débito c/c obrigação de fazer e indenização por danos morais

(VII Exame) Sergio, domiciliado em Volta Redonda/RJ, foi comunicado pela empresa de telefonia ALFA, com sede em São Paulo/SP, que sua fatura, vencida no mês de julho de 2011, constava em aberto e, caso não pagasse o valor correspondente, no total de R$ 749,00, no prazo de 15 dias após o recebimento da comunicação, seu nome seria lançado nos cadastros dos órgãos de proteção ao crédito.

Consultando a documentação pertinente ao serviço utilizado, encontrou o comprovante de pagamento da fatura supostamente em aberto, enviando-o via fax para a empresa ALFA a fim de dirimir o problema.

Sucede, entretanto, que, ao tentar concretizar a compra de um veículo mediante financiamento alguns dias depois, viu frustrado o negócio, ante a informação de que o crédito lhe fora negado, uma vez que seu nome estava inscrito nos cadastros de maus pagadores pela empresa ALFA, em virtude de débito vencido em julho de 2011, no valor de R$ 749,00.

Constrangido, Sérgio deixou a concessionária e dirigiu-se a um escritório de advocacia a fim de que fosse proposta a ação cabível. Elabore a peça processual adequada ao caso comentado.

Acesse o *QR Code* e tenha acesso ao gabarito oficial desta peça, divulgado pela Banca Examinadora.
> http://uqr.to/1y5q8

21.1.2.1. Modelo da peça

EXCELENTÍSSIMO SENHOR DOUTOR JUIZ DE DIREITO DA... VARA CÍVEL DA COMARCA DE VOLTA REDONDA/RJ (domicílio do autor – art. 101, I, do CDC); ou
EXCELENTÍSSIMO SENHOR DOUTOR JUIZ DE DIREITO DA... VARA CÍVEL DA COMARCA DE SÃO PAULO/SP (endereço do réu – art. 46 do CPC).

SÉRGIO, "nacionalidade...", "estado civil...", "profissão...", portador do "RG n. ...", inscrito no "CPF sob o n. ...", "endereço eletrônico...", "domiciliado na rua...", "número...", "bairro...", "Município...", "Estado de...", "CEP...", vem, respeitosamente, por intermédio de seu advogado infra-assinado, perante Vossa Excelência, ajuizar a presente AÇÃO DECLARATÓRIA DE INEXISTÊNCIA DE DÉBITO C/C OBRIGAÇÃO

DE FAZER E INDENIZAÇÃO POR DANOS MORAIS, COM PEDIDO DE TUTELA ANTECIPADA, com fulcro nos arts. 497, 536 e 537 do CPC, em face de ALFA, "pessoa jurídica de direito privado", inscrito no "CPF/CNPJ sob o n. ...", "endereço eletrônico...", "com sede na rua...", "número...", "bairro...", "Município...", "Estado de...", "CEP...", pelos fundamentos de fato e de direito a seguir expostos:

I – DOS FATOS
Consultando a documentação pertinente ao serviço utilizado e efetivamente prestado, o autor encontrou o comprovante de pagamento da fatura supostamente em aberto, enviando-o via fax para a empresa ALFA a fim de dirimir o problema, demonstrando se tratar de evidente cobrança indevida.
Ocorre, entretanto, que, ao tentar concretizar a compra de um veículo mediante financiamento, alguns dias depois, viu frustrado o negócio, ante a informação de que o crédito lhe fora negado, uma vez que seu nome estava inscrito nos cadastros de maus pagadores pela empresa ALFA, em virtude de débito vencido em julho de 2011, no valor de R$ 749,00.
Portanto, necessária a declaração de inexistência do débito, com o consequente dever do réu de indenizar pelos prejuízos causados ao autor.

II – DOS FUNDAMENTOS DE DIREITO
Importante mencionar a relação de consumo existente entre as partes, uma vez que há, de um lado, o fornecedor de serviços telefônicos e, do outro, um consumidor como destinatário final, conforme contrato de adesão que instrui a presente inicial, e, portanto, evidenciada a responsabilidade objetiva da Ré, nos termos dos arts. 2º e 3º da Lei n. 8.078/90 e do art. 5º, XXXII, da Constituição Federal.
Assim, a responsabilidade do fornecedor pelo fato do serviço proveio da determinação contida no art. 14, *caput*, da Lei n. 8.078/90, em razão da comprovação dos defeitos relativos à prestação dos serviços, pela cobrança indevida de dívida quitada e a inscrição do nome nos cadastros de inadimplentes.
Consoante disposto no arts. 1º, III, 5º, V e X, da CF/88 e art. 186 do Código Civil, todo aquele que for ofendido em sua honra ou imagem, terá direito à reparação por dano moral.
O dano moral, em sentido estrito, é a violação do direito à dignidade e enseja a reparação do ofendido justamente pelo fato de o constituinte considerar invioláveis a intimidade, a vida privada, a honra, a imagem, entre outros direitos personalíssimos. Enfim, em razão da preocupação constitucional em resguardar sempre a dignidade da pessoa humana.
Portanto, bem caracterizado o dano moral, pela violação aos direitos de personalidade, pena negativação indevida do nome do autor, nos termos dos arts. 11, 12 e 927 do Código Civil, bem como do art. 6º, VI, do Código de Defesa do Consumidor.

III – DA TUTELA PROVISÓRIA
Conforme salientado, evidente a necessidade de antecipação dos efeitos da tutela, para a imediata exclusão do nome do autor dos cadastros de inadimplentes, conforme determinação dos arts. 300, 536 e 537 do CPC e art. 84, §§ 3º e 4º, do CDC, com a fixação de multa diária.

IV – DOS PEDIDOS
Diante de todo o exposto, requer-se a Vossa Excelência:

a) seja concedida a tutela antecipada, sem a oitiva da parte contrária, para a exclusão do nome do autor dos cadastros de inadimplentes, sob pena de multa diária, a ser prudentemente fixada por este

MM. Juízo, nos termos do art. 84, §§ 3º e 4º, do Código de Defesa do Consumidor (Lei n. 8.078/90) c/c os arts. 300, 536 e 537 do CPC;

b) seja o réu citado para, querendo, apresentar resposta no prazo legal em uma das modalidades permitidas na lei processual;

c) seja julgado procedente o pedido no sentido de declarar a inexistência do débito, com a confirmação da tutela antecipada, para a exclusão definitiva do nome do autor dos cadastros de inadimplentes, bem como a condenação ao pagamento de indenização pelos danos morais, em valor a ser prudentemente arbitrado pelo Juízo;

d) seja o réu condenado em custas e honorários advocatícios em percentuais arbitrados nos termos do art. 85, § 2º, do Código de Processo Civil;

e) sejam deferidos todos os meios de prova admitidos em direito para comprovação dos fatos que se apresentarem controvertidos após apresentação da contestação pelo réu;

f) juntada das guias judiciais devidamente quitadas; ou (se for o caso), a concessão dos benefícios da justiça gratuita, nos termos do art. 5º, LXXIV, da Constituição Federal e da Lei n. 1.060/50, por ser o autor pobre no sentido legal, não podendo arcar com o pagamento das custas sem prejuízo do próprio sustento.

O endereço do advogado do autor, onde deverá receber as intimações, é "Endereço...".

Dá-se à causa o valor de R$ (...).

Nestes termos,
Pede deferimento.
"Local..." e "Data..."
OAB n. ..., "Assinatura..."

21.1.3. Ação de obrigação de fazer com pedido de tutela antecipada

(XIII Exame) Em 15 de janeiro de 2013, Marcelo, engenheiro, domiciliado no Rio de Janeiro, efetuou a compra de um aparelho de ar-condicionado fabricado pela "G. S. A.", empresa sediada em São Paulo. Ocorre que o referido produto, apesar de devidamente entregue, desde o momento de sua instalação, passou a apresentar problemas, desarmando e não refrigerando o ambiente. Em virtude dos problemas apresentados, Marcelo, no dia 25 de janeiro de 2013, entrou em contato com o fornecedor, que prestou devidamente o serviço de assistência técnica. Nessa oportunidade, foi trocado o termostato do aparelho.

Todavia, apesar disso, o problema persistiu, razão pela qual Marcelo, por diversas outras vezes, entrou em contato com a "G" S. A. a fim de tentar resolver a questão amigavelmente. Porém, tendo transcorrido o prazo de 30 (trinta) dias sem a resolução do defeito pelo fornecedor, Marcelo requereu a substituição do produto.

Ocorre que, para a surpresa de Marcelo, a empresa negou a substituição do mesmo, afirmando que enviaria um novo técnico à sua residência para analisar novamente o produto. Sem embargo, a assistência técnica somente poderia ser realizada após 15 dias, devido à grande quantidade de demandas no período do verão.

Registre-se, ainda, que, em pleno verão, a troca do aparelho de ar-condicionado se faz uma medida urgente, posto que as temperaturas atingem níveis cada vez mais alarmantes. Ademais, Marcelo comprou o produto justamente em função da chegada do verão.

Inconformado, Marcelo o procura, para que, na qualidade de advogado, proponha a medida judicial adequada para a troca do aparelho, abordando todos os aspectos de direito material e processual pertinentes.

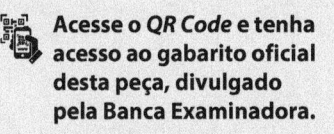

Acesse o *QR Code* e tenha acesso ao gabarito oficial desta peça, divulgado pela Banca Examinadora.

> http://uqr.to/1y5q9

21.1.3.1. Modelo da peça

EXCELENTÍSSIMO SENHOR DOUTOR JUIZ DE DIREITO DO... JUIZADO ESPECIAL CÍVEL DA COMARCA DO RIO DE JANEIRO (domicílio do autor – art. 101, I, do CDC); ou
EXCELENTÍSSIMO SENHOR DOUTOR JUIZ DE DIREITO DA... VARA CÍVEL DA COMARCA DO RIO DE JANEIRO (domicílio do autor – art. 101, I, do CDC); ou
EXCELENTÍSSIMO SENHOR DOUTOR JUIZ DE DIREITO DA... VARA CÍVEL DA COMARCA DE SÃO PAULO (endereço do réu – art. 46 do CPC).

MARCELO, "nacionalidade...", "estado civil...", "profissão..." (se pessoa jurídica indicar se de direito privado, público interno ou público externo), portador do "RG n. ...", inscrito no "CPF/CNPJ sob o n. ...", "endereço eletrônico...", "domiciliado na rua...", "número...", "bairro...", Rio de Janeiro/RJ, vem, respeitosamente, por intermédio de seu advogado infra-assinado, perante Vossa Excelência, ajuizar a presente AÇÃO DE OBRIGAÇÃO DE FAZER, COM PEDIDO DE TUTELA ANTECIPADA, com fulcro nos arts. 300, 497, 536 e 537 do CPC, em face de G.S.A., "pessoa jurídica de direito privado", "inscrito no CNPJ sob o n. ...", "endereço eletrônico...", "com sede na rua...", "número...", "bairro...", "Município...", "Estado de...", "CEP...", pelos fundamentos de fato e de direito a seguir expostos:

I – DOS FATOS
O autor Marcelo, em 15 de janeiro de 2013, efetuou a compra de um aparelho de ar-condicionado, fabricado pela empresa ré.
Ocorre que o referido produto, apesar de devidamente entregue, desde o momento de sua instalação, passou a apresentar problemas, desarmando e não refrigerando o ambiente.
Em razão dos problemas apresentados, o autor, no dia 25 de janeiro de 2013, entrou em contato com o fornecedor, que prestou devidamente o serviço de assistência técnica, sendo efetuada a troca do termostato do aparelho.
Entretanto, o problema persistiu, razão pela qual o autor, por diversas outras vezes, entrou em contato com a empresa ré, a fim de tentar resolver a questão amigavelmente. Porém, tendo transcorrido o prazo de 30 dias sem a resolução do defeito pelo fornecedor, não houve outra alternativa ao autor, senão requerer a substituição do produto.
Ocorre que a empresa negou a substituição do aparelho, afirmando que enviaria um novo técnico à sua residência para analisar novamente o produto, mas que somente poderia ser realizada após 15 dias, devido à grande quantidade de demandas no período do verão.
Registre-se, ainda, que, no período da estação do ano em que se encontram, a troca do aparelho de ar-condicionado se faz uma medida de extrema urgência, posto que as temperaturas atingem ní-

veis cada vez mais alarmantes. Ademais, o autor efetuou a compra do produto justamente em função da chegada do verão, não havendo outra medida senão a propositura da presente ação.

II – DOS FUNDAMENTOS DE DIREITO

Inicialmente, importante ressaltar a incidência da legislação consumerista ao presente caso, por ser o autor considerado consumidor, nos termos do art. 2º do Código de Defesa do Consumidor. Da mesma forma, a sociedade empresária é fornecedora do produto, conforme o art. 3º do CDC (Lei n. 8.078/90).

O produto adquirido pelo autor apresentou, desde o momento de sua aquisição, problemas, impossibilitando a correta e devida utilização a que se destina.

A responsabilidade do fornecedor proveio da determinação contida no art. 18, caput, da Lei n. 8.078/90, caso o produto apresente vícios que o tornem impróprio ou inadequado para o consumo.

Da mesma forma, o autor buscou, antes mesmo da propositura da presente ação, meios menos onerosos para a resolução do conflito, entrando em contato por diversas vezes para informar o problema e solucionar os problemas apresentados no ar-condicionado.

Transcorridos 30 dias, o autor requereu a substituição do aparelho, no entanto, a empresa se negou a tanto, mas informou que somente seria efetivada a assistência técnica após 15 dias.

Nos termos do art. 18, § 1º, I, do CDC, o consumidor pode exigir a substituição do produto por outro da mesma espécie, em perfeitas condições de uso, caso não seja o vício sanado no prazo máximo de 30 dias, podendo o consumidor fazer uso imediato das alternativas propostas pelo § 1º, sempre que, em razão da extensão do vício, a substituição das partes viciadas puder comprometer a qualidade ou características do produto, diminuir-lhe o valor ou se tratar de produto essencial, nos termos do § 3º do art. 18 do CDC.

III – DA TUTELA PROVISÓRIA

Conforme salientado, a troca de aparelho de ar-condicionado é medida de extrema urgência, em especial pela compra do referido aparelho justamente em função da chegada do verão, onde as temperaturas atingem níveis cada vez mais alarmantes, bem como considerando os relevantes fundamentos apresentados, caracterizada a própria troca do aparelho efetuado pelo réu.

Cabível, pois, a antecipação dos efeitos da tutela, para a troca imediata do aparelho de ar-condicionado, conforme determinação dos arts. 300, 497, 536 e 537 do CPC e art. 84, § 3º, do CDC, com a fixação de multa diária.

IV – DOS PEDIDOS

Diante de todo o exposto, requer-se a Vossa Excelência:

a) seja o réu citado para, querendo, apresentar resposta no prazo legal em uma das modalidades permitidas na lei processual;

b) seja concedida "inicio litis" tutela antecipada para condenar em obrigação de fazer, consistente na imediata determinação de substituição do aparelho de ar-condicionado, sob pena de multa diária, a ser prudentemente fixada por este MM. Juízo, nos termos do art. 84, § 4º, do Código de Defesa do Consumidor (Lei n. 8.078/90) c/c os arts. 300, 536 e 537 do CPC;

c) seja julgado procedente o pedido no sentido de efetuar a troca e a substituição do aparelho de ar-condicionado;

d) seja o réu condenado em custas e honorários advocatícios em percentuais arbitrados nos termos do art. 85, § 2º do Código de Processo Civil;

e) seja deferida inversão do ônus da prova, em razão da incidência da legislação de consumo, ou, subsidiariamente, pugna por todos os meios de prova admitidos em direito para comprovação dos fatos que se apresentarem controvertidos após apresentação da contestação pelo réu:

f) juntada das guias judiciais devidamente quitadas; ou (se for o caso), a concessão dos benefícios da justiça gratuita, nos termos do art. 5º, LXXIV, da Constituição Federal e da Lei n. 1.060/50, por ser o autor pobre no sentido legal, não podendo arcar com o pagamento das custas sem prejuízo do próprio sustento.

O endereço do advogado do autor, onde deverá receber as intimações, é "Endereço...".

Dá-se à causa o valor de R$ (...).

Nestes termos,
Pede deferimento.
"Local..." e "Data..."
OAB n. ..., "Assinatura..."

21.1.4. Ação de indenização por danos materiais e obrigação de fazer com pedido de tutela antecipada

(38º Exame) Aurora Rosa, jornalista, domiciliada em São Paulo, é casada com Solano e costumam compartilhar, entre eles, conteúdos diversos por meio de plataformas digitais, inclusive fotos e vídeos íntimos, que ficavam armazenados em seus dispositivos.

Devido ao furto do seu celular, registrado em boletim de ocorrência, Aurora entrou em contato com a operadora do serviço móvel, dois dias depois do ocorrido, para solicitar o bloqueio do seu aparelho, o que foi imediatamente atendido.

Apesar da sua rotina ter sido alterada pela perda do celular, o que a fazia sentir-se insegura com a possível utilização do material íntimo nele contido, Aurora imaginava que o problema estava resolvido. Para sua tristeza, foi surpreendida com mensagens enviadas por seus amigos, informando que seus vídeos e fotos estavam disponíveis em *sites* eróticos, localizados a partir de simples pesquisa por meio da Web Busca, cujo serviço é fornecido pela empresa Web Brasil Internet Ltda., situada em São Paulo.

Diante disso, Aurora notificou judicialmente a Web Brasil, explicando detalhadamente o que ocorreu, identificando o material, fornecendo o localizador URL das páginas e solicitando a indisponibilização do conteúdo infringente pelo provedor. No entanto, apesar da notificação realizada por Aurora, nenhuma providência havia sido tomada pelo provedor para a retirada do conteúdo ilícito.

Registre-se, ainda, que a recusa injustificada do provedor em atender à notificação judicial e promover a remoção do conteúdo ilícito causou prejuízos materiais à Aurora, que teve um contrato de assessoria de imprensa no valor de R$ 85.000,00 cancelado e, diante da rapidez com que as informações circulam no ambiente digital, teme que essa situação possa afetar ainda mais a sua atividade profissional.

Em virtude da medida judicial já adotada, Aurora não demonstra interesse em participar de qualquer outra tentativa conciliatória.

Inconformada, Aurora procura você, na qualidade de advogado(a), para propor a medida judicial adequada para a defesa dos seus interesses.

Redija a peça processual adequada para a remoção do conteúdo prejudicial à imagem de sua cliente, abordando todos os aspectos de direito material e processual pertinentes.

> Acesse o *QR Code* e tenha acesso ao gabarito oficial desta peça, divulgado pela Banca Examinadora.
> http://uqr.to/1y5qa

21.1.4.1. Modelo da peça

EXCELENTÍSSIMO SENHOR DOUTOR JUIZ DE DIREITO DA... VARA CÍVEL DA COMARCA SÃO PAULO/SP

AURORA ROSA, brasileira, jornalista, portadora da cédula de identidade RG n. ..., inscrita no CPF/MF sob o n. ..., endereço eletrônico n. ..., residente e domiciliada na Rua..., CEP..., cidade da São Paulo/SP, por seu advogado que esta subscreve (instrumento de mandato anexo), com endereço profissional na Rua..., n. ..., bairro..., na cidade de..., Estado..., CEP..., onde recebe intimações, vem respeitosamente à presença de Vossa Excelência propor a presente AÇÃO DE INDENIZAÇÃO POR DANOS MATERIAIS E OBRIGAÇÃO DE FAZER, COM PEDIDO DE TUTELA ANTECIPADA PARA A REMOÇÃO DE CONTEÚDO VIRTUAL, com fundamento nos arts. 300, 319 e 320 do Código de Processo Civil, em desfavor de WEB BRASIL LTDA., pessoa jurídica de direito privado, com sede na..., n. ..., bairro..., na cidade de..., Estado de..., CEP..., na pessoa de seu representante legal, pelos motivos de fatos e de direitos a seguir expostos:

I – DOS FATOS

A Autora Aurora Rosa, casada com Solano, costumavam compartilhar, entre eles, conteúdos diversos por meio de plataformas digitais, inclusive fotos e vídeos íntimos, que ficavam armazenados em seus dispositivos.

Devido ao furto do seu celular, registrado em boletim de ocorrência, Aurora entrou em contato com a operadora do serviço móvel, dois dias depois ao ocorrido, para solicitar o bloqueio do seu aparelho, o que foi imediatamente atendido.

Apesar da sua rotina ter sido alterada pela perda do celular, o que a fazia sentir-se insegura com a possível utilização do material íntimo nele contido.

No entanto, Aurora imaginava que o problema estava resolvido. Para sua tristeza, foi surpreendida com mensagens enviadas por seus amigos, informando que seus vídeos e fotos estavam disponíveis em *sites* eróticos, localizados a partir de simples pesquisa por meio da Web Busca, cujo serviço é fornecido pela empresa Web Brasil Internet Ltda., situada em São Paulo.

Diante disso, Aurora notificou judicialmente a Web Brasil, explicando detalhadamente o que ocorreu, identificando o material, fornecendo o localizador URL das páginas e solicitando a indisponibilização do conteúdo infringente pelo provedor.

No entanto, apesar da notificação realizada por Aurora, nenhuma providência havia sido tomada pelo provedor para a retirada do conteúdo ilícito.

Registre-se, ainda, que a recusa injustificada do provedor em atender à notificação judicial e promover a remoção do conteúdo ilícito, causou prejuízos materiais à Aurora, que teve um contrato de assessoria

de imprensa cancelado, no valor de R$ 85.000,00, e, diante da rapidez com que as informações circulam no ambiente digital, teme que essa situação possa afetar ainda mais a sua atividade profissional. Em virtude da medida judicial já adotada, Aurora não demonstra interesse em participar de qualquer outra tentativa conciliatória.
Assim, a presente ação é necessária para que o autor tenha seu direito efetivado por sentença.

II – DOS FUNDAMENTOS DE DIREITO
Inicialmente, importante destacar os dispositivos da Lei n. 12.965/14 (Marco Civil da Internet), pois se trata de conteúdo gerado no âmbito da rede mundial de computadores.
Importante ressaltar que o provedor de aplicações da internet, a Web Brasil Ltda., responde subsidiariamente pela disponibilização de conteúdo gerado por terceiro, violando a intimidade decorrente da divulgação, sem autorização dos seus participantes, de imagens, vídeos ou outros materiais contendo cenas de nudez ou atos sexuais de caráter privado quando, após o recebimento de notificação pelo participante, deixa de promover a indisponibilização desse conteúdo, conforme o art. 21, caput, da Lei n. 12.965/14.
A responsabilidade subsidiária do provedor de aplicações da internet por conteúdo gerado por terceiro exige, neste caso, que tenha existido apenas o pedido do ofendido para a exclusão do conteúdo e, neste caso, fica caraterizada pela omissão na retirada do conteúdo ilícito mesmo após a notificação judicial feita pela autora.
A recusa injustificada da remoção do conteúdo após a notificação judicial causou prejuízos a Aurora, gerando o dever de indenizar.

III – DA TUTELA DE URGÊNCIA
Diante da urgência da providência, requer-se a concessão da tutela provisória de urgência antecipada, na forma do art. 300 do CPC e/ou art. 19, § 4º, da Lei n. 12.965/14, demonstrando seus requisitos da probabilidade do direito e do perigo de dano, já que comprovado se tratar de vida íntima e privada violadas, bem como da omissão do provedor de aplicação a respeito da retirada do conteúdo de nudez.

IV – DOS PEDIDOS
Diante de todo o exposto, requer-se a Vossa Excelência:

a) seja o réu citado para, querendo, apresentar resposta no prazo legal em uma das modalidades permitidas na lei processual;
b) seja concedida a tutela antecipada para determinar a imediata retirada do conteúdo, nos termos dos arts. 300, do CPC e/ou art. 19, § 4º, da Lei n. 12.965/14;
c) seja o réu condenado em custas e honorários advocatícios em percentuais arbitrados nos termos do art. 85, § 2º, do Código de Processo Civil;
d) seja julgado procedente o pedido no sentido de condenar a provedora de aplicação, com a confirmação da tutela antecipada, para a exclusão definitiva das imagens, bem como a condenação ao pagamento de indenização pelos danos materiais sofridos, este no valor de R$ 85.000,00;
e) juntada das guias judiciais devidamente quitadas;
f) protesta provar o alegado por todos os meios de provas em direito admitidas.
O endereço do advogado do autor, onde deverá receber as intimações, é "Endereço...".
Dá-se à causa o valor de R$ 85.000,00.

Nestes termos,
Pede deferimento.
"Local..." e "Data..."
OAB n. ..., "Assinatura..."

21.1.5. Ação de reintegração de posse

(41º Exame) Paulo adquiriu os direitos possessórios sobre uma casa situada na Rua XYZ, nº 99, em Goiânia, GO, por meio de adjudicação em um processo de inventário, com sentença datada de 21-1-2012, transitada em julgado. O imóvel não tem matrícula regular ou registro de propriedade, situando-se em área onde historicamente há problemas de regularização fundiária. Na casa, Cíntia, como cuidadora, morava com José, pai de Paulo, assistindo-o durante toda a sua enfermidade. Depois da morte do pai, Paulo decidiu realizar o desejo dele, que fora manifestado oralmente antes do falecimento, ou seja, permitir que Cíntia, exclusivamente, residisse no imóvel pelo tempo que julgasse necessário, enquanto viva fosse. Assim, em 30-1-2012, poucos dias após a sentença de adjudicação, Paulo e Cíntia se encontraram para a celebração de contrato de comodato, no qual ficou ajustado que ela poderia residir no imóvel pelo tempo que quisesse. Doze anos depois, em 10-1-2024, Paulo foi informado pelo síndico do condomínio de que Cíntia falecera de infarto fulminante no dia anterior, deixando no imóvel o seu filho João. Em 11-1-2024, Paulo notificou João para que, no prazo de 30 (trinta) dias, restituísse o bem, com a entrega das chaves na portaria. Ocorre que João descumpriu a ordem, enviando contranotificação, em 20-1-2024, informando que não reconhecia a posse de Paulo, porque sabe que o imóvel não tem matrícula regular ou registro de propriedade, sendo ele o verdadeiro dono do bem, por força de usucapião. O imóvel está avaliado em R$ 200.000,00 (duzentos mil reais). Na qualidade de advogado(a) de Paulo, elabore a peça processual cabível para a defesa imediata dos interesses de seu cliente, indicando seus requisitos e fundamentos nos termos da legislação vigente.

Acesse o *QR Code* e tenha acesso ao gabarito oficial desta peça, divulgado pela Banca Examinadora.

> http://uqr.to/1y5qb

21.1.5.1. Modelo da peça

EXCELENTÍSSIMO SENHOR DOUTOR JUIZ DE DIREITO DA ... VARA CÍVEL DA COMARCA DE GOIÂNIA/GO

PAULO, "nacionalidade...", "estado civil...", "profissão...", inscrito no "CPF n. ...", "RG n. ...", "residente e domiciliado na rua...", por seu advogado infra-assinado, vem, respeitosamente, à presença de Vossa Excelência, com fundamento nos arts. 558, 560 e seguintes do Código de Processo Civil, propor a presente AÇÃO DE REINTEGRAÇÃO DE POSSE em face de JOÃO, "nacionalidade...", "estado civil...", "profissão...", inscrito no "CPF n. ...", "RG n. ...", "residente e domiciliado na rua...", pelos motivos de fato e de direito que passa a expor:

I – DOS FATOS
O Autor adquiriu os direitos possessórios sobre o imóvel situado na Rua XYZ, n. 99, em Goiânia/GO, por meio de adjudicação em processo de inventário, com sentença datada de 21-1-2012, transitada em julgado. O imóvel, que se encontra em área com histórico de problemas de regularização fundiária, não possui matrícula regular ou registro de propriedade, mas o Autor exerceu a posse de forma pública, mansa e pacífica desde a adjudicação.
Após a morte de seu pai, José, em 2012, o Autor decidiu conceder à Sra. Cíntia, cuidadora de seu pai, a posse direta sobre o bem, por meio de contrato de comodato celebrado em 30-1-2012, garantindo a ela o direito de residência enquanto assim desejasse. Em 10-1-2024, o Autor foi informado do falecimento de Cíntia. No dia seguinte, notificou o filho dela, João, para desocupar o imóvel no prazo de 30 (trinta) dias, mas o Réu respondeu à notificação, negando o direito possessório do Autor e alegando ser o proprietário do bem por usucapião.
Em virtude da negativa do Réu de desocupar o imóvel, o Autor requer a imediata reintegração na posse, pois a recusa de devolução configura esbulho possessório.

II – DOS FUNDAMENTOS DE DIREITO
O Autor é possuidor indireto do imóvel, tendo cedido a posse direta à Sra. Cíntia por meio de contrato de comodato, nos termos do art. 579 do Código Civil, que estabelece que o comodato é o empréstimo gratuito de coisa não fungível.
Com a morte da comodatária, em 10-1-2024, o contrato de comodato se extinguiu, conforme o art. 581 do Código Civil, que estabelece que o contrato se extingue pela morte do comodatário, devolvendo a posse ao comodante.
A posse do Réu é injusta e precária, uma vez que ele não possui qualquer direito sobre o imóvel, nos termos do art. 1.200 do Código Civil, que considera injusta a posse quando se dá em contrariedade com o direito.
A negativa de João de restituir o imóvel configura ato de esbulho possessório, conforme dispõe o art. 1.223 do Código Civil, que define como esbulho a perda da posse por ato de terceiro. O Autor faz jus à reintegração na posse do imóvel, conforme assegurado pelo art. 1.210 do Código Civil, que dispõe que o possuidor tem o direito de ser reintegrado na posse, independentemente de alegações de usucapião por parte do Réu, conforme art. 1.210, § 2º, do mesmo Código.
Os requisitos da ação de reintegração de posse estão preenchidos, uma vez que o Autor demonstra documentalmente: (i) a posse anterior, (ii) o esbulho, (iii) a data do esbulho, e (iv) a perda da posse, nos termos do art. 561 do Código de Processo Civil.

III – DA MEDIDA LIMINAR
Tendo em vista a propositura da demanda dentro do prazo de ano e dia, o Autor requer a concessão de medida liminar, com fulcro no art. 562 do Código de Processo Civil, para imediata reintegração na posse do bem.

IV – DOS PEDIDOS

Diante do exposto, requer:

a) a concessão de medida liminar, sem a oitiva da parte contrária, para determinar a reintegração de posse do imóvel em favor do Autor, com a expedição do competente mandado de reintegração, sob pena de multa diária a ser arbitrada por Vossa Excelência;

b) a citação do Réu para contestar a presente ação, sob pena de revelia e confissão quanto à matéria de fato;

c) a procedência da ação, confirmando a liminar concedida ou, caso não tenha sido concedida, determinando a reintegração do Autor na posse do imóvel, condenando o Réu ao pagamento das custas processuais e honorários advocatícios, nos termos do art. 85 do Código de Processo Civil;

d) o benefício da gratuidade de justiça, uma vez que o Autor não possui condições de arcar com as custas processuais sem prejuízo de seu sustento próprio.

Dá-se à causa o valor de R$ 200.000,00 (duzentos mil reais), para todos os efeitos legais.

Nestes termos,
Pede deferimento.
"Local..." e "Data..."
OAB n. ..., "Assinatura..."

21.1.6. Ação declaratória de inexistência cumulada com indenização por danos morais

(XXXIII Exame) João Paulo, residente na cidade do Rio de Janeiro, ao tentar comprar um eletrodoméstico, foi informado pelo estabelecimento vendedor que não seria possível aceitar o pagamento financiado, em virtude de uma negativação de seu nome junto aos cadastros restritivos de crédito pelo *Banco XYZ*, sediado no Rio de Janeiro. João Paulo ficou surpreso, tendo em vista que nunca contratou com tal banco.

Diante do ocorrido, João Paulo buscou informações e verificou que a dívida, origem da negativação, era referente a um contrato de empréstimo de R$ 10.000,00 que ele nunca celebrou, sendo, portanto, fruto de alguma fraude com seu nome. João Paulo dirigiu-se ao banco, pedindo a imediata exclusão de seu nome do cadastro restritivo de crédito, o que foi negado pelo *Banco XYZ*.

Diante desse cenário, João Paulo entra em contato com você, como advogado(a), pois pretende a retirada imediata de seu nome dos cadastros restritivos de crédito, já que nunca contraiu a dívida apontada, além de indenização por danos morais no equivalente a R$ 30.000,00.

Na condição de advogado(a) de João Paulo, elabore a peça processual cabível e mais adequada para a tutela integral de todos os pedidos.

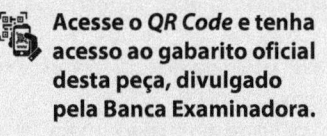

21.1.6.1. Modelo da peça

EXCELENTÍSSIMO SENHOR DOUTOR JUIZ DE DIREITO DO ... JUIZADO ESPECIAL CÍVEL DA COMARCA DO RIO DE JANEIRO; ou
EXCELENTÍSSIMO SENHOR DOUTOR JUIZ DE DIREITO DA ... VARA CÍVEL DA COMARCA DO RIO DE JANEIRO

JOÃO PAULO, "nacionalidade...", "estado civil...", "profissão...", portador do "RG n. ...", inscrito no "CPF/CNPJ sob o n. ...", "endereço eletrônico...", "domiciliado na rua...", "número...", "bairro...", Rio de Janeiro/RJ, vem, respeitosamente, por intermédio de seu advogado infra-assinado, perante Vossa Excelência, ajuizar a presente AÇÃO PELO PROCEDIMENTO COMUM, COM PEDIDO DE TUTELA ANTECIPADA, com fulcro nos arts. 300 e seguintes do CPC, em face de BANCO XYZ, "pessoa jurídica de direito privado", "inscrito no CNPJ sob o n. ...", "endereço eletrônico...", "com sede na rua...", "número...", "bairro...", "Município...", "Estado de...", "CEP...", pelos fundamentos de fato e de direito a seguir expostos;

I – DOS FATOS
Com efeito, o autor João Paulo tentou comprar um eletrodoméstico no estabelecimento comercial, quando foi informado pelo vendedor que não seria possível aceitar o pagamento financiado, em virtude de uma negativação de seu nome junto aos cadastros restritivos de crédito pelo Banco XYZ, sediado nesta cidade do Rio de Janeiro. Ocorre que o autor, João Paulo, jamais manteve relação ou contratou com o referido Banco.
Diante do ocorrido, o autor João Paulo buscou informações e verificou que a dívida, origem da negativação, era referente a um contrato de empréstimo no valor de R$ 10.000,00 que ele nunca celebrou, sendo, portanto, fruto de alguma fraude com seu nome.
Assim, o autor João Paulo dirigiu-se ao banco, pedindo a imediata exclusão de seu nome do cadastro restritivo de crédito, o que foi negado pelo Banco XYZ, portanto, não havendo outra medida senão a propositura da presente ação.

II – DOS FUNDAMENTOS DE DIREITO
Inicialmente, importante ressaltar a incidência da legislação consumerista ao presente caso, por ser o autor considerado consumidor por equiparação, nos termos dos arts. 17 e 29, do Código de Defesa do Consumidor. Da mesma forma, a sociedade empresária é fornecedora do produto, conforme o art. 3º do CDC (Lei n. 8.078/90).

Certamente, houve a ocorrência de ilícito por parte da instituição financeira, pela celebração do contrato fraudulento, especialmente com a inclusão indevida do nome do autor nos cadastros restritivos de crédito, configurando o fato do serviço, conforme art. 14, caput e § 1º, do CDC, bem como, nos termos dos arts. 186 e 927, ambos do CC.

Dessa forma, é evidente a configuração do dano moral, "in re ipsa", ou seja, que não precisa de prova, pois é presumido, em razão da negativação e inclusão indevida do nome do autor João Paulo nos cadastros restritivos de crédito.

Outrossim, importante mencionar que a responsabilidade, nos termos do Código de Defesa do Consumidor, é objetiva, ou seja, independentemente de culpa, estando devidamente configurados o nexo de causalidade entre o ilícito praticado e os danos causados ao autor.

III – DA TUTELA PROVISÓRIA

Conforme salientado, a negativação indevida nos cadastros de inadimplentes é causa para a concessão da tutela de urgência, sem a necessidade de oitiva da parte contrária, nos termos do art. 300 do CPC, especialmente justificando a retirada imediata do nome do autor dos cadastros restritivos.

Assim, a antecipação dos efeitos da tutela é medida que se impõe, estando devidamente comprovados os requisitos do "fumus boni iuris", ou seja, a probabilidade do direito diante da inexistência de relação jurídica com a instituição financeira, bem como o periculum in mora, em razão da necessidade de retirada imediata do nome irregularmente e a medida, certamente, se mostra reversível.

Finalmente, diante da demonstração da verossimilhança das alegações do autor, há a necessidade de inversão do ônus da prova, nos termos do art. 6º, VIII, do CDC.

IV – DOS PEDIDOS

Diante de todo o exposto, requer-se a Vossa Excelência:

a) seja o réu citado para, querendo, apresentar resposta no prazo legal em uma das modalidades permitidas na lei processual;

b) seja concedida a liminar da tutela de urgência antecipada, sem a oitiva da parte contrária, para a retirada imediata do nome do autor dos cadastros restritivos de crédito, nos termos dos arts. 300 e seguintes do CPC, com a sua posterior confirmação;

c) seja julgado procedente o pedido para o reconhecimento da inexistência da relação jurídica entre as partes, consequentemente da dívida no valor de R$ 10.000,00 e do próprio contrato;

d) seja o réu condenado ao pagamento da indenização pelos danos morais, no valor de R$ 30.000,00;

e) seja o réu condenado em custas e honorários advocatícios em percentuais arbitrados nos termos do art. 85, § 2º, do Código de Processo Civil;

e) seja deferida inversão do ônus da prova, em razão da incidência da legislação de consumo, ou, subsidiariamente, pugna por todos os meios de prova admitidos em direito para comprovação dos fatos que se apresentarem controvertidos após apresentação da contestação pelo réu.

O endereço do advogado do autor, onde deverá receber as intimações, é "Endereço...".

Dá-se à causa o valor de R$ 40.000,00.

Nestes termos,
Pede deferimento.
"Local..." e "Data..."
OAB n. ..., "Assinatura..."

21.1.7. Petição inicial de divórcio consensual

(40º Exame) Paulo Cruz, servidor público federal, e Cristina Silva Cruz, autônoma, residentes e domiciliados em Campina Grande, no Estado da Paraíba, contraíram matrimônio sem pacto antenupcial em 2018. Em 16 de dezembro de 2021, nasceu Júlia, a única filha do casal. Não obstante eles tenham sempre mantido um bom relacionamento, concluíram que não mais permaneceriam casados.

Paulo e Cristina eram solteiros antes do casamento, portanto, nunca viveram em união estável ou matrimônio com qualquer pessoa, não tendo outros descendentes.

Diante da decisão, procuram você, na qualidade de advogado(a), para tomar as providências necessárias para formalizar a extinção do vínculo conjugal e a partilha dos bens, bem como as questões relativas à filha.

Em reunião conjunta, informam que decidiram pela guarda compartilhada, mas que Júlia manterá residência fixa com a mãe, tendo o pai direito à convivência em dois dias da semana, além dos finais de semana alternados. Concordaram que não será devida pensão alimentícia entre eles e que as despesas da filha serão igualmente repartidas, pois possuem capacidade financeira semelhante.

Acordam ainda que Paulo Cruz pagará R$ 3.000,00 (três mil reais), que corresponde a 20% (vinte por cento) dos seus rendimentos, a título de pensão para a filha menor. Pactuaram, ainda, que alterarão as comemorações de Natal e réveillon, cabendo à mãe os anos pares. Como Cristina é cristã e o pai, ateu, estabeleceram que no feriado de Páscoa Júlia passará com a genitora. No que tange aos demais feriados, nada foi estabelecido.

O casal deseja realizar a partilha de bens no curso do divórcio. Assim, informaram que o patrimônio deles é constituído de dois imóveis. Um apartamento, residência do casal, localizado em Catolé, um bairro de Campina Grande, no Estado da Paraíba, adquirido onerosamente em janeiro de 2021, no valor atual de R$ 600.000,00 (seiscentos mil reais). Destaca-se que 50% (cinquenta por cento) do valor pago por este imóvel adveio da herança legítima do pai de Cristina, que faleceu em 2019, circunstância reconhecida por Paulo. O outro bem é uma loja comercial, situada a 100 (cem) metros da residência do casal, adquirida por meio de compra e venda em 2022, avaliada em R$ 200.000,00 (duzentos mil reais). Todos os dois bens encontram-se pagos e quitados.

Salienta-se que Cristina e Júlia manterão residência no apartamento supracitado, devendo Paulo sair do bem.

Por fim, Cristina informa que voltará a usar o nome de solteira, e eles acordam o rateio das despesas processuais.

Acesse o *QR Code* e tenha acesso ao gabarito oficial desta peça, divulgado pela Banca Examinadora.

> http://uqr.to/1y5qd

21.1.7.1. Modelo da peça

EXCELENTÍSSIMO SENHOR DOUTOR JUIZ DE DIREITO DA ... VARA CÍVEL DA COMARCA DE CAMPINA GRANDE, ESTADO DA PARAÍBA

PAULO CRUZ, servidor público federal, "nacionalidade...", "estado civil...", portadora do "RG n. ...", inscrito no "CPF sob o n. ...", "endereço eletrônico...", "domiciliado na rua...", "número...", "bairro...", "Município...", "Estado de...","CEP...", e CRISTINA SILVA CRUZ, autônoma, "nacionalidade...", "estado civil...", portadora do "RG n. ...", inscrito no "CPF sob o n. ...", "endereço eletrônico...", "domiciliada na rua...", "número...", "bairro...", "Município...", "Estado de...","CEP...", vêm, respeitosamente, por intermédio de seus advogados infra-assinados, perante Vossa Excelência, ajuizar a presente AÇÃO DE DIVÓRCIO CONSENSUAL, conforme procedimento do art. 731 do Código de Processo Civil, pelos fundamentos de fato e de direito a seguir expostos:

I – DOS FATOS

Os interessados, Paulo Cruz e Cristina Silva Cruz, contraíram matrimônio sem pacto antenupcial em 2018.

Aos 16 de dezembro de 2021, nasceu Júlia, a única filha do casal. Não obstante eles tenham sempre mantido um bom relacionamento, concluíram que não mais permaneceriam casados.

Paulo e Cristina eram solteiros antes do casamento, portanto, nunca viveram em união estável ou matrimônio com qualquer pessoa, não tendo outros descendentes.

O casal deseja realizar a partilha de bens no curso do divórcio. Assim, informaram que o patrimônio deles é constituído de dois imóveis. Um apartamento, residência do casal, localizado em Catolé, um bairro de Campina Grande, no Estado da Paraíba, adquirido onerosamente em janeiro de 2021, no valor atual de R$ 600.000,00 (seiscentos mil reais). Destaca-se que 50% (cinquenta por cento) do valor pago por este imóvel adveio da herança legítima do pai de Cristina, que faleceu em 2019, circunstância reconhecida por Paulo. O outro bem é uma loja comercial, situada a 100 (cem) metros da residência do casal, adquirida por meio de compra e venda em 2022, avaliada em R$ 200.000,00 (duzentos mil reais). Todos os dois bens encontram-se pagos e quitados.

II – DOS FUNDAMENTOS DE DIREITO

Deve ser destacado que o divórcio, em sendo um direito potestativo dos interessados, poderá ser realizado na modalidade consensual, inexistindo qualquer requisito prévio.

Em reunião conjunta, informam que decidiram pela guarda compartilhada, com base no art. 1.584, I, do Código Civil, mas que Júlia manterá residência fixa com a mãe, tendo o pai direito à convivência em dois dias da semana, além dos finais de semana alternados, conforme aplicando-se o disposto no art. 1.583, § 2º, do Código Civil e art. 731, III, do Código de Processo Civil.

Pactuaram, ainda, que alterarão as comemorações de Natal e réveillon, cabendo à mãe os anos pares. Como Cristina é cristã e o pai, ateu, estabeleceram que no feriado de Páscoa Júlia passará com a genitora. No que tange aos demais feriados, nada foi estabelecido.

Concordaram que não será devida pensão alimentícia entre eles e que as despesas da filha serão igualmente repartidas, pois possuem capacidade financeira semelhante.

Acordam ainda que Paulo Cruz pagará R$ 3.000,00 (três mil reais), que corresponde a 20% (vinte por cento) dos seus rendimentos, a título de pensão para a filha menor.

Como não foi feito pacto antenupcial, o regime matrimonial é de comunhão parcial de bens por força do art. 1.640 do Código Civil.
O casal deseja realizar a partilha de bens no curso do divórcio.
Para a partilha de bens, deve ser considerado que o imóvel comercial pertence ao casal, cabendo a cada um 50% (cinquenta por cento) do bem. O fundamento legal é o art. 1.658 ou o art. 1.660, I, ambos do Código Civil. Assim, informaram que o patrimônio deles é constituído de dois imóveis. Um apartamento, residência do casal, localizado em Catolé, um bairro de Campina Grande, no Estado da Paraíba, adquirido onerosamente em janeiro de 2021, no valor atual de R$ 600.000,00 (seiscentos mil reais).
Em relação ao apartamento, 50% (cinquenta por cento) adveio da sub-rogação da herança paterna percebida por Cristina, por força do art. 1.659, I, do Código Civil. Já os outros 50% (cinquenta por cento) entram na comunhão. Portanto, Cristina terá direito a 75% (setenta e cinco por cento) do imóvel, sendo o restante de Paulo.
Todos os dois bens encontram-se pagos e quitados.
Salienta-se que Cristina e Júlia manterão residência no apartamento supracitado, devendo Paulo sair do bem.
Por fim, Cristina informa que voltará a usar o nome de solteira, em razão do art. 1.571 do Código Civil, e eles acordam o rateio das despesas processuais.

III – DOS PEDIDOS
Diante de todo o exposto, requer-se a Vossa Excelência:

a) a homologação judicial do acordo de divórcio consensual;
b) seja intimado o Ministério Público;
c) sejam deferidos todos os meios de prova admitidos em direito, em especial de depoimento pessoal dos interessados e prova documental.
O endereço do advogado do autor, onde deverá receber as intimações, é "Endereço...".
Dá-se à causa o valor de R$ ...

Nestes termos,
Pede deferimento.
"Local..." e "Data..."
OAB n. ..., "Assinatura..."

21.2. Modelos de contestação

21.2.1. Contestação à ação de indenização

(XVI Exame) João andava pela calçada da rua onde morava, no Rio de Janeiro, quando foi atingido na cabeça por um pote de vidro lançado da janela do apartamento 601 do edifício do Condomínio Bosque das Araras, cujo síndico é o Sr. Marcelo Rodrigues. João desmaiou com o impacto, sendo socorrido por transeuntes que contataram o Corpo de Bombeiros, que o transferiu, de imediato, via ambulância, para o Hospital Municipal X. Lá chegando, João foi internado e submetido a exames e, em seguida, a uma cirurgia para estagnar a hemorragia interna sofrida.

João, caminhoneiro autônomo que tem como principal fonte de renda a contratação de fretes, permaneceu internado por 30 dias, deixando de executar contratos já negociados. A internação de João, nesse período, causou uma perda de R$ 20 mil. Após sua alta, ele retomou sua função como caminhoneiro, realizando novos fretes. Contudo, 20 dias após seu retorno às atividades laborais, João, sentindo-se mal, voltou ao Hospital X. Foi constatada a necessidade de realização de nova cirurgia, em decorrência de uma infecção no crânio causada por uma gaze cirúrgica deixada no seu corpo por ocasião da primeira cirurgia. João ficou mais 30 dias internado, deixando de realizar outros contratos. A internação de João, por este novo período, causou uma perda de R$ 10 mil.

João ingressa com ação indenizatória perante a 2ª Vara Cível da Comarca da Capital contra o Condomínio Bosque das Araras, requerendo a compensação dos danos sofridos, alegando que a integralidade dos danos é consequência da queda do pote de vidro do condomínio, no valor total de R$ 30 mil, a título de lucros cessantes, e 50 salários mínimos a título de danos morais, pela violação de sua integridade física.

Citado, o Condomínio Bosque das Araras, por meio de seu síndico, procura você para que, na qualidade de advogado(a), busque a tutela adequada de seu direito.

Elabore a peça processual cabível no caso, indicando os seus requisitos e fundamentos, nos termos da legislação vigente.

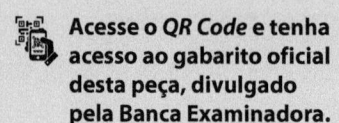

Acesse o *QR Code* e tenha acesso ao gabarito oficial desta peça, divulgado pela Banca Examinadora.

> http://uqr.to/1y5qe

21.2.1.1. Modelo da peça

EXCELENTÍSSIMO SENHOR DOUTOR JUIZ DE DIREITO DA 2ª VARA CÍVEL DA COMARCA DO RIO DE JANEIRO

"Processo n. ..."

CONDOMÍNIO BOSQUE DAS ARARAS, localizado na Rua..., n. ... Bairro..., CEP..., inscrito no "CPF/CNPJ sob o n. ...", "endereço eletrônico...", representado neste ato por seu síndico MARCELO RODRIGUES, vem, respeitosamente, por intermédio de seu advogado infra-assinado, nos autos da AÇÃO DE INDENIZAÇÃO, que lhe move JOÃO, qualificado na inicial, apresentar a sua CONTESTAÇÃO, com fulcro no art. 335 e seguintes do Código de Processo Civil, o que faz, articuladamente, nos seguintes e melhores termos de direito:

I – PRELIMINARES

Inicialmente, importante salientar a ilegitimidade passiva para a causa em questão, em razão do disposto no art. 938 do Código Civil, conferindo responsabilidade ao morador do apartamento individualizado n. 601, isto é, da unidade autônoma devidamente reconhecida.

Assim, diante da clara e evidente situação, de rigor o reconhecimento da carência de ação, conforme determinação legal do art. 337, XI, do Código de Processo Civil, pela ilegitimidade do condomínio para figurar no polo passivo da presente demanda, julgando extinto o processo, sem resolução do mérito, conforme o art. 485, VI, do Código de Processo Civil.

II – DOS FATOS

O Recorrente João transitava pela calçada da rua onde morava quando foi atingido na cabeça por um pote de vidro lançado da janela do apartamento n. 601 do edifício réu, vindo a desmaiar com o impacto, e necessitando de pronto atendimento de outros transeuntes que contataram o Corpo de Bombeiros, que o transferiu, de imediato, via ambulância, para o Hospital Municipal X.

Chegando ao local, o recorrente foi prontamente internado e submetido a exames e, em seguida, a uma cirurgia para estagnar a hemorragia interna sofrida, permanecendo internado por cerca de 30 dias.

Após sua alta, ele retomou sua função como caminhoneiro, no entanto, 20 dias após seu retorno às atividades laborais, o recorrente sentiu-se mal, retornando ao Hospital X e necessitando de novo procedimento cirúrgico, em decorrência de uma infecção no crânio causada por uma gaze cirúrgica deixada no seu corpo por ocasião da primeira cirurgia.

Diante dos fatos, o autor propôs a presente ação indenizatória em face do Condomínio, pretendendo o ressarcimento de R$ 30.000,00 pelos lucros cessantes, além do equivalente a 50 salários mínimos a título de danos morais.

III – NO MÉRITO

Imperioso mencionar, conforme preconiza o art. 1.348, II, do Código Civil, compete ao síndico representar, ativa e passivamente, o condomínio, em juízo, os atos necessários à defesa de interesses comuns.

Ademais, cabe ao habitante da unidade autônoma devidamente identificada, de n. 601, a responsabilidade pelo dano causado, proveniente de coisas lançadas de seu apartamento, nos termos do art. 938 do Código Civil. Portanto, o Condomínio não tem legitimidade para figurar no polo passivo da demanda, tampouco responsabilidade pelos danos causados ao autor.

Ressalta-se, outrossim, que inexiste a obrigação de indenizar com relação aos danos decorrentes da segunda cirurgia sofrida pelo autor, na medida em que o dano foi resultado exclusivamente do erro médico cometido pela equipe cirúrgica do Hospital Municipal X, não resultante da queda do pote de vidro.

Ademais, ainda que materialmente relacionado ao evento, a queda do pote de vidro do edifício somente se pode atribuir a consequências danosas do primeiro evento, de acordo com o art. 403 do Código Civil, em especial porque pretende a indenização do total de R$ 30.000,00, uma vez que o prejuízo causado ao autor, em razão da primeira internação, fora de R$ 20.000,00 pelos lucros cessantes, no período de internação de 30 dias.

Nestes termos, caso não acolha a preliminar de carência de ação, e a responsabilidade da unidade autônoma n. 601, impugna o réu o valor apresentado pelos lucros cessantes, sendo indevidos os valores de R$ 10.000,00, bem como os danos morais equivalentes a 50 salários mínimos, tendo em vista que decorrentes do erro cometido quando da segunda cirurgia, portanto, de responsabilidade exclusiva do Hospital Municipal.

IV – DA DENUNCIAÇÃO DA LIDE

Conforme anteriormente explicitado, declina a inteligência do art. 938 do Código Civil pela responsabilidade do apartamento individual n. 601, em indenizar os danos causados a outrem, perante objetos lançados de sua unidade autônoma. Diante de tal determinação legal, pugna o réu pela denunciação da lide, nos termos do art. 125, II, do Código de Processo Civil.

Da mesma forma, com fulcro no art. 125, II, do Código de Processo Civil, requer a denunciação do Hospital Municipal X, uma vez que os danos causados pela segunda cirurgia foram decorrentes de atos de sua responsabilidade.

V – DOS PEDIDOS

ISTO POSTO, deve ser acolhida a preliminar, resultando na prolação de sentença terminativa, que extingue o processo sem resolução do mérito, pela carência de ação, nos termos do art. 485, VI, do Código de Processo Civil.

No mérito, pelas razões de direito aduzidas nesta contestação, deve o pedido da presente ação ser julgado improcedente em todos os seus termos, ou subsidiariamente, caso seja diferente o entendimento do juízo, que o valor a ser fixado a título de indenização seja inferior ao quantum pretendido na inicial.

Requer a citação do responsável pela unidade autônoma n. 601, bem como do Hospital Municipal X, na pessoa de seu representante legal, para apresentar resposta, nos termos do art. 126 do Código de Processo Civil.

Por fim, pugna pela condenação do autor nas custas processuais e honorários advocatícios a serem arbitrados nos percentuais definidos no art. 85, § 2º, do Código de Processo Civil.

Protesta-se por todos os meios de prova admitidos em direito.

Nestes termos,
Pede deferimento.
"Local..." e "Data..."
OAB n. ..., "Assinatura..."

21.2.2. Contestação com reconvenção à ação de indenização

(XXVIII Exame) Julia dirigia seu veículo na Rua 001, na cidade do Rio de Janeiro, quando sofreu uma batida, na qual também se envolveu o veículo de Marcos. O acidente lhe gerou danos materiais estimados em R$ 40.000,00 (quarenta mil reais), equivalentes ao conserto de seu automóvel. Marcos, por sua vez, também teve parte de seu carro destruído, gastando R$ 30.000,00 (trinta mil reais) para o conserto.

Diante do ocorrido, Julia pagou as custas pertinentes e ajuizou ação condenatória em face de Marcos, autuada sob o n. 11111111111 e distribuída para a 8ª Vara Cível da Comarca da Capital do Estado do Rio de Janeiro, com o objetivo de obter indenização pelo valor equivalente ao conserto de seu automóvel, alegando que Marcos teria sido responsável pelo acidente, por dirigir acima da velocidade permitida. Julia informou, em sua petição inicial, que não tinha interesse na designação de audiência de conciliação, inclusive porque já havia feito contato extrajudicial com Marcos, sem obter êxito nas negociações. Julia deu à causa o valor de R$ 1.000,00 (hum mil reais).

Marcos recebeu a carta de citação do processo pelo correio, no qual fora dispensada a audiência inicial de conciliação, e procurou um advogado para representar seus interesses, dado que entende que a responsabilidade pelo acidente foi de Julia, que estava dirigindo embriagada, como atestou o boletim de ocorrência, e que ultrapassou o sinal vermelho. Entende que, no pior cenário, ambos concorreram para o acidente, porque, apesar de estar 5% acima do limite de velocidade, Julia teve maior responsabilidade, pelos motivos expostos. Aproveitando a oportunidade, Marcos pretende obter de Julia indenização em valor equivalente ao que dispendeu pelo conserto do veículo. Marcos não tem interesse na realização de conciliação.

Na qualidade de advogado(a) de Marcos, elabore a peça processual cabível para defender seus interesses, indicando seus requisitos e fundamentos, nos termos da legislação vigente. Considere que o aviso de recebimento da carta de citação de Marcos foi juntado aos autos no dia 04/02/2019 (segunda-feira), e que não há feriados no mês de fevereiro.

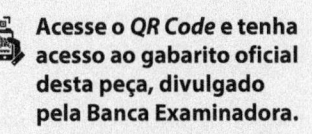

> **Acesse o *QR Code* e tenha acesso ao gabarito oficial desta peça, divulgado pela Banca Examinadora.**
>
> > http://uqr.to/1y5qf

21.2.2.1. Modelo da peça

EXCELENTÍSSIMO SENHOR DOUTOR JUIZ DE DIREITO DA 8ª VARA CÍVEL DA COMARCA DA CAPITAL DO ESTADO DO RIO DE JANEIRO

"Processo n. 11111111111"

MARCOS, já qualificado nos autos, vem, respeitosamente, por intermédio de seu advogado infra-assinado, nos autos da AÇÃO DE INDENIZAÇÃO, que lhe move JÚLIA, qualificada na inicial, apresentar a sua CONTESTAÇÃO, com RECONVENÇÃO, com fulcro no art. 335 e seguintes, c/c art. 343, todos do Código de Processo Civil, o que faz, articuladamente, nos seguintes e melhores termos de direito:

I – PRELIMINARES

Inicialmente, importante salientar a incorreção do valor apresentado à causa, nos termos do art. 337, III, do CPC, que deve corresponder ao proveito econômico pretendido por Julia, nos termos do art. 292, inciso V, do CPC (ou seja, R$ 40.000,00).

II – DOS FATOS

Julia dirigia seu veículo na Rua 001, na cidade do Rio de Janeiro, quando sofreu uma batida, na qual também se envolveu o veículo de Marcos. O acidente lhe gerou danos materiais estimados em R$ 40.000,00 (quarenta mil reais), equivalentes ao conserto de seu automóvel. Marcos, por sua vez, também teve parte de seu carro destruído, gastando R$ 30.000,00 (trinta mil reais) para o conserto.
Diante do ocorrido, Julia pagou as custas pertinentes e ajuizou ação condenatória em face de Marcos, autuada sob o n. 11111111111 e distribuída para a 8ª Vara Cível da Comarca da Capital do Estado do Rio de Janeiro, com o objetivo de obter indenização pelo valor equivalente ao conserto de seu automóvel, alegando que Marcos teria sido responsável pelo acidente, por dirigir acima da velocidade permitida. Julia informou, em sua petição inicial, que não tinha interesse na designação de audiência de conciliação, inclusive porque já havia feito contato extrajudicial com Marcos, sem obter êxito nas negociações. Julia deu à causa o valor de R$ 1.000,00 (hum mil reais).

III – NO MÉRITO

Imperioso mencionar, conforme noticiado acima, que a responsabilidade pelo acidente foi de Julia, pois estava dirigindo embriagada, como atestou o boletim de ocorrência, e que ultrapassou o sinal vermelho, evidenciando a ausência de responsabilidade do réu pelo acidente, porque não praticou ilícito, nos termos do art. 927 e art. 186 do Código Civil, imputando, pois, à Julia a responsabilidade exclusiva pelo acidente.

Subsidiariamente, ambos concorreram para o acidente, porque, apesar de estar 5% acima do limite de velocidade, Julia teve maior responsabilidade, pelos motivos expostos, donde a responsabilidade concorrente de Julia, segundo o art. 945 do Código Civil.

IV – DA RECONVENÇÃO

Conforme informado acima, Marcos teve parte de seu carro destruído em razão do acidente causado por Júlia, gastando R$ 30.000,00 (trinta mil reais) para o conserto, comprovados com as notas fiscais e comprovantes de pagamento do valor, juntados aos autos para comprovar a extensão do dano (art. 944 do Código Civil).

V – DOS PEDIDOS

ISTO POSTO, deve ser acolhida a preliminar, para correção do valor da causa.

No mérito, pelas razões de direito aduzidas nesta contestação, deve o pedido da presente ação ser julgado improcedente em todos os seus termos, ou subsidiariamente, caso seja diferente o entendimento do juízo, a procedência parcial em razão da responsabilidade concorrente.

Requerer a procedência do pedido reconvencional, para condenação da autora reconvinda ao pagamento da indenização no valor de R$30.000,00.

Por fim, pugna pela condenação da autora nas custas processuais e honorários advocatícios a serem arbitrados nos percentuais definidos no art. 85, § 2º, do Código de Processo Civil.

Protesta-se por todos os meios de prova admitidos em direito, em especial pela juntada das notas fiscais e comprovantes de pagamento dos R$ 30.000,00 e do boletim de ocorrência.

Valor da Reconvenção: R$ 30.000,00

Nestes termos,
Pede deferimento.
Rio de Janeiro, 25/02/2019.
OAB n. ..., "Assinatura..."

21.2.3. Contestação à ação de cobrança

(35º Exame) Jorge, empresário, decide delegar a gestão de seus bens imóveis a Miguel. Assim o faz, por via de contrato, no qual outorga poderes gerais a Miguel, de modo a extrair os melhores resultados financeiros na administração dos bens. Estipulou-se que, a cada operação de gestão que resultasse lucrativa, o outorgado teria direito à remuneração de 5% (cinco por cento) sobre a receita gerada.

Miguel, então, decide vender um apartamento de Jorge, em nome deste, porque Maria fez uma oferta para pagamento de preço apenas 10% abaixo do mercado, colocando-se à disposição para o pagamento à vista, no valor de R$ 1.000.000,00 (um milhão de reais). Miguel, então, em nome de Jorge, firmou, com Maria, instrumento particular de compromisso de compra e venda, recebendo um sinal de R$ 20.000,00 (vinte mil reais). Ato contínuo, comunicou a Jorge acerca da transação finalizada, informando que irá transferir o valor da venda, com a dedução de sua remuneração, compensando os valores.

Revoltado, Jorge esbraveja com Miguel, acusando-o de prometer a venda de um imóvel que não era para ser alienado, ressaltando que os poderes que lhe foram outorgados não abrangiam o direito de alienar imóveis. Pediu-lhe que desfizesse o negócio, deixando claro que ele não tem poder para vender seus imóveis, uma vez que não tem interesse em se desfazer deles.

Miguel aceita a crítica, comunicando que conseguiu desfazer a operação contratual com Maria, mas informou que lhe é devido o valor de 5% da venda (R$ 50.000,00), pelo esforço despendido, fazendo incidir a cláusula de remuneração. Afirma, ainda, que teve de devolver o sinal, em dobro, para Maria, totalizando R$ 40.000,00 (quarenta mil reais). Solicita, assim, o depósito de R$ 90.000,00 (noventa mil reais) em sua conta.

Indignado, Jorge não efetua o pagamento, revogando os poderes concedidos a Miguel. Dias depois, recebe mandado de citação da 1ª Vara Cível da Comarca de Curitiba, para integrar o polo passivo da Ação de Cobrança movida por Miguel.

Na qualidade de advogado(a) de Jorge, elabore a peça processual cabível para tutelar os interesses de seu cliente, indicando requisitos e fundamentos nos termos da legislação vigente.

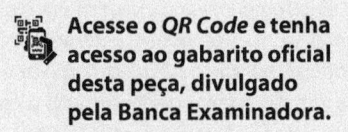

Acesse o *QR Code* e tenha acesso ao gabarito oficial desta peça, divulgado pela Banca Examinadora.

> http://uqr.to/1y5qg

21.2.3.1. Modelo da peça

EXCELENTÍSSIMO SENHOR DOUTOR JUIZ DE DIREITO DA 1ª VARA CÍVEL DA COMARCA DE CURITIBA

"Processo n. ..."

JORGE, devidamente qualificado nos autos da AÇÃO DE COBRANÇA, que lhe move MIGUEL, também qualificado na inicial, vem, respeitosamente, por intermédio de seu advogado infra-assinado, oferecer a sua CONTESTAÇÃO, o que o faz tempestivamente, no prazo de 15 dias, com fulcro nos arts. 335 e seguintes do Código de Processo Civil, nos seguintes e melhores termos de direito:

I – DOS FATOS

Inicialmente, informa-se que o ora Réu, Jorge, empresário, decidiu delegar a gestão de seus bens imóveis a Miguel, por via de contrato, no qual outorga poderes gerais, de modo a extrair os melhores resultados financeiros na administração dos bens.

Estipulou-se que, a cada operação de gestão que resultasse lucrativa, o outorgado teria direito à remuneração de 5% (cinco por cento) sobre a receita gerada.

Miguel, então, decide vender um apartamento de Jorge, em nome deste, porque Maria fez uma oferta para pagamento de preço apenas 10% abaixo do mercado, colocando-se à disposição para o pagamento à vista, no valor de R$ 1.000.000,00 (um milhão de reais). Miguel, então, em nome de Jorge, firmou, com Maria, instrumento particular de compromisso de compra e venda, recebendo um sinal de R$ 20.000,00 (vinte mil reais). Ato contínuo, comunicou a Jorge acerca da transação finalizada, informando que irá transferir o valor da venda, com a dedução de sua remuneração, compensando os valores.

Inconformado, Jorge esbraveja com Miguel, acusando-o de prometer a venda de um imóvel que não era para ser alienado, ressaltando que os poderes que lhe foram outorgados não abrangiam o direito de alienar imóveis. Pediu-lhe que desfizesse o negócio, deixando claro que ele não tem poder para vender seus imóveis, uma vez que não tem interesse em se desfazer deles.

Miguel aceita a crítica, comunicando que conseguiu desfazer a operação contratual com Maria, mas informou que lhe é devido o valor de 5% da venda (R$ 50.000,00), pelo esforço despendido, fazendo incidir a cláusula de remuneração. Afirmou, ainda, que teve de devolver o sinal, em dobro, para Maria, totalizando R$ 40.000,00 (quarenta mil reais). Solicita, assim, o depósito de R$ 90.000,00 (noventa mil reais) em sua conta.

Indignado, Jorge não efetuou o pagamento, revogando os poderes concedidos a Miguel. Dias depois, recebeu mandado de citação da 1ª Vara Cível da Comarca de Curitiba, para integrar o polo passivo da Ação de Cobrança movida por Miguel.

II – DOS FUNDAMENTOS JURÍDICOS

De fato, trata-se de contrato de mandado, legitimamente conferido pelo Réu Jorge a Miguel, nos termos do art. 653 do CC, recebendo os poderes para, em seu nome, praticar atos ou administrar interesses.

Entretanto, importante verificar que os poderes gerais conferidos pelo mandante ao mandatário apenas lhes conferem poderes de administração, como bem explicita o art. 661, caput, do CC, sendo certo que, para alienar os imóveis do mandante, haveria a necessidade de procuração com poderes especiais e expressos, como bem determina o art. 661, § 1º, do CC.

Outrossim, torna-se evidente que o exercício do mandatário exorbitou os limites impostos pela procuração, o que gera a ineficácia em relação ao mandante, ou seja, àquele em cujo nome o ato foi praticado, nos termos do art. 662 do CC.

Dessa forma, o mandante somente tem o dever de pagar a remuneração ao mandatário nos exatos limites do mandato conferido, como bem determinam os arts. 675 e 676, ambos do CC.

Assim, diante dos fatos praticados, não tem o mandante o dever de restituir o prejuízo experimentado pelo pagamento das arras em dobro, especialmente porque é do mandatário a obrigação de indenizar qualquer prejuízo causado por culpa sua, assim como preceitua o art. 6676, caput, do CC.

III – DOS PEDIDOS

ISTO POSTO, pelas razões de direito aduzidas nesta contestação, pugna pela improcedência dos pedidos fixados na inicial, em todos os seus termos, conforme art. 487, I, do CPC.

Por fim, pugna pela condenação do autor nas custas processuais e/ou despesas processuais, bem como ao pagamento dos honorários de sucumbência, a serem arbitrados nos percentuais definidos no art. 85, § 2º, do CPC.

Protesta-se por todos os meios de prova admitidos em direito.

Nestes termos,
Pede deferimento.
"Local..." e "Data..."
OAB n. ..., "Assinatura..."

21.3. Modelos de agravo de instrumento

21.3.1. Agravo de instrumento em ação de despejo

(XIV Exame) Pedro, brasileiro, solteiro, jogador de futebol profissional, residente no Rio de Janeiro/RJ, legítimo proprietário de um imóvel situado em Juiz de Fora/MG, celebrou, em 1º de outubro de 2012, contrato por escrito de locação com João, brasileiro, solteiro, professor, pelo prazo de 48 (quarenta e oito) meses, ficando acordado que o valor do aluguel seria de R$ 3.000,00 (três mil reais) e que, dentre outras obrigações, João não poderia lhe dar destinação diversa da residencial. Ofertou fiador idôneo. Após um ano de regular cumprimento da avença, o locatário passou a enfrentar dificuldades financeiras. Pedro, depois de quatro meses sem receber o que lhe era devido, ajuizou ação de despejo cumulada com cobrança de aluguéis perante a 2ª Vara Cível da Comarca de Juiz de Fora/MG, requerendo, ainda, antecipação de tutela para que o réu/locatário fosse despejado liminarmente, uma vez que desejava alugar o mesmo imóvel para Francisco.

O magistrado recebe a petição inicial, regularmente instruída e distribuída, e defere a medida liminar pleiteada, concedendo o prazo de 72 (setenta e duas) horas para João desocupar o imóvel, sob pena de multa diária de R$ 2.000,00 (dois mil reais).

Desesperado, João o procura para que, na qualidade de seu advogado, interponha o recurso adequado (excluídos os embargos declaratórios) para se manter no imóvel, abordando todos os aspectos de direito material e processual pertinentes.

Acesse o *QR Code* e tenha acesso ao gabarito oficial desta peça, divulgado pela Banca Examinadora.

> http://uqr.to/1y5qh

21.3.1.1. Modelo da peça

EXCELENTÍSSIMO SENHOR DOUTOR DESEMBARGADOR PRESIDENTE DO E. TRIBUNAL DE JUSTIÇA DO ESTADO DE MINAS GERAIS

"Processo n. ..."

JOÃO, já qualificado nos autos da AÇÃO DE DESPEJO, em epígrafe, em que contende com PEDRO, já qualificado nos autos, vem, respeitosamente, interpor o presente AGRAVO DE INSTRUMENTO, nos termos dos arts. 1.015, I, e seguintes do CPC, o que faz tempestivamente, não sendo feito o preparo (art. 1.007 do CPC), em decorrência da ausência de condições econômicas para tanto, com a inclusa MINUTA do Agravo de Instrumento.

Nome e endereço completo dos Advogados (art. 1.016, IV, do CPC)
Os Advogados que atuam no caso são os seguintes:
Pelo Agravante:
(NOME DO ADVOGADO...), Endereço: (...)
Pelo Agravado:
(NOME DO ADVOGADO...), Endereço: (...)
Juntada das peças obrigatórias e facultativas (art. 1.017 do CPC).
Informa o Agravante que juntou a este Agravo de Instrumento cópia integral dos autos, declarada autêntica pelo advogado subscritor nos termos do art. 425, IV, do Código de Processo Civil, estando, portanto, juntadas as seguintes peças obrigatórias:
a) cópia da decisão agravada fls. (...) dos autos reproduzidos;
b) cópia da certidão da intimação da decisão agravada fls. (...) dos autos reproduzidos;
c) cópia da procuração e substabelecimento outorgado aos advogados fls. (...) dos autos reproduzidos.

Nestes termos,
Pede deferimento.
"Local..." e "Data..."
OAB n. ..., "Assinatura..."

RAZÕES DO AGRAVO DE INSTRUMENTO

Agravante: JOÃO
Agravado: PEDRO
Processo n. ...
Egrégio Tribunal,
Colenda Câmara,
Ínclitos Julgadores.

I – GRATUIDADE DE JUSTIÇA

Inicialmente, cumpre mencionar que, por se tratar o autor de com situação financeira precária, necessária a concessão dos benefícios da Justiça Gratuita, conforme determinação da Lei n. 1.060/50 e arts. 98 e 99 do CPC, inclusive instruindo o pedido com a declaração de pobreza e os documentos necessários para o seu deferimento.

II – SÍNTESE DOS FATOS

O agravado Pedro, legítimo proprietário de um imóvel situado em Juiz de Fora/MG, celebrou, em 1º de outubro de 2012, contrato por escrito de locação com o agravante João, pelo prazo estimado de 48 (quarenta e oito) meses, ficando acordado que o valor do aluguel seria de R$ 3.000,00 (três mil reais) e que, dentre outras obrigações, o agravante não poderia lhe dar destinação diversa da residencial. O agravante ofertou fiador idôneo para tanto e, após um ano de regular cumprimento da avença, o locatário passou a enfrentar sérias dificuldades financeiras.

Nesse sentido, o agravado, depois de quatro meses sem receber o que lhe era devido, ajuizou a presente ação de despejo cumulada com cobrança de aluguéis perante a 2ª Vara Cível da Comarca de Juiz de Fora/MG, requerendo, ainda, a antecipação de tutela para que o agravante/locatário fosse despejado liminarmente, uma vez que desejava alugar o mesmo imóvel para Francisco.

Houve por bem o magistrado deferir a medida liminar pleiteada, concedendo o prazo de 72 (setenta e duas) horas para o agravante João desocupar o imóvel, sob pena de multa diária de R$ 2.000,00 (dois mil reais).

III – MÉRITO

Inicialmente, ressalta-se que, com a devida vênia, não agiu com o costumeiro acerto o douto magistrado, em razão da inobservância da determinação contida no art. 62, II, da Lei n. 8.245/91, tendo em vista que ordenou a desocupação do imóvel, inaudita altera pars, sem a concessão ao locatário, ou ao fiador, o direito de, em 15 dias, purgar a mora.

Ademais, a utilização da astreinte para a efetivação do despejo é claramente desproporcional, na medida em que bastaria, para tanto, a determinação da ordem de remoção de pessoas e/ou coisas, conforme preconiza os arts. 139, 297 e 536, § 1º, todos do CPC.

IV – RAZÕES DO PEDIDO DE REFORMA DA DECISÃO (CPC, art. 1.016, III)

Portanto, sendo adequado o presente recurso e comprovado o seu cabimento, conforme o art. 1.015, I, do Código de Processo Civil, necessária a reforma da r. decisão recorrida, para obstar a imediata desocupação do imóvel, bem como afastando a imposição da multa diária fixada no juízo singular, possibilitando ao locatário o direito de purgar a mora, no prazo legal.

Requer-se, ainda, a antecipação de tutela recursal, nos termos dos arts. 932, 995, 1.012 e 1.019, § 4º, do CPC, a fim de que a decisão recorrida tenha sua eficácia suspensa até o julgamento final do recurso.

V – CONCLUSÕES

Diante do exposto, requer o recebimento do presente Agravo de Instrumento, com a concessão dos benefícios da gratuidade de justiça, isentando o agravante do recolhimento do preparo, das custas e do porte de remessa e retorno, determinando-se a intimação do agravado (CPC, art. 1.019, II) para responder no prazo legal. Ao final, requer o Agravante o provimento do Agravo de Instrumento para, com a reforma da decisão agravada, dar regular prosseguimento ao processo, por ser de direito e de justiça.

Nestes termos,
Pede deferimento.
"Local..." e "Data..."
OAB n. ..., "Assinatura..."

21.3.2. Agravo de instrumento em ação de indenização por danos morais

(XXII Exame) A editora Cruzeiro lançou uma biografia da cantora Jaqueline, que fez grande sucesso nas décadas de 1980 e 1990, e, por conta do consumo exagerado de drogas, dentre outros excessos, acabou por se afastar da vida artística, vivendo reclusa em uma chácara no interior de Minas Gerais, há quase vinte anos.

Poucos dias após o início da venda dos livros, e alguns dias antes de um evento nacional organizado para sua divulgação, por meio de oficial de justiça, a editora foi citada para responder a uma ação de indenização por danos morais cumulada com obrigação de fazer, ajuizada por Jaqueline. No mesmo mandado, a editora foi intimada a cumprir decisão do Juízo da 1ª Vara Cível da Comarca da Capital do Estado de São Paulo, que deferiu a antecipação de tutela para condenar a ré a não mais vender exemplares da biografia, bem a recolher todos aqueles que já tivessem sido remetidos a pontos de venda e ainda não tivessem sido comprados, no prazo de setenta e duas horas, sob pena de multa diária de cinquenta mil reais.

A decisão acolheu os fundamentos da petição inicial, no sentido de que a obra revela fatos da imagem e da vida privada da cantora sem que tenha havido sua autorização prévia, o que gera lesão à sua personalidade e dano moral, nos termos dos arts. 20 e 21 do Código Civil, e que, sem a imediata interrupção da divulgação da biografia, essa lesão se ampliaria e se consumaria de forma definitiva, revelando o perigo de dano irreparável e o risco ao resultado útil do processo.

A editora procura você como advogado(a), informando que foi intimada da decisão há três dias (mas o mandado somente foi juntado aos autos no dia de hoje) e que pretende dela recorrer, pois entende que não se justifica a censura à sua atividade, por tratar-se de informações verdadeiras sobre a vida de uma celebridade, e afirma que o recolhimento dos livros lhe causará significativos prejuízos, especialmente com o cancelamento do evento de divulgação programado para ser realizado em trinta dias.

Na qualidade de advogado(a) da editora Cruzeiro, elabore o recurso cabível voltado a impugnar a decisão que deferiu a antecipação da tutela descrita no enunciado, afastados embargos de declaração.

> Acesse o *QR Code* e tenha acesso ao gabarito oficial desta peça, divulgado pela Banca Examinadora.
> http://uqr.to/1y5qi

21.3.2.1. Modelo da peça

EXCELENTÍSSIMO SENHOR DOUTOR DESEMBARGADOR PRESIDENTE DO E. TRIBUNAL DE JUSTIÇA DO ESTADO DE SÃO PAULO

"Processo n. ..."

EDITORA CRUZEIRO, já qualificado nos autos da AÇÃO DE INDENIZAÇÃO POR DANOS MORAIS, em epígrafe, em que contende com JAQUELINE, já qualificada nos referidos autos, vem, respeitosamente, inconformado com a decisão interlocutória exarada, interpor o presente AGRAVO DE INSTRUMENTO, com pedido de efeito suspensivo, nos termos do art. 1.015, I, e seguintes do CPC, o que faz tempestivamente, tendo sido feito o preparo recursal (art. 1.007 do CPC), com a inclusa MINUTA do Agravo de Instrumento, com as razões de fato e de direito.

Nome e endereço completo dos Advogados (art. 1.016, IV, do CPC).
Os Advogados que atuam no caso são os seguintes:
Pelo Agravante:
(NOME DO ADVOGADO...), Endereço; (...)
Pelo Agravado:
(NOME DO ADVOGADO...), Endereço; (...)
Juntada das peças obrigatórias e facultativas (art. 1.017 do CPC).
Informa o Agravante que juntou a este Agravo de Instrumento cópia integral dos autos, declarada autêntica pelo advogado subscritor nos termos do art. 425, IV, do Código de Processo Civil, estando, portanto, juntadas as seguintes peças obrigatórias:
a) cópia da decisão agravada fls. (...) dos autos reproduzidos;
b) cópia da certidão da intimação da decisão agravada fls. (...) dos autos reproduzidos;
c) cópia da procuração e substabelecimento outorgado aos advogados fls. (...) dos autos reproduzidos.

Nestes termos,
Pede deferimento.
"Local..." e "Data..."
OAB n. ..., "Assinatura..."

RAZÕES DO AGRAVO DE INSTRUMENTO

Agravante: EDITORA CRUZEIRO
Agravado: JAQUELINE
Processo n. ...
Egrégio Tribunal,
Colenda Câmara,
Ínclitos Julgadores.

I – SÍNTESE DOS FATOS

Trata-se de ação de indenização por danos morais cumulada com obrigação de faze, ajuizada em face da agravante Editora Cruzeiro, em razão do lançamento de biografia da cantora Jaqueline, que fez grande sucesso nas décadas de 1980 e 1990, e, por conta do consumo exagerado de drogas, dentre outros excessos, acabou por se afastar da vida artística, vivendo reclusa em uma chácara no interior de Minas Gerais, há quase vinte anos.

Poucos dias após o início da venda dos livros, e alguns dias antes de um evento nacional organizado para sua divulgação, por meio de oficial de justiça, a editora foi citada para responder à ação ajuizada por Jaqueline. No mesmo mandado, a editora foi intimada a cumprir decisão do juiz, que deferiu a antecipação de tutela para condenar a ré a não mais vender exemplares da biografia, bem a recolher todos aqueles que já tivessem sido remetidos a pontos de venda e ainda não tivessem sido comprados, no prazo de setenta e duas horas, sob pena de multa diária de cinquenta mil reais.

Referida decisão acolheu os fundamentos da petição inicial, no sentido de que a obra revela fatos da imagem e da vida privada da cantora sem que tenha havido sua autorização prévia, o que gera lesão à sua personalidade e dano moral, nos termos dos arts. 20 e 21 do Código Civil, e que, sem a imediata interrupção da divulgação da biografia, essa lesão se ampliaria e se consumaria de forma definitiva, revelando o perigo de dano irreparável e o risco ao resultado útil do processo.

II – MÉRITO

No entanto, não agiu com o costumeiro acerto o d. magistrado, em razão de posicionar-se no sentido de que a publicação feita pela agravante não possuiu autorização prévia por parte da agravada e que por esse motivo teria ferido as normas contidas nos arts. 20 e 21 do Código Civil, todavia, referida decisão merece reforma, pois referidas normas devem ser interpretadas em consonância com a nossa Constituição Federal, que em seu art. 220, § 2º, veda todos os tipos de censura, de natureza política, ideológica e artística.

Do mesmo modo, a r. decisão agravada desrespeita a norma prevista no art. 5º, inciso IX, da Constituição Federal, a qual assegura a liberdade de expressão, estipulando que "é livre a expressão da atividade intelectual, artística, científica e de comunicação, independentemente de censura ou licença".

Finalmente, pode-se afirmar que a r. decisão agravada deixou de considerar as determinações constantes da CF, dando prevalência às normas infraconstitucionais, desconsiderando que a Constituição do Brasil proíbe qualquer censura, assegurando-se assim que o exercício do direito à liberdade de expressão não seja cerceado pelo Estado ou por particular, pois o direito de informação, constitucionalmente garantido, contém a liberdade de informar, de se informar e de ser informado.

De fato, sane-se que a liberdade de expressão nas atividades intelectuais e artísticas é princípio constitucional, não podendo ser desrespeitado ou desobedecido por qualquer outra norma, ainda que sob o argumento de se estar resguardando e protegendo outro direito também constitucionalmente assegurado, qual seja, o da inviolabilidade do direito à intimidade, à privacidade, à honra e à imagem. Para tanto, é indispensável que tais normas constitucionais, previstas pelos incisos IV, IX e X do art. 5º necessitam da coexistência, conjugando-se o direito às liberdades com a inviolabilidade da intimidade, da privacidade, da honra e da imagem da pessoa biografada e a liberdade daqueles que pretendem elaborar as biografias. Ainda, o Supremo Tribunal Federal afastou a necessidade de autorização prévia para a publicação de biografias, como evidencia o julgamento da ADI 4.815.

III – RAZÕES DO PEDIDO DE REFORMA DA DECISÃO (CPC, art. 1.016, III)

Portanto, sendo adequado o presente recurso e comprovado o seu cabimento, conforme o art. 1.015, I, do Código de Processo Civil, necessária a reforma da r. decisão recorrida, para possibilitar a continuidade da comercialização da obra, bem como afastando a imposição da multa diária fixada no juízo singular.

Requer-se, ainda, a atribuição do efeito suspensivo, nos termos do art. 1.019, I, do CPC, a fim de que a decisão recorrida tenha sua eficácia suspensa até o julgamento final do recurso, tendo em vista que a manutenção poderá acarretar em danos e prejuízos irreparáveis.

IV – CONCLUSÕES

Diante do exposto, requer a Vossa Excelência:

a) receber o presente Agravo de Instrumento, nos termos do art. 1.015, I, do CPC;

b) deferir atribuição de efeito suspensivo ao presente agravo para suspender o cumprimento da r. decisão proferida, para, assim, autorizar que a agravante continua na comercialização e divulgação da biografia da agravada;

c) determinar a intimação da agravada, na pessoa de seu advogado, para que, caso queira, ofereça contraminuta, no prazo legal de 15 dias (CPC, art. 1.019, II);

d) ao final, requer o Agravante o provimento do Agravo de Instrumento para, com a reforma da decisão agravada, dar regular prosseguimento ao processo e, assim, autorizar que a agravante continue seus atos de publicidade e comercialização da biografia da agravada, por ser de direito e de justiça.

Nestes termos,
Pede deferimento.
"Local..." e "Data..."
OAB n. ..., "Assinatura..."

21.3.3. Agravo de instrumento em ação de alimentos

(XX Exame) Em 2015, Rafaela, menor impúbere, representada por sua mãe Melina, ajuizou Ação de Alimentos em Comarca onde não foi implantado o processo judicial eletrônico, em face de Emerson, suposto pai. Apesar de o nome de Emerson não constar da Certidão de Nascimento de Rafaela, ele realizou, em 2014, voluntária e extrajudicialmente, a pedido de sua ex-esposa Melina, exame de DNA, no qual foi apontada a existência de paternidade de Emerson em relação a Rafaela.

Na petição inicial, a autora informou ao juízo que sua genitora se encontrava desempregada e que o réu, por seu turno, não exercia emprego formal, mas vivia de "bicos" e serviços prestados autônoma e informalmente, razão pela qual pediu a fixação de pensão alimentícia no valor de 30% (trinta por cento) de 01 (um) salário mínimo. A Ação de Alimentos foi instruída com os seguintes documentos: cópias do laudo do exame de DNA, da certidão de nascimento de Rafaela, da identidade, do CPF e do comprovante de residência de Melina, além de procuração e declaração de hipossuficiência para fins de gratuidade.

Recebida a inicial, o juízo da 1ª Vara de Família da Comarca da Capital do Estado Y indeferiu o pedido de tutela antecipada inaudita altera parte, rejeitando o pedido de fixação de alimentos provisórios com base em dois fundamentos:

(i) inexistência de verossimilhança da paternidade, uma vez que o nome de Emerson não constava da certidão de nascimento e que o exame de DNA juntado era uma prova extrajudicial, colhida sem o devido processo legal, sendo, portanto, inservível; e

(ii) inexistência de "possibilidade" por parte do réu, que não tinha como pagar pensão alimentícia pelo fato de não exercer emprego formal, como confessado pela própria autora.

A referida decisão, que negou o pedido de tutela antecipada para fixação de alimentos provisórios, foi publicada no Diário da Justiça Eletrônico em 1-12-2015, segunda-feira. Considere-se que não há feriados no período.

Na qualidade de advogado(a) de Rafaela, elabore a peça processual cabível para a defesa imediata dos interesses de sua cliente, indicando seus requisitos e fundamentos nos termos da legislação vigente.

Acesse o *QR Code* e tenha acesso ao gabarito oficial desta peça, divulgado pela Banca Examinadora.

> http://uqr.to/1y5qj

21.3.3.1. Modelo da peça

EXCELENTÍSSIMO SENHOR DOUTOR DESEMBARGADOR PRESIDENTE DO E. TRIBUNAL DE JUSTIÇA DO ESTADO Y

"Processo n. ..."

RAFAELA, menor impúbere, representada por sua mãe Melina, já qualificada nos autos da AÇÃO DE ALIMENTOS, em epígrafe, em que contende com EMERSON, já qualificado nos autos, cujo pedido de tutela provisória de alimentos foi indeferido, vem, respeitosamente, interpor o presente AGRAVO DE INSTRUMENTO com pedido de tutela antecipada recursal ("efeito suspensivo ativo"), nos termos do art. 1.015, I, e seguintes do CPC, o que faz tempestivamente, não sendo feito o preparo (art. 1.007 do CPC) em decorrência da ausência de condições econômicas para tanto, com as inclusas razões do agravo de instrumento.

Nome e endereço completo dos Advogados (CPC, art. 1.016, IV, do CPC)

Os Advogados que atuam no caso são os seguintes:

Pelo Agravante:

(NOME DO ADVOGADO...), Endereço: (...)

Pelo Agravado:

(NOME DO ADVOGADO...), Endereço: (...)

Juntada das peças obrigatórias e facultativas (art. 1.017 do CPC).

Informa a Agravante que juntou a este Agravo de Instrumento cópia integral dos autos, declarada autêntica pelo advogado subscritor nos termos do art. 425, IV, do Código de Processo Civil, estando, portanto, juntadas as seguintes peças obrigatórias:

a) cópia da decisão agravada fls. (...) dos autos reproduzidos;

b) cópia da certidão da intimação da decisão agravada fls. (...) dos autos reproduzidos;

c) cópia da procuração e substabelecimento outorgado aos advogados fls. (...) dos autos reproduzidos.
Nestes termos,
Pede deferimento.
"Local..." e "Data..."
OAB n. ..., "Assinatura..."

RAZÕES DO AGRAVO DE INSTRUMENTO

Agravante: RAFAELA, menor impúbere, representada por sua mãe Melina
Agravado: EMERSON
"Processo n. ..."
Egrégio Tribunal.
Ínclitos Julgadores.

I – SÍNTESE DOS FATOS

Em 2015, Rafaela, menor impúbere, representada por sua mãe Melina, ajuizou Ação de Alimentos em Comarca onde não foi implantado o processo judicial eletrônico, em face de Emerson, suposto pai.

Com efeito, apesar de o nome de Emerson não constar da Certidão de Nascimento de Rafaela, ora Agravante, o Agravado realizou, em 2014, voluntária e extrajudicialmente, a pedido de sua ex-esposa Melina, exame de DNA, no qual foi apontada a existência de paternidade de Emerson em relação a Rafaela, ora Agravante.

Destarte, na petição inicial, a Agravante informou ao juízo que sua genitora se encontrava desempregada e que o réu, por seu turno, não exercia emprego formal, mas vivia de "bicos" e serviços prestados autônoma e informalmente, razão pela qual pediu a fixação de pensão alimentícia no valor de 30% de um salário mínimo.

Ainda merece destaque cultos julgadores que a Ação de Alimentos foi instruída com os seguintes documentos: cópias do laudo do exame de DNA, da certidão de nascimento de Rafaela, da identidade, do CPF e do comprovante de residência de Melina, além de procuração e declaração de hipossuficiência para fins de gratuidade.

Seguidamente, recebida a inicial, o juízo da 1ª Vara de Família da Comarca da Capital do Estado Y indeferiu o pedido de tutela antecipada inaudita altera parte, rejeitando o pedido de fixação de alimentos provisórios com base em dois fundamentos: (i) inexistência de verossimilhança da paternidade, uma vez que o nome de Emerson, ora Agravado, não constava da certidão de nascimento e que o exame de DNA juntado era uma prova extrajudicial, colhida sem o devido processo legal, sendo, portanto, inservível; e (ii) inexistência de "possibilidade" por parte do Agravado, que não tinha como pagar pensão alimentícia pelo fato de não exercer emprego formal, como confessado pela própria Agravante.

A referida decisão, que negou o pedido de tutela antecipada para fixação de alimentos provisórios, foi publicada no Diário da Justiça Eletrônico em 1-12-2015, segunda-feira, sabendo que não há feriados no período, contra a referida decisão interlocutória, com o merecido respeito, interpõe-se o presente Agravo de Instrumento com pedido de tutela antecipada recursal ("efeito suspensivo ativo"), nos termos do art. 1.015, I e seguintes, do CPC.

II – DA ANTECIPAÇÃO DA TUTELA RECURSAL

Sabidamente, conforme o art. 1.019, I, do CPC, recebido o agravo de instrumento no tribunal e distribuído imediatamente, se não for o caso de aplicação do art. 932, incisos III e IV, o relator, no prazo de cinco dias poderá atribuir efeito suspensivo ao recurso ou deferir, em antecipação de tutela, total ou parcialmente, a pretensão recursal, comunicando ao juiz sua decisão.

Nesse sentido, em face da urgência comprovada de manutenção da Agravante, que é menor, faz necessário deferir a tutela antecipada em grau recursal para suspender a decisão do juízo a quo, fazendo-se, portanto, imprescindível a concessão dos alimentos em caráter provisória, visto que sem esta concessão a menor, ora Agravante, terá seu sustento dificultado, restando presente o perigo da demora e a verossimilhança da arguição, fora que, ao que se pode notar, há prova robusta da paternidade, pois o exame de DNA é segura e confiável fonte científica para tal constatação, razão pela qual autorizada a tutela pretendida.

Portanto, em sede de tutela antecipada recursal ("efeito suspensivo ativo"), requer-se a este ilustre relator, até que venha a ser proferida a decisão final colegiada, pelo órgão julgador do agravo, a antecipação da tutela recursal para conceder a pensão alimentícia provisória, decisão a ser confirmada quando da decisão final deste Agravo de Instrumento.

III – MÉRITO E DAS RAZÕES DO PEDIDO DE REFORMA DA DECISÃO (ART. 1.016, III, DO CPC)

Na Ação de Alimentos, é plenamente possível a fixação liminar de alimentos provisórios, medida que desfruta da natureza jurídica de tutela provisória de urgência antecipada.

Com efeito, para a concessão de alimentos provisórios, embora a necessidade do menor seja presumida, restam presentes, de forma comprovada, dois requisitos "verossimilhança da alegação" e "risco de dano irreparável" a respeito do dever alimentar, bem como do binômio necessidade-possibilidade (necessidade pelo alimentando e possibilidade de pagamento pelo alimentante).

No caso vertente, há verossimilhança do dever de prestar alimentos, uma vez que foi apresentado exame de DNA realizado extrajudicialmente, que apontou o Agravado como o pai da Agravante, menor. Há, ainda, possibilidade de pagamento de alimentos pelo Agravado (que, apesar de não ter emprego formal, realiza atividade informal remunerada) e risco de dano irreparável (necessidade de percepção de alimentos pela Agravante, que vive com a mãe, desempregada).

Destarte, a decisão do juiz, que indeferiu o pedido de tutela provisória de urgência antecipada, para fixação dos alimentos provisórios, tem natureza de decisão interlocutória, a qual deve ser recorrida por agravo de instrumento, assim como se fez no presente caso.

Assim, estando presentes os elementos necessários para a concessão da tutela provisória de urgência antecipatória, bem como os requisitos necessários para a concessão dos alimentos provisórios, merece ser reformada a decisão interlocutória que indeferiu o pagamento de alimentos provisórios, confirmando a tutela antecipada recursal concedida para reformando a decisão agravada, conceder pensão alimentícia provisória.

IV – CONCLUSÕES

Diante do exposto, requer a Vossa Excelência:

a) receber o presente Agravo de Instrumento, nos termos do art. 1.015, I, do CPC;

b) deferir atribuição de efeito suspensivo ativo ao presente agravo para possibilitar a antecipação da tutela recursal cumprimento da r. decisão proferida, no intuito de fixa, de imediato, os alimentos provisórios no importe de 30% sobre o salário mínimo;

c) determinar a intimação do agravado, na pessoa de seu advogado, para que, caso queira, ofereça contraminuta, no prazo legal de 15 dias (CPC, art. 1.019, II);

d) a intimação do Ministério Público para, em sendo o caso, intervir na demanda;

e) ao final, requer o Agravante o provimento do Agravo de Instrumento para, com a reforma da decisão agravada, dar regular prosseguimento ao processo, por ser de direito e de justiça.

Nestes termos,
Pede deferimento.
"Local..." e "Data..."
OAB n. ..., "Assinatura..."

21.4. Modelos de apelação

21.4.1. Apelação à ação de indenização

(2010.2 Exame) Em janeiro de 2005, Antônio da Silva Júnior, 7 anos, voltava da escola para casa, caminhando por uma estrada de terra da região rural onde morava, quando foi atingindo pelo coice de um cavalo que estava em um terreno à margem da estrada. O golpe causa sérios danos à saúde do menino, cujo tratamento se revela longo e custoso. Em ação de reparação por danos patrimoniais e morais, movida em janeiro de 2009 contra o proprietário do cavalo, o juiz profere sentença julgando improcedente a demanda, ao argumento de que Walter Costa, proprietário do animal, "empregou o cuidado devido, pois mantinha o cavalo amarrado a uma árvore no terreno, evidenciando-se a ausência de culpa, especialmente em uma zona rural onde é comum a existência de cavalos". Além disso, o juiz argumenta que já teria ocorrido a prescrição trienal da ação de reparação, quer no que tange aos danos morais, quer no que tange aos danos patrimoniais, já que a lesão ocorreu em 2005 e a ação somente foi proposta em 2009. Como advogado contratado pela mãe da vítima, Isabel da Silva, elabore a peça processual cabível.

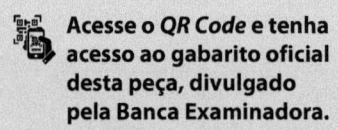

> Acesse o *QR Code* e tenha acesso ao gabarito oficial desta peça, divulgado pela Banca Examinadora.
> http://uqr.to/1y5qk

21.4.1.1. Modelo da peça

EXCELENTÍSSIMO SENHOR DOUTOR JUIZ DE DIREITO DA... VARA... DA COMARCA DE... ESTADO DE...

"Processo n. ..."

ISABEL DA SILVA, representando nesse ato seu filho Antônio da Silva Júnior, já qualificados nos autos da AÇÃO DE REPARAÇÃO POR DANOS PATRIMONIAIS E MORAIS, em curso perante esse MM. Juízo, em que contende com WALTER COSTA, já qualificado nos autos, cuja sentença julgou improcedente o pedido, vem, respeitosamente, interpor APELAÇÃO, nos termos do art. 1.009 e seguintes do CPC, para

superior instância contra a referida sentença, o que faz tempestivamente, requerendo a Vossa Excelência que se digne a receber o presente recurso nos seus devidos efeitos e encaminhá-lo, depois do devido processamento na forma da lei, com as inclusas razões de apelação, intimando o apelado para, querendo, apresentar suas contrarrazões, nos termos do art. 1.010, § 1º, do CPC.
Segue anexado a este recurso a guia do comprovante do pagamento do preparo, conforme o art. 1.007 do CPC.

Nestes termos,
Pede deferimento.
"Local..." e "Data..."
OAB n. ..., "Assinatura..."

RAZÕES DE APELAÇÃO

Apelante: ISABEL DA SILVA
Apelado: WALTER COSTA
Processo n. ...
Egrégio Tribunal,
Colenda Câmara,
Ínclitos Julgadores.

I – SÍNTESE DOS FATOS
Conforme consta dos autos, em janeiro de 2005, Antônio da Silva Júnior, 7 anos, voltava da escola para casa, caminhando por uma estrada de terra da região rural onde morava, quando foi atingindo pelo coice de um cavalo que estava em um terreno à margem da estrada.
No entanto, a violência do golpe causou sérios danos à saúde do menino, cujo tratamento se revelou longo e custoso.
Desta forma, houve a propositura da ação de reparação por danos patrimoniais e morais, contra o recorrido Walter Costa, proprietário do cavalo, no entanto, o MM. juiz proferiu sentença julgando improcedente a demanda, ao argumento de que o recorrido empregou o cuidado devido, pois mantinha o cavalo amarrado a uma árvore no terreno, evidenciando-se a ausência de culpa, especialmente em uma zona rural onde é comum a existência de cavalos.
Além disso, o juiz reconheceu que já teria ocorrido a prescrição trienal da ação de reparação, quer no que tange aos danos morais, quer no que tange aos danos patrimoniais, já que a lesão ocorreu em 2005 e a ação somente foi proposta no ano de 2009.
Em que pese os argumentos utilizados pelo magistrado, a r. sentença não merece prosperar, merecendo reforma, para o julgamento de procedência o pedido da inicial.

II – FUNDAMENTOS JURÍDICOS E RAZÕES DO PEDIDO DE REFORMA OU DE DECRETAÇÃO DE NULIDADE DA DECISÃO (CPC, art. 1.010, III)
Inicialmente, importante ressaltar a inocorrência da prescrição trienal, em especial considerando que não corre contra os absolutamente incapazes, sendo causa que impeditiva da prescrição, conforme preconiza o art. 198, I, do Código Civil.
Por sua vez, a responsabilidade do proprietário do animal é objetiva, proveniente da determinação do art. 936 do Código Civil, ressaltando a eliminação do dispositivo da excludente relativa ao emprego do "cuidado devido" pelo proprietário ou detentor, de modo que a ausência de culpa é irrelevante para a caracterização da responsabilidade do réu no caso concreto.

Ademais, consoante disposto nos arts. 1º, III, 5º, V e X, da CF/88 e art. 186 do Código Civil, todo aquele que for ofendido em sua honra ou imagem, terá direito à reparação por dano moral. O dano moral, em sentido estrito, é a violação do direito à dignidade e enseja a reparação do ofendido justamente pelo fato de o constituinte considerar invioláveis a intimidade, a vida privada, a honra, a imagem, entre outros direitos personalíssimos. Enfim, em razão da preocupação constitucional em resguardar sempre a dignidade da pessoa humana.

Desta forma, evidente a necessidade de reforma do julgado, para o reconhecimento da responsabilidade do recorrido, com a condenação ao pagamento de indenização pelos danos materiais e morais sofridos em razão do incidente, suficientes para cobrir os gatos relativos ao tratamento a que foi submetido e aos prejuízos extrapatrimoniais experimentados.

III – CONCLUSÕES

Diante do exposto, requer o recebimento da presente Apelação, devendo esse E. Tribunal dar PROVIMENTO ao recurso para REFORMAR a douta sentença, julgando PROCEDENTES os pedidos formulados na petição inicial, condenando o réu ao pagamento de indenização pelos danos materiais e morais, com a devida inversão do ônus da sucumbência, impondo ao recorrido o reembolso das custas com o processo e invertendo os honorários advocatícios, inclusive incidindo aqueles de natureza recursais, art. 85, § 11, do CPC, intimando o Ministério Público para intervir na causa, caso entenda necessário, por ser de direito e de justiça.

Nestes termos,
Pede deferimento.
"Local..." e "Data..."
OAB n. ..., "Assinatura..."

21.4.2. Apelação

(XXIII Exame) Ricardo, cantor amador, contrata Luiz, motorista de uma grande empresa, para transportá-lo, no dia 2 de março de 2017, do Município Canto Distante, pequena cidade no interior do Estado do Rio de Janeiro onde ambos são domiciliados, até a capital do Estado. No referido dia, será realizada, na cidade do Rio de Janeiro, a primeira pré-seleção de candidatos para participação de um concurso televisivo de talentos musicais, com cerca de vinte mil inscritos. Os mil melhores candidatos pré-selecionados na primeira fase ainda passarão por duas outras etapas eliminatórias, até que vinte sejam escolhidos para participar do programa de televisão. Luiz costuma fazer o transporte de amigos nas horas vagas, em seu veículo particular, para complementar sua renda; assim, prontamente aceita o pagamento antecipado feito por Ricardo.

No dia 2 de março de 2017, Luiz se recorda de que se esquecera de fazer a manutenção periódica de seu veículo, motivo pelo qual não considera seguro pegar a estrada. Assim, comunica a Ricardo que não poderá transportá-lo naquele dia, devolvendo-lhe o valor que lhe fora pago. Ricardo acaba não realizando a viagem até o Rio de Janeiro e, assim, não participa da pré-seleção do concurso.

Inconformado, Ricardo ingressa com ação indenizatória em face de Luiz menos de um mês após o ocorrido, pretendendo perdas e danos pelo inadimplemento do contrato de transporte e indenização pela perda de uma chance de participar do concurso. A ação foi regularmente distribuída para a Vara Cível da Comarca de Canto Distante do Estado do Rio de Janeiro. Citado, o réu alegou em contestação que Ricardo errou ao não tomar um ônibus na rodoviária da cidade, o que resolveria sua necessidade de transporte. Ao final da instrução processual, é proferida sentença de total procedência do pleito autoral, tendo o juízo fundamentado sua decisão nos seguintes argumentos:

i) o inadimplemento contratual culposo foi confessado por Luiz, devendo ele arcar com perdas e danos, nos termos do art. 475 do Código Civil, arbitrados no montante de cinco vezes o valor da contraprestação originalmente acordada pelas partes;

ii) o fato de Ricardo não ter contratado outro tipo de transporte para o Rio de Janeiro não interrompe o nexo causal entre o inadimplemento do contrato por Luiz e os danos sofridos;

iii) Ricardo sofreu evidente perda da chance de participar do concurso, motivo pelo qual deve ser indenizado em montante arbitrado pelo juízo em um quarto do prêmio final que seria pago ao vencedor do certame.

Na qualidade de advogado(a) de Luiz, indique o meio processual adequado à tutela integral do seu direito, elaborando a peça processual cabível no caso, excluindo-se a hipótese de embargos de declaração, indicando os seus requisitos e fundamentos nos termos da legislação vigente.

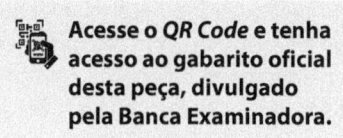

Acesse o QR Code e tenha acesso ao gabarito oficial desta peça, divulgado pela Banca Examinadora.
> http://uqr.to/1y5ql

21.4.2.1. Modelo da peça

EXCELENTÍSSIMO SENHOR DOUTOR JUIZ DE DIREITO DA... VARA CÍVEL DA COMARCA DE CANTO DISTANTE DO ESTADO DO RIO DE JANEIRO

"Processo n. ..."

LUIZ, já qualificado nos autos da AÇÃO INDENIZATÓRIA, em curso perante esse MM. Juízo, em que contende com RICARDO, também devidamente qualificado nos autos, cuja sentença julgou procedente o pedido, vem, respeitosamente, interpor o presente recurso de APELAÇÃO, nos termos dos arts. 1.009 e seguintes do CPC, para superior instância contra a referida sentença, o que faz tempestivamente, requerendo a Vossa Excelência que se digne a receber o presente recurso nos seus devidos efeitos e encaminhá-lo, depois do devido processamento na forma da lei, com as inclusas razões de apelação, para o conhecimento e provimento do recurso ora interposto, intimando o apelado para, querendo, apresentar suas contrarrazões, nos termos do art. 1.010, § 1°, do CPC.

Segue anexado a este recurso a guia do comprovante do pagamento do preparo, conforme o art. 1.007 do CPC.

Nestes termos,
Pede deferimento.
"Local..." e "Data..."
OAB n. ..., "Assinatura..."

RAZÕES DE APELAÇÃO

Apelante: LUIZ
Apelado: RICARDO
Processo n. ...
Egrégio Tribunal,
Colenda Câmara,
Ínclitos Julgadores.

I – SÍNTESE DOS FATOS

Segundo consta do processo, o apelado Ricardo, cantor amador, contratou o apelante Luiz, motorista de uma grande empresa, para transportá-lo, no dia 2 de março de 2017, do Município Canto Distante, pequena cidade no interior do Estado do Rio de Janeiro onde ambos são domiciliados, até a capital do Estado.

No referido dia, seria realizada, na cidade do Rio de Janeiro, a primeira pré-seleção de candidatos para participação de um concurso televisivo de talentos musicais, com cerca de vinte mil inscritos, sendo que os mil melhores candidatos pré-selecionados na primeira fase ainda passarão por duas outras etapas eliminatórias, até que vinte sejam escolhidos para participar do programa de televisão. Luiz, prontamente aceita o pagamento antecipado feito por Ricardo, ressaltando que costumeiramente realiza o transporte de amigos nas horas vagas, em seu veículo particular, para complementar sua renda.

No entanto, no dia combinado, Luiz se recordou de que se esquecera de fazer a manutenção periódica de seu veículo, motivo pelo qual não considerou seguro pegar a estrada e realizar a viagem. Assim, comunicou devidamente a Ricardo que não poderia transportá-lo naquele dia, devolvendo-lhe o valor que lhe fora pago. Desta forma, Ricardo acabou não realizando a viagem até o Rio de Janeiro e, assim, não participando da pré-seleção do concurso.

Inconformado, Ricardo ingressou com a presente ação indenizatória em face de Luiz menos de um mês após o ocorrido, pretendendo perdas e danos pelo inadimplemento do contrato de transporte e indenização pela perda de uma chance de participar do concurso.

A ação foi regularmente distribuída e, citado, o réu alegou em contestação que Ricardo errou ao não tomar um ônibus na rodoviária da cidade, o que resolveria sua necessidade de transporte. Ao final da instrução processual, é proferida sentença de total procedência do pleito autoral, tendo o juízo fundamentado sua decisão nos seguintes argumentos:

i) de que o inadimplemento contratual culposo foi confessado por Luiz, devendo ele arcar com perdas e danos, nos termos do art. 475 do Código Civil, arbitrados no montante de cinco vezes o valor da contraprestação originalmente acordada pelas partes;

ii) de que o fato de Ricardo não ter contratado outro tipo de transporte para o Rio de Janeiro não interrompe o nexo causal entre o inadimplemento do contrato por Luiz e os danos sofridos;

iii) e, finalmente, de que Ricardo sofreu evidente perda da chance de participar do concurso, motivo pelo qual deve ser indenizado em montante arbitrado pelo juízo em um quarto do prêmio final que seria pago ao vencedor do certame.

Desta forma, evidente a necessidade de reforma do julgado, para afastar a inexistente responsabilidade do recorrido, com a inversão do julgado e a improcedência total dos pedidos formulados pelo autor, ora apelado.

II – FUNDAMENTOS JURÍDICOS E RAZÕES DO PEDIDO DE REFORMA (CPC, art. 1.010, III)
Com efeito, a hipótese dos autos trata da responsabilidade contratual, isto é, oriunda do inadimplemento do negócio firmado entre as partes, motivo pelo qual o art. 475 do Código Civil reconhece ao credor inadimplido o direito de pedir a resolução e cobrar perdas e danos.

No entanto, essa indenização depende da demonstração de algum prejuízo efetivamente sofrido pelo credor, não decorrendo do simples fato da resolução. Não se justifica, assim, o arbitramento realizado pelo juízo sentenciante, desamparado por qualquer elemento probatório, até porque Ricardo aceitou espontaneamente o preço pago como forma de resolução do contrato.

Ademais, o fato de Ricardo não ter tomado nenhuma medida para, minorando as consequências do inadimplemento, realizar a viagem para o Rio de Janeiro configura fato concorrente da vítima, nos termos do art. 945 do Código Civil. Assim, caso se reconheça algum dano imputável a Luiz, o montante indenizatório deverá ser reduzido proporcionalmente ao fato concorrente de Ricardo.

Finalmente, nos moldes de seu desenvolvimento doutrinário e jurisprudencial, a figura da perda de uma chance exige, para a sua configuração, que exista a probabilidade séria e real de obtenção de um benefício, o que não restou demonstrado no presente caso, tendo em vista que não havia certeza mínima sequer quanto à participação de Ricardo do concurso televisivo.

III – CONCLUSÕES
Diante do exposto, requer o recebimento da presente Apelação, devendo esse E. Tribunal conhecer o recurso e lhe dar PROVIMENTO para REFORMAR a douta sentença, julgando IMPROCEDENTES os pedidos formulados na petição inicial, ou, alternativamente, caso se reconheça algum dano imputável, reduzindo o montante indenizatório proporcionalmente ao fato concorrente, com a devida inversão do ônus da sucumbência e a sua majoração na esfera recursal, nos termos do art. 85, § 11, do CPC, impondo ao recorrido o reembolso das custas com o processo, por ser de direito e de justiça.

Nestes termos,
Pede deferimento.
"Local..." e "Data..."
OAB n. ..., "Assinatura..."

21.4.3. Apelação em ação de indenização por danos morais e estéticos

(XXI Exame) Em junho de 2009, Soraia, adolescente de 13 anos, perde a visão do olho direito após explosão de aparelho de televisão, que atingiu superaquecimento após permanecer 24 horas ligado ininterruptamente. A TV, da marca Eletrônicos S/A, fora comprada dois meses antes pela mãe da vítima. Exatos sete anos depois do ocorrido, em junho de 2016, a vítima propõe ação de indenização por danos morais e estéticos em face da fabricante do produto.

Na petição inicial, a autora alegou que sofreu dano moral e estético em razão do acidente de consumo, atraindo a responsabilidade pelo fato do produto, sendo dispensada a prova da culpa, razão pela qual requer a condenação da ré ao pagamento da quantia de R$ 50.000,00 (cinquenta mil reais) a título de danos morais e R$ 50.000,00 (cinquenta mil reais) pelos danos estéticos sofridos.

No mais, realizou a juntada de todas as provas documentais que pretende produzir, inclusive laudo pericial elaborado na época, apontando o defeito do produto, destacando, desde já, a desnecessidade de dilação probatória.

Recebida a inicial, o magistrado da 1ª Vara Cível da Comarca Y, determinou a citação da ré e após oferecida a contestação, na qual não se requereu produção de provas, decidiu proferir julgamento antecipado, decretando a improcedência dos pedidos da autora, com base em dois fundamentos:

(i) inexistência de relação de consumo, com consequente inaplicabilidade do Código de Defesa do Consumidor, pois a vítima/autora da ação já alegou, em sua inicial, que não participou da relação contratual com a ré, visto que foi sua mãe quem adquiriu o produto na época; e

(ii) prescrição da pretensão autoral em razão do transcurso do prazo de três anos, previsto no art. 206, § 3º, inciso V, do Código Civil.

Na qualidade de advogado(a) de Soraia, elabore a peça processual cabível para a defesa imediata dos interesses de sua cliente, no último dia do prazo recursal, indicando seus requisitos e fundamentos nos termos da legislação vigente. Não deve ser considerada a hipótese de embargos de declaração.

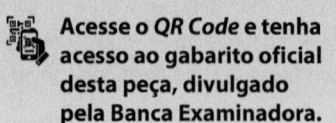

Acesse o *QR Code* e tenha acesso ao gabarito oficial desta peça, divulgado pela Banca Examinadora.

> http://uqr.to/1y5qm

21.4.3.1. Modelo da peça

EXCELENTÍSSIMO SENHOR DOUTOR JUIZ DE DIREITO DA 1ª VARA CÍVEL DA COMARCA Y, ESTADO DE...

"Processo n. ..."

SORAIA, já qualificada nos autos da AÇÃO DE INDENIZAÇÃO POR DANOS MORAIS E ESTÉTICOS, em curso perante esse MM. Juízo, em que contende com ELETRÔNICOS S/A, também devidamente qualificado nos autos, cuja sentença julgou improcedentes os pedidos formulados, vem, respeitosamente, interpor o presente recurso de APELAÇÃO, nos termos dos arts. 1.009 e seguintes do CPC, para superior instância contra a referida sentença, o que faz tempestivamente, requerendo a Vossa Excelência que se digne a receber o presente recurso nos seus devidos efeitos e encaminhá-lo, depois do devido processamento na forma da lei, com as inclusas razões de apelação, para o conhecimento e provimento do recurso ora interposto, intimando o apelado para, querendo, apresentar suas contrarrazões, nos termos do art. 1.010, § 1º, do CPC.

Segue anexado a este recurso a guia do comprovante do pagamento do preparo, conforme o art. 1.007 do CPC.

Nestes termos,
Pede deferimento.
"Local..." e "Data..."
OAB n. ..., "Assinatura..."

RAZÕES DE APELAÇÃO

Apelante: SORAIA
Apelado: ELETRÔNICOS S/A.
Processo n. ...
Egrégio Tribunal,
Colenda Câmara,
Ínclitos Julgadores.

I – SÍNTESE DOS FATOS

Segundo consta, no mês de junho de 2009, a apelante Soraia, adolescente de 13 anos, perde a visão do olho direito após explosão de aparelho de televisão, que atingiu superaquecimento após permanecer 24 horas ligado ininterruptamente. A TV, da marca Eletrônicos S/A, fora comprada dois meses antes pela mãe da vítima. Exatos sete anos depois do ocorrido, em junho de 2016, a vítima propõe ação de indenização por danos morais e estéticos em face da fabricante do produto.

Na petição inicial, a apelante pleiteou a indenização pelos danos morais e estéticos sofridos em razão do acidente de consumo, atraindo a responsabilidade pelo fato do produto, sendo dispensada a prova da culpa, razão pela qual requer a condenação da ré ao pagamento da quantia de R$ 50.000,00 (cinquenta mil reais) a título de danos morais e R$ 50.000,00 (cinquenta mil reais) pelos danos estéticos sofridos.

No mais, realizou a juntada de todas as provas documentais que pretende produzir, inclusive laudo pericial elaborado na época, apontando o defeito do produto, destacando, desde já, a desnecessidade de dilação probatória.

Recebida a inicial, o douto magistrado determinou a citação da ré e após oferecida a contestação, na qual não se requereu produção de provas, decidiu proferir julgamento antecipado, decretando a improcedência dos pedidos da autora, com base em dois fundamentos:

(i) inexistência de relação de consumo, com consequente inaplicabilidade do Código de Defesa do Consumidor, pois a vítima/autora da ação já alegou, em sua inicial, que não participou da relação contratual com a ré, visto que foi sua mãe quem adquiriu o produto na época; e

(ii) prescrição da pretensão autoral em razão do transcurso do prazo de três anos, previsto no art. 206, § 3º, inciso V, do Código Civil.

Desta forma, como na sequência será demonstrado, evidente a necessidade de reforma do julgado, para afastar a inexistente responsabilidade do recorrido, com a inversão do julgado e a improcedência total dos pedidos formulados pelo autor, ora apelado.

II – FUNDAMENTOS JURÍDICOS E RAZÕES DO PEDIDO DE REFORMA (CPC, art. 1.010, III)

De início, importante verificar a inocorrência da prescrição, tendo em vista a determinação constante do art. 198 do Código Civil, estabelecendo que não corre a prescrição contra os absolutamente incapazes. Desta feita, quando da data do evento danoso, qual seja, junho de 2009, Soraia tinha 13 anos, razão pela qual a contagem do prazo prescricional somente teve início quando Soraia completou 16 anos, ou seja, no ano de 2012.

Da mesma forma, a prescrição da pretensão de reparação de danos pelo fato do produto, categoria legal aplicável à espécie, foi de 5 anos, conforme o art. 27 do CDC, findando-se apenas em 2017. Portanto, evidente que deve ser afastada a prescrição.

Ainda, importante verificar a devida incidência das regras da legislação de consumo, em especial porque, não obstante a TV ter sido adquirida pela mãe da Autora, determina o art. 2º do CDC que será qualificada como consumidor toda pessoa física que adquire ou que utiliza o produto. Como consta dos autos, a TV estava sendo, de fato, utilizada pela apelante no momento da ocorrência dos fatos, tanto assim que foi ela a vítima da explosão do equipamento. Mais precisamente, determina o art. 17 do CDC, inserido na seção específica do Código que versa sobre responsabilidade pelo fato do produto, que haverá a equiparação a consumidor todas as pessoas que forem vítimas do evento.

Assim, devidamente caracterizada a relação de consumo, nos termos dos arts. 2º e 3º do CDC, plenamente aplicável, pois, as regras inerentes à legislação de consumo ao caso concreto.

Afastada, portanto, a prescrição e demonstrada a incidência do CDC no caso, tratando-se de responsabilidade objetiva pelo fato do produto, conforme o art. 12 do CDC, importante consignar que a prova documental carreada aos autos demonstra cabalmente a existência do dano estético causado pela perda da visão e o efetivo nexo causal, demonstrado pelo laudo pericial atestando o defeito do produto, razão pela qual devem ser julgados procedentes os pedidos de indenização por danos morais e estéticos.

Desta forma, superada a matéria preliminar da prescrição, pleiteia a este Egrégio Tribunal de Justiça o julgamento imediato do mérito, sem determinar o retorno dos autos ao juízo de origem, nos termos do art. 1.013, § 4º, do CPC.

III – CONCLUSÕES

Diante do exposto, requer o recebimento da presente Apelação, devendo esse E. Tribunal conhecer o recurso e lhe dar PROVIMENTO para REFORMAR a douta sentença, afastando a prescrição, reconhecendo a aplicação e incidência das regras do CDC ao caso concreto; e para julgar PROCEDENTES os pedidos formulados na petição inicial, condenando o réu ao pagamento de danos morais no importe de R$ 50.000,00 e de danos estéticos no montante de R$ 50.000,00, com a devida inversão do ônus da sucumbência e a sua majoração na esfera recursal, nos termos do art. 85, § 11, do CPC, impondo, ainda, ao recorrido o reembolso das custas com o processo, por ser de direito e de justiça.

Nestes termos,
Pede deferimento.
"Local..." e "Data..."
OAB n. ..., "Assinatura..."

21.4.4. Apelação em procedimento de alienação fiduciária

(**XXXII Exame**) Acácia celebrou com o *Banco XXG* contrato de empréstimo, no valor de R$ 480.000,00 (quatrocentos e oitenta mil reais), a ser quitado em 48 parcelas mensais de R$ 10.000,00 (dez mil reais), para aquisição de um apartamento situado na cidade de Vitória, Espírito Santo, concedendo em garantia, mediante alienação fiduciária, o referido apartamento, avaliado em R$ 420.000,00 (quatrocentos e vinte mil reais).

Após o pagamento das primeiras 12 parcelas mensais, totalizando R$ 120.000,00 (cento e vinte mil reais), Acácia parou de realizar os pagamentos ao *Banco XXG*, que iniciou o procedimento de execução extrajudicial da garantia fiduciária, conforme previsto na Lei n. 9.514/97. Acácia foi intimada e não purgou a mora, e o imóvel foi a leilão em duas ocasiões, não havendo propostas para sua aquisição, de modo que houve a consolidação da propriedade do imóvel ao *Banco XXG*, com a quitação do contrato de financiamento.

Acácia ajuizou, em seguida, ação condenatória em face do *Banco XXG*, distribuída para a 1ª Vara Cível de Vitória e autuada sob o n. 001234, sob a alegação de que, somados os valores do imóvel e das parcelas pagas, o *Banco XXG* teria recebido R$ 540.000,00 (quinhentos e quarenta mil reais), mais do que o valor concedido a título de empréstimo. Acácia formulou pedido condenatório pretendendo o recebimento da diferença, ou seja, R$ 60.000,00 (sessenta mil reais), assim como postulou a concessão dos benefícios da justiça gratuita, alegando não possuir condições financeiras para arcar com as custas processuais e os honorários sucumbenciais.

O *Banco XXG*, citado, apresentou sua contestação, afirmando que a pretensão não encontraria respaldo jurídico, à luz do regime previsto na Lei n. 9.514/97, requerendo a improcedência da pretensão. Demonstrou que Acácia possuiria 4 (quatro) imóveis, além de participação societária em 3 (três) empresas, e condição financeira apta ao pagamento das custas e dos honorários, requerendo o indeferimento da justiça gratuita à Acácia.

O juiz concedeu o benefício da justiça gratuita que havia sido postulado na inicial em decisão interlocutória e, após, julgou procedentes os pedidos, condenando o *Banco XXG* a restituir o valor de R$ 60.000,00 (sessenta mil reais) e a arcar com as custas processuais e os honorários sucumbenciais em 10% do valor da condenação. A sentença foi publicada em 03/05/2021, segunda-feira, sendo certo que não possui omissão, obscuridade ou contradição.

Considerando apenas as informações expostas, elabore, na qualidade de advogado(a) do *Banco XXG*, a peça processual cabível para defesa dos interesses de seu cliente, que leve o tema à instância superior, indicando seus requisitos e fundamentos, nos termos da legislação vigente. O recurso deverá ser datado no último dia do prazo para apresentação. Desconsidere a existência de feriados nacionais ou locais.

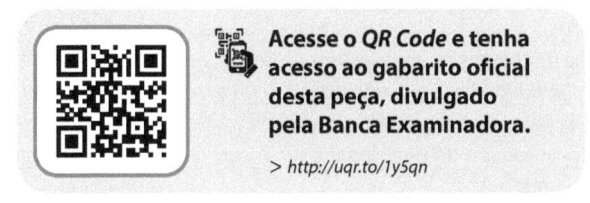

> **Acesse o QR Code e tenha acesso ao gabarito oficial desta peça, divulgado pela Banca Examinadora.**
>
> \> http://uqr.to/1y5qn

21.4.4.1. Modelo da peça

EXCELENTÍSSIMO SENHOR DOUTOR JUIZ DE DIREITO DA 1ª VARA CÍVEL DA COMARCA DE VITÓRIA, ESTADO DO ESPÍRITO SANTO

"Processo n. 001234"

BANCO XXG, já qualificado nos autos da AÇÃO CONDENATÓRIA, em curso perante esse MM. Juízo, em que contende com ACÁCIA, também devidamente qualificada nos autos, cuja sentença julgou improcedentes os pedidos formulados, vem, respeitosamente, interpor o presente recurso de APELAÇÃO, nos termos dos arts. 1.009 e seguintes do CPC, para superior instância contra a referida sentença, o que faz tempestivamente, a saber, dia 24/05/2021, requerendo a Vossa Excelência que se digne a receber o presente recurso nos seus devidos efeitos e encaminhá-lo, depois do devido processamento na forma da lei, com as inclusas razões de apelação, para o conhecimento e provimento do recurso ora interposto, intimando a apelada para, querendo, apresentar suas contrarrazões, nos termos do art. 1.010, § 1º, do CPC.

Segue anexado a este recurso a guia do comprovante do pagamento do preparo recursal, conforme o art. 1.007 do CPC.

Nestes termos,
Pede deferimento.
Vitória/ES, 24/05/2021
OAB n. ..., "Assinatura..."

RAZÕES DE APELAÇÃO

Apelante: BANCO XXG
Apelado: ACÁCIA
Processo n. 001234
Egrégio Tribunal,
Colenda Câmara,
Ínclitos Julgadores.

I – SÍNTESE DOS FATOS

Segundo consta, a apelada Acácia celebrou com a instituição financeira contrato de empréstimo, no valor de R$ 480.000,00 (quatrocentos e oitenta mil reais), a ser quitado em 48 parcelas mensais de R$ 10.000,00 (dez mil reais), para aquisição de um apartamento situado na cidade de Vitória, Espírito Santo, concedendo em garantia, mediante alienação fiduciária, o referido apartamento, avaliado em R$ 420.000,00 (quatrocentos e vinte mil reais).

Após o pagamento das primeiras 12 parcelas mensais, totalizando R$ 120.000,00 (cento e vinte mil reais), a apelada parou de realizar os pagamentos ao banco, que iniciou o procedimento de execução extrajudicial da garantia fiduciária, conforme previsto na Lei nº 9.514/97. Intimada, a apelada não purgou a mora, e o imóvel foi a leilão em duas ocasiões, não havendo propostas para sua aquisição, de modo que houve a consolidação da propriedade do imóvel à instituição financeira, com a quitação do contrato de financiamento.

Entretanto, a apelada ajuizou, em seguida, essa ação condenatória em face do banco, sob a alegação de que, somados os valores do imóvel e das parcelas pagas, a instituição, supostamente, teria recebido R$ 540.000,00 (quinhentos e quarenta mil reais), mais do que o valor concedido a título de empréstimo.

Foi formulado o pedido condenatório pretendendo o recebimento da diferença, ou seja, R$ 60.000,00 (sessenta mil reais), assim como postulou a concessão dos benefícios da justiça gratuita, alegando não possuir condições financeiras para arcar com as custas processuais e os honorários sucumbenciais.

Apresentada a contestação, afirmou essa instituição financeira que a pretensão não encontraria respaldo jurídico, à luz do regime previsto na Lei nº 9.514/97, requerendo a improcedência da pretensão. Demonstrou que Acácia possuia 4 (quatro) imóveis, além de participação societária em 3 (três) empresas, e condição financeira apta ao pagamento das custas e dos honorários, requerendo o indeferimento da justiça gratuita à apelada.

Foi concedido o benefício da justiça gratuita que havia sido postulado na inicial em decisão interlocutória e, após, julgou procedentes os pedidos, condenando o banco a restituir o valor de R$ 60.000,00 (sessenta mil reais) e a arcar com as custas processuais e os honorários sucumbenciais em 10% do valor da condenação.

II – FUNDAMENTOS JURÍDICOS E RAZÕES DO PEDIDO DE REFORMA (CPC, art. 1.010, III)

De início, importante verificar a necessidade de revogação dos benefícios da justiça gratuita, isso porque restou devidamente demonstrado a situação econômica e financeira da apelada Acácia, vez que possui 4 imóveis e participação societária em 3 empresas, possuindo condições de arcar com custas e honorários, não sendo hipótese de incidência do art. 98 do CPC e art. 5º, LXXIV, da CF.

Da mesma forma, requer-se a intimação de Acácia para o pagamento das custas recursais, em virtude da revogação da gratuidade, sob pena de extinção do processo sem a resolução ou análise do mérito, na forma do art. 102 do CPC.

Ainda, no mérito, importante verificar a extinção da dívida, em razão da efetiva realização de dois leilões, não havendo propostas para sua aquisição, de modo que houve a legítima consolidação da propriedade do imóvel à instituição financeira, com a quitação do contrato de financiamento, nos termos do art. 27, § 5º, da Lei nº 9.514/97.

Desta forma, pleiteia a este Egrégio Tribunal de Justiça o julgamento imediato do mérito recursal, julgando improcedente o pedido formulado pela apelada Acácia.

III – CONCLUSÕES

Diante do exposto, requer o recebimento da presente Apelação, devendo esse E. Tribunal conhecer o recurso e lhe dar PROVIMENTO para REFORMAR a decisão interlocutória que concedeu os benefícios da justiça gratuita, bem como, reformar a sentença, para julgar IMPROCEDENTES os pedidos formulados na petição inicial, condenando a recorrida ao pagamento integral das custas recursais e os honorários de sucumbência, bem como a sua majoração na esfera recursal, nos termos do art. 85, § 11, do CPC.

Nestes termos,
Pede deferimento.
Vitória/ES, 24/05/2021
OAB n. ..., "Assinatura..."

21.4.5. Apelação em ação pelo procedimento comum

(XXXIV Exame) Para adquirir um carro de luxo da marca Tenz, Alexandre aceitou o contrato de compra e venda imposto pela Concessionária Alfa, no qual havia cláusula estipulando que eventual conflito entre as partes seria solucionado por arbitragem.

Duas semanas após a aquisição, Alexandre sofreu um acidente decorrente de uma falha no sistema de airbag do veículo, que, por sorte, não lhe custou a vida. Fato é que, três meses após o acidente, a Concessionária Alfa realizou o recall de alguns veículos da marca Tenz, dentre os quais estava o veículo adquirido por Alexandre.

Assim que soube desse recall, Alexandre ajuizou uma ação pelo procedimento comum contra a Concessionária Alfa, visando reaver o valor pago na compra do veículo e uma indenização pelos prejuízos decorrentes do acidente de carro.

A Concessionária Alfa apresentou uma contestação genérica, na qual não impugnou os argumentos apresentados por Alexandre, gerando presunção de veracidade sobre esses, e tampouco mencionou a existência de cláusula compromissória no contrato de compra e venda.

Após a apresentação de réplica, o MM. Juízo da 5ª Vara Cível de Maceió intimou as partes, de ofício e com fundamento no Art. 10 do CPC, para se manifestarem sobre a eventual ausência de jurisdição do Poder Judiciário em virtude da existência de cláusula compromissória existente no contrato de compra e venda.

Alexandre não apresentou manifestação, enquanto a Concessionária Alfa defendeu que somente um tribunal arbitral escolhido pelas partes possuiria competência para solucionar a controvérsia *sub judice*.

Em seguida, o MM. Juízo da 5ª Vara Cível de Maceió acolheu a preliminar de convenção de arbitragem e extinguiu o processo, sem resolução de mérito, na forma do Art. 485, inciso VII, do CPC.

A sentença foi publicada em 01/07/2021, quinta-feira, sendo certo que não possui omissão, obscuridade ou contradição.

Considerando apenas as informações expostas, elabore, na qualidade de advogado(a) de Alexandre, a peça processual cabível para defesa dos interesses de seu cliente, que leve o tema à instância superior, indicando seus requisitos e fundamentos, nos termos da legislação vigente. O recurso deverá ser datado no último dia do prazo para apresentação. Desconsidere a existência de feriados nacionais ou locais.

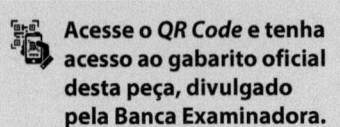

Acesse o *QR Code* e tenha acesso ao gabarito oficial desta peça, divulgado pela Banca Examinadora.

> http://uqr.to/1y5qo

21.4.5.1. Modelo da peça

EXCELENTÍSSIMO SENHOR DOUTOR JUIZ DE DIREITO DA 5ª VARA CÍVEL DA COMARCA DE MACEIÓ

"Processo n. ..."

ALEXANDRE, já qualificado nos autos da AÇÃO PELO PROCEDIMENTO COMUM, em curso perante esse MM. Juízo, em que contende com CONCESSIONÁRIA ALFA, também devidamente qualificado nos autos, cuja sentença julgou extinto o processo sem a resolução do mérito, vem, respeitosamente, interpor o presente recurso de APELAÇÃO, nos termos dos arts. 1.009 e seguintes do CPC, para superior instância contra a referida sentença, o que faz tempestivamente, nos termos do art. 1.003, § 5º, do CPC, requerendo a Vossa Excelência que se digne a receber o presente recurso nos seus devidos efeitos e encaminhá-lo, depois do devido processamento na forma da lei, com as inclusas razões de apelação, para o conhecimento e provimento do recurso ora interposto, intimando o apelado para, querendo, apresentar suas contrarrazões, nos termos do art. 1.010, § 1º, do CPC.

Segue anexado a este recurso a guia do comprovante do pagamento do preparo, conforme o art. 1.007 do CPC.

Nestes termos,
Pede deferimento.
Maceió/AL, 22/07/2022
OAB n. ..., "Assinatura..."

RAZÕES DE APELAÇÃO

Apelante: ALEXANDRE
Apelado: CONCESSIONÁRIA ALFA
Processo n. ...
Egrégio Tribunal,
Colenda Câmara,
Ínclitos Julgadores.

I – SÍNTESE DOS FATOS
Segundo consta do processo, o apelante Alexandre, para adquirir um carro de luxo da marca Tenz, aceitou o contrato de compra e venda imposto pela Concessionária Alfa, no qual havia cláusula estipulando que eventual conflito entre as partes seria solucionado por arbitragem.
Duas semanas após a aquisição, Alexandre sofreu um acidente decorrente de uma falha no sistema de airbag do veículo, que, por sorte, não lhe custou a vida. Fato é que, três meses após o acidente, a Concessionária Alfa realizou o recall de alguns veículos da marca Tenz, dentre os quais estava o veículo adquirido por Alexandre.
Assim que soube desse recall, Alexandre ajuizou uma ação pelo procedimento comum contra a Concessionária Alfa, visando reaver o valor pago na compra do veículo e uma indenização pelos prejuízos decorrentes do acidente de carro.
Após, a Concessionária Alfa apresentou sua contestação, de maneira genérica, na qual não impugnou os argumentos apresentados por Alexandre, tampouco mencionou a existência de cláusula compromissória no contrato de compra e venda.
Nesse sentido, após a apresentação de réplica, o ilustre Juízo da 5ª Vara Cível de Maceió intimou as partes, de ofício e com fundamento no Art. 10 do CPC, para se manifestarem sobre a eventual ausência de jurisdição do Poder Judiciário em virtude da existência de cláusula compromissória existente no contrato de compra e venda.
Alexandre não apresentou manifestação, enquanto a Concessionária Alfa defendeu que somente um tribunal arbitral escolhido pelas partes possuiria competência para solucionar a controvérsia sub judice.
Dessa forma, o ilustre Juízo acolheu a preliminar de convenção de arbitragem e extinguiu o processo, sem resolução de mérito, na forma do Art. 485, inciso VII, do CPC.

II – FUNDAMENTOS JURÍDICOS E RAZÕES DO PEDIDO DE REFORMA (CPC, art. 1.010, III)
Com efeito, de início, importante destacar a ausência de alegação na contestação, por parte da Concessionária Alfa, sobre a existência da convenção de arbitragem, o que implica na aceitação da jurisdição estatal e a renúncia do juízo arbitral, como bem determina o art. 337, § 6º, do CPC.
Além disso, o MM. Juízo da 5ª Vara Cível de Maceió não poderia ter extinguido o processo sem resolução de mérito em virtude da ineficácia da convenção de arbitragem uma vez que, por força do art. 4º, § 2º, da Lei de Arbitragem (Lei n. 1º 9.307/96), esse negócio jurídico celebrado em contrato de adesão somente seria eficaz se Alexandre iniciasse o procedimento arbitral ou concordasse com sua instituição.
Dessa forma, nos termos do art. 1.013, § 3º, inciso I, do CPC, postula o Apelante o imediato julgamento do mérito pelo Eg. Tribunal, especialmente porque o defeito no produto fornecido e a responsabilidade da Concessionária Alfa não foram especificamente impugnados, fazendo jus o Apelante ao recebimento dos valores e à fixação de indenização decorrente do acidente, em razão da responsabilidade objetiva da Concessionária, por força do art. 12 do CDC.

III – CONCLUSÕES

Diante do exposto, requer o recebimento da presente Apelação, devendo esse E. Tribunal conhecer o recurso e lhe dar PROVIMENTO para REFORMAR a douta sentença, que extinguiu os pedidos formulados na petição inicial, sem a resolução do mérito, pleiteando o imediato julgamento, para o julgamento de procedência do pedido, sendo condenada a Ré à restituição do valor pago e à fixação de indenização pelos prejuízos decorrentes do acidente, com a devida inversão do ônus da sucumbência e a sua majoração na esfera recursal, nos termos do art. 85, § 11, do CPC, impondo ao recorrido o reembolso das custas com o processo, por ser medida de direito e de justiça.

Nestes termos,
Pede deferimento.
"Local...", 22/07/2021.
OAB n. ..., "Assinatura..."

21.4.6. Apelação em embargos monitórios

(36º Exame) João ajuizou ação monitória em face de Daniel, instruída com instrumento particular de confissão de dívida, assinada por Daniel e sem assinatura de testemunhas, em que Daniel confessa ser devedor da quantia de R$ 200.000,00 em favor de João, resultante de contrato de mútuo anteriormente firmado entre as partes, e assumindo o compromisso de efetuar a quitação integral do débito em 30 dias, a contar da assinatura do instrumento particular de confissão de dívida. João recolheu devidamente as custas judiciais.

Daniel, regularmente citado, opõe embargos monitórios, sustentando como tese defensiva e não instruindo sua defesa com qualquer documento, que o valor pleiteado por João é excessivo, sem indicar o montante que entende correto. Em acréscimo, aponta que João somente lhe disponibilizou R$ 100.000,00, razão pela qual o pagamento do montante de R$ 200.000,00, em seu entender, é indevido.

Em resposta aos embargos, João, preliminarmente, pugnou pelo não conhecimento dos embargos monitórios, ante a falta de indicação do valor que entende correto. Quanto ao mérito, aponta que o valor de R$ 200.000,00, alegadamente excessivo, é resultante da soma da quantia emprestada a Daniel, equivalente a R$ 180.000,00, e R$ 20.000,00 dizem respeito à cláusula penal e aos juros compensatórios que foram pactuados entre as partes na hipótese de descumprimento da avença.

Além disso, João apontou que houve o empréstimo do valor de R$ 180.000,00, instruindo sua resposta com extratos bancários que comprovam a efetiva transferência desta soma para Daniel.

O juízo da 2ª Vara Cível da Comarca do Rio de Janeiro, que não se manifestou na sentença acerca da preliminar levantada e da defesa apresentada por João, julgou procedentes os embargos monitórios, entendendo pela improcedência da pretensão de João, deixando de constituir o título executivo e o condenando ao pagamento das custas e honorários advocatícios. Após a prolação da sentença, foram rejeitados embargos de declaração por decisão publicada em 03/06/2021, quinta-feira.

Acesse o *QR Code* e tenha acesso ao gabarito oficial desta peça, divulgado pela Banca Examinadora.

> http://uqr.to/1y5qp

21.4.6.1. Modelo da peça

EXCELENTÍSSIMO SENHOR DOUTOR JUIZ DE DIREITO DA 2ª VARA CÍVEL DA COMARCA RIO DE JANEIRO/RJ

"Processo n. ..."

JOÃO, já qualificado nos autos da AÇÃO MONITÓRIA, em curso perante esse MM. Juízo, vem, respeitosamente, interpor o presente recurso de APELAÇÃO, nos termos dos art. 702, § 9º c/c o art. 1.009, ambos do CPC, em razão da sentença de total procedência nos embargos monitórios opostos por DANIEL, para superior instância, o que faz tempestivamente, no prazo de 15 dias, conforme § 5º do art. 1.003, ambos do CPC, requerendo a Vossa Excelência que se digne a receber o presente recurso nos seus devidos efeitos e encaminhá-lo, depois do devido processamento, na forma da lei, com as inclusas razões de apelação, para o conhecimento e provimento do recurso ora interposto, intimando o apelado para, querendo, apresentar suas contrarrazões, nos termos do art. 1.010, § 1º, do CPC.

Segue anexada a este recurso a guia do comprovante do pagamento do preparo, conforme o art. 1.007 do CPC.

Nestes termos,
Pede deferimento.
"Local..." e "Data..."
OAB n. ..., "Assinatura..."

RAZÕES DE APELAÇÃO

Apelante: JOÃO
Apelado: DANIEL
Processo n. ...
Egrégio Tribunal,
Colenda Câmara,
Ínclitos Julgadores.

I – SÍNTESE DOS FATOS

O apelante João ajuizou ação monitória em face do apelado Daniel, sendo instruída com instrumento particular de confissão de dívida, assinada por Daniel e sem assinatura de testemunhas, sendo que este confessa ser devedor da quantia de R$ 200.000,00 em favor do apelante, resultante do contrato de mútuo anteriormente firmado entre as partes, e assumindo o compromisso de efetuar a quitação integral do débito em 30 dias, a contar da assinatura do instrumento particular de confissão de dívida.

O apelado Daniel, na condição de requerido na ação monitória, fora regularmente citado, sendo que opôs embargos monitórios, alegando que o valor pleiteado pelo apelante é excessivo, mas não instruiu com qualquer documento, nem indicou o montante devido. Em acréscimo, pontuou que o apelante somente lhe disponibilizou R$ 100.000,00, razão pela qual o pagamento de R$ 200.000,00 seria indevido.

II – FUNDAMENTOS JURÍDICOS E RAZÕES DO PEDIDO DE REFORMA (CPC, art. 1.010, III)

A) Da nulidade da sentença por falta de fundamentação

Com efeito, verifica-se que a sentença proferida pelo juízo da 2ª Vara Cível da Comarca do Rio de Janeiro/RJ deve ser considerada nula, uma vez que não houve fundamentação, descumprindo o requisito do inciso IV do § 1º do art. 489 do CPC, em que o magistrado deve enfrentar os argumentos alegados no processo.

Da mesma forma, o art. 11 do CPC e o inciso IX do art. 93 da CFRB/88 aduzem que as decisões devem ser fundamentadas, sob pena de nulidade.

B) Da nulidade da sentença e imediato julgamento do mérito pelo Tribunal

O apelante requer que seja decretada a nulidade da sentença por falta de fundamentação e que o Tribunal julgue o mérito e de forma improcedente os embargos monitórios opostos pelo apelado, sem necessidade de retorno dos autos ao juízo de primeiro grau, à luz dos arts. 1.013, § 3º, IV; art. 702, § 2º e § 3º, e art. 488, todos do CPC, constituindo-se título executivo judicial.

C) Do contrato de mútuo e da cláusula penal

Ademais, as partes celebraram um contrato de mútuo, visto que o apelante emprestou a quantia supramencionada e, conforme art. 586 do CC, o mutuário é obrigado a restituir ao mutuante o que recebeu, ou seja, o valor emprestado, acrescido de juros compensatórios e cláusula penal compactuada, nos termos do art. 408 do CC.

III – CONCLUSÕES

Diante do exposto, requer o recebimento da presente Apelação, devendo esse E. Tribunal conhecer o recurso, recebido em seu duplo efeito, devolutivo e suspensivo, conforme arts. 1.012 e 1.013, ambos do CPC, e lhe dar PROVIMENTO para REFORMAR a douta sentença, para que seja declarada a nulidade da sentença, ou, alternativamente, julgando IMPROCEDENTES os embargos monitórios opostos pelo apelado Daniel e, consequentemente, a formação de título executivo judicial, com a devida inversão do ônus da sucumbência e a sua majoração na esfera recursal, nos termos do art. 85, § 11, do CPC, impondo ao recorrido o reembolso das custas com o processo, por ser de direito e de justiça.

Nestes termos,
Pede deferimento.
"Local..." e "Data..."
OAB n. ..., "Assinatura..."

21.4.7. Contrarrazões ao recurso de apelação

(39º Exame) Olga, domiciliada em Teresina, PI, adquiriu, em janeiro de 2022, uma chapinha de cabelo na loja Casa Mil, sediada em Campo Grande, MS, com o objetivo de fazer um penteado especial para um casamento em que seria madrinha, a se realizar na semana seguinte. No dia da cerimônia, Olga pela primeira vez ligou o produto, que esquentou em excesso e queimou seus longos cabelos. Em consequência, Olga precisou procurar um hospital e não pôde comparecer ao casamento.

Olga, então, ajuizou em março de 2023 ação de reparação de danos morais e materiais em face de Casa Mil, objetivando o recebimento de indenização no valor total de R$ 100.000,00 (cem mil reais), tendo sido a petição inicial distribuída à 2ª Vara Cível de Teresina.

Em contestação, a Ré sustentou preliminarmente a incompetência do juízo, por não ser o de sua sede. No mérito, sustentou a ocorrência da prescrição em virtude do transcurso de prazo superior a um ano entre a ocorrência do dano e o ajuizamento da ação. Alegou também a ausência de sua responsabilidade, seja porque não restou comprovada sua culpa, seja porque não fabricou o produto alegadamente defeituoso.

Em provas, a parte autora requereu a oitiva de testemunhas, o que foi indeferido pela juíza responsável pelo caso, por entender impertinente ao esclarecimento dos fatos, embora Olga entendesse necessária tal prova, em nome de sua ampla defesa.

No dia 3-7-2023, segunda-feira, foi publicada a sentença do processo. O pedido foi julgado procedente, com a condenação de Casa Mil ao pagamento da integralidade da indenização pleiteada na inicial. Nenhuma das alegações da ré foi acolhida.

Inconformada, Casa Mil apresentou recurso de apelação no dia 24-7-2023. Repisou o alegado em sua contestação, no sentido da incompetência da 2ª Vara de Teresina, bem como da prescrição e da ausência de sua responsabilidade. Pleiteou a reforma da sentença para que o pedido seja julgado improcedente.

Em seguida, a parte autora foi intimada a se manifestar sobre a apelação apresentada.

Na qualidade de advogado(a) de Olga, elabore a peça processual cabível para a defesa dos interesses de sua cliente, indicando seus requisitos, nos termos da legislação vigente. Considere a ausência de feriados no período.

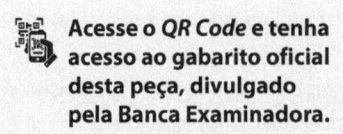

Acesse o *QR Code* e tenha acesso ao gabarito oficial desta peça, divulgado pela Banca Examinadora.

> http://uqr.to/1y5qq

21.4.7.1. Modelo da peça

EXCELENTÍSSIMO SENHOR DOUTOR JUIZ DE DIREITO DA 2ª VARA CÍVEL DA COMARCA DE TERESINA/PI

"Processo n. ..."

OLGA, já qualificado nos autos da AÇÃO DE INDENIZAÇÃO em curso perante esse MM. Juízo, em que contende com CASA MIL, já qualificado nos autos, cuja sentença julgou procedente/improcedente o pedido (depende se o autor ou o réu está apelando), vem, respeitosamente, apresentar CONTRARRAZÕES DE APELAÇÃO, nos termos do art. 1.010, § 1º, do CPC, o que faz tempestivamente, requerendo a Vossa Excelência que se digne encaminhar o recurso ao Tribunal de Justiça, pugnando pelo não recebimento e não conhecimento do recurso de apelação, pelos motivos a seguir expostos.

Nestes termos,
Pede deferimento.
"Local..." e "Data..."
OAB n. ..., "Assinatura..."

CONTRARRAZÕES DE APELAÇÃO

Apelado: OLGA
Apelante: CASA MIL
Processo n. ...
Egrégio Tribunal,
Colenda Câmara,
Ínclitos Julgadores.

I – PRELIMINARES

Importante observar que a presente contrarrazões foi devidamente interposta dentro do prazo de quinze dias previsto no art. 1.010, § 1º, e no art. 1.003, § 5º, ambos do CPC.

De igual modo, de forma subsidiária, pleiteia-se, eventualmente, no caso de provimento do recurso de apelação, a nulidade ou a reforma da decisão que indeferiu a produção de prova oral pela parte autora, nos termos do art. 1.009, § 1º, do CPC, sob alegação de ofensa à ampla defesa.

II – SÍNTESE DOS FATOS

A apelada Olga adquiriu, em janeiro de 2022, uma chapinha de cabelo na loja Casa Mil com o objetivo de fazer um penteado especial para um casamento em que seria madrinha, a se realizar na semana seguinte.

No dia da cerimônia, Olga pela primeira vez ligou o produto, que esquentou em excesso e queimou seus longos cabelos. Em consequência, Olga precisou procurar um hospital e não pôde comparecer ao casamento.

Olga, então, ajuizou em março de 2023 ação de reparação de danos morais e materiais em face de Casa Mil, objetivando o recebimento de indenização no valor total de R$ 100.000,00 (cem mil reais), tendo sido a petição inicial distribuída à 2ª Vara Cível de Teresina.

Em contestação, a Apelante sustentou preliminarmente a incompetência do juízo, por não ser o de sua sede. No mérito, sustentou a ocorrência da prescrição em virtude do transcurso de prazo superior a um ano entre a ocorrência do dano e o ajuizamento da ação. Alegou também a ausência de sua responsabilidade, seja porque não restou comprovada sua culpa, seja porque não fabricou o produto alegadamente defeituoso.

Em provas, a parte autora requereu a oitiva de testemunhas, o que foi indeferido pela juíza responsável pelo caso, por entender impertinente ao esclarecimento dos fatos, embora Olga entendesse necessária tal prova, em nome de sua ampla defesa.

No dia 3-7-2023 foi publicada a sentença do processo, julgando procedentes os pedidos formulados, com a condenação de Casa Mil ao pagamento da integralidade da indenização pleiteada na inicial.

Inconformada, Casa Mil apresentou recurso de apelação, repisando o alegado em sua contestação, no sentido da incompetência da 2ª Vara de Teresina, bem como da prescrição e da ausência de sua responsabilidade. Pleiteou a reforma da sentença para que o pedido seja julgado improcedente.

III – MÉRITO

De início, importante verificar que a relação entre as partes é considerada como relação de consumo, nos termos dos arts. 2º e 3º, ambos do Código de Defesa do Consumidor, uma vez que Olga é a destinatária final do bem adquirido e a Casa Mil é considerada fornecedora por ter comercializado o produto vendido.

PRÁTICA CIVIL   313

Outrossim, evidente a competência territorial da comarca de Teresina/PI, por ser o domicílio da parte autora, conforme previsto no art. 101, I, também do CDC.

Ainda, importante verificar que o prazo prescricional aplicável ao caso é o quinquenal, de acordo com o art. 27 do CDC, sendo descabida a alegação de prescrição por parte da Apelante.

Finalmente, ressalta-se que, por se tratar de relação de consumo, a responsabilidade da apelante é de natureza objetiva, independendo de culpa, conforme art. 12 do CDC.

IV – CONCLUSÕES

Diante do exposto, requerer:

a) o não recebimento do recurso de apelação, ou, em sendo recebido, o não provimento do recurso, devendo a r. sentença ser mantida por seus próprios fundamentos, com a manutenção da condenação da Apelada;

b) subsidiariamente, no caso de provimento do recurso de apelação, a nulidade ou a reforma da decisão que indeferiu a produção de prova oral pela parte autora, nos termos do art. 1.009, § 1º, do CPC;

c) a majoração dos honorários nos termos do art. 85, § 11, do CPC.

Nestes termos,

Pede deferimento.

"Local..." e "Data..."

OAB n. ..., "Assinatura..."

21.5. Modelos de recurso especial

21.5.1. Recurso especial

(XXV Exame) Em uma determinada ação indenizatória que tramita na capital do Rio de Janeiro, o promitente comprador de um imóvel, Serafim, pleiteia da promitente vendedora, Incorporadora X, sua condenação ao pagamento de quantias indenizatórias a título de (i) lucros cessantes em razão da demora exacerbada na entrega da unidade imobiliária e (ii) danos morais. Todas as provas pertinentes e relevantes dos fatos constitutivos do direito do autor foram carreadas nos autos.

Na contestação, a ré suscitou preliminar de ilegitimidade passiva, apontando como devedora de eventual indenização a sociedade Construtora Y contratada para a execução da obra. Alegou, no mérito, o descabimento de danos morais por mero inadimplemento contratual e, ainda, aduziu que a situação casuística não demonstrou a ocorrência dos lucros cessantes alegados pelo autor.

O juízo de primeira instância, transcorridos regularmente os atos processuais sob o rito comum, acolheu a preliminar de ilegitimidade passiva.

Da sentença proferida já à luz da vigência do CPC, o autor interpôs recurso de apelação, mas o acórdão no Tribunal de Justiça correspondente manteve integralmente a decisão pelos seus próprios fundamentos, sem motivar específica e casuisticamente a decisão.

O autor, diante disso, opôs embargos de declaração por entender que havia omissão no Acórdão, para prequestionar a violação de norma federal aplicável ao caso em tela. No julgamento dos embargos declaratórios, embora tenha enfrentado os dispositivos legais aplicáveis à espécie, o Tribunal negou provimento ao recurso e também aplicou a multa prevista na lei para a hipótese de embargos meramente protelatórios.

Na qualidade de advogado(a) de Serafim, indique o meio processual adequado para a tutela integral do seu direito em face do acórdão do Tribunal, elaborando a peça processual cabível no caso, excluindo-se a hipótese de novos embargos de declaração, indicando os seus requisitos e fundamentos nos termos da legislação vigente.

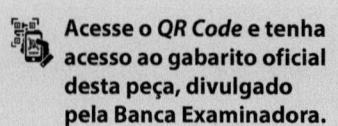

Acesse o *QR Code* e tenha acesso ao gabarito oficial desta peça, divulgado pela Banca Examinadora.
> http://uqr.to/1y5qr

21.5.1.1. Modelo da peça

EXCELENTÍSSIMO SENHOR DOUTOR DESEMBARGADOR PRESIDENTE DO E. TRIBUNAL DE JUSTIÇA DO ESTADO DO RIO DE JANEIRO

"Processo n. ..."

SERAFIM, já qualificado nos autos da Ação Indenizatória, em epígrafe, em que contende com INCORPORADORA X, já qualificada nos autos, vem, respeitosamente, interpor o presente RECURSO ESPECIAL, com pedido de efeito suspensivo (CPC, art. 1.029, § 5º), nos termos dos arts. 105, III, a, da CF/88 e 1.029 e seguintes do CPC, o que faz tempestivamente, seguindo no anexo o comprovante do preparado recursal (art. 1.007 do CPC), com as inclusas razões do Recurso Especial.

Por fim, pugna pela intimação do recorrido para apresentação das contrarrazões no prazo de 15 dias, conforme art. 1.030 do CPC para, em seguida, remeter os autos ao Egrégio Superior Tribunal de Justiça, com as formalidades de estilo, para conhecimento e provimento do recurso interposto, consoante razões anexas.

Nestes termos,
Pede deferimento.
"Local..." e "Data..."
OAB n. ..., "Assinatura..."

RAZÕES DO RECURSO ESPECIAL

Recorrente: SERAFIM
Recorrido: INCORPORADORA X
Processo n. ...
Egrégio Superior Tribunal de Justiça,
Ínclitos Ministros.

PRÁTICA CIVIL

I – DO CABIMENTO DO PRESENTE RECURSO
Demonstra-se, com base no art. 105, III, a, da CF/88, o cabimento do presente recurso, conforme determinação do art. 1.029, II, do CPC, interposto contra decisão que, em única ou última instância, pelos Tribunais Regionais Federais ou pelos Tribunais dos Estados, do Distrito Federal e Territórios, contrariar tratado ou entendimento de lei federal, ou que negar-lhes vigência.
Ademais, em relação ao cabimento, importante destacar que não se aplica ao caso a Súmula n. 7 do STJ, pois a pretensão de simples reexame de prova não enseja recurso especial, não sendo o caso dos autos.
Por fim, restam prequestionados os dispositivos de lei violados ou negados em sua vigência, cumprindo o disposto no art. 1.025 do CPC e da Súmula 211 do STJ.

II – SÍNTESE DO PROCESSADO
Trata-se de ação indenizatória que tramita na capital do Rio de Janeiro, no qual o autor, promitente comprador do imóvel, Serafim, pleiteia do réu, promitente vendedora, Incorporadora X, sua condenação ao pagamento de quantias indenizatórias a título de lucros cessantes, em razão da demora exacerbada na entrega da unidade imobiliária e pelos danos morais.

III – DA FALTA DE FUNDAMENTAÇÃO DO JULGADO
Nota-se que o v. acórdão recorrido carece de fundamentação legal, merecendo anulação, tendo em vista que deixou de motivar especificamente as suas razões de decidir, possibilitando a identificação dos motivos casuísticos e determinantes que levaram à manutenção da decisão, conforme determina o art. 489, § 1º, do CPC.

IV – DA LEGITIMIDADE PASSIVA
Importante verificar a legitimidade passiva para a causa do réu Incorporadora X, em especial diante de sua responsabilidade solidária perante o evento, sobretudo pelos danos ocasionados, juntamente com a Construtora Y, na forma da determinação contida no art. 25, § 1º, do Código de Defesa do Consumidor, bem como do art. 942 do Código Civil e do art. 30 da Lei n. 4.591/64. Assim, havendo mais de um responsável pela causação do dano, todos responderão solidariamente pela reparação prevista nesta e nas seções anteriores.

V – DOS FUNDAMENTOS JURÍDICOS E DAS RAZÕES DO PEDIDO DE REFORMA OU DE INVALIDAÇÃO DA DECISÃO RECORRIDA (CPC, art. 1.029, III)
Busca-se com o presente recurso a análise de matéria prequestionada em vias anteriores, tendo sido esgotados todos os meios processuais e recursais para combater o Acórdão recorrido, ressaltando a inexistência de discussão de matéria de fato, que demandaria dilação probatória, mas tão somente questões que versam exclusivamente de direito.
Outrossim, cabível o presente Recurso Especial, em razão do entendimento apresentado pelo próprio Superior Tribunal de Justiça, conforme determina a Súmula n. 846, no sentido de ser cabível o recurso especial para combater acordão que julga agravo de instrumento, sendo esta a última instância.
O Acórdão recorrido contraria o entendimento de dispositivo de Lei Federal, possibilitando a propositura do recurso, nos termos do art. 105, III, a, da Constituição Federal.
O caso em tela versa sobre relação de consumo, sendo o recorrente destinatário final dos serviços prestados e oferecidos no mercado de consumo pelo réu, conforme determinação dos arts. 2º e 3º do CDC.

Por certo, os lucros cessantes ficaram evidentes, tendo em vista a demora excessiva na entrega das unidades imobiliárias, em especial diante da possibilidade de reaproveitamento econômico das referidas unidades, conforme demonstram as provas acostadas aos autos.

Observe, ainda, a redação da Súmula 543 do STJ que afirma "Na hipótese de resolução de contrato de promessa de compra e venda de imóvel submetido ao Código de Defesa do Consumidor, deve ocorrer a imediata restituição das parcelas pagas pelo promitente comprador".

Ademais, os danos morais também se mostram demonstrados nos autos, mormente evidenciando o inadimplemento contratual por parte do réu Incorporadora X, juntamente com a sociedade Construtora Y, de maneira solidária, tendo responsabilidade pelo cumprimento da obrigação pactuada, no prazo contratual previsto para tanto.

Assim, de rigor a reforma do Acórdão impugnado, conferindo a regular interpretação aos dispositivos de Lei Federal ora combatidos, art. 282, § 2º, do CPC, ainda mais afastando a imposição da multa aplicada em razão do entendimento do Tribunal de origem nos embargos protelatórios, por se tratar de recurso com evidente finalidade de prequestionamento da matéria, o que resulta na inaplicabilidade do art. 1.026, § 2º, do CPC.

VI – CONCLUSÕES

Diante do exposto, requer a admissão, recebimento e conhecimento do Recurso Especial, determinando-se a intimação do Recorrido (CPC, art. 1.030) para responder no prazo legal. Requer-se, assim, o provimento do Recurso Especial, em decorrência da contrariedade ou negativa de vigência a tratado ou lei federal para anular o acórdão recorrido, diante da inexistência de fundamentação do julgado. Requer-se, ainda, a reforma da r. decisão recorrida, para, modificando o julgado, reconhecer a responsabilidade do réu para a condenação pelos lucros cessantes e pelos danos morais, conforme art. 282, § 2º, do CPC. Por fim, subsidiariamente, requer-se o afastamento da multa imposta pelos embargos declaratórios interpostos no intuito de prequestionamento da matéria.

Nestes termos,
Pede deferimento.
"Local..." e "Data..."
OAB n. ..., "Assinatura..."

21.6. Outros modelos

21.6.1. Ação declaratória de usucapião especial urbano

(VIII Exame) Norberto da Silva, pessoa desprovida de qualquer bem material, adquiriu de terceiro, há nove anos e meio, posse de terreno medindo 240 m² em área urbana, onde construiu moradia simples para sua família. O terreno está situado na Rua Cardoso Soares n. 42, no bairro de Lírios, na cidade de Condonópolis, no estado de Tocantins. São seus vizinhos do lado direito Carlos, do esquerdo Ezequiel e, dos fundos, Edgar. A posse é exercida ininterruptamente, de forma mansa e pacífica, sem qualquer oposição.

No último ano o bairro passou por um acelerado processo de valorização devido à construção de suntuosos projetos imobiliários. Em razão disso, Norberto tem sido constantemente sondado a se retirar do local, recebendo ofertas de valor insignificante, já que as construtoras alegam que o terreno sequer pertence a ele, pois está registrado em nome de Cândido Gonçalves.

Norberto não tem qualquer interesse em aceitar tais ofertas; ao contrário, com setenta e dois anos de idade, viúvo e acostumado com a vida na localidade, demonstra desejo de lá permanecer com seus filhos. Por não ter qualquer documentação oficial que lhe resguarde o direito de propriedade do imóvel, Norberto procura um advogado a fim de que seja intentada medida judicial.

Elabore a peça processual cabível in caso, indicando os seus requisitos e fundamentos nos termos da legislação vigente.

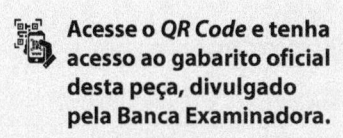

Acesse o *QR Code* e tenha acesso ao gabarito oficial desta peça, divulgado pela Banca Examinadora.

> http://uqr.to/1y5qs

21.6.1.1. Modelo da peça

EXCELENTÍSSIMO SENHOR DOUTOR JUIZ DE DIREITO DA... VARA CIVIL DA COMARCA DE CONDONÓPOLIS/TO

NORBERTO DA SILVA, "nacionalidade...", "estado civil...", "profissão...", portador do "RG n. ...", inscrito no "CPF sob o n. ...", "endereço eletrônico...", "domiciliado na rua...", "número...", "bairro...", "Município...", "Estado de...", "CEP...", vem, respeitosamente, por intermédio de seu advogado infra-assinado, perante Vossa Excelência, ajuizar a presente AÇÃO DECLARATÓRIA DE USUCAPIÃO ESPECIAL URBANO, com fulcro na Lei n. 10.257/2001, em face de CÂNDIDO GONÇALVES, "nacionalidade...", "estado civil...", "profissão...", portador do "RG n. ...", inscrito no "CPF sob o n. ...", "endereço eletrônico...", "domiciliado na rua...", "número...", "bairro...", "Município...", "Estado de...", "CEP..." pelos fundamentos de fato e de direito a seguir expostos:

I – PRIORIDADE DE TRAMITAÇÃO
Inicialmente, cumpre mencionar que, por se tratar o autor de pessoa idosa e desprovida de recursos materiais, deve ser deferida a concessão da prioridade na tramitação do feito, com fundamento no art. 71 da Lei n. 10.741/2001 (Estatuto do Idoso) e art. 1.048 do CPC, bem como justificando a concessão dos benefícios da Justiça Gratuita (Lei n. 1.060/50 e arts. 98 e 99 do CPC), inclusive no âmbito do cartório do registro de imóveis (§ 2º do art. 12 da Lei n. 10.257/2001).

II – DOS FATOS
O autor Norberto da Silva, pessoa desprovida de qualquer bem material, adquiriu de terceiro, há aproximadamente nove anos e meio, a posse de terreno medindo 240 m² em área urbana, onde construiu moradia simples para sua família.
O referido terreno está situado na Rua Cardoso Soares n. 42, no bairro de Lírios, na cidade de Condonópolis, no estado de Tocantins, confrontando com seus vizinhos do lado direito Carlos, do esquerdo Ezequiel e, dos fundos, Edgar.

Imperioso ressaltar que a posse exercida pelo autor é ininterrupta, bem como de forma mansa e pacífica, sem qualquer oposição.

Ocorre que, no último ano, o bairro passou por um acelerado processo de valorização devido à construção de suntuosos projetos imobiliários. Em razão disso, o autor tem sido constantemente sondado a se retirar do local, recebendo inúmeras ofertas de valores insignificantes, já que as construtoras alegam que o terreno sequer pertence a ele, pois está registrado em nome do terceiro Cândido Gonçalves.

No entanto, o autor Norberto não tem qualquer interesse em aceitar referidas ofertas, ao contrário, com 72 anos de idade, viúvo e acostumado com a vida na localidade, pretende permanecer no imóvel, juntamente com seus filhos.

Portanto, a necessidade de propositura da presente ação, para o reconhecimento do direito do autor à propriedade do imóvel.

III – DOS FUNDAMENTOS DE DIREITO

Por primeiro, verifica-se o exercício prolongado da posse, sem oposição de terceiros, de maneira ininterrupta e comprovadamente para fins de moradia, por período superior aos cinco anos previstos pela lei, além da inexistência de quaisquer outros bens de propriedade do autor, conforme determinação do art. 183 da Constituição Federal.

Importante mencionar, ainda, que o referido imóvel é inferior a 250 m^2, conforme comprova a planta do imóvel anexada aos autos, fazendo jus o autor ao reconhecimento da aquisição da propriedade do referido bem imóvel pela usucapião, nos termos dos arts. 1.240 e seguintes do Código Civil e art. 9º da Lei n. 10.257/2001.

IV – DOS PEDIDOS

Diante de todo o exposto, requer-se a Vossa Excelência:

a) sejam concedidas a prioridade de tramitação e os benefícios da gratuidade de justiça;

b) sejam citados o réu e, pessoalmente, todos os vizinhos confrontantes do imóvel para, querendo, apresentarem defesa no prazo legal em uma das modalidades permitidas na lei processual, nos termos da Súmula 391 do STF e dos demais interessados, por edital;

c) sejam intimados a Fazenda Pública e o Ministério Público para se manifestarem sobre o pedido e de eventual interesse na causa;

d) seja julgado procedente o pedido no sentido de ser declarado o domínio e a propriedade definitiva em nome do autor do imóvel objeto da presente ação;

e) seja o réu condenado em custas e honorários advocatícios em percentuais arbitrados nos termos do art. 85, § 2º, do Código de Processo Civil;

f) sejam deferidos todos os meios de prova admitidos em direito para comprovação dos fatos que se apresentarem controvertidos após apresentação da contestação pelo réu.

O endereço do advogado do autor, onde deverá receber as intimações, é "Endereço...".

Rol de testemunhas:

1. " "
2. " "
3. " "

Dá-se à causa o valor de R$ (...).

Nestes termos,
Pede deferimento.

"Local..." e "Data..."

OAB n. ..., "Assinatura..."

21.6.2. Embargos de terceiro

(37º Exame) Ana celebrou, em 01/03/2022, com a revendedora de automóveis Velocidade, em Maceió, contrato de compra e venda de seu primeiro veículo, pelo valor de R$ 50.000,00. Na data da alienação, foram efetuados o pagamento integral da quantia devida e a entrega do bem, tudo mediante recibo.

Em virtude de estar assoberbada de afazeres, Ana somente procurou o Detran/AL para realizar a transferência de registro de propriedade do automóvel em 10/12/2022, tendo sido impedida de fazê-lo por constar uma penhora desse bem, promovida em 20/11/2022 nos autos da Execução por título extrajudicial n. 12.345, em trâmite na 5ª Vara Cível de Maceió.

Tal ação havia sido ajuizada em 15/07/2022 pela financeira XYZ em face de Velocidade, na qual a exequente buscava a satisfação de uma dívida de R$10.000,00, contraída em abril de 2022 e não quitada em seu vencimento, fixado para 10/05/2022.

Em consulta aos autos da execução, Ana constatou que foi a executada Velocidade quem indicou à penhora o automóvel por ela adquirido.

Tendo em vista a constrição existente em seu automóvel e o impedimento de transferência desse bem para seu nome, Ana busca uma solução jurídica para seu caso.

Na qualidade de advogado(a) de Ana, elabore a peça processual cabível para a defesa dos interesses de sua cliente, indicando seus requisitos e fundamentos, nos termos da legislação vigente.

Acesse o *QR Code* e tenha acesso ao gabarito oficial desta peça, divulgado pela Banca Examinadora. Acesse também outros modelos de peças para treino!

> http://uqr.to/1y5qt

21.6.2.1. Modelo da peça

EXCELENTÍSSIMO SENHOR DOUTOR JUIZ DE DIREITO DA 5ª VARA CÍVEL DA COMARCA DE MACEIÓ/AL

Distribuição por dependência ao Processo "n. 12.345"

ANA, "nacionalidade...", "estado civil...", "profissão..." (se pessoa jurídica indicar se de direito privado, público interno ou público externo), portador do "RG n. ...", inscrito no "CPF/CNPJ sob o n. ...", "endereço eletrônico...", "domiciliado na rua..." (se for pessoa jurídica "com sede na rua..."), "número...", "bairro...", "Município...", "Estado de...", "CEP...", vem, respeitosamente, por intermédio de seu advogado infra-assinado, perante Vossa Excelência, opor os presentes EMBARGOS DE TERCEIROS, com fulcro no art. 674 e seguintes do CPC, em face de VELOCIDADE, pessoa jurídica de direito privado, "CNPJ n...", "endereço eletrônico...", com sede "em....", e XYZ, pessoa jurídica de direito privado, "CNPJ n....", "endereço eletrônico...", com sede em...", pelos fundamentos de fato e de direito a seguir expostos:

I – DOS FATOS

A embargante celebrou um contrato de compra e venda de um veículo pelo valor de R$ 50.000,00 em 01/03/2022 com o embargado Velocidade, no qual nesta data foram realizados o pagamento integral da quantia devida e a entrega do bem, tudo mediante recibo.

A embargante somente procurou o Detran de Alagoas para realizar a transferência do registro de propriedade do veículo em 10/12/2022, embora impedida de realizar tal ato por constar uma penhora do respectivo veículo, promovida em 20/11/2022 nos autos da Execução por Título Extrajudicial n. 12.345, em trâmite na 5ª Vara Cível da Comarca de Maceió/AL.

A respectiva ação fora ajuizada em 15/07/2022 pelo embargado XYZ em face do embargado Velocidade, no qual se buscava a satisfação de uma dívida de R$ 10.000,00, contraída em abril de 2022. A embargante constatou nos autos que o embargado Velocidade fora quem indicou a penhora o automóvel adquirido pela mesma.

Em razão da constrição existente em seu automóvel e o impedimento da transferência, a embargante opôs o presente.

II – DOS FUNDAMENTOS DE DIREITO

A) DA TEMPESTIVIDADE

Os presentes embargos de terceiro são tempestivos, visto que fora oposto no prazo de 5 dias da adjudicação do veículo, nos termos do art. 675 do CPC.

B) CABIMENTO

Em razão da embargante sofrer uma constrição judicial indevida, em processo judicial ao qual não é sujeito processual, a mesma opôs os presentes embargos de terceiro, à luz do art. 674 do CPC.

C) DO DIREITO

A embargante é a proprietária do automóvel, pois a transferência de propriedade ocorreu com a tradição, nos termos do art. 1.267 do CC e Súmula 132 do STJ, o qual é o procedimento correto e não com o registro no Detran. Portanto, não há ineficácia do negócio jurídico mediante fraude à execução, uma vez que a aquisição do veículo foi anterior à dívida e da ação de execução, conforme inciso III do art. 792 do CPC e Súmula 375 do STJ.

D) DA MEDIDA LIMINAR

Nos termos do art. 678 do CPC, requer-se a suspensão do ato constritivo para que a embargante mantenha-se na posse do automóvel, com a juntada do respectivo contrato de compra e venda e recibo de pagamento, correspondendo a prova sumária do domínio do respectivo bem móvel e da qualidade de terceiro, nos termos do art. 677 do CPC.

III – DOS PEDIDOS

Diante de todo o exposto, requer-se a Vossa Excelência:

a) A concessão de medida liminar para que se determine a suspensão do ato constritivo, nos termos do art. 678 do CPC;

b) A citação dos embargados para apresentação de contestação no prazo de 15 dias, sob pena de revelia, nos termos do art. 679 do CPC;

c) A procedência total dos pedidos, no sentido de que se determine a desconstituição da penhora perante o bem móvel, com o reconhecimento do bem para a embargante, à luz do art. 681 do CPC;

d) A condenação dos embargados aos honorários de sucumbência, nos termos do art. 85 do CPC;

e) A juntada de custas, conforme art. 82 do CPC;

f) A embargante protesta provar o alegado mediante todos os meios de prova em direito admitidos, especialmente mediante depoimento pessoal, testemunhal, inspeção judicial e documental.

O endereço do advogado do autor, onde deverá receber as intimações, é "Endereço...".

Dá-se à causa o valor de R$ 50.000,00.

Nestes termos,
Pede deferimento.
"Local..." e "Data..."
OAB n. ..., "Assinatura..."

21.6.3. Alimentos gravídicos

(IX Exame) Moema, brasileira, solteira, natural e residente em Fortaleza, no Ceará, maior e capaz, conheceu Tomás, brasileiro, solteiro, natural do Rio de Janeiro, também maior e capaz.

Tomás era um próspero empresário que visitava o Ceará semanalmente para tratar de negócios, durante o ano de 2010.

Desde então passaram a namorar e Moema passou a frequentar todos os lugares com Tomás que sempre a apresentou como sua namorada. Após algum tempo, Moema engravidou de Tomás. Este, ao receber a notícia, se recusou a reconhecer o filho, dizendo que o relacionamento estava acabado, que não queria ser pai naquele momento, razão pela qual não reconheceria a paternidade da criança e tampouco iria contribuir economicamente para o bom curso da gestação e subsistência da criança, que deveria ser criada por Moema sozinha.

Moema ficou desesperada com a reação de Tomás, pois quando da descoberta da gravidez estava desempregada e sem condições de custear seu plano de saúde e todas as despesas da gestação que, conforme atestado por seu médico, era de risco.

Como sua condição financeira também não permitia custear as despesas necessárias para a sobrevivência da futura criança, Moema decidiu procurar orientação jurídica. É certo que as fotografias, declarações de amigos e alguns documentos fornecidos por Moema conferiam indícios suficientes da paternidade de Tomás.

Diante desses fatos, e cabendo a você pleitear em juízo a tutela dos interesses de Moema, elabore a peça judicial adequada, a fim de garantir que Moema tenha condições financeiras de levar a termo sua gravidez e de assegurar que a futura criança, ao nascer, tenha condições de sobrevida.

Acesse o *QR Code* e tenha acesso ao gabarito oficial desta peça, divulgado pela Banca Examinadora.

> http://uqr.to/1y5qu

21.6.3.1. Modelo da peça

EXCELENTÍSSIMO SENHOR DOUTOR JUIZ DE DIREITO DA... VARA DE FAMÍLIA DO FORO DA COMARCA DE FORTALEZA/CE.

MOEMA, "nacionalidade...", "estado civil...", "profissão...", portador do "RG n. ...", inscrito no "CPF sob o n. ...", "endereço eletrônico...", "domiciliado na rua...", "número...", "bairro...", "Município...", "Estado de...", "CEP...", vem, respeitosamente, por intermédio de seu advogado infra-assinado, perante Vossa Excelência, ajuizar a presente AÇÃO DE ALIMENTOS GRAVÍDICOS, com fundamento na Lei n. 11.804/2008, em face de TOMÁS, "nacionalidade...", "estado civil...", "profissão...", portador do "RG n. ...", inscrito no "CPF sob o n. ...", "endereço eletrônico...", "domiciliado na rua...", "número...", "bairro...", "Município...", "Estado de...", "CEP...", pelos fundamentos de fato e de direito a seguir expostos:

I – DOS FATOS

A autora Moema, durante o ano de 2010, conheceu o réu Tomás, natural do Rio de Janeiro, empresário que visitava o Ceará semanalmente para tratar de negócios.

Desde então passaram a namorar e Moema passou a frequentar todos os lugares com Tomás, que sempre a apresentava como sua namorada. No entanto, após algum tempo, Moema engravidou de Tomás. Este, ao receber a notícia, recusou-se a reconhecer o filho, dizendo que o relacionamento estava acabado, que não queria ser pai naquele momento, razão pela qual não reconheceria a paternidade da criança e tampouco iria contribuir economicamente para o bom curso da gestação e subsistência da criança, que deveria ser criada por Moema sozinha.

Moema ficou desesperada com a reação de Tomás, pois se encontra desempregada e sem condições de custear seu plano de saúde e todas as despesas da gestação que, conforme atestado por seu médico, era de risco.

Evidente o estado de necessidade em que a autora se encontra, sendo de extrema urgência a condenação do réu no pagamento de alimentos gravídicos à autora, para a obtenção de valores suficientes para cobrir as despesas adicionais do período de gravidez, nem como daquelas que sejam dela decorrentes, da concepção ao parto, inclusive as referentes à alimentação especial, à assistência médica e psicológica, aos exames complementares, internações, parto, medicamentos e demais prescrições preventivas e terapêuticas indispensáveis, a juízo do médico, além de outras que o juiz considere pertinentes.

A prova documental acostada aos autos, quais sejam as fotografias, e as declarações de amigos, bem como alguns outros documentos fornecidos por Moema, conferem indícios suficientes da prova da paternidade do réu Tomás.

II – DOS FUNDAMENTOS DE DIREITO

Ressalta-se, de início, que a fixação dos alimentos deve ser feita observando-se o binômio necessidade/possibilidade, ou seja, necessidade da requerente e a possibilidade do querido, conforme expressa consignação do art. 6º, "caput", da Lei n. 11.804/2008, que recomenda ao Juiz sopesar as necessidades da parte autora e as possibilidades da parte ré.

No entanto, a legitimidade da mãe em requerer a fixação de alimentos gravídicos e ajuizar a ação em nome próprio provieram da determinação contida no art. 1º, da Lei n. 11.804/2008.

Da mesma forma, salienta a necessidade de conversão dos alimentos gravídicos em posterior pensão alimentícia em favor do menor, após o seu nascimento, nos termos do art. 6º, parágrafo único, da Lei n. 11.804/2008.
Deve-se, ainda, deferir a antecipação da tutela para custear as despesas emergenciais decorrentes da gestação, pois conforme dispõe o art. 11 da referida lei em comento, aplica-se supletivamente aos processos regulados por essa lei as disposições do Código de Processo Civil, razão pela qual pode ser amparado o pedido de antecipação de tutela, nas disposições do art. 300 do CPC.
Com efeito, o pedido alimentar pressupõe, por sua natureza, urgência na sua obtenção para que não haja prejuízo à subsistência do requerente.

III – DOS PEDIDOS
Diante de todo o exposto, requer-se a Vossa Excelência;

a) sejam concedidos os benefícios da gratuidade de justiça, em razão da comprovação do estado de necessidade da autora;
b) seja o réu citado para, querendo, apresentar resposta, no prazo legal de cinco dias, em uma das modalidades permitidas na lei processual;
c) seja concedida initio litis a tutela antecipada para a condenação imediata do réu ao pagamento mensal de alimentos gravídicos, no "valor de R$...";
d) seja, ao final, confirmada a tutela antecipada, sendo julgado procedente o pedido da presente ação, com a conversão dos alimentos gravídicos em pensão alimentícia para o menor, após o nascimento;
e) nos termos do art. 334, "caput" ou § 5º, do Código de Processo Civil, o autor deve se manifestar sobre o interesse (ou desinteresse, se for o caso) em autocomposição para a realização da audiência de conciliação ou de mediação;
f) seja o réu condenado em custas e honorários advocatícios em percentuais arbitrados nos termos do art. 85, § 2º, do Código de Processo Civil;
g) sejam deferidos todos os meios de prova admitidos em direito para comprovação dos fatos que se apresentarem controvertidos após apresentação da contestação pelo réu;
h) seja intimado o Ministério Público para intervir na causa como fiscal da ordem pública.
O endereço do advogado do autor, onde deverá receber as intimações, é "Endereço...".
Dá-se à causa o valor de R$ (colocar valor da causa).

Nestes termos,
Pede deferimento.
"Local..." e "Data..."
OAB n. ..., "Assinatura..."

21.6.4. Ação de alimentos com pedido de alimentos provisórios

(XXV Exame – Reaplicação Porto Alegre) Luísa dos Santos Bastos, nascida em 1º-1-2010, domiciliada na cidade Alfa, é filha de Maria dos Santos e de Paulo Bastos. A avó paterna, Alice Bastos, goza de confortável situação patrimonial e mora na cidade Delta. Todos os demais avós faleceram antes de Luísa nascer. Maria dos Santos e Paulo Bastos se divorciaram em 4-7-2013, e ficou ajustado que o pai pagaria pensão alimentícia a Luísa no valor de R$ 2.000,00 (dois mil reais), o que fez até o dia da sua morte, em 25-8-2015. Paulo Bastos não deixou bens a partilhar, de modo que

Luísa nada recebeu de herança. Sem condições de arcar sozinha com a manutenção e educação da filha, já que recebe apenas um salário mínimo nacional de remuneração por mês – valor absolutamente insuficiente para arcar com as necessidades da menor –, Maria dos Santos procura você, como advogado (a), e pergunta o que pode ser feito em relação ao sustento da criança.

Na qualidade de advogado (a) de Maria dos Santos, elabore a peça processual cabível para a tutela dos interesses da filha desta, que pretende haver R$ 1.500,00 (mil e quinhentos reais) a título de alimentos.

> **Acesse o QR Code e tenha acesso ao gabarito oficial desta peça, divulgado pela Banca Examinadora.**
>
> \> http://uqr.to/1y5qv

21.6.4.1. Modelo da peça

EXCELENTÍSSIMO SENHOR DOUTOR JUIZ DE DIREITO DA... VARA CÍVEL DA COMARCA DE ALFA... ESTADO DE...

LUÍSA DOS SANTOS BASTOS, "nacionalidade...", "estado civil...", "profissão...", portadora do "RG n. ...", inscrito no "CPF sob o n. ...", "endereço eletrônico...", menor impúbere, devidamente representada neste ato por sua genitora MARIA DOS SANTOS, "nacionalidade...", "estado civil...", "profissão...", portadora do "RG n. ...", inscrito no "CPF sob o n. ...", "endereço eletrônico...", "domiciliado na rua...", "número...", "bairro...", "Município...", "Estado de...","CEP...", vem, respeitosamente, por intermédio de seu advogado infra-assinado, perante Vossa Excelência, ajuizar a presente AÇÃO DE ALIMENTOS, com pedido de fixação initio litis de ALIMENTOS PROVISÓRIOS, processada sob o rito especial do art. 1º da Lei de Alimentos, em face de ALICE BASTOS, "nacionalidade...", "estado civil...", "profissão...", portadora do "RG n. ...", inscrito no "CPF sob o n. ...", "endereço eletrônico...", "domiciliado na rua...", "número...", "bairro...", "Município...", "Estado de...","CEP...", pelos fundamentos de fato e de direito a seguir expostos:

I – DOS FATOS

A representante foi casada com Paulo Bastos até 4-7-2013, ocasião em que se divorciaram. Do enlace, adveio uma filha, nascida em 1º-1-2010, domiciliada na cidade de Alfa.

Por ocasião do divórcio, ajustou-se que o pai pagaria pensão alimentícia a Luísa no valor de R$ 2.000,00 (dois mil reais), o que fez até o dia de sua morte, em 25-8-2015.

Paulo Bastos não deixou bens a partilhar, de modo que a autora nada recebeu de herança. A representante, por sua vez, restou impossibilitada de suportar sozinha com a manutenção e educação da filha, visto que recebe somente um salário mínimo nacional de remuneração por mês – valor absolutamente insuficiente para arcar com as necessidades da menor.

Ademais, os avós da autora faleceram antes de seu nascimento, com exceção da avó paterna, esta reside na cidade Delta e goza de confortável situação patrimonial.

Desse modo, diante da evidente situação de incapacidade da genitora de prover isoladamente as necessidades da autora, faz-se necessário que sua avó paterna responda, na medida de suas possibilidades, pelos alimentos necessários à autora, tendo em vista o caráter subsidiário da obrigação alimentar, em virtude do falecimento do pai da autora.

II – DOS FUNDAMENTOS DE DIREITO

Inicialmente, importante mencionar que a obrigação de prestar alimentos advém da própria relação de parentesco, decorrente dos princípios constitucionais da solidariedade e da dignidade da pessoa humana. O primeiro, disciplinado no art. 3º, inciso I, da CF/88, impõe dever de assistência amorosa, espiritual e moral àqueles unidos por vínculos afetivos.

A dignidade da pessoa humana é um dos fundamentos da República Federativa do Brasil, prevista no art. 1º, III, da CF/88, e consagra um valor que visa proteger a pessoa, conferindo-lhe respeito e direitos inerentes à sua qualidade de ser humano.

Diante de tais corolários constitucionais, comprovados os requisitos específicos disciplinados pela Lei Especial, quais sejam a relação de parentesco existente entre autor e réu, bem como a presença do binômio necessidade/possibilidade, conforme dispõe o art. 1.694, § 1º, do CC/2002, diante da necessidade do alimentando, menor impúbere, e a possibilidade da ré em prestar alimentos.

A esse respeito, o art. 1.698 do CC/2002 prevê expressamente a obrigação alimentar avoenga, uma vez que a representante da autora não possui condições de por si só suportar com as despesas da menor, e diante do falecimento do genitor, resta à ré a obrigação de prestar alimentos à autora, obedecendo assim ao art. 227, "caput", da Constituição Federal, bem como os dispositivos do Código Civil.

Deve-se, ainda, deferir a antecipação da tutela para a fixação de alimentos provisórios em R$ 1.500,00, necessários para custear as despesas e o sustento da autora, na forma do art. 4º da Lei n. 5.478, razão pela qual pode ser amparado o pedido de antecipação de tutela, nas disposições do art. 300 do CPC. Com efeito, o pedido alimentar pressupõe, por sua natureza, urgência na sua obtenção para que não haja prejuízo à subsistência da requerente.

III – DOS PEDIDOS

Diante de todo o exposto, requer-se a Vossa Excelência:

a) sejam concedidos os benefícios da gratuidade de justiça, em razão da comprovação do estado de necessidade da autora, menor impúbere que depende de pensionamento e não possui condições financeiras para suportar as custas processuais e honorários advocatícios da presente ação, com base nos arts. 98 e 99 do CPC e no art. 1º, §§ 2º e 3º, da Lei n. 5.478;

b) seja o réu citado para, querendo, apresentar resposta, no prazo legal, em uma das modalidades permitidas na lei processual e comparecer à audiência de conciliação, instrução e julgamento, sob pena de revelia;

c) nos termos do art. 334, caput ou § 5º, do Código de Processo Civil, o autor deve se manifestar sobre o interesse (ou desinteresse, se for o caso) em autocomposição para a realização da audiência de conciliação ou de mediação do art. 334 do CPC;

d) seja concedida initio litis a tutela antecipada para a condenação imediata da ré ao pagamento mensal de alimentos provisórios, no "valor de R$ 1.500,00";

e) seja, ao final, confirmada a tutela antecipada, sendo julgado procedente o pedido da presente ação, com a conversão dos alimentos provisórios em pensão alimentícia definitiva;

f) seja o réu condenado em custas e honorários advocatícios em percentuais arbitrados nos termos do art. 85, § 2º, do Código de Processo Civil;

g) sejam deferidos todos os meios de prova admitidos em direito para comprovação dos fatos que se apresentarem controvertidos após apresentação da contestação pela ré, em especial de prova oral com oitiva de testemunhas, depoimento pessoal da ré e prova documental suplementar.

O endereço do advogado do autor, onde deverá receber as intimações, é "Endereço...".

Dá-se à causa o valor de R$ 18.000,00, nos termos do art. 292, III, do CPC.

Nestes termos,
Pede deferimento.
"Local..." e "Data..."
OAB n. ..., "Assinatura..."

21.6.5. Ação de consignação em pagamento

(XXX Exame) Priscila comprou um carro de Wagner por R$ 28.000,00 (vinte e oito mil reais). Para tanto Priscila pagou um sinal no valor de R$ 10.000,00 (dez mil reais), tendo sido o restante dividido em nove parcelas sucessivas de R$ 2.000,00 (dois mil reais), a cada 30 dias. As parcelas foram pagas regularmente até a sétima, quando Priscila, por ter sido dispensada de seu emprego, não conseguiu arcar com o valor das duas prestações restantes.

Priscila entrou em contato com Wagner, diretamente, explicando a situação e informando que iria tentar conseguir o valor restante para quitar o débito, tendo Wagner mencionado que a mesma não se preocupasse e que aguardaria o pagamento das parcelas, até o vencimento da última. Tal instrução foi transmitida pelo vendedor à compradora por mensagem de texto.

Apesar disso, cinco dias antes do vencimento da nona parcela, quando Priscila conseguiu um empréstimo com um amigo para quitar as parcelas, ela não conseguiu encontrar Wagner nos endereços onde comumente dava-se a quitação das prestações, a residência ou o local de trabalho de Wagner, ambos na cidade de São Paulo.

Priscila soube, no mesmo dia em que não encontrou Wagner, que estava impossibilitada de trabalhar em uma sociedade empresária, pois o credor incluíra seu nome no Serviço de Proteção ao Crédito (SPC), em virtude da ausência de pagamento das últimas parcelas.

Esperando ver-se livre da restrição, quitando seu débito, Priscila efetuou o depósito de R$ 4.000,00 (quatro mil reais) no dia do vencimento da última parcela, em uma agência bancária de estabelecimento oficial na cidade de São Paulo. Cientificado do depósito, Wagner, no quinto dia após a ciência, recusou-o, imotivadamente, mediante carta endereçada ao estabelecimento bancário.

Como advogado(a) de Priscila, redija a medida processual mais adequada para que a compradora obtenha a quitação do seu débito e tenha, de imediato, retirado seu nome do cadastro do SPC.

Acesse o *QR Code* e tenha acesso ao gabarito oficial desta peça, divulgado pela Banca Examinadora.

> http://uqr.to/1y5qw

21.6.5.1. Modelo da peça

EXCELENTÍSSIMO SENHOR DOUTOR JUIZ DE DIREITO DA... VARA CÍVEL DA COMARCA DE SÃO PAULO/SP

PRISCILA, "nacionalidade...", "estado civil...", "profissão...", portador do "RG n. ...", inscrito no "CPF sob o n. ...", "endereço eletrônico...", "domiciliado na rua...", "número...", "bairro...", "Município...", "Estado de...", "CEP...", vem, respeitosamente, por intermédio de seu advogado infra-assinado, perante Vossa Excelência, ajuizar a presente AÇÃO DE CONSIGNAÇÃO EM PAGAMENTO, com fundamento nos arts. 539 a 549 do CPC e 334 a 345 do Código Civil, em face de WAGNER, "nacionalidade...", "estado civil...", "profissão...", portador do "RG n. ...", inscrito no "CPF sob o n. ...", "endereço eletrônico...", "domiciliado na rua...", "número...", "bairro...", "Município...", "Estado de...", "CEP...", pelos fundamentos de fato e de direito a seguir expostos:

I – DA TEMPESTIVIDADE
Ressalta-se, inicialmente, a tempestividade da presente ação, proposta dentro do prazo de um mês da recusa de recebimento do valor depositado, conforme art. 539, § 3º, do CPC.

II – DOS FATOS
Priscila comprou um carro de Wagner por R$ 28.000,00 (vinte e oito mil reais). Para tanto, Priscila pagou um sinal no valor de R$ 10.000,00 (dez mil reais), tendo sido o restante dividido em nove parcelas sucessivas de R$ 2.000,00 (dois mil reais), a cada 30 dias. As parcelas foram pagas regularmente até a sétima, quando Priscila, por ter sido dispensada de seu emprego, não conseguiu arcar com o valor das duas prestações restantes.
Priscila entrou em contato com Wagner, diretamente, explicando a situação e informando que iria tentar conseguir o valor restante para quitar o débito, tendo Wagner mencionado que não se preocupasse e que aguardaria o pagamento das parcelas, até o vencimento da última. Tal instrução foi transmitida pelo vendedor à compradora por mensagem de texto.
Apesar disso, cinco dias antes do vencimento da nona parcela, quando Priscila conseguiu um empréstimo com um amigo para quitar as parcelas, não conseguiu encontrar Wagner nos endereços onde comumente dava-se a quitação das prestações, a residência ou o local de trabalho de Wagner, ambos na cidade de São Paulo.
Priscila soube, no mesmo dia em que não encontrou Wagner, que estava impossibilitada de trabalhar em uma sociedade empresária, pois o credor incluíra seu nome no Serviço de Proteção ao Crédito (SPC), em virtude da ausência de pagamento das últimas parcelas.
Esperando ver-se livre da restrição, quitando seu débito, Priscila efetuou o depósito de R$ 4.000,00 (quatro mil reais) no dia do vencimento da última parcela, em uma agência bancária de estabelecimento oficial.
Cientificado do depósito, Wagner, no quinto dia após a ciência, recusou-o, imotivadamente, mediante carta endereçada ao estabelecimento bancário.

III – DOS FUNDAMENTOS DE DIREITO
Comprovada a efetiva existência da relação jurídica entre as partes, conforme a documentação acostada junto a esta inicial, a autora, querendo solver o seu débito, pretende a consignação em pagamento dos valores especificados, conforme os arts. 334 e 335, III, do Código Civil, aduzindo a necessidade de considerar a efetividade da quitação do débito, extinguindo, assim, a obrigação, com o depósito judicial ou em banco de indicação do juízo.
Sem embargo da possibilidade de propositura da presente demanda, sempre que o credor residir ou estiver em lugar incerto, impossibilitando a sua localização, conforme preconizam os arts. 539 e seguintes do CPC.

IV – DA TUTELA PROVISÓRIA
Conforme salientado, evidente a necessidade de antecipação dos efeitos da tutela, para a imediata exclusão do nome da autora dos cadastros de inadimplentes, conforme determinação dos arts. 300 e 537 do CPC, inclusive com a fixação de multa diária.

V – DOS PEDIDOS
Diante de todo o exposto, requer-se a Vossa Excelência:

a) seja o réu citado para, querendo, levantar a quantia depositada ou, se for o caso, apresentar resposta no prazo legal em uma das modalidades permitidas na lei processual;
b) seja concedida a tutela antecipada, sem a oitiva da parte contrária, para a exclusão do nome da autora dos cadastros de inadimplentes, sob pena de multa diária, a ser prudentemente fixada por este MM. Juízo, nos termos dos arts. 300 e 537 do CPC;
c) seja deferido o pagamento em consignação judicial, ou no estabelecimento bancário X, agência 507, n. 007 do cheque, correspondendo à quantia certa de R$ 1.000 (mil reais);
d) seja, ao final, julgado procedente o pedido, no sentido de confirmar a pretensão com a declaração de extinção definitiva da obrigação, pelo pagamento, com a confirmação dos efeitos da tutela antecipada;
e) seja o réu condenado em custas e honorários advocatícios em percentuais arbitrados nos termos do art. 85, § 2º, do Código de Processo Civil;
f) sejam deferidos todos os meios de prova admitidos em direito para comprovação dos fatos que se apresentarem controvertidos após apresentação da contestação pelo réu, juntando nesta ocasião o contrato de compra e venda, documento do veículo, comprovante do depósito e manifestação por escrito da recusa de recebimento do valor depositado assinada por Wagner;
g) juntada das guias judiciais devidamente quitadas.
O endereço do advogado da autora, onde deverá receber as intimações, é "Endereço...".
Dá-se à causa o valor de R$ 4.000,00.

Nestes termos,
Pede deferimento.
"Local..." e "Data..."
OAB n. ..., "Assinatura..."

21.6.6. Ação de interdição com pedido de antecipação de tutela

(XII Exame) Maria de Fátima, viúva, com idade de 92 (noventa e dois anos), reside no bairro "X", da cidade "Z", com sua filha Clarice, a qual lhe presta toda a assistência material necessária. Maria de Fátima, em virtude da idade avançada, possui diversas limitações mentais, necessitando do auxílio de sua filha para lhe dar banho, alimentá-la e ministrar-lhe os vários remédios que controlam sua depressão, mal de Alzheimer e outras patologias psíquicas, conforme relatórios médicos emitidos por Hospital Público Municipal. Ao ponto de não ter mais condições de exercer pessoalmente os atos da vida civil, a pensão que recebe do INSS é fundamental para cobrir as despesas com medicamentos, ficando as demais despesas suportadas por sua filha Clarice.

Recentemente, chegou à sua residência, correspondência do INSS comunicando que Maria de Fátima deveria comparecer ao posto da autarquia mais próximo para recadastramento e retirada de novo car-

PRÁTICA CIVIL

tão de benefício previdenciário, sob pena de ser suspenso o pagamento. Diante disso, Clarice, desejando regularizar a administração dos bens de sua mãe e atender a exigência do INSS, a fim de evitar a supressão da pensão, o procura em seu escritório solicitando providências.

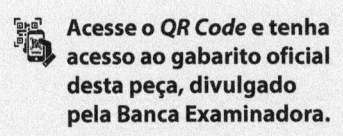

> Acesse o *QR Code* e tenha acesso ao gabarito oficial desta peça, divulgado pela Banca Examinadora.
>
> > http://uqr.to/1y5qx

21.6.6.1. Modelo da peça

EXCELENTÍSSIMO SENHOR DOUTOR JUIZ DE DIREITO DA... "VARA..." DA "COMARCA DE..."

CLARICE, "nacionalidade...", "estado civil...", "profissão...", portador do "RG n. ...", inscrito no "CPF sob o n. ...", "endereço eletrônico...", "domiciliado na rua...", "número...", "bairro...", "Município...", "Estado de...", "CEP...", vem, respeitosamente, por intermédio de seu advogado infra-assinado, perante Vossa Excelência, ajuizar a presente AÇÃO DE INTERDIÇÃO, com fulcro nos arts. 747 a 758 do Código de Processo Civil e arts. 1.767 a 1.783 do Código Civil, em face de MARIA DE FÁTIMA, "nacionalidade...", "estado civil...", "profissão...", portador do "RG n. ...", inscrito no "CPF sob o n. ...", "endereço eletrônico...", "domiciliado na rua...", "número...", "bairro...", "Município...", "Estado de...", "CEP...", pelos fundamentos de fato e de direito a seguir expostos:

I – DOS FATOS

A requerente Clarice é filha da ré Maria de Fátima, que conta com idade avançada e possui diversas limitações mentais, inclusive necessitando de auxílio de sua filha para lhe dar banho, alimentá-la e ministrar-lhe os vários remédios que controlam sua depressão, mal de Alzheimer e outras patologias psíquicas, conforme relatórios médicos emitidos por Hospital Público Municipal.

Ressalta-se que a ré não mais possui condições físicas e mentais para o pleno exercício pessoal dos atos da vida civil, fazendo jus ao recebimento da pensão do INSS, para cobrir as despesas com medicamentos, ficando as demais despesas suportadas por sua filha Clarice.

No entanto, recentemente, chegou à sua residência correspondência do INSS comunicando que a ré Maria de Fátima deveria comparecer ao posto da autarquia mais próximo para o recadastramento e retirada de novo cartão de benefício previdenciário, sob pena de ser suspenso o pagamento.

Diante disso, necessária a interdição de Maria de Fátima, para que a sua filha Clarice possa representar legalmente sua genitora e regularizar a administração dos bens de sua mãe e atender à exigência do INSS, a fim de evitar a supressão da pensão.

II — DOS FUNDAMENTOS DE DIREITO
A legitimidade da autora para a causa proveio da determinação constante do art. 747, II, do CPC, em especial estando comprovada a impossibilidade da ré em administrar os seus bens, bem como à prática dos demais atos da vida civil, conforme demonstram os documentos acostados junto à inicial, ressaltando a existência de laudo médico, em obediência e nos termos dos arts. 749 e 750 do CPC.

III — DA TUTELA PROVISÓRIA
Conforme salientado, evidente a necessidade de antecipação dos efeitos da tutela, para a imediata concessão da curatela provisória, para possibilitar a administração dos bens e direitos da ré, conforme determinação do arts. 300 e 537 do CPC, inclusive com a fixação de multa diária.

IV — DOS PEDIDOS
Diante de todo o exposto, requer-se a Vossa Excelência:

a) seja a ré interditanda citada para que compareça em audiência, em dia a ser designado, perante Vossa Excelência, conforme o art. 751 do CPC;
b) seja concedida a liminar de antecipação dos efeitos da tutela, com a nomeação da autora como curadora provisória da interditanda, a fim de que aquela possa representá-la nos atos da vida civil, sobretudo na adequada gestão dos recursos fundamentais à sua manutenção;
c) seja deferida a intervenção do digno membro do Ministério Público, que atuará na condição de fiscal da ordem jurídica, nos termos do § 1º do art. 752 do CPC;
d) seja julgado procedente o pedido, confirmando-se a antecipação da tutela, para nomear em definitivo a autora como curadora do interditando, que deverá representá-la ou assisti-la em todos os atos de sua vida civil, de acordo com os limites da curatela prudentemente fixados na sentença;
e) sejam deferidos todos os meios de prova admitidos em direito para comprovação dos fatos que se apresentarem controvertidos, em especial da prova pericial, após a apresentação da resposta ou manifestação pelo réu;
f) juntada das guias judiciais devidamente quitadas; ou (se for o caso), a concessão dos benefícios da justiça gratuita, nos termos do art. 5º, LXXIV, da Constituição Federal e da Lei n. 1.060/50, por ser o autor pobre no sentido legal, não podendo arcar com o pagamento das custas sem prejuízo do próprio sustento.
O endereço do advogado do autor, onde deverá receber as intimações, é "Endereço...".
Dá-se à causa o valor de R$ (...).

Nestes termos,
Pede deferimento.
"Local..." e "Data..."
OAB n. ..., "Assinatura..."

21.6.7. Embargos à execução

(XXXI Exame) Carla, domiciliada em Porto Alegre, firmou, em sua cidade, com o Banco Só Descontos S/A, sediado no Rio de Janeiro, um contrato de empréstimo, de adesão, subscrito por duas testemunhas, com cláusula de eleição de foro também no Rio de Janeiro, por meio do qual obteve

R$ 200.000,00 (duzentos mil reais) para pagar seus estudos na faculdade. O vencimento das parcelas do empréstimo ocorreria em 5-1-2018, 5-5-2018 e 5-9-2018.

No primeiro vencimento, tudo correu conforme o programado, e Carla pagou o valor devido ao Banco Só Descontos S/A. Não obstante, na segunda data de vencimento, devido a dificuldades financeiras, Carla não conseguiu realizar o pagamento. O Banco Só Descontos S/A, então, notificou Carla, em junho de 2018, sobre o vencimento antecipado da dívida. Indicou, na referida notificação, que, considerando os encargos remuneratórios e moratórios e outras tarifas, o valor da dívida totalizava R$ 250.000,00, já descontada a parcela paga por Carla. Esta, assustada com o valor e sem condições financeiras, não realizou o pagamento da dívida.

Em novembro de 2018, o Banco Só Descontos S/A ajuizou ação de execução em face de Carla, na Comarca do Rio de Janeiro, indicada no contrato de empréstimo como foro de eleição, distribuída para a 1ª Vara Cível e autuada sob o n. 0000-0000XXXX, pelo valor de R$ 350.000,00 (trezentos e cinquenta mil reais), e indicou à penhora o único imóvel de Carla, no qual reside com seu marido, José. Houve decisão, determinando a citação de Carla e postergando a análise sobre o pedido de penhora e constrição de bens para momento futuro.

Carla foi citada e o mandado cumprido foi juntado aos autos em 1º-8-2019, uma quinta-feira. Carla procurou seu advogado a fim de analisar qual seria a melhor medida processual para, a um só tempo, afastar a penhora de seu único imóvel, em que reside com seu marido, questionar a tramitação da ação na Comarca do Rio de Janeiro, vez que tem domicílio em Porto Alegre, e questionar o valor do crédito, que, em sua visão, é excessivo.

Relatou Carla que, embora reconheça a existência do contrato de empréstimo, não concorda com o valor indicado pelo Banco Só Descontos S/A, que incluiu no cálculo diversas tarifas não previstas no contrato, além de não terem aplicado na atualização monetária os parâmetros contratados, e sim taxas mais elevadas e abusivas, o que estaria claro na planilha de débito.

Após consultar um contador, Carla constatou que a dívida seria equivalente a R$ 180.000,00 (cento e oitenta mil reais), valor muito inferior ao indicado pelo Banco Só Descontos S/A, e que seria comprovado mediante dilação probatória. Ainda quer impedir os atos de bloqueio de seus bens, de modo que pretende contratar seguro garantia para a referida execução.

Na qualidade de advogado de Carla, elabore a peça processual cabível para a defesa dos interesses de sua cliente, indicando seus requisitos e fundamentos, assim como a data-limite para o ajuizamento, nos termos da legislação vigente. Considere que não há feriados ou suspensão de expediente forense.

Acesse o *QR Code* e tenha acesso ao gabarito oficial desta peça, divulgado pela Banca Examinadora.

> http://uqr.to/1y5qy

21.6.7.1. Modelo da peça

EXCELENTÍSSIMO SENHOR DOUTOR JUIZ DE DIREITO DA 1ª VARA CÍVEL DA COMARCA DO RIO DE JANEIRO

Distribuição por dependência
"Processo n. ..."

"CARLA...", "nacionalidade...", "estado civil...", "profissão...", portadora do "RG n. ...", inscrito no "CPF/CNPJ sob o n. ...", "endereço eletrônico...", "domiciliado na rua...", "número...", "bairro...", "Município de Porto Alegre", "Estado de...", "CEP...", vem, respeitosamente, por intermédio de seu advogado infra-assinado, perante Vossa Excelência, opor EMBARGOS À EXECUÇÃO em face de "BANCO SÓ DESCONTOS...", pessoa jurídica de direito privado, inscrito no "CNPJ sob o n. ...", "endereço eletrônico...", "com sede na rua...", "número...", "bairro...", "Município...", "Estado de...", "CEP...", com fundamento nos arts. 914 e seguintes do CPC, com pedido de efeito suspensivo (art. 919, § 1º, do CPC) pelas razões de fato e de direito a seguir afirmadas;

I – TEMPESTIVIDADE
Por certo, o prazo para o oferecimento dos embargos à execução é de 15 (quinze) dias úteis, nos termos do art. 915 e art. 219, ambos do CPC, contados a partir da juntada aos autos do mandado devidamente cumprido, aos 1º-8-2019.
Assim, considerando que na contagem dos prazos se exclui o dia do começo, conforme art. 224 do CPC, verifica-se a tempestividade dos presentes embargos, cujo prazo se encerraria em 22-8-2019.

II – FUNDAMENTOS DOS EMBARGOS À EXECUÇÃO
De início, verifica-se a incompetência do juízo da execução, em razão da incidência inequívoca das regras do Código de Defesa do Consumidor, em razão da abusividade da cláusula de eleição de foro inserta em contrato de adesão, conforme determina o art. 917, V, do CPC c/c o art. 54 do CDC.
Por outro lado, imprescindível, ainda o reconhecimento da impenhorabilidade de seu imóvel, por se tratar de bem de família, tendo em vista ser seu único imóvel e local de sua residência, nos termos do art. 917, II, c/c o art. 833 do CPC e o art. 1º da Lei n. 8.009/90.
Finalmente, é evidente o excesso de execução, como preconiza o art. 917, § 2º, I, do CPC, em razão da cobrança de tarifas não previstas no contrato, em especial da aplicação de atualização monetária fora dos parâmetros contratados e na abusividade das taxas também inseridas na contratação, nos termos do art. 6º, IV e V, e art. 51, IV, ambos do CDC, sendo apontado o montante devido de R$ 180.000,00, como bem determina o art. 917, III, § 3º, do CPC.

III – DOS PEDIDOS
Assim, com base no art. 919, § 1º, do CPC, requer-se:

a) recebimento destes Embargos à Execução e a concessão de efeito suspensivo visto que comprovada a situação de gravidade e a penhora realizada pode significar amargos e irreversíveis prejuízos à embargante, tendo em vista a presença dos requisitos do *periculum in mora*, decorrente da necessidade dos valores para o tratamento médico da mãe da embargante; bem como pelo oferecimento do seguro-garantia, conforme exigido no art. 919, § 1º, do Código de Processo Civil;
b) o reconhecimento da incompetência do juízo da Comarca do Rio de Janeiro/RJ, com a devida remessa dos autos ao juízo competente, qual seja, da Comarca de Porto Alegre/RS;
c) o reconhecimento da impenhorabilidade do imóvel em que reside com sua família, por se tratar de bem de família, com base no art. 1º da Lei n. 8.009/90;
d) o reconhecimento do excesso de execução no que ultrapassar a quantia de R$ 180.000,00;

e) por fim, o total acolhimento dos Embargos à Execução para reconhecer a desconstituição do título executivo, com a anulação do contrato, bem como a extinção do processo executivo, com julgamento de mérito, procedendo-se os Embargos e improcedendo-se a Execução, condenando o embargado nas custas processuais e honorários advocatícios;
f) protesta-se provar o aduzido por todos os meios de provas em direito admitidos e moralmente aceitos, especialmente prova testemunhal;
g) juntada de cópias relevantes ao processo.
Atribui-se aos Embargos à Execução o valor de R$ 170.000,00 (cento e setenta mil reais).

Nestes termos,
Pede deferimento.
"Local..." e "Data..."
OAB n. ..., "Assinatura..."

21.6.8. Ação rescisória

(XXIX Exame) Joana adquiriu, na condição de consumidora final, um automóvel em uma das concessionárias da sociedade empresária Carros S.A., com pagamento parcelado, e a sociedade empresária passou a debitar, mês a mês, o triplo do valor pactuado para cada parcela, o que ficou comprovado pela simples análise dos contratos e dos seus extratos bancários, com o débito dos valores em triplo.

Joana tentou resolver a questão diretamente com a sociedade empresária, mas o funcionário da concessionária apenas afirmou que poderia ter ocorrido um erro no sistema, sem dar qualquer justificativa razoável, e afirmou que não havia o que fazer para corrigir a cobrança.

Joana então procurou você, como advogado(a), para ajuizar ação em face da sociedade empresária Carros S.A. com pedidos de obrigação de não fazer, para que a sociedade parasse de realizar as cobranças em excesso, e condenatório, para devolução em dobro dos valores cobrados em excesso, com atualização monetárias e juros legais, e para indenização por danos morais pelos transtornos causados a Joana.

Distribuída a ação para uma das varas cíveis da Comarca de São Paulo, houve contestação pela Carros S.A. apenas informando que havia agido corretamente, e o pedido foi julgado improcedente. Não houve recurso, e o trânsito em julgado da sentença ocorreu em 19-2-2019.

Algumas semanas depois, você e Joana tomaram conhecimento de que o juiz, que prolatou a sentença, era casado com a advogada que assinou a contestação e única advogada constituída pela Carros S.A. no referido processo. Agora, pretendem novamente discutir a questão em juízo, para que haja reanálise dos mesmos pedidos formulados e julgados improcedentes, porque as cobranças ainda estão sendo realizadas, em excesso.

Na condição de advogado(a) de Joana, elabore a peça processual cabível para a defesa dos interesses de sua cliente, indicando seus requisitos e fundamentos, assim como a data limite para o ajuizamento, nos termos da legislação vigente.

Acesse o *QR Code* e tenha acesso ao gabarito oficial desta peça, divulgado pela Banca Examinadora.

> http://uqr.to/1y5qz

21.6.8.1. Modelo da peça

EXCELENTÍSSIMO SENHOR DOUTOR DESEMBARGADOR PRESI-DENTE DO EGRÉGIO TRIBUNAL DE JUSTIÇA DE SÃO PAULO

JOANA, "nacionalidade...", "estado civil...", "profissão...", portadora do "RG n. ...", inscrito no "CPF/CNPJ sob o n. ...", "endereço eletrônico...", "domiciliado na rua...", "número...", "bairro...", "Município...", "Estado de...", "CEP...", vem, respeitosamente, por intermédio de seu advogado infra-assinado, perante Vossa Excelência, ajuizar a presente AÇÃO RESCISÓRIA, com fulcro no "art. 966 (identificar o inciso) do CPC", em face de NOME DO RÉU, "nacionalidade...", "estado civil...", pessoa jurídica se de direito privado, inscrito no "CPF/CNPJ sob o n. ...", "endereço eletrônico...", "com sede na rua...", "número...", "bairro...", "Município...", "Estado de...", "CEP...", pelos fundamentos de fato e de direito a seguir expostos:

I – DOS FATOS

Joana adquiriu, na condição de consumidora final, um automóvel em uma das concessionárias da sociedade empresária Carros S.A., com pagamento parcelado, e a sociedade empresária passou a debitar, mês a mês, o triplo do valor pactuado para cada parcela, o que ficou comprovado pela simples análise dos contratos e dos seus extratos bancários, com o débito dos valores em triplo.

Joana tentou resolver a questão diretamente com a sociedade empresária, mas o funcionário da concessionária apenas afirmou que poderia ter ocorrido um erro no sistema, sem dar qualquer justificativa razoável, e afirmou que não havia o que fazer para corrigir a cobrança.

Joana ajuizou a ação em face da sociedade empresária Carros S.A. com pedidos de obrigação de não fazer, para que a sociedade parasse de realizar as cobranças em excesso, e condenatório, para devolução em dobro dos valores cobrados em excesso, com atualização monetária e juros legais, e para indenização por danos morais pelos transtornos causados a Joana.

Distribuída a ação para uma das varas cíveis da Comarca de São Paulo, houve contestação pela Carros S.A. apenas informando que havia agido corretamente, e o pedido foi julgado improcedente. Não houve recurso, e o trânsito em julgado da sentença ocorreu em 19-2-2019.

II – TEMPESTIVIDADE

Respeitando respeito ao prazo decadencial de 02 anos do trânsito em julgado, conforme o art. 975 do CPC, para propositura da ação rescisória, vem este patrono, tempestivamente, propor a ação, na data de 19-2-2021.

III – DOS FUNDAMENTOS DE DIREITO

Inicialmente, importante verificar o impedimento do magistrado, nos termos do art. 144, III, do CPC, pelo fato de o juiz, que prolatou a sentença, ser casado com a advogada que assinou a contestação e única advogada constituída pela Carros S.A. no referido processo, conforme documentos juntados aos autos, sendo, por consequência, hipótese de ajuizamento de Rescisória, nos termos do art. 966, II, do CPC, requerendo, pois, a rescisão do julgado.

Certamente, é caso de novo julgamento, pois Joana é consumidora final do veículo, nos termos do art. 2º do CDC, sendo certo que os valores cobrados em excesso devem ser devolvidos em dobro, na forma do art. 42, parágrafo único, do CDC.

Por fim, deve ser condenada a empresa a indenizar Joana por danos morais, nos termos do art. 6º, VI, do CDC, e art. 186 e art. 927, ambos do CC, pelos transtornos causados.

IV – DOS PEDIDOS
Diante de todo o exposto, requer-se a Vossa Excelência:

a) a citação do réu para, querendo, contestar a presente ação no prazo que Vossa excelência designar nos termos do art. 970 do Código de Processo Civil;
b) nos termos do art. 968, II, do Código de Processo Civil, a juntada da inclusa guia do depósito de R$ (...), correspondente a 5% (cinco por cento) do valor da causa, devidamente atualizado até a presente data (documento anexo);
c) que a presente ação seja julgada totalmente procedente, rescindindo-se o acórdão com a prolação de novo julgamento nos termos do art. 968, I, do Código de Processo Civil, de obrigação de não fazer, para que a sociedade parasse de realizar as cobranças em excesso, e condenatório, para devolução em dobro dos valores cobrados em excesso e para indenização por danos morais;
d) com a procedência, a restituição do depósito ao autor (CPC, art. 974);
e) a condenação do réu nas custas e honorários que forem arbitrados.
Por fim, requer-se a produção de todos os meios de prova em direito admitidos, sem exceção.
O endereço do advogado do autor, onde deverá receber as intimações, é "Endereço...".
Dá-se à causa o valor de R$...

Nestes termos,
Pede deferimento.
"Local..." e "Data..."
OAB n. ..., "Assinatura..."

22. QUESTÕES DISCURSIVAS

I. Pessoa natural, pessoa jurídica e direitos da personalidade

(XXVII Exame) Luiza ajuizou ação porque, embora há muitos anos se apresente socialmente com esse nome e com aparência feminina, foi registrada no nascimento sob o nome de Luis Roberto, do gênero masculino. Aduz na inicial que, embora nascida com características biológicas e cromossômicas masculinas, desde adolescente compreendeu-se transexual e, ao constatar a incompatibilidade com sua morfologia corporal, passou a adotar a identidade feminina, vestindo-se e apresentando-se socialmente como mulher. Nunca se submeteu à cirurgia de transgenitalização, por receio dos riscos da cirurgia e por entender que isso não a impede de ser mulher.

Diante disso, formula pedidos para que seja alterado não somente o seu registro de nome, mas também o registro de gênero, cujo conteúdo lhe causa profundo constrangimento. Demanda que passe a constar o prenome Luiza no lugar de Luis Roberto e o gênero feminino no lugar de masculino. A sentença, contudo, julgou improcedente o pedido, limitando-se a afirmar que o pleito, sem a prévia cirurgia de transgenitalização, fere os bons costumes. Sobre o caso, responda aos itens a seguir.

A) A sentença pode ser considerada adequadamente fundamentada? Justifique.

B) No mérito, os dois pedidos de Luiza devem ser acolhidos? Justifique.

GABARITO:

A) Ao indicar, como fundamentação para a improcedência, a referência ao conceito jurídico indeterminado de "bons costumes", sem explicar as razões concretas para sua incidência no caso concreto, a sentença violou o disposto no art. 489, § 1º, II, do CPC ou a sentença violou o disposto no art. 489, § 1º, VI, do CPC, pois o juiz não apontou distinção com o julgamento proferido pelo STF na ADI 4.275 e no RE 670.422, objeto de repercussão geral. Considera-se, por conta disso, que a sentença não foi fundamentada e, consequentemente, é inválida.

B) No mérito, tanto o pedido de retificação do registro de nome como o pedido de retificação do pedido de gênero devem ser acolhidos, pois, conforme o entendimento manifestado pelo STF no julgamento da ADI 4.275 e do RE 670.422, objeto de repercussão geral, em casos de transexualidade a alteração registral pode ocorrer independentemente de cirurgia de transgenitalização.

(XXXII Exame) Jane ajuizou ação em face de *Cisforme Ltda.* pleiteando indenização por danos morais e materiais. Na petição inicial, Jane informa que seu marido, Winston, falecido há dois anos, e cujo inventário já foi concluído e encerrado, foi modelo fotográfico e que o réu vem se utilizando da imagem dele, sem qualquer autorização, para fazer publicidade de seus produtos.

Em contestação, *Cisforme Ltda.* suscita preliminar de ilegitimidade da parte autora, pois alega que a ação deveria ter sido ajuizada pelo espólio do falecido, e não por sua esposa em nome próprio. No mérito, *Cisforme Ltda.* alega a ausência de prova de prejuízo material ou moral decorrente da exposição da imagem do falecido.

Sobre o caso, responda aos itens a seguir.

A) A alegação preliminar de ilegitimidade deve ser acolhida? Justifique.

B) A alegação de mérito referente à ausência de prova de prejuízo deve ser acolhida? Justifique.

GABARITO:

A) Não. Trata-se da violação de direito da personalidade (imagem) de pessoa falecida. Com relação à alegação preliminar, o Código Civil atribui legitimação ao cônjuge sobrevivente (art. 12, parágrafo único, e art. 20, parágrafo único).

B) Não. Com relação à alegação de mérito, a indenização por dano moral decorrente da violação do direito à imagem prescinde de prova de prejuízo (Súmula 403 do STJ).

(XXXIV Exame) Henrique namorou Clara por muitos anos, até que foi surpreendido com o término do relacionamento por Clara. Em ato de revolta, Henrique publica, em sua rede social, imagens e vídeos de cenas de nudez e atos sexuais com Clara, que haviam sido gravados na constância do relacionamento amoroso e com o consentimento de sua então namorada. Henrique tinha a intenção de chantagear Clara, para que ela não prosseguisse com o pedido de término do relacionamento.

A ex-namorada não consentiu a publicação e, visando à remoção imediata do conteúdo, notificou extrajudicialmente a rede social. A notificação foi bem recebida pelos administradores da rede social e continha todos os elementos que permitiam a identificação específica do material apontado como violador da intimidade.

Sobre a hipótese, responda aos itens a seguir.

A) A rede social é obrigada a retirar de circulação o material apontado como ofensivo?

B) Caso o material postado não tenha sido retirado de circulação voluntariamente, e considerando a urgência da demanda, qual mecanismo judicial pode ser requerido ao juízo competente para proteger, de maneira mais rápida e eficaz, os direitos de Clara e quais seriam seus requisitos legais?

GABARITO:

A) O Marco Civil da Internet (Lei n. 12.965/14) institui no art. 19 e no art. 21 a responsabilidade civil dos provedores de aplicação, dando enfoque especial, no art. 21, ao que se denomina pornografia de vingança. O material que veicula pornografia de vingança deve ser removido pelo provedor de aplicações após o recebimento da notificação extrajudicial, conforme previsto no art. 21 da Lei n. 12.965/14, não sendo preciso que a notificação seja necessariamente judicial, diferentemente do que ocorre para a retirada de circulação de demais conteúdos gerados por terceiros, na forma do art. 19 do Marco Civil da Internet.

B) O caso narrado é hipótese de pornografia de vingança. Deve-se requerer ao juízo competente tutela antecipada de urgência em caráter antecedente, conforme o art. 303 do CPC, sendo requisitos o perigo de dano e a urgência contemporânea à ação ou ação de procedimento comum, com pedido de tutela de urgência antecipada, conforme o art. 300 do CPC, sendo requisitos a probabilidade do direito e o perigo de dano.

PRÁTICA CIVIL

(37º Exame) Cíntia é associada da Associação Fora da Cela, que inclui, dentre suas atividades institucionais, a defesa da população carcerária.

Recentemente, um jornal de grande circulação publicou reportagem relacionando Cíntia a atos de violência praticados em desfavor de pessoas em situação de rua, o que causou grande comoção. Assim, o presidente da Associação Fora da Cela, sem submeter a decisão à Assembleia- -Geral ou à oitiva de Cíntia, determinou sua exclusão sumária do quadro de associados.

Inconformada, Cíntia ajuizou ação de conhecimento em face da Associação Fora da Cela, requerendo, a título de tutela provisória antecipada de urgência incidental, a imediata suspensão da decisão da assembleia que determinara sua exclusão, sustentando que houve violação a seu direito de ampla defesa. A tutela foi concedida pelo juízo, nos termos requeridos.

Sobre o caso apresentado, responda aos questionamentos a seguir.

A) Assiste razão à pretensão de Cíntia? Justifique.

B) A tutela provisória de urgência poderá se tornar estável? Justifique.

GABARITO:

A) Assiste razão à Cintia, pois a exclusão do associado somente pode ocorrer mediante justa causa, assim reconhecida em procedimento que assegure direito de defesa e de recurso, nos termos previstos no estatuto, conforme o art. 57 do CC.

B) A tutela provisória não poderá se tornar estável, pois somente a tutela provisória concedida em caráter antecedente possui tal aptidão, conforme dispõe o art. 304 do CPC.

(38º Exame) A sociedade empresária Edison Instalações celebrou contrato de prestação de serviços com o Shopping Andrade e Nascimento.

No referido contrato, restou acordado que a sociedade empresária instalaria um sistema de refrigeração no *shopping* e, em contraprestação, este efetuaria certo pagamento.

Uma vez cumprido o serviço, contudo, o Shopping Andrade e Nascimento se recusou a efetuar o pagamento à sociedade empresária, sob o fundamento de falta de recursos e corte de despesas.

Por essa razão, Edison Instalações ajuizou ação de cobrança em face do *shopping*, tendo seu pedido sido julgado procedente para condenar o *shopping* a pagar. Na ocasião, a sentença também consignou que o Código de Defesa do Consumidor não se aplicava ao caso concreto, pois a relação travada entre as partes não era de consumo. Em sede de apelação, o Tribunal manteve os termos da sentença, e, não interposto recurso por ambas as partes, o acórdão proferido transitou em julgado.

Uma vez instaurado cumprimento de sentença pela sociedade empresária Edison Instalações, nenhum bem do *shopping* foi encontrado para arcar com a dívida.

Em recente diligência extrajudicial, contudo, a referida sociedade descobriu que o Shopping Andrade e Nascimento faz parte de um grupo econômico formado por diversos *shoppings*.

Além disso, também se apurou que inexiste separação de fato entre os patrimônios dos *shoppings* pertencentes ao grupo.

Nessa situação hipotética, responda aos itens a seguir.

A) A sociedade empresária Edison Instalações pode fazer uso de algum instituto jurídico do Direito Civil para atingir os bens dos demais *shoppings* pertencentes ao grupo econômico? Justifique.

B) Qual medida processual cabível pode ser adotada pela sociedade empresária Edison Instalações para atingir os bens dos demais *shoppings* pertencentes ao grupo econômico? Justifique.

GABARITO:

A) Sim. A sociedade empresária Edison Instalações poderá fazer uso do instituto da desconsideração da personalidade jurídica previsto no art. 50 do CC, a fim de atingir os demais *shoppings* pertencentes ao grupo econômico. A mera existência de grupo econômico não autorizaria a desconsideração da personalidade jurídica (art. 50, § 4º, do CC). Contudo, no caso concreto, foi apurada na diligência extrajudicial realizada que inexiste separação de fato entre os patrimônios dos *shoppings*, ou seja, há confusão patrimonial entre as pessoas jurídicas pertencentes ao grupo (art. 50, *caput*, c/c o art. 50, § 2º, do CC). Assim, diante da confusão patrimonial, é possível a desconsideração.

B) A sociedade empresária Edison Instalações poderá requerer a instauração de incidente de desconsideração da personalidade jurídica previsto no art. 133 ou no art. 134, ambos do CPC.

(39º Exame de Ordem) Maria cadastrou-se e adquiriu serviço de aprendizagem on-line de língua estrangeira na sociedade empresária Hello English Ltda., dando consentimento, informado nos termos de uso e autorização, para tratamento de seus dados pessoais. Após 1 (um) ano de curso, decidiu romper o vínculo, mas continuou recebendo muitas notificações indesejadas da sociedade empresária.

Mesmo sem visualizar qualquer ilegalidade quanto ao tratamento de seus dados pessoais, formulou requerimento expresso via canal de comunicação da empresa para (i) retirar o consentimento no tratamento de dados; e (ii) eliminar os seus dados cadastrais em definitivo, para fins de publicidade e marketing.

Em resposta, a sociedade empresária informou que não atenderia à solicitação porque a operadora dos dados (SuperData Ltda.) informou que os dados foram tratados dentro da lei, e que Maria não teria direito a pedir a eliminação dos dados para os fins desejados (evitar a publicidade e marketing), considerando que os dados não são sensíveis.

Irritada, até porque continuou a receber material publicitário, Maria ajuizou ação judicial contra a sociedade empresária SuperData Ltda., e notificou a Autoridade Nacional de Proteção de Dados (ANPD) sobre a conduta adotada por ambas as empresas.

A sociedade empresária ré (SuperData Ltda.) alega que sua responsabilidade é apenas tratar os dados, não sendo ela quem determina a exclusão dos dados, mas somente a controladora (Hello English Ltda.), razão pela qual não responde pelo pedido de Maria, pois nunca recebeu uma ordem da controladora para excluir os dados de Maria.

Sobre a hipótese apresentada, responda aos itens a seguir.

A) Maria tem o direito de promover a eliminação de seus dados cadastrais especificamente voltados para as ações de publicidade e marketing? Justifique.

B) A sociedade empresária SuperData Ltda., na posição de simples operadora de dados pessoais, responde por danos eventualmente causados a Maria? Justifique.

GABARITO:

A) Sim. O art. 8º, § 5º, da Lei n. 13.709/2018 (LGPD) dispõe que "o consentimento pode ser revogado a qualquer momento mediante manifestação expressa do titular, por procedimento gratuito e facilitado, ratificados os tratamentos realizados sob amparo do consentimento anteriormente manifestado, enquanto não houver requerimento de eliminação". Em razão disso, deve-se operar o término no tratamento de dados (art. 15, III, da LGPD), com a consequente eliminação dos dados cadastrais para os fins especificados (publicidade e marketing), na forma do art. 16, *caput*, da LGPD.

B) Sim. O operador de dados pessoais responde solidariamente com o controlador de dados pessoais pelos danos causados pelo tratamento quando descumprir as obrigações da legislação de proteção de dados, na forma do art. 42, § 1º, I, da LGPD.

(**40º Exame de Ordem**) Marcela e Carlos são irmãos, ambos maiores de idade e filhos de Dulce, que é viúva há muitos anos. Dulce é uma mulher independente e administra sozinha as locações de sete imóveis que possui, sendo essa sua única fonte de renda.

Contudo, depois de completar 75 anos, Dulce passou a apresentar algumas confusões mentais. Preocupados, os filhos a levaram ao médico, que a diagnosticou com a doença de Alzheimer. Apesar de terem iniciado o tratamento médico, o quadro agravou-se rapidamente, e, cerca de três meses depois, a capacidade cognitiva e decisória de Dulce estava totalmente comprometida.

Preocupados com o bem-estar e a administração dos bens da mãe, Carlos e Marcela procuram você, como advogado(a), para obter a devida orientação.

Sobre o caso, responda, como advogado(a), às questões a seguir.

A) Qual a ação judicial cabível para que Carlos e Marcela possam assumir a administração dos bens de Dulce? O que deverá constar na petição inicial para viabilizar essa administração o mais rápido possível? Justifique.

B) Considerando que Marcela e Carlos cuidam juntos da mãe, e que não há conflito entre eles, os irmãos questionam se é possível administrar em conjunto os bens de Dulce. Justifique.

GABARITO:

A) Carlos e Marcela deverão ingressar com uma ação, com pedido de curatela provisória em sede de antecipação de tutela, devendo especificar em petição inicial os fatos que demonstram a incapacidade do interditando para administrar seus bens e, se for o caso, para praticar atos da vida civil, bem como o momento em que a incapacidade se revelou, na forma do art. 300 e do art. 749, *caput* e parágrafo único, ambos do CPC.

B) Marcela e Carlos podem pedir a curatela compartilhada, com base no art. 1.775-A do CC.

Acesse o *QR Code* e consulte mais questões comentadas dos exames anteriores sobre este tema.

> http://uqr.to/1y5r0

II. Fatos, atos e negócios jurídicos: formação, validade, eficácia e elementos. Prescrição e decadência

(**XXX Exame**) Helena, em virtude de dificuldades financeiras, contraiu empréstimo, em 1º-6-2013, com o banco Tudo Azul S/A, mediante contrato assinado por duas testemunhas.

Alcançada a data do vencimento em 27-1-2014, o pagamento não foi realizado, o que levou o credor a ajuizar ação de execução por título extrajudicial, em 25-1-2019.

Distribuída a ação, o despacho de citação ocorreu em 1º-2-2019, tendo Helena, nos embargos à execução apresentados, alegado a ocorrência de prescrição.

Sobre tais fatos, responda aos itens a seguir, desconsiderando qualquer feriado estadual ou municipal.

A) Qual o prazo prescricional para cobrança da dívida em tela?

B) Deve ser acolhida a alegação de prescrição? Por quê?

GABARITO:

A) O prazo prescricional é de cinco anos, nos termos do art. 206, § 5º, I, do Código Civil.

B) Não. O despacho de citação interrompe a prescrição, retroagindo à data de propositura da ação, ocorrida dentro do prazo prescricional, conforme os arts. 240, § 1º, e 802 do Código de Processo Civil.

(XXXI Exame) Em 30-6-2019, Marcelo ajuizou, com fundamento nos arts. 700 e seguintes do Código de Processo Civil, ação monitória contra Rafael, visando satisfazer crédito no valor de R$ 100.000,00, oriundo de confissão de dívida celebrada pelas partes, em 1º-1-2014. Após ser devidamente citado, Rafael opôs embargos monitórios, nos quais sustentou, preliminarmente, a prescrição da dívida. No mérito, defendeu, com base em farta prova documental, que tinha realizado o pagamento de 50% (cinquenta por cento) do crédito cobrado por Marcelo, razão pela qual haveria excesso na execução. Após a apresentação de réplica, o MM. Juízo da Vara Cível da Comarca da Capital do Rio de Janeiro proferiu decisão na qual rejeitou a preliminar de prescrição arguida por Rafael e intimou as partes a informarem as provas que pretendiam produzir. Com base nesse cenário, responda aos itens a seguir.

A) O MM. Juízo da Vara Cível da Comarca da Capital do Rio de Janeiro acertou em rejeitar a preliminar arguida em contestação?

B) Qual é o recurso cabível contra a parcela da decisão que rejeitou a preliminar de prescrição?

GABARITO:

A) Não. Tendo em vista que o contrato de confissão de dívida foi celebrado em 1º-1-2014, Marcelo, por força do art. 206, § 5º, do CC, tinha cinco anos para realizar a cobrança do crédito. Assim, tendo em vista que a demanda monitória foi ajuizada em 30-6-2019, constata-se a prescrição da pretensão da dívida.

B) O recurso cabível é o Agravo de Instrumento. O art. 487, II, do CPC dispõe que "haverá resolução de mérito quando o juiz: (...) decidir, de ofício ou a requerimento, sobre a ocorrência de decadência ou prescrição". Assim, a parcela da decisão que rejeitou a preliminar de prescrição suscitada por Rafael versa sobre o mérito do processo. Por esse motivo, o recurso cabível contra essa parcela da decisão é o Agravo de Instrumento, na forma do art. 1.015, II, do CPC, o qual prevê que "cabe agravo de instrumento contra as decisões interlocutórias que versarem sobre: (...) mérito do processo".

(XXXIV Exame) Em 5 de fevereiro de 2017, Anderson trafegava em alta velocidade pela via pública com sua motocicleta quando, perdendo controle do veículo, saiu da pista e colidiu contra a porta frontal da casa de Alcides. A colisão não apenas destruiu a porta como também causou um abalo estrutural na fachada da casa, cujos reparos foram extremamente custosos para Alcides.

Aborrecido com o acontecimento, Alcides permaneceu muito tempo recusando-se a pensar novamente no acontecido. Em 28 de janeiro de 2020, porém, aconselhado por um advogado, Alcides ingressou com uma ação judicial em face de Anderson, reclamando o prejuízo financeiro sofrido. Em 28 de maio de 2020, foi proferido, pelo juízo competente, o despacho de citação do réu, tendo a citação ocorrido em 5 de junho de 2020.

A respeito desse caso, responda aos itens a seguir.

A) A pretensão de Alcides ainda era exigível ao tempo do ajuizamento da ação? Justifique.

B) Tendo em vista a data em que foi proferido, o despacho de citação teve o efeito de interrupção do prazo prescricional em favor do autor? Justifique.

GABARITO:

A) Sim. A pretensão deduzida por Alcides tem, por fundamento, a prática de ilícito extracontratual por parte de Anderson. Assim, aplica-se ao caso o prazo prescricional previsto pelo art. 206, § 3º, V, do CC, para as pretensões oriundas da responsabilidade civil. Como a ação foi ajuizada antes do decurso do prazo de três anos, a contar da data em que provocado o dano, a pretensão de Alcides ainda era plenamente exigível.

B) Sim. Embora proferido após o decurso do prazo de três anos, a contar do surgimento da pretensão autoral, o despacho de citação teve o condão de provocar a interrupção do prazo prescricional em favor do autor, porque, uma vez ultimada a citação do réu, o efeito interruptivo da prescrição retroage à data de propositura da ação, nos termos do art. 240, § 1º, do CPC. Portanto, no caso em tela, operou-se a interrupção da prescrição em favor de Alcides.

(35º Exame) Rafael, ao chegar com seu filho gravemente doente em um hospital particular, concordou em pagar R$ 200.000,00 (duzentos mil reais), valor muito superior ao ordinariamente praticado, para submetê-lo a uma cirurgia cardíaca, imprescindível à manutenção de sua vida.

Rafael assinou confissão de dívida no valor acordado, mas, ante a ausência de condições financeiras para cumpri-la, desesperado, ligou para você, como advogado(a), para que avaliasse a possibilidade de ajuizamento de ação judicial, tendo em vista que não possuía o valor acima mencionado.

Sobre a situação hipotética apresentada, responda aos itens a seguir.

A) Essa situação caracteriza-se como causa de invalidade do negócio?

B) Caso Rafael se recuse a efetuar o pagamento, pode ser proposta ação judicial buscando unicamente tutela antecipada que ampare o direito da criança à vida?

GABARITO:

A) Sim, é causa de invalidação do negócio jurídico por se caracterizar o estado de perigo, segundo o art. 156 ou art. 171, II, ambos do CC.

B) Sim, ele pode propor a ação unicamente com o pedido de tutela antecipada antecedente, na forma do art. 303 do CPC.

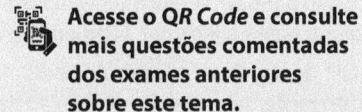

Acesse o QR Code e consulte mais questões comentadas dos exames anteriores sobre este tema.

> http://uqr.to/1y5r1

III. Teoria geral das obrigações

(XXVIII Exame) A sociedade empresária A, do ramo de confecções, firmou contrato com a sociedade empresária B, para que esta última fornecesse o tecido necessário para uma nova linha de vestuário, mediante o pagamento de R$ 10.000,00 (dez mil reais). Nesse contrato, havia uma cláusula expressa de eleição de foro, que previa a competência territorial do juízo do domicílio da sociedade A para a solução de eventual controvérsia oriunda daquele negócio jurídico.

Embora tenha cumprido a obrigação que lhe competia, a sociedade B não recebeu o valor avençado. Passado 1 (um) ano contado da data do vencimento, a sociedade B, orientada por seu advogado, notificou extrajudicialmente a sociedade A, para que esta efetuasse o pagamento. O administrador da sociedade A, pedindo desculpas pelo atraso e reconhecendo o equívoco, comprometeu-se a efetuar o pagamento. Passados seis meses sem que tenha havido o pagamento prometido, a sociedade B ajuizou uma ação, no juízo do seu próprio domicílio, em face da sociedade A, cobrando o valor devido de acordo com o contrato.

Com base em tais fatos e considerando que não há vulnerabilidade ou hipossuficiência técnica entre as partes envolvidas, responda, fundamentadamente, às seguintes indagações.

A) Qual é o prazo prescricional aplicável à espécie? O reconhecimento do equívoco, pelo administrador da sociedade A, produz algum efeito sobre a contagem desse prazo?

B) Considerando a cláusula de eleição de foro, de que maneira poderá o réu tornar eficaz a previsão nela contida?

GABARITO:

A) O prazo prescricional para a cobrança de dívidas líquidas constantes de instrumento particular é de 5 (cinco) anos, nos termos do art. 206, § 5º, I, do CC. Com o reconhecimento do direito pelo devedor, houve a interrupção da prescrição, nos termos do art. 202, VI, do CC.

B) O réu deve alegar a incompetência relativa na contestação, nos termos do art. 337, II, do CPC.

(XXXI Exame) Davi foi locatário de um imóvel residencial de propriedade de Ricardo. A locação, por prazo determinado, era garantida por Lucas, que prestara fiança a Ricardo, resguardado seu benefício de ordem. Finda a locação, Lucas ficou sabendo que Davi havia deixado de pagar os aluguéis referentes aos dois últimos meses de permanência no imóvel. Preocupado com as consequências do suposto descumprimento de Davi, Lucas procurou Ricardo e realizou o pagamento dos dois aluguéis, tendo o locador dado plena quitação a ele. Tempos depois, como Davi se recusava a reembolsar Lucas pelos valores pagos, este ingressou com ação de cobrança em face daquele. Na ação, porém, Davi alegou, em contestação, que pagara em dia todos os aluguéis devidos a Ricardo, de modo que Lucas nada deveria ter pago ao locador sem tê-lo consultado. Davi ainda informou ao juiz da causa que já havia ajuizado uma ação declaratória de inexistência de débito em face de Ricardo, a qual ainda estava pendente de julgamento, tramitando perante juízo de outra comarca. A respeito do caso narrado, responda aos itens a seguir.

A) O argumento apresentado por Davi, se vier a ser comprovado, é suficiente para eximi-lo de reembolsar Lucas pelos valores pagos a Ricardo? Justifique.

B) Diante da necessidade de apurar se o valor dos dois aluguéis era ou não devido por Davi a Ricardo, à luz da informação da propositura de ação declaratória de inexistência de débito, qual providência deve ser adotada pelo juízo da ação de cobrança? Justifique.

GABARITO:

A) Sim. Lucas atuou, no presente caso, como terceiro interessado, na medida em que realizou pagamento de dívida pela qual poderia vir a ser juridicamente responsabilizado em caso de inadimplemento pelo devedor principal (Davi). Portanto, Lucas realizou pagamento com sub-rogação, nos termos do art. 346, III, do Código Civil. Embora tal modalidade de pagamento justifique que o terceiro se sub-rogue nos direitos do credor em face do devedor principal, o art. 306 do Código Civil determina que o pagamento feito por terceiro com desconhecimento do devedor não obriga a reembolsar aquele que pagou, se o devedor tinha meios de ilidir a ação. Portanto, se restar comprovado que Davi nada mais devia a Ricardo, por já ter quitado integralmente o débito anterior, tal argumento é suficiente para eximi-lo de reembolsar as despesas de Lucas.

B) A declaração de inexistência de débito discutida na ação movida por Davi em face de Ricardo consiste em uma questão prejudicial externa da ação de cobrança movida por Lucas. Não se tratando de hipótese de conexão ou de continência, incumbe ao juízo da ação de cobrança suspender o processo enquanto pendente de julgamento a ação declaratória, nos termos do art. 313, V, *a*, do CPC, que determina o sobrestamento do feito quando a sentença de mérito depender do julgamento de outra causa ou da declaração de existência ou de inexistência de relação jurídica que constitua o objeto principal de outro processo pendente.

Acesse o *QR Code* e consulte mais questões comentadas dos exames anteriores sobre este tema.

> http://uqr.to/1y5r2

IV. Teoria do contrato e contratos em espécie

(XXV Exame Unificado – Reaplicação Porto Alegre) Júlia, proprietária de um imóvel em área urbana, assinou um contrato de locação com Marcos, pelo prazo de 36 meses. Ajustou-se que a garantia seria fiança, prestada pela mãe de Marcos, Ivone. Após 12 meses de contrato, Marcos começou a realizar o pagamento do aluguel com atraso, e, após realizar algumas consultas, Júlia constatou que a mãe de Marcos, Ivone, havia falecido, sem deixar bens, sendo Marcos o único herdeiro. Júlia pediu a Marcos que indicasse um novo fiador, mas este permaneceu silente, além de tornar-se inadimplente, sem honrar com o pagamento do aluguel, da quota condominial e dos tributos, há mais de dois meses.

Diante de tal situação, responda aos itens a seguir:

A) Quais são os direitos de Júlia perante Marcos, identificando o regramento legal aplicado à espécie?

B) Qual é a medida judicial cabível para a defesa dos interesses de Júlia, considerando a pretensão de receber os aluguéis e encargos inadimplidos e a necessidade de imediata desocupação do imóvel?

GABARITO:

A) Júlia pode pleitear os aluguéis vencidos e demais encargos locatícios (quota condominial e tributos), com base no art. 22, I, da Lei n. 8.245/91, e os que vencerem no curso da ação, segundo o art. 62, II, *a*, da Lei n. 8.245/91. Júlia também tem direito à rescisão contratual, desocupação e retomada do imóvel (art. 9º, II, da Lei n. 8.245/91).

B) A ação cabível é a ação de despejo e condenação ao pagamento das verbas devidas, conforme o art. 62 da Lei n. 8.245/91. Considerando que a locação está destituída de garantia, em razão da morte do fiador, que não foi substituído pelo locatário (art. 40, I e parágrafo único, da Lei n. 8.245/91), e o interesse na imediata desocupação do imóvel, é cabível o pedido de desocupação liminar, prestando caução equivalente a 3 meses de aluguel, com base no art. 59, § 1º, IX, da Lei n. 8.245/91.

(XXVI Exame) José Carlos é locatário de um apartamento situado no Condomínio Morar Feliz, situado na cidade do Rio de Janeiro. O imóvel pertence a André Luiz. O contrato de locação possui vigência de 1º-5-2015 a 1º-5-2019 e contém cláusula de vigência. O referido contrato se encontra averbado à matrícula do imóvel no Registro Geral de Imóveis da respectiva circunscrição desde 7-6-2015. Em 15-5-2018, José Carlos recebe uma notificação de João Pedro, informando-o de que adquiriu o imóvel de André Luiz através de contrato de compra e venda, a qual foi registrada em 30-1-2018 e averbada à matrícula do imóvel no mesmo dia, e solicitando a desocupação do imóvel no prazo de noventa dias. José Carlos não fora informado por André Luiz a respeito da alienação do apartamento. Em 5-6-2018, ao se dirigir até o local pactuado contratualmente para o pagamento dos alugueres, José Carlos é informado por João Pedro que não irá receber o pagamento de nenhum valor a título de aluguel, solicitando novamente a desocupação do imóvel. Diante do cenário descrito, responda aos itens a seguir.

A) Qual(is) argumento(s) de defesa José Carlos poderá arguir em face da pretensão de João Pedro em desocupar o imóvel?

B) Diante da recusa de João Pedro em receber os alugueres, de que(quais) instrumento(s) o locatário dispõe para adimplir sua prestação e se exonerar dos efeitos da mora?

GABARITO:

A) José Carlos poderá sustentar que a locação possui prazo determinado, cláusula de vigência e se encontra averbada junto à matrícula do imóvel. Dessa forma, João Pedro não pode, validamente, denunciar o contrato de locação, na forma do art. 8º, *caput*, da Lei n. 8.245/91. Além disso, a denúncia foi exercida após o prazo de noventa dias a contar do registro da compra e venda, o que atrai a incidência do art. 8º, § 2º, da Lei n. 8.245/91, que prevê tal prazo decadencial. Por fim, houve desrespeito ao direito de preferência assegurado pelo art. 27 da mesma Lei.

B) A recusa do credor em receber o pagamento permite o uso da consignação em pagamento, de forma a exonerar o devedor da ocorrência de mora. No caso, João Pedro poderá, alternativamente, ajuizar ação de consignação em pagamento, observando o disposto no art. 67 da Lei n. 8.245/91 e no art. 539 do CPC, ou realizar consignação extrajudicial em pagamento, por se tratar de obrigação em dinheiro, na forma do art. 539, § 1º, do CPC.

(XXVI Exame) Em 10 de dezembro de 2016, Roberto alienou para seu filho André um imóvel de sua propriedade, por valor inferior ao preço de venda de imóveis situados na mesma região. José, que também é filho de Roberto e não consentiu com a venda, ajuizou ação, em 11 de dezembro de 2017, com o objetivo de anular o contrato de compra e venda celebrado entre seu pai e André. No âmbito da referida ação, José formulou pedido cautelar para que o juiz suspendesse os efeitos da alienação do imóvel até a decisão final da demanda, o que foi deferido pelo magistrado por meio de

PRÁTICA CIVIL

decisão contra a qual não foram interpostos recursos. O juiz, após a apresentação de contestação pelos réus e da produção das provas, proferiu sentença julgando improcedente o pedido deduzido por José, sob o fundamento de que a pretensão de anulação do contrato de compra e venda se encontraria prescrita. Como consequência, revogou a decisão cautelar que anteriormente havia suspendido os efeitos da compra e venda celebrada entre Roberto e André. A respeito dessa situação hipotética, responda aos itens a seguir.

A) Caso resolva apelar da sentença, como José poderá obter, de forma imediata, novamente a suspensão dos efeitos da compra e venda? Quais os requisitos para tanto?

B) Qual é o fundamento da ação ajuizada por José para obter a anulação da compra e venda? Esclareça se a sentença proferida pelo juiz de primeira instância, que reconheceu a prescrição da pretensão, está correta.

GABARITO:

A) Na hipótese, o recurso de apelação de José não será dotado de efeito suspensivo, tendo em vista que a sentença revogou a decisão que havia deferido o pedido cautelar. Com efeito, o art. 1.012, § 1º, V, do CPC estabelece que, "além de outras hipóteses previstas em lei, começa a produzir efeitos imediatamente após a sua publicação a sentença que: (...) V – confirma, concede ou revoga tutela provisória". Assim, a sentença proferida pelo juiz, que julgou improcedente o pedido, tem a aptidão de produzir efeitos desde logo. Para lograr obter novamente a suspensão dos efeitos da compra e venda, portanto, José deverá formular o pedido cautelar ou de efeito suspensivo ativo, que poderá ser deduzido em petição autônoma ou no próprio recurso de apelação, a depender do fato de a apelação já ter sido distribuída ou não. O requerimento deverá ser dirigido ao tribunal, se a apelação ainda não tiver sido distribuída, ou ao relator do recurso, caso já tenha ocorrido sua distribuição, na forma do art. 1.012, § 3º, do CPC. Para tanto, deverá José demonstrar ao relator ou ao tribunal a probabilidade de provimento do recurso de apelação ou, sendo relevante a fundamentação (*fumus boni iuris*), a existência de risco de dano grave ou de difícil reparação (*periculum in mora*), consoante art. 1.012, § 4º, art. 995, parágrafo único, e art. 300, todos do CPC.

B) O fundamento da ação ajuizada por José é o de que se afigura anulável a venda de ascendente a descendente, salvo se os outros descendentes e o cônjuge alienante expressamente houverem consentido, na forma do art. 496 do CC. Por outro lado, o juiz de primeira instância se equivocou ao reconhecer a prescrição da pretensão de José, pois a ação foi proposta dentro do prazo prescricional de dois anos, previsto no art. 179 do CC.

(XXVII Exame) Mariana comprou de Roberto um imóvel por um preço bastante favorável, tendo em vista que Roberto foi transferido para outra cidade. Ao contratar empreiteiros para realizar obras necessárias no local, algumas semanas depois da aquisição, Mariana foi acionada judicialmente por Almir, que sustenta ser o real proprietário do imóvel, o qual lhe teria sido injustamente usurpado por Roberto.

Mariana não tem elementos para se defender no processo relativo a um fato ocorrido antes da sua aquisição e, resignada a perder o bem, precisaria ao menos recuperar o dinheiro que por ele pagou, bem como as despesas que efetuou para a realização de obras no local, pois, embora estas não tenham chegado a ser realizadas, ela não pôde reaver o sinal pago aos empreiteiros. Sobre o caso, responda aos itens a seguir.

A) Qual medida processual deve ser tomada por Mariana para poder reaver o preço pago pelo imóvel no mesmo processo em que é acionada por Almir? Justifique.

B) Além do preço pago, pode Mariana exigir o reembolso das despesas efetuadas com o objetivo de realizar obras no local? Justifique sua resposta.

GABARITO:

A) Trata-se de hipótese de evicção, já que Mariana está sendo privada judicialmente de sua propriedade em razão de direito de terceiro (Almir) anterior à sua aquisição. Para exercer seu direito à indenização decorrente da evicção no mesmo processo em que é privada da propriedade do bem, em lugar da ação autônoma, Mariana deve recorrer à denunciação da lide em face de Roberto, seu alienante imediato (art. 125, I, do CPC).

B) O direito à indenização, por sua vez, abrange não apenas o valor do bem, mas igualmente a indenização pelas despesas dos contratos e pelos prejuízos que diretamente resultarem da evicção, o que inclui as despesas efetuadas com o objetivo de realizar obras necessárias no local (art. 450, II, do CC).

(XXIX Exame) Roberto está interessado em adquirir um carro novo, mas constata que os juros associados aos financiamentos bancários estão muito além da sua capacidade de pagamento. Sendo assim, ele recorre ao seu melhor amigo, Lúcio, um pequeno comerciante. Lúcio e Roberto celebram, então, um contrato de mútuo, no valor de R$ 10.000,00, sem prazo expresso de vencimento. Com esse dinheiro, Roberto compra, na mesma data, o tão desejado automóvel.

Passados 20 (vinte) dias, Lúcio toma conhecimento de que Roberto perdeu sua única fonte de renda e observa que o amigo começa a se desfazer imediatamente de todos os seus bens. Sabendo disso, Lúcio procura Roberto, no intuito de conversar e dele exigir alguma espécie de garantia do pagamento do empréstimo. Roberto, porém, mostra-se extremamente ofendido com essa requisição e se recusa a atender ao pedido de Lúcio, alegando que o contrato não alcançou seu termo final. Lúcio, então, muito nervoso, procura o seu escritório de advocacia, na esperança de que você forneça alguma solução. Com base nesse cenário, responda aos itens a seguir.

A) A obrigação estava vencida na data em que Lúcio entrou em contato com Roberto? Lúcio poderia ter exigido a apresentação de garantia por parte de Roberto?

B) Qual espécie de tutela poderia ser requerida por Lúcio para evitar a frustração do processo judicial?

GABARITO:

A) Nos termos do art. 592, II, do CC, não havendo previsão expressa, o prazo do mútuo de dinheiro será de pelo menos trinta dias. Dessa forma, a obrigação não estava vencida quando Lúcio entrou em contato com Roberto. No entanto, diante da notória mudança na situação econômica de Roberto, o art. 590 do CC admite que Lúcio exija dele alguma garantia da restituição do valor emprestado, mesmo antes do vencimento da obrigação.

B) Lúcio poderia requerer uma tutela provisória de urgência cautelar em caráter antecedente, nos termos do art. 301 do CPC ou do art. 305 do CPC, para assegurar a concretização do seu direito à restituição do valor devido.

(XXX Exame de Ordem) Os amigos Gilberto, Tarcísio e Lúcia decidem comprar um pequeno sítio no interior de Minas Gerais, com o objetivo de iniciarem juntos um negócio de produção de queijos artesanais. Após a compra do imóvel, mas antes do início da produção, Tarcísio vende a sua fração ideal para uma amiga de infância, Marta, pois descobre que sua mãe está severamente doente e, morando sozinha em Portugal, precisa agora da ajuda dele durante seu tratamento. Lúcia só toma conhecimento da venda após a sua concretização, e fica profundamente irritada por não ter tido a oportunidade de fazer uma oferta pela parte de Tarcísio.

Ao procurar um amigo, ela é informada de que a venda realizada por Tarcísio não pode ser desfeita porque, segundo a orientação dada, o direito de preferência de Lúcia só existiria caso a fração ideal tivesse sido vendida para Gilberto, o que não ocorreu.

Inconformada com a interpretação feita pelo amigo, Lúcia procura sua orientação para obter uma segunda opinião sobre o caso.

A) A orientação dada pelo amigo está correta?

B) O que Lúcia deve fazer para defender o que julga ser seu direito?

GABARITO:

A) Não. Tendo o negócio sido realizado perante um terceiro estranho ao condomínio, Tarcísio estava obrigado a oferecer sua fração ideal para Lúcia e Gilberto, para que eles pudessem exercer a preferência, se quisessem, conforme o disposto no art. 504 do CC.

B) Lúcia deve buscar a adjudicação da fração ideal, depositando o valor da coisa e haver para si a parte vendida a estranhos, no prazo de 180 dias, sob pena de decadência, nos termos do art. 504, 2ª parte, do CC.

(**XXXII Exame**) Augusto celebrou com o *Banco Mais Dinheiro* contrato de empréstimo, tendo Miguel, seu irmão, atuado na condição de fiador com solidariedade.

Augusto e Miguel, considerando o elevado valor dos reajustes aplicados, ajuizaram ação em face da instituição financeira, questionando os critérios matemáticos utilizados para a atualização da quantia devida. Miguel pleiteou, ainda, a extinção da fiança, sob a alegação de que o réu havia concedido moratória a Augusto, sem o seu consentimento.

Na contestação apresentada, o banco opôs-se à extinção da fiança, unicamente sob a alegação de que a responsabilidade dos devedores era solidária. Afirmou, ainda, não ter provas a produzir quanto ao ponto.

Quanto ao excesso de cobrança alegado, sustentou estarem certos os valores cobrados e requereu a produção de prova pericial para demonstrar o alegado.

Sobre tais fatos, responda aos itens a seguir.

A) Em relação à extinção da fiança, deve ser acolhida a alegação de Miguel ou a do *Banco Mais Dinheiro*? Justifique.

B) O juiz poderá examinar o pedido de extinção da fiança antes da produção de prova pericial contábil? Justifique.

GABARITO:

A) Sim. A alegação de Miguel deve ser acolhida, uma vez que a fiança se extingue se for concedida moratória ao devedor sem o seu consentimento, ainda que a responsabilidade seja solidária, nos termos do art. 838, I, do CC.

B) Sim, o juiz poderá decidir parcialmente o mérito, julgando desde logo o pedido de extinção da fiança, nos termos do art. 356, II, do CPC, já que esse pedido está em condições de imediato julgamento.

(XXXIII Exame) Carlos, sócio da *sociedade empresária Tecnologia da Comunicação Ltda.*, negocia com Bárbara, sócia do *Hotel Contemporâneo Inc.*, a implantação de sistema de Internet sem fio avançado na rede de hotéis, assim como o desenvolvimento de um aplicativo multifuncional. Toda a negociação é realizada via *e-mail*, após contato inicial em uma feira de *startup*.

Após várias tratativas, no dia 31/12/2019, às 15h36min, Bárbara envia, por *e-mail*, a proposta definitiva de remuneração, com a delimitação dos serviços oferecidos e pagamento de R$ 300.000,00 por ano de contrato. Carlos, que estava de férias, tomou conhecimento da proposta ao olhar os *e-mails* em seu telefone celular, enviando o aceite, no dia 1º/01/2020, à 01h14min. Bárbara, diante disso, faz o depósito imediato, via TED bancária, da primeira anualidade, nas horas iniciais da manhã do dia 02/01/2020.

Passadas as festividades, na tarde do dia 02/01/2020, às 15h30min, Carlos relê seus *e-mails* e percebe, com mais atenção, que ele havia entendido errado a proposta de remuneração, compreendendo equivocadamente que ocorreria pagamentos mensais de R$ 300.000,00, ao invés da proposta de remuneração anual.

De súbito, Carlos realiza uma ligação para Bárbara e pede para ela desconsiderar a aceitação enviada, pois estava arrependido e preferiria estudar melhor a proposta, antecipando desde já que a recusaria naqueles termos. Bárbara, então, afirma que diante da comunicação escrita, via eletrônica, considerou o contrato como celebrado, dando início à execução, informando inclusive que já realizou o pagamento. Carlos se prontifica a devolver o depósito.

Diante deste impasse, Bárbara consulta você, como advogado(a), para orientá-la acerca do caso e da viabilidade de propor uma ação que vise a exigir de Carlos a prestação dos serviços delineados na proposta.

A) O contrato pode ser considerado como celebrado? Justifique.

B) Independentemente da questão de direito material, é cabível o ajuizamento de ação monitória? Justifique.

GABARITO:

A) Sim. A negociação realizada por correio eletrônico (e-mail) é qualificada como "entre ausentes", diante da ausência de interatividade imediata entre os interlocutores, aplicando-se o disposto no art. 434 do Código Civil, que consagra a "teoria da expedição" como regra, ressalvando as exceções dos incisos I, II e III do aludido artigo. Na hipótese vertente, contudo, a comunicação telefônica, um (1) dia após a aceitação e em momento posterior ao pagamento da prestação da parte contrária, não pode ser considerada como retratação eficaz, consubstanciada no art. 433 c/c o art. 434, I, do Código Civil. Portanto, segue-se a regra segundo a qual "os contratos entre ausentes tornam-se perfeitos desde que a aceitação é expedida".

B) Sim. Considerando que a troca de e-mails, em que constam a proposta e a aceitação expressa, deve ser considerada como prova escrita, a ação monitória pode ser proposta por aquele que afirmar, com base em prova escrita sem eficácia de título executivo, ter direito de exigir do devedor capaz o adimplemento de obrigação de fazer, nos moldes do art. 700, III, do CPC.

PRÁTICA CIVIL

(XXXIV Exame) Ricardo comprou de Wagner um pequeno imóvel residencial no centro da cidade, objetivando locar o bem a terceiros e fazer dele uma fonte de renda. Poucos meses após a compra, Ricardo celebrou seu primeiro contrato de locação do imóvel, com o inquilino Tiago, pelo prazo determinado de um ano.

Nesse mesmo dia, Ricardo foi citado em ação judicial movida contra ele por Valéria. Na ação, a autora reivindica o imóvel (do qual afirma ser a legítima proprietária) e demonstra, já no acervo probatório acostado à petição inicial, que Wagner fraudou documentos para se fazer passar por dono do bem. A surpresa de Ricardo foi enorme, pois jamais suspeitara de qualquer irregularidade na contratação com Wagner.

À luz dos fatos descritos, responda aos itens a seguir.

A) Caso venha a perder o imóvel em favor de Valéria, quais valores pode Ricardo exigir de Wagner e a que título? Justifique.

B) Pode Ricardo exigir de Wagner tais valores no âmbito da própria ação movida por Valéria? Justifique.

GABARITO:

A) Caso venha a sofrer a evicção do imóvel, Ricardo faz jus não apenas à restituição do preço pago pela coisa, mas também à indenização dos lucros cessantes referentes aos aluguéis, que obteria de Tiago pelo prazo de um ano e que deixou de auferir em decorrência da perda da coisa, das despesas de contrato, custas judiciais e honorários advocatícios, conforme o art. 450 do CC.

B) Sim. Faculta-se a Ricardo promover a denunciação da lide a Wagner, alienante imediato do bem, para exercer os direitos que da evicção lhe resultam, nos termos do art. 125, I, do CPC.

(36º Exame) Ranieri celebra contrato com Marina, por instrumento particular, por via do qual ambas as partes prometem firmar acordo futuro de permuta de seus respectivos imóveis. Os bens de titularidade dos contraentes estão delineados no acordo, com indicação precisa de suas características, incluindo o número da matrícula imobiliária no Cartório de Registro de Imóveis, bem como o valor de mercado de cada um deles. As partes não previram cláusula de arrependimento. Na data indicada para a celebração da avença definitiva, Ranieri não comparece e informa à parte contrária (Marina) que não tem mais interesse na realização da operação contratual.

Marina notifica Ranieri exigindo a realização do acordo projetado no contrato anterior, indicando prazo derradeiro de 15 (quinze) dias para o cumprimento da obrigação, sob pena de propositura de ação. Ranieri envia contranotificação mantendo a posição segundo a qual se nega a firmar o contrato definitivo de permuta, ao fundamento de que:

(i) não pode ser obrigado a contratar, levando-se em conta o princípio da liberdade contratual (autonomia privada), motivo pelo qual eventual ação está fadada ao julgamento de improcedência;

(ii) o contrato anteriormente firmado possui vício formal, porque não foi realizado por escritura pública;

(iii) não há, sequer, direito a perdas e danos, na medida em que Marina não teve qualquer prejuízo com a frustração de suas expectativas.

Marina, assim, propõe ação em face de Ranieri, que contesta com os mesmos argumentos da contranotificação, negando-se a realizar o acordo. Sobre a hipótese apresentada, responda aos itens a seguir.

A) Na condição de advogado de Marina, indique os fundamentos para que ela possa exigir o cumprimento da obrigação de contratar. Justifique.

B) Nessa espécie de ação, o juiz tem o poder de, em sentença, substituir a vontade do contraente ou caberia apenas discutir a possibilidade de condenação ao pagamento de indenização de eventuais perdas e danos? Justifique.

GABARITO:

A) A hipótese trata de contrato preliminar, caracterizado como aquele no qual as partes se obrigam a celebrar determinado contrato, dito definitivo, em momento futuro, atraindo o disposto no art. 462 do CC. Segundo o dispositivo legal, o contrato preliminar, exceto quanto à forma, deve conter todos os requisitos essenciais (apenas) do contrato definitivo. No caso do enunciado, verifica-se que o contrato preliminar especificou o tipo do contrato definitivo a ser celebrado (contrato de permuta), delineando os seus elementos essenciais, notadamente naquilo que envolve o seu objeto (especificação dos bens a serem permutados e os seus respectivos valores). Ainda que a forma adotada tenha sido dissonante àquela exigida para o contrato definitivo (escritura pública), o art. 462 adota a liberdade formal para a celebração dos vínculos preliminares, não havendo qualquer vício que possa eivar o contrato de nulidade.

Considerando que a hipótese vertente apresenta um contrato preliminar firme, sem a inclusão de cláusula de arrependimento, Marina pode exigir o cumprimento da obrigação de contratar, na forma do art. 463 do CC.

B) Caso a parte demandada se negue a realizar a obrigação de contratar, com a emissão de sua vontade, pode o juiz, esgotado o prazo, substituir a vontade da parte inadimplente, conferindo caráter definitivo ao contrato preliminar, na forma do art. 464 do CC, circunstância na qual a sentença que julgar procedente o pedido, uma vez transitada em julgado, produzirá todos os efeitos da declaração não emitida, na forma do art. 501 do CPC.

As perdas e danos são cabíveis somente em face da impossibilidade do cumprimento da obrigação (o que não é o caso), conforme o art. 464, parte final, do CC, ou se for do interesse da parte credora, dando o contrato preliminar por desfeito e exigindo a tutela indenizatória, na forma do art. 465 do CC. O enunciado, ao contrário, revelou o interesse de Marina em buscar a execução específica da obrigação contida no vínculo preliminar.

(36º Exame) Serafim, viúvo, pai de três filhos, é proprietário de um imóvel residencial e de um automóvel com três anos de uso. Com o claro propósito de proteção, ele doa, com cláusula de usufruto em seu favor, para sua filha caçula, Júlia, com dezenove anos de idade, o imóvel residencial, que corresponde a noventa por cento de todo seu patrimônio.

João, filho mais velho de Serafim, solteiro, sentindo-se preterido, entra em contato com você, na qualidade de advogado(a), para que avalie a possibilidade de ajuizamento de ação judicial.

Sobre a hipótese apresentada, responda aos itens a seguir.

A) A doação realizada na situação narrada é válida? Justifique.

B) Em caso de ajuizamento da ação, a demanda pode ser ajuizada somente em face de Serafim? Justifique.

GABARITO:

A) Não. Trata-se de doação inoficiosa, tornando-se nula a parte que excede o que o doador (Serafim), no momento da liberalidade, poderia dispor em testamento, conforme preceitua o art. 549 do Código Civil.

B) Não. Júlia deverá participar da demanda ao lado de Serafim, pois se trata de um litisconsórcio passivo e necessário, de acordo com o art. 114 do Código de Processo Civil.

PRÁTICA CIVIL

(40º Exame de Ordem) Maria Lima, 65 anos, aposentada, viúva, não convivente em união estável e sem filhos, celebrou contrato de doação do seu único imóvel, em favor de Thiago Correia Lima, 31 anos, e Beatrice Correia Lima, 29 anos, seus sobrinhos.

Pelo referido contrato, Maria Lima doou seu único imóvel para os sobrinhos com reserva de usufruto vitalício, constando que os donatários deveriam realizar alguns reparos na parte elétrica do imóvel em até 45 dias da aceitação da doação. Passados 120 dias da celebração do contrato, Thiago e Beatrice, além de não terem providenciado os reparos devidos, passaram a residir no imóvel, sob a alegação de que eram os proprietários, não obstante os reiterados pedidos de Maria Lima para que não residissem no local enquanto ela lá vivia. Além disso, passaram a dar festas no local, ignorando a presença de Maria na casa, o que a deixou muito aborrecida.

Diante da situação, Maria procura Tereza, amiga de infância, e pede apoio para a resolução do problema, afirmando que se arrependeu da doação e que deveria ter doado o imóvel para Tereza. Tereza, vendo a aflição da amiga e interessada em ser beneficiada com o imóvel, indica você, na qualidade de advogado(a), para orientá-la sobre o que pode ser feito.

A) Há algo que Maria possa fazer para que o imóvel doado retorne à sua propriedade, não mais beneficiando os sobrinhos? Justifique.

B) Qual a medida judicial que Maria deverá adotar para que seus sobrinhos não sejam mais os proprietários do bem? Tereza, considerando sua amizade e seu interesse jurídico, pode promover a referida medida judicial, caso Maria não o faça? Justifique.

GABARITO:

A) Sim, Maria pode revogar a doação por descumprimento do encargo, nos termos do art. 562 ou do art. 555, ambos do Código Civil.

B) Maria deverá promover ação de revogação da doação. Apenas Maria tem legitimidade para promover essa ação que é personalíssima, nos termos do art. 18 do CPC.

(40º Exame de Ordem) Beatriz, professora, celebrou contrato com a sociedade empresária Soluções em Arquitetura com o objetivo de realizar, no prazo de seis meses, a reforma completa do apartamento de sua propriedade. O contrato foi assinado na presença de duas testemunhas.

Passados oito meses, a reforma ainda não fora concluída, o que levou Beatriz a ajuizar ação de execução de título extrajudicial em face da sociedade. Citada, Soluções em Arquitetura esclarece a você, advogado(a), que Beatriz não forneceu todo o material necessário para a realização da obra, obrigação que constava de cláusula expressa do contrato. Em consequência, não foi possível a finalização da obra no prazo estabelecido.

Sobre tais fatos, responda aos itens a seguir.

A) O não cumprimento da obrigação por Beatriz exime a sociedade empresária Soluções em Arquitetura de cumprir o prazo contratualmente previsto para a finalização da obra? Justifique.

B) Qual instrumento processual deverá ser usado pela sociedade empresária Soluções em Arquitetura para veicular sua defesa e qual o prazo legal para sua apresentação? Justifique.

GABARITO:

A) Sim. Beatriz não pode exigir da sociedade empresária Soluções em Arquitetura o cumprimento da obrigação antes de cumprir a sua, uma vez que o contrato celebrado entre as partes é de natureza bilateral, nos termos do art. 476 do Código Civil.

B) A sociedade empresária Soluções em Arquitetura deverá ajuizar ação de embargos à execução, a ser apresentada no prazo de 15 (quinze) dias, nos termos do art. 915 do CPC.

> Acesse o QR Code e consulte mais questões comentadas dos exames anteriores sobre este tema.
>
> > http://uqr.to/1y5r3

V. Posse e direitos reais

(**XXVI Exame**) A sociedade empresária Fictícia Produções Ltda. (Fictícia) vendeu um imóvel de sua propriedade à Diversão Produções Artísticas Ltda. (DPA), que passou a funcionar no local. Dois meses após o registro da compra no cartório de registro de imóveis e início das atividades da DPA, a nova proprietária é surpreendida por uma ação de cobrança de cotas condominiais anteriores à aquisição e não pagas pela Fictícia. Inconformado com o fato, e diante da previsão contratual na qual a sociedade empresária Fictícia se responsabiliza por débitos relativos ao período anterior à imissão na posse de sua empresa, o diretor Ronaldo procura uma orientação jurídica especializada. Sobre a hipótese narrada, responda aos itens a seguir.

A) As cotas condominiais anteriores à aquisição são devidas pela atual proprietária do imóvel?

B) Qual a medida processual mais célere, econômica e adequada para exigir da sociedade empresária Fictícia, nos mesmos autos, a responsabilização pela dívida?

GABARITO:

A) Sim, tendo em vista o caráter *propter rem* da obrigação, DPA é devedora das cotas, conforme o art. 1.345 do CC.

B) Denunciação da lide (art. 125, II, do CPC), a fim de obter da sociedade empresária Fictícia Produções os valores que eventualmente tiver que arcar com o processo em razão da responsabilidade contratual.

(**XXIX Exame**) José, em 1º-3-2019, ajuizou ação de reintegração de posse com pedido de tutela antecipada em face de Paulo, alegando que este último invadira um imóvel de sua propriedade de 200 metros quadrados, situado em área urbana. Embora a petição inicial não estivesse devidamente instruída com os documentos comprobatórios, o juiz deferiu, antes mesmo de ouvir o réu, o pedido de antecipação de tutela, determinando a expedição do mandado liminar de reintegração.

Surpreendido com o ajuizamento da ação e com a decisão proferida pelo juiz, Paulo procura você, como advogado(a), para defendê-lo na ação, afirmando que exerce posse contínua e pacífica sobre o imóvel, desde 1º-3-2017, utilizando o bem para sua moradia, já que não possui qualquer outra propriedade imóvel. Afirma, ainda, que passou a habitar o imóvel após a morte de seu pai, que lá também residia sem qualquer turbação ou esbulho, exercendo posse contínua e pacífica sobre o bem desde 1º-3-2013. Com base em tais fatos, responda, fundamentadamente, às indagações a seguir.

A) O que o(a) advogado(a) de Paulo deverá alegar, como principal matéria de defesa para obter a improcedência dos pedidos deduzidos por José, na ação de reintegração de posse?

PRÁTICA CIVIL

B) Qual recurso o(a) advogado(a) de Paulo deverá interpor para pleitear a reforma da decisão que deferiu o pedido de antecipação de tutela? Qual é o prazo que deverá ser observado para a interposição desse recurso?

GABARITO:

A) A principal matéria de defesa a ser alegada pelo advogado será a usucapião especial urbana. Isso porque, na forma do art. 1.243 do CC, o tempo de posse de Paulo sobre o bem é acrescido pelo período de tempo em que seu pai residiu no imóvel. Assim, Paulo atende a todos os requisitos exigidos pelo art. 1.240 do CC, pelo art. 183 da CRFB/88 e pelo art. 9º da Lei n. 10.257/2001, que disciplinam a usucapião especial urbana, possuindo, como sua, área urbana de até 250 metros quadrados, por mais de cinco anos ininterruptos, utilizando-a para sua moradia, não sendo proprietário de qualquer outro imóvel.

B) Considerando que a decisão proferida pelo juiz versa sobre o deferimento de tutela provisória, o recurso cabível é o agravo de instrumento, nos termos do art. 1.015, I, do CPC, sendo que o prazo para sua interposição será de 15 (quinze) dias, consoante dispõe o art. 1.003, § 5º, do CPC.

(XXXI Exame) Lúcia é viúva, mãe de 5 filhos pequenos e está desempregada. Sem ter onde morar e sem ser proprietária de outro imóvel, adentra, sem violência, à vista de todos, um terreno de 100 m², vazio e aparentemente abandonado na zona rural de Campo Grande/MS, em 20-1-2013. Com a ajuda de amigos, constrói um pequeno cômodo e começa a plantar para garantir a subsistência da família. Depois de alguns bons resultados na colheita, passa a vender o excedente da sua produção, fazendo da agricultura sua fonte de renda.

Em 20-2-2019, Lúcia procura orientação jurídica especializada para saber dos seus direitos sobre o imóvel que ocupa, sem oposição, desde 2013. Ao conversar com Cristina, advogada sensibilizada com sua luta, Lúcia é informada que tem direito de pleitear a usucapião do imóvel, cujo pedido judicial é distribuído em 20-3-2019, acompanhado das certidões de cartórios de registros de imóveis, que efetivamente provam não ser proprietária de outro imóvel.

Cristóvão, inscrito no registro como proprietário do terreno, é regularmente citado e oferece contestação, na qual alega que Lúcia deixou de fazer prova da não titularidade de outro imóvel, o que demandaria a anexação de certidões negativas de todos os registros públicos do país. Ao julgar o pedido, o Juízo julga improcedente o pedido de Lúcia, corroborando integralmente o entendimento esboçado na contestação por Cristóvão.

Diante do caso narrado, responda aos itens a seguir.

A) Cristina orientou corretamente Lúcia acerca da usucapião?

B) Qual a medida processual cabível contra a decisão proferida em desfavor de Lúcia? Sob qual fundamento?

GABARITO:

A) Sim. Considerando os termos indicados na questão, Lúcia está apta a pleitear a aquisição da propriedade pela usucapião na modalidade especial rural, prevista no art. 1.239 do CC.

B) Deve interpor o recurso de apelação previsto no art. 1.009, *caput*, do CPC.

(35º Exame) José é casado com Marcela, com quem teve 3 filhos. No dia 24 de dezembro de 2018, José saiu de casa, falando que iria comprar vinho para a ceia de Natal, mas nunca mais voltou. Alguns dias depois, Marcela recebeu a notícia que José fugira com sua amante, Kátia.

Marcela, que não possui outro imóvel para morar com seus filhos, permaneceu na residência do casal, um apartamento de 200m² no bairro do Leblon, na cidade do Rio de Janeiro.

Sobre o caso, responda aos itens a seguir.

A) Em relação a usucapião familiar, a hipótese narrada preenche os requisitos para seu deferimento? Justifique.

B) Considere que a ação de usucapião foi julgada procedente e que já transitou em julgado, sendo omissa quanto ao direito dos honorários de sucumbência do advogado de Marcela. Você poderá cobrar os honorários omitidos?

GABARITO:

A) Sim. No caso em questão, quando José abandonou o lar, Marcela e os filhos ficaram residindo no único imóvel de sua propriedade, de forma ininterrupta e sem oposição, localizado em área urbana, com menos de 250m², por mais de 2 anos, atendendo aos requisitos previstos no art. 1.240-A do CC.

B) Sim. Na forma do art. 85, § 18, do CPC, caso a decisão transitada em julgado seja omissa quanto ao direito aos honorários, é cabível ação autônoma para sua definição e cobrança.

(36º Exame) André ajuizou ação pelo procedimento comum em face do Condomínio do Edifício Lotus, com pedido de tutela provisória da evidência, requerendo a condenação deste a se abster de impedir a utilização de áreas comuns do edifício (piscina e garagem) em razão do inadimplemento de cotas condominiais.

Há tese firmada em sede de incidente de resolução de demandas repetitivas, julgado pelo Tribunal de Justiça ao qual o juízo do feito é vinculado, favorável à pretensão de André, e as alegações de fato formuladas pelo autor estão amparadas exclusivamente em prova documental.

O juiz, antes da citação do Condomínio do Edifício Lotus, concede tutela provisória da evidência em favor de André, nos termos requeridos na petição inicial. O condomínio, regularmente citado, apresentou contestação três dias após o prazo final de sua defesa, requerendo a produção de prova pericial, com vistas a contrapor alegação formulada por André em sua petição inicial.

Na decisão de saneamento e organização do processo, o juiz decretou a revelia do Condomínio do Edifício Lotus, bem como deferiu o pedido de produção de prova pericial. André, então, apresentou pedido de esclarecimento, aduzindo que o réu, por ser revel, não poderia requerer a produção de prova.

Responda, de maneira fundamentada, aos itens a seguir.

A) O condomínio pode impedir a utilização de áreas comuns por condômino inadimplente? Justifique.

B) Ao réu revel, mesmo após decretada sua revelia, é lícita a produção de prova? Justifique.

GABARITO:

A) Não. É direito de André usar as áreas comuns do condomínio nos termos do art. 1.335, inciso II, do CC. Cabe ao condomínio exigir do condômino inadimplente apenas o pagamento das cotas condominiais, na forma do art. 1.336, § 1º, do CC.

B) Sim, por se tratar de prova contraposta às alegações formuladas pelo autor e por ter se feito representar a tempo de praticar os atos processuais necessários, nos termos do art. 349 do Código de Processo Civil.

PRÁTICA CIVIL

(37º Exame) Desde 2010, Rose é proprietária de um terreno de aproximadamente 600 m² na cidade de Niterói/RJ. Apesar de não residir no terreno, mas em Cabo Frio/RJ, Rose sempre exerceu a posse sobre ele.

Contudo, no último ano, Mônica invadiu indevidamente o terreno de Rose e nele construiu uma loja de material de construção.

Apesar de Rose ter tentado resolver a questão de forma amigável, buscando conversar com Mônica para esclarecer que era a proprietária do terreno, tendo inclusive apresentado a escritura pública de compra e venda do imóvel, devidamente registrada no cartório de Registro Geral de Imóveis competente, a última nada fez, ficando clara e inequívoca sua má-fé desde o momento da invasão do terreno.

Sem saída, Rose procura você, como advogado, para ajuizar uma ação de reintegração de posse, para ser reintegrada na posse do imóvel injustamente invadido por Mônica, cumulada com pedido de indenização.

Sobre o caso, responda aos itens a seguir.

A) Rose deverá pagar indenização a Mônica pela construção da loja em seu terreno? Justifique.

B) Na ação de reintegração de posse, Mônica foi citada via Carta Precatória, pois reside na cidade de Cabo Frio/RJ. Quando se inicia o prazo da contestação? Justifique.

GABARITO:

A) Segundo o que dispõe o art. 1.255 do CC, Mônica não faz jus à indenização pela construção da loja no terreno de Rose, uma vez que exerceu a posse de má-fé.

B) Em caso de citação por carta precatória, deve ser observado se houve a comunicação eletrônica do juízo deprecado ao juízo deprecante quanto à sua efetivação, sendo essa data a do início da contagem do prazo (art. 232 do CPC). Não havendo a comunicação eletrônica, considera-se o dia da juntada da Carta Precatória aos autos de origem devidamente cumprida como o dia do começo do prazo da contestação, nos termos do art. 231, VI, do CPC.

(37º Exame) Kátia, residente e domiciliada no município de São José dos Campos, SP, realizou uma obra em sua casa de veraneio no município do Guarujá, SP, que vem gerando goteiras na casa de seu vizinho, Damião. Por diversas vezes, ele procurou Kátia na busca de uma solução, contudo ela permaneceu inerte.

Assim, Damião procura você, como advogado(a), no dia de hoje, seis meses após a conclusão da obra, para propor uma ação com a finalidade de solucionar o problema, ou seja, visando ao fim das goteiras.

Sobre a hipótese narrada, responda aos itens a seguir.

A) Tendo em vista que já transcorreram seis meses após a conclusão da obra, Damião pode exigir que seja realizado o reparo necessário para findar as goteiras em seu imóvel? Justifique.

B) Na eventualidade da propositura de uma ação, ela poderá ser ajuizada na comarca (município) de São José dos Campos? Justifique.

GABARITO:

A) Sim, como a conclusão deu-se em seis meses, portanto, dentro do lapso de ano e dia após a conclusão da obra, o proprietário, Damião, poderá exigir que seja realizado o reparo necessário para eliminar as goteiras de seu imóvel, conforme estabelece o art. 1.302 do Código Civil.

B) Não, pois a ação versa sobre o direito de vizinhança. Portanto, o foro competente é o da situação da coisa, ou seja, a comarca (o município) do Guarujá/SP, sendo considerada como competência absoluta, de acordo com o art. 47, *caput*, do Código de Processo Civil.

(38º Exame) Adalberto é dono de uma casa no litoral, onde ele gosta de passar os feriados com a família. Certa vez, ao chegar em sua casa de praia durante o Carnaval, ele avistou Diogo, morador da casa contígua, pulando o muro divisório entre os dois terrenos e deixando para trás sinais claros de vir utilizando reiteradamente a casa de Adalberto, sem qualquer autorização. A mesma cena se repetiu quando Adalberto foi passar férias na casa no mês seguinte, bem como nos feriados da Páscoa e de Tiradentes.

Cansado dessa situação, Adalberto ingressou com ação de manutenção da posse em face de Diogo no final do mês de abril.

Instado a se manifestar antes da apreciação do pedido liminar, Diogo limitou-se a alegar que Adalberto não comprovou minimamente nos autos que é o legítimo proprietário da casa. Para piorar a situação, ao visitar novamente a casa no feriado de 19 de maio, Adalberto descobriu que Diogo havia se mudado para lá definitivamente e trocado a fechadura, impedindo seu ingresso no imóvel.

A respeito deste caso, responda aos itens a seguir.

A) Considerando verdadeira a alegação deduzida por Diogo nos autos, seria esse fundamento bastante para justificar o indeferimento do pedido liminar? Justifique.

B) A natureza da ação proposta por Adalberto impede que o juiz da causa determine liminarmente a imediata reintegração da posse em favor dele? Justifique.

GABARITO:

A) Não. Não obsta à manutenção ou à reintegração na posse a alegação de propriedade, ou de outro direito sobre a coisa, nos termos do art. 1.210, § 2º, do Código Civil. Portanto, não caberia a alegação de que a ausência de comprovação da propriedade de Adalberto sobre a casa impediria a concessão da liminar em seu favor, o que apenas seria exigível em sede de juízo petitório.

B) Não. Embora Adalberto tenha proposto uma ação de manutenção da posse, demanda possessória aplicável às hipóteses de turbação, a configuração superveniente de esbulho possessório não impede, por si só, que o juiz conceda ao autor a tutela adequada (a saber, a reintegração liminar de posse), na medida em que as ações possessórias consideram-se fungíveis entre si, nos termos do art. 554, *caput*, do CPC.

(39º Exame de Ordem) João, em 2011, celebra contrato escrito com sua sobrinha Maria (maior e capaz), sem prazo determinado, por via do qual empresta uma loja comercial de 350 m², situada em área urbana, transferindo-lhe a posse com a finalidade estrita de dar-lhe oportunidade de explorar atividade empresarial para a sua subsistência. Passados 12 (doze) anos (2023), João descobre que Maria passou a residir no imóvel, desde que desistiu de empreender, há quatro anos (2019), e conseguiu emprego formal na iniciativa privada.

Inconformado, João notifica Maria para que ela restitua o bem imóvel no prazo de 30 (trinta) dias, denunciando unilateralmente o contrato. Três semanas depois, recebe citação eletrônica em ação de usucapião promovida por Maria, na qual requer a declaração de usucapião, considerando o uso pacífico e contínuo da posse por mais de 10 (dez) anos, com base na usucapião extraordinária com redução de prazo, considerando o estabelecimento de moradia e serviços de caráter produtivo.

Em sua defesa, João afirma que ele é o proprietário do imóvel e Maria é quem está obrigada a restituir-lhe o bem, em razão da extinção do contrato outrora firmado entre as partes.

Diante do caso narrado, responda aos itens a seguir.

A) Maria tem direito de usucapir o imóvel? Justifique.

B) Em contestação, João pode formular pedido de condenação de Maria a restituir o imóvel a seu favor, nos autos da ação de usucapião? Justifique.

GABARITO:

A) Não. Maria não tem direito a obter a declaração de usucapião do bem imóvel em questão. A despeito de ter o tempo de posse suficiente e adequado ao seu pedido (usucapião extraordinária de prazo reduzido – art. 1.238, *caput* e parágrafo único, do CC), com a demonstração dos requisitos da moradia e utilização do bem em caráter produtivo, bem como as características objetivas da posse bem delineadas (posse pacífica e ininterrupta), falta o requisito subjetivo do *animus domini*. Isso porque havia relação contratual de comodato (empréstimo de coisa infungível), o que reflete a ausência de intenção e consciência da comodatária de "possuir a coisa como sua", eis que era sabidamente comodatária.

B) Sim. A ação de usucapião segue o procedimento comum no CPC, sendo lícito ao réu, em contestação, propor reconvenção para manifestar pretensão própria, conexa com a ação principal, na forma do art. 343 do CPC.

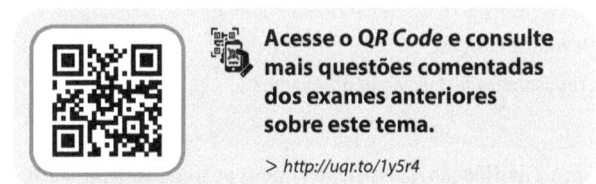

Acesse o QR Code e consulte mais questões comentadas dos exames anteriores sobre este tema.

> http://uqr.to/1y5r4

VI. Casamento, união estável e monoparentalidade. Dissolução do casamento e da união estável. Parentesco. Poder familiar. Regimes de bens e outros direitos patrimoniais nas relações familiares. Alimentos

(XXIX Exame) Sofia era casada no regime da separação de bens com Ricardo há 30 anos, quando se divorciaram. Sofia era dona de casa e estava se recuperando de uma doença grave quando do divórcio. Ricardo, contudo, se negava a prover, consensualmente, alimentos a Sofia, alegando que ela tem curso superior e pode trabalhar para se sustentar. Sofia afirma que tem 55 anos, está doente e nunca exerceu a profissão, pois Ricardo mantinha sua necessidade material.

Diante desse quadro, Sofia procura auxílio jurídico e seu advogado ajuíza ação de alimentos. A este respeito, responda aos itens a seguir.

A) Sofia faz jus a alimentos a serem prestados por Ricardo?

B) Negado o pedido de alimentos provisórios, qual o recurso cabível?

GABARITO:

A) Segundo o art. 1.694 do CC, os cônjuges ou companheiros podem pedir uns aos outros os alimentos de que necessitem para viver de modo compatível com sua condição social. Desse modo, cabe o pedido de alimentos entre cônjuges, observado o binômio necessidade-possibilidade, conforme o art. 1.694, § 1º, do CC. No caso apresentado, há necessidade, na medida em que Sofia não trabalha há 30 anos e está doente, bem como há possibilidade, porque Ricardo era seu provedor, de modo que está caracterizada a dependência econômica.

B) Cabe o recurso de Agravo de Instrumento por se tratar de decisão interlocutória, pois não põe fim à fase cognitiva do processo ou extingue a execução, como define o art. 203, § 2º, do CPC, que versa sobre tutela provisória, como prevê o art. 1.015, I, do CPC.

(XXX Exame) Eliana, 21 anos, é filha de Leonora, solteira, e foi criada apenas pela mãe. Até 2018, a jovem não conhecia nenhuma informação sobre seu pai biológico. Porém, em dezembro daquele ano, Leonora revelou à sua filha que Jaime era seu pai.

Diante desta situação, Eliana procurou Jaime a fim de estabelecer um diálogo amigável, na esperança do reconhecimento espontâneo de paternidade por ele. Porém, Jaime alegou que Leonora havia se enganado na informação que transmitira à filha e recusou-se não só a efetuar o reconhecimento, mas também afirmou que se negaria a realizar exame de DNA em qualquer hipótese.

Após Jaime adotar essa postura, Leonora ajuizou uma Ação de Investigação de Paternidade e Jaime foi citado, pessoalmente, recebendo o mandado de citação sem cópia da petição inicial do processo. Em contestação, alegou nulidade da citação pela ausência da petição inicial e aduziu sua irretratável recusa na realização do exame de DNA.

Diante da situação apresentada, responda aos itens a seguir.

A) É de se considerar nula a citação?

B) Qual o efeito da recusa para a realização do exame?

GABARITO:

A) Não. Trata-se de ação de filiação, classificada como ação de família, na forma do art. 693 do CPC. Por tal razão, o mandado de citação deverá estar desacompanhado de cópia da petição inicial, conforme o art. 695 do CPC.

B) O efeito será o de aplicação da presunção relativa de paternidade, apreciada com o restante do conjunto probatório juntado a ação de investigação, conforme resta disposto na Súmula 301 do STJ ("Em ação investigatória, a recusa do suposto pai a submeter-se ao exame de DNA induz presunção *juris tantum* de paternidade"), no art. 2º-A, parágrafo único, da Lei n. 8.560/92 (A recusa do réu em se submeter ao exame de código genético – DNA gerará a presunção da paternidade, a ser apreciada em conjunto com o contexto probatório), ou no art. 232 do CC.

(XXXI Exame) Joana, completamente apaixonada pelo seu namorado Antônio, com quem divide sua residência há anos, descobre que está grávida deste. Ao dar a notícia a Antônio, este avisa que não assumirá o filho. Joana consulta um advogado que afirma seu direito à percepção de alimentos durante a gestação. Na sequência, Antônio e Joana celebram um acordo extrajudicial, por escrito, para o pagamento de R$ 1.000,00 mensais, a tal título. Sobre a hipótese apresentada, responda aos itens a seguir.

A) A orientação dada pelo advogado a Joana está correta?

B) Caso o acordo não seja cumprido, há a possibilidade de sua execução? É possível a prisão de Antônio se não pagar a dívida?

GABARITO:

A) Sim. Joana tem direito a alimentos gravídicos, de acordo com o art. 1º ou art. 6º da Lei n. 11.804/08.

B) Sim. É possível a execução de alimentos por título extrajudicial, na forma do art. 911 do CPC. É possível a prisão de Antônio, pois esta é aplicável se o executado não pagar a dívida, na forma do art. 911 e do art. 528, § 3º, ambos do CPC.

(XXXII Exame) Marcos é casado sob regime de comunhão parcial de bens com Amália. Em virtude de desavenças no relacionamento, o casal acabou se distanciando. Com o iminente fim da relação conjugal, Amália descobriu que Marcos estava prestes a realizar a doação de um automóvel adquirido onerosamente por ambos na constância do casamento. Tendo justo motivo para discordar da doação, Amália procurou seu advogado e ingressou com pedido de tutela cautelar antecedente, com o objetivo de evitar a realização do negócio. A tutela cautelar foi concedida em 12/04/2019, porém, em razão da desídia da autora, não foi efetivada. Nos mesmos autos, foi formulado o pedido principal em 19/06/2019, requerendo que fosse declarada a impossibilidade da doação.
Tendo em vista o caso exposto, responda aos itens a seguir.

A) A eficácia da tutela cautelar concedida deve ser mantida?

B) Caso a doação venha a ser efetivada, ela é válida?

GABARITO:

A) A tutela cautelar concedida perderá a eficácia, eis que não foi efetivada no prazo de 30 (trinta) dias por desídia da autora, conforme determina o art. 309, II, do CPC.

B) Não. A doação é anulável, na forma do art. 1.649 do CC, em razão da ausência de autorização do outro cônjuge (outorga conjugal), nos termos do art. 1.647, IV, do CC. Nenhum dos cônjuges pode fazer doação de bens comuns ou que possam integrar futura meação, como ocorre no caso descrito, eis que o bem foi adquirido na constância do casamento.

(XXXIII Exame) Mariana e Leonardo foram casados, pelo regime da comunhão parcial de bens, durante 10 anos. Desde o início do casamento, Leonardo sempre apresentou comportamento explosivo, e, por diversas ocasiões, agrediu sua esposa de forma verbal e física. Durante o casamento, o casal adquiriu um apartamento, um carro, dois terrenos, e Mariana herdou uma casa de praia do seu pai.

Mariana, em determinado dia, arma-se de coragem, vai à delegacia e denuncia Leonardo por violência doméstica. Em seguida, com medo do ex-marido, Mariana deixa seu apartamento no Rio de Janeiro e se muda para o interior do estado, para a cidade de Cabo Frio.

Com base em tais fatos, responda, fundamentadamente, aos itens a seguir.

A) Indique como se dará a partilha dos bens, mencionando se algum bem deverá ser excluído.

B) Onde deve ser ajuizada a ação de divórcio do casal?

GABARITO:

A) No regime da comunhão parcial de bens, os bens que o casal conquistou durante o casamento são divididos de forma igualitária, nos termos do art. 1.658 do CC. Entretanto, a casa de praia herdada por Mariana deve ser excluída da partilha, pois os bens recebidos por sucessão excluem-se da comunhão, na forma do art. 1.659, I, do CC.

B) A ação de divórcio deverá ser ajuizada na cidade de Cabo Frio, pois, nos termos do art. 53, I, *d*, do CPC, na ação de divórcio é competente o foro do domicílio da vítima de violência doméstica.

(XXXIV Exame) Mário é pai de Julieta – que já alcançou a maioridade, não estuda e vive em união estável com Pedro, com quem tem um filho. Inconformado por ter de pagar alimentos à filha, Mário procura você para, na qualidade de advogado(a), propor uma ação de exoneração de alimentos. Mário afirma que, apesar de estar atravessando uma situação financeira dificílima, continua a pagar os alimentos à filha, mas que deseja, o quanto antes, suspender tais pagamentos, considerando o quadro financeiro por que está passando.

Diante da hipótese apresentada, responda aos itens a seguir.

A) Na hipótese de procedência do pedido de exoneração, a partir de quando Mário ficará desobrigado a pagar os alimentos? Se Mário continuar a arcar com tal verba ao longo do processo, os valores pagos deverão ser devolvidos?

B) Qual é o mecanismo processual mais apto a evitar, o mais rápido possível, que Mário deixe de pagar os alimentos que entende indevidos e sob qual fundamento?

GABARITO:

A) Mário fica desobrigado após ser intimado de decisão judicial que determine a exoneração, conforme interpretação do art. 14 da Lei n. 5.478/68, que enuncia que, da sentença, caberá apelação apenas no efeito devolutivo (sem efeito suspensivo). O montante não será devolvido, posto que irrepetível, conforme o verbete sumular n. 621 do STJ.

B) A fim de evitar a não restituição dos valores pagos após a citação, Mário deverá requerer tutela de urgência, fundado na probabilidade do direito (sua filha é maior, não estuda e já vive em união estável) e no risco de dano (sua dificílima situação financeira), na forma do art. 300 do CPC.

(35º Exame) Em 2017, ao ter o vínculo de filiação paterna constituído por sentença, em ação de investigação de paternidade, proposta por seu filho Jorge, Antônio foi condenado a pagar alimentos.

A partir de então, Antônio vinha honrando com sua obrigação pontualmente. A sua expectativa era arcar com a obrigação até que seu filho completasse 18 anos, em 21 de dezembro de 2021. Passada a data, Antônio já não realizou mais qualquer pagamento. Jorge terminou o Ensino Médio ao mesmo tempo em que alcançou a maioridade, em dezembro de 2021.

Em junho de 2022, Antônio é citado em execução de alimentos, pelo rito da penhora, recusando-se a pagar o saldo devedor, já acumulado em R$ 18.000,00 (dezoito mil reais).

Antônio opõe embargos à execução, autuados em apartado, ao argumento principal de que a obrigação alimentar cessou com a maioridade, considerando que, nos meses subsequentes, seu filho já não estava matriculado em qualquer curso, cessando a relação de dependência entre pai e filho. Jorge argumenta, em defesa, que estava se preparando para o vestibular com cursos online, informando que obteve a aprovação recente e já está matriculado no curso de graduação em Engenharia Mecânica, com início em agosto de 2022, sendo devida a obrigação até a conclusão do curso.

Por sua vez, nos autos da execução, Jorge indica o único imóvel residencial de Antônio à penhora, cujo valor é suficiente para pagar os alimentos vencidos e vincendos no curso do processo.

Diante desses fatos, responda aos itens a seguir.

A) Caso os embargos à execução sejam julgados improcedentes, o juízo pode determinar a penhora do único imóvel residencial de Antônio? Justifique.

B) Em termos processuais, poderia Antônio cessar o pagamento da obrigação sem prévia autorização judicial? Justifique.

GABARITO:

A) Sim. Em regra, o único imóvel residencial do devedor é qualificado como bem de família, dotado do atributo da impenhorabilidade por dívidas civis, comerciais, fiscais, previdenciária ou de qualquer natureza, por força de lei (art. 1º, *caput*, da Lei n. 8.009/90), salvo se a execução for movida, dentre outras exceções, "pelo credor de pensão alimentícia, resguardados os direitos sobre o bem, do seu coproprietário que, com o devedor, integre união estável ou conjugal, observadas as hipóteses em que ambos responderão pela dívida" (art. 3º, III, da Lei n. 8.009/90). Portanto, ainda que se trate de bem de família, cuida-se de bem passível de penhora.

B) Não. A extinção da obrigação alimentar do filho que alcança a maioridade sempre dependerá de decisão judicial, exarada sob o crivo do contraditório, seja em ação autônoma de exoneração de alimentos, seja por via de pedido formulado nos próprios autos, como bem definido pelo verbete de Súmula 358 do Superior Tribunal de Justiça.

(38º Exame) Gabriel, sendo proprietário de um apartamento, resolveu celebrar com Ana, em janeiro de 2020, contrato de locação de imóvel residencial pelo prazo de 30 (trinta) meses. Para tanto, Ana apresentou como fiador seu amigo Rafael, casado em regime de comunhão parcial de bens com Maria desde o ano de 2010. Na época da formalização do contrato principal (locação) e do acessório (fiança), Maria estava em viagem ao exterior, não tendo participado dos atos praticados por Rafael, seu marido.

Após alguns meses, a inquilina parou de pagar os aluguéis e, depois de diversas tentativas frustradas de reaver os valores inadimplidos de forma amigável, Gabriel ajuizou ação de execução cujo título constitui contrato de locação, figurando como executados Ana, na qualidade de locatária, e Rafael, na qualidade de fiador. Na referida ação de execução, foram opostos Embargos de Terceiros por Maria, que sofreu constrição em seu patrimônio para pagamento da dívida de Ana, alegando a nulidade da fiança prestada por seu marido.

Sobre o caso apresentado, responda aos questionamentos a seguir.

A) Assiste razão a pretensão de Maria? Justifique.

B) Na eventualidade de o Magistrado acolher o pedido de Maria proferindo decisão favorável e determinando o cancelamento das medidas constritivas sobre o patrimônio objeto dos embargos, qual recurso poderá ser apresentado por Gabriel? Justifique.

GABARITO:

A) Sim, diante da ausência de outorga conjugal, nos termos do art. 1.647, III, do CC, ou na Súmula 332 do STJ.

B) É cabível o recurso de Apelação, nos termos do art. 1.009 do CPC, pois a decisão que julgou os Embargos de Terceiro proposto por Maria tem natureza jurídica de sentença.

(39º Exame de Ordem) Desde os 2 (dois) anos, Tália não tem qualquer contato com seus pais biológicos e vem sendo cuidada pelos seus tios, Lúcio e Raquel, que possuem a sua guarda judicial. Atualmente Tália tem 12 (doze) anos, e, como sempre foi tratada como filha do casal, foram constituídos fortes vínculos afetivos. Diante dessa situação já consolidada, Lúcio e Raquel, em conformidade com o desejo de Tália, desejam regularizar a relação de filiação de forma definitiva, inclusive para que na certidão de nascimento de Tália sejam excluídos os nomes dos genitores para incluir seus nomes como pais da infante.

Considerando que os pais biológicos de Tália já manifestaram que estão de acordo com a intenção manifestada por Lúcio, Raquel e Tália, responda aos itens a seguir.

A) Indique as providências jurídicas necessárias para a regularização da relação de filiação de forma definitiva, como pretendido por Lúcio, Raquel e Tália, inclusive para exclusão dos nomes dos pais biológicos e inclusão dos nomes de Lúcio e Raquel como pais de Tália em sua certidão de nascimento. Justifique.

B) Onde deve ser ajuizada a ação judicial? Justifique.

GABARITO:

A) A adoção é a medida necessária para a regularização definitiva da relação de filiação, nos termos do art. 50, § 13, II, do ECA, sendo necessária a prévia destituição do poder familiar dos genitores de Tália, com base no art. 1.635, IV, do Código Civil.

B) A ação deve ser ajuizada no juízo do local onde os responsáveis, que já detêm a guarda, têm o seu domicílio, de acordo com o art. 147, I, do ECA.

> Acesse o Q*R Code* e consulte mais questões comentadas dos exames anteriores sobre este tema.
> http://uqr.to/1y5r5

VII. Sucessão legítima, sucessão testamentária e disposições de última vontade

(XXV Exame) Em abril de 2016, Flávio, que não tinha qualquer parente até quarto grau, elaborou seu testamento, deixando todos os seus bens para sua amiga Clara. Em janeiro de 2017, Flávio descobriu que era pai de Laura, uma criança de 10 anos, e reconheceu de pronto a paternidade. Em abril de 2017, Flávio faleceu, sem, contudo, revogar o testamento elaborado em 2016.

Sobre os fatos narrados, responda aos itens a seguir.

A) A sucessão de Flávio observará sua última vontade escrita no testamento?

B) O inventário e a partilha dos bens de Flávio poderão ser feitos extrajudicialmente?

GABARITO:

A) Dentre as hipóteses de rompimento do testamento, o art. 1.973 do Código Civil prevê justamente a situação descrita: superveniência de descendente sucessível ao testador, que não o conhecia quando testou. Logo, tendo em vista o rompimento do testamento, Laura receberá 100% do patrimônio do falecido pai, na forma do art. 1.845 do CC.

B) No direito brasileiro, o inventário deverá ser judicial quando houver herdeiro menor e/ou testamento, conforme o art. 610, *caput*, do CPC.

(XXXIII Exame) Fernando foi casado durante 25 anos com Rose. Como fruto do casamento nasceram Antônio, hoje, com 23 anos, e Eliza, com 18 anos. Como o casamento não ia bem, o casal optou pelo divórcio. Antônio, filho mais velho do casal, não aceitou a separação e se revoltou contra o pai, culpando-o pela situação. Em uma das discussões com o pai, Antônio se exaltou e o agrediu com socos e pontapés, deixando-o com vários hematomas no corpo.

Depois do ocorrido, Fernando decide romper o relacionamento com Antônio e fazer um testamento com o objetivo de deserdá-lo.

Sobre a hipótese, responda aos itens a seguir.

A) Fernando pode deserdar o filho? Justifique.

B) Fernando veio a falecer antes de realizar o testamento e seus únicos herdeiros legais são Antônio e Eliza. Os irmãos não querem brigar, estão em consenso e querem realizar o inventário do pai. É possível realizar o procedimento em cartório? Justifique.

GABARITO:

A) Sim. A ofensa física autoriza a deserdação do descendente por seu ascendente, nos termos do art. 1.962, I, do CC.

B) Sim. Sendo todos os interessados capazes e concordes com os seus termos, o inventário e a partilha podem ser realizados por escritura pública, nos termos do art. 610, § 1º, do CPC.

(36º Exame) Alexandre e Simone são irmãos e figuram como únicos herdeiros em processo de inventário dos bens deixados pela mãe, falecida em 2010. Alexandre vem passando por dificuldades financeiras e, para levantar recursos, decidiu vender sua parte do único imóvel objeto do inventário (três terrenos e uma casa de alvenaria). O imóvel está avaliado em R$ 700.000,00 e Alexandre tem um terceiro interessado na aquisição.

Mesmo sabendo que Simone tem interesse em comprar sua parte da herança, em razão de desavenças familiares, Alexandre prefere vender sua quota para outra pessoa estranha à sucessão.

Sobre a situação hipotética, responda aos itens a seguir.

A) Alexandre pode vender a sua quota hereditária para o terceiro interessado? Responda justificadamente indicando os respectivos dispositivos legais. Justifique.

B) Supondo que após o encerramento do inventário Alexandre e Simone descubram a existência de um terreno que não foi arrolado, o que os herdeiros devem fazer para partilhar esse bem? Justifique.

GABARITO:

A) Não. Como Simone tem interesse em comprar a parte de Alexandre, ele não poderá vender para o terceiro interessado, pois, segundo o art. 1.794 do CC, o co-herdeiro não poderá ceder a sua quota hereditária a pessoa estranha à sucessão, se outro co-herdeiro a quiser, tanto por tanto.

B) Os herdeiros deverão propor a sobrepartilha desse terreno, com base no art. 669, II, ou no art. 670, ambos do CPC.

(38º Exame) Helena, solteira, não convivente em união estável, sem filhos, maior de idade e com pais já falecidos, elaborou testamento particular, respeitando os limites da legítima, o qual foi lido na presença de três testemunhas, visando trazer disposições *post mortem* sobre a destinação de bens integrantes de seu patrimônio.

Nele, Helena determinou que o imóvel no qual reside terá sua propriedade transferida a Jorge, seu irmão, a título de fideicomisso, até a data em que Felipe, filho de Jorge, com oito anos de idade, venha a atingir a maioridade.

Ainda, seus dois automóveis serão deixados a título de legado em favor da Associação Patinhas do Amor, a qual assumirá o encargo de os utilizar exclusivamente em prol do transporte, recolhimento e cuidado com animais abandonados.

Sobre a hipótese apresentada, responda aos itens a seguir.

A) Seria válida a substituição fideicomissária estabelecida por Helena? Justifique.

B) A Associação Patinhas do Amor poderá requerer o cumprimento do testamento de Helena em juízo? Justifique.

GABARITO:

A) Não, a substituição fideicomissária seria inválida, pois o fideicomissário já era nascido quando a disposição testamentária foi realizada, nos termos do art. 1.952, *caput*, do CC.

B) Sim, porque é legatária de Helena, tendo legitimidade ativa concorrente para fazer o requerimento, conforme o art. 737, *caput*, do CPC.

Acesse o Q*R Code* e consulte mais questões comentadas dos exames anteriores sobre este tema.

> http://uqr.to/1y5r6

VIII. Lei n. 8.078/90 – Código de Defesa do Consumidor. Teoria da responsabilidade civil. Modalidades de responsabilidade civil e reparação

(XXV Exame – Reaplicação Porto Alegre) Jorge adquiriu, pela via do comércio eletrônico, um aparelho refrigerador para sua residência, com garantia contratual de 60 dias contra qualquer avaria ou defeito de fabricação. Setenta dias após o recebimento, o refrigerador começou a apresentar superaquecimento, com queda brusca de potência, com grande elevação de temperatura, tornando sua utilização inviável. O adquirente, de imediato, comunicou à fabricante, para que esta procedesse ao conserto do produto, com a substituição das partes viciadas, se possível, e, caso contrário, promovesse a restituição imediata da quantia paga pelo bem, monetariamente atualizada. Cinco dias após a resposta administrativa negativa da fabricante, à motivação de ter "expirado o prazo de garantia contratual", Jorge procura você, como advogado, para promover a ação de restituição dos valores pagos, monetariamente atualizados, mais perdas e danos. Na contestação judicial, Geleiras S/A apresenta defesa genérica, sem impugnar especificamente os fatos, os argumentos e os pedidos formulados pelo autor da demanda.

Diante do exposto, responda aos itens a seguir.

A) A fabricante Geleiras S/A tem razão ao argumentar, administrativamente, que não lhe compete consertar o produto, não cabendo, igualmente, a restituição dos valores, em virtude da perda do prazo da garantia contratual?

B) Em regra, qual é o efeito processual decorrente da apresentação de contestação genérica?

GABARITO:

A) Não. Nos termos do art. 50 do CDC, "a garantia contratual é complementar à legal e será conferida mediante termo escrito". Sendo assim, a despeito do transcurso do prazo da garantia contratual, permanece a garantia legal, segundo a qual "o direito de reclamar pelos vícios aparentes ou de fácil constatação caduca em (...) noventa dias, tratando-se de fornecimento de serviço e de produtos duráveis" (art. 26, *caput* e inciso II, do CDC), destacando-se que, por se tratar de vício oculto, o prazo decadencial se inicia apenas "no momento em que ficar evidenciado o defeito" (art. 26, § 3º, do CDC).

B) Na forma do art. 341, *caput*, do CPC, em regra, incumbe ao réu "manifestar-se precisamente sobre as alegações de fato constantes da petição inicial, presumindo-se verdadeiras as não impugnadas (...)". Sendo assim, o efeito processual produzido para os casos de contestação genérica corresponde, em regra, à consideração da veracidade das alegações de fato do autor, tornando-se eles incontroversos.

(XXVIII Exame) Alex celebrou contrato de financiamento imobiliário com o Banco Brasileiro S/A, assinado pelas partes e duas testemunhas. Em decorrência de dificuldades financeiras, Alex não conseguiu honrar o pagamento das prestações, o que levou o credor a ajuizar ação de execução por título extrajudicial, a fim de cobrar a dívida, no montante de R$ 75.000,00 (setenta e cinco mil reais).

Citado, Alex opôs embargos à execução, no qual alegou excesso de execução, sob o fundamento de que o valor cobrado a título de juros remuneratórios era superior ao devido, sem, contudo, indicar o valor que entende correto. Sustentou, também, a nulidade da cláusula que atribuiu ao credor indicar livremente qual índice de correção monetária seria aplicável ao contrato.

Recebidos os embargos, o exequente apresentou impugnação, na qual sustentou que os embargos deveriam ter sido liminarmente rejeitados, por não ter o embargante apresentado o montante que considera correto. Alegou, no mérito, não ser abusiva a cláusula impugnada. Diante do exposto, responda aos itens a seguir.

A) Assiste razão ao exequente quanto à necessidade de rejeição liminar dos embargos?

B) Assiste razão ao embargado quanto à validade da cláusula impugnada?

GABARITO:

A) Não. Os embargos devem ser processados, mas apenas será examinada a alegação de invalidade da cláusula (art. 917, § 4º, II, do CPC), uma vez que o embargante deveria ter declarado na petição inicial o valor que entende correto, apresentando demonstrativo discriminado e atualizado de seu cálculo (art. 917, § 3º, do CPC).

B) Não. A cláusula é nula de pleno direito, por permitir ao fornecedor a variação do preço, nos termos do art. 51, X, do CDC.

(XXVIII Exame) Jonas estava hospedado no Hotel Grande Vereda, onde passava suas férias, quando esbarrou acidentalmente em Lucas, um funcionário contratado havia apenas 20 dias pelo hotel. Lucas, furioso, começou a ofender Jonas, aos gritos, diante de todos os hóspedes e funcionários, com insultos e palavras de baixo calão. Logo depois, evadiu-se do local.

A gerência do hotel, prontamente, procedeu a um pedido público de desculpas e informou que a principal recomendação dada aos funcionários (inclusive a Lucas) é a de que adotassem um tratamento cordial para com os hóspedes. O gerente, de modo a evidenciar a diligência do estabelecimento, mostrou a gravação do curso de capacitação de empregados ao ofendido.

Indignado, Jonas conseguiu obter, junto à recepção do hotel, o nome completo e alguns dados pessoais de Lucas, mas não seu endereço residencial, porque sua ficha cadastral não estava completa. Em seguida, Jonas ajuizou ação indenizatória por danos morais em face de Lucas e do Hotel Grande Vereda. Ao receber a petição inicial, o juízo da causa determinou, desde logo, a citação de Lucas por edital. Decorrido o prazo legal após a publicação do edital, foi decretada a revelia de Lucas e nomeado curador especial, o qual alegou nulidade da citação. Com base no caso narrado, responda, fundamentadamente, aos itens a seguir.

A) Deve o hotel responder pelo ato de Lucas, que agiu por conta própria e em manifesta contrariedade à orientação do estabelecimento?

B) É procedente a alegação de nulidade da citação suscitada pelo curador?

GABARITO:

A) Sim. Os empregadores respondem civilmente pelos atos lesivos de seus prepostos no exercício de suas funções. Trata-se de uma hipótese de responsabilidade civil indireta, prevista pelo art. 932, III, do Código Civil. A responsabilidade do hotel é, ainda, objetiva, nos termos do art. 933 do Código Civil, de tal modo que o fato de a administração do hotel não ter contribuído para a conduta do funcionário mostra-se totalmente irrelevante nesse caso. Igualmente, sob a ótica consumerista, o fornecedor (hotel) tem responsabilidade objetiva pela falha na prestação do serviço, conforme o art. 14 do CDC.

B) Sim. A citação por edital, nesse caso, dependeria de que restasse evidenciado ser ignorado o lugar em que se encontra o réu (art. 256, II, do CPC). Para tanto, é necessário que, antes, sejam realizadas tentativas de localização do réu, inclusive mediante requisição de informações sobre seu endereço nos cadastros de órgãos públicos ou de concessionárias de serviços públicos, conforme o art. 256, § 3º, do CPC, e que essas tentativas restem infrutíferas.

(XXX Exame) Ademar adquiriu um aparelho televisor de última geração da marca Negativa em uma loja da rede Casas Rio Grande, especializada em eletroeletrônicos. Tão logo chegou à sua residência, ligou o aparelho na tomada e foi surpreendido com uma forte fumaça vinda do interior do produto, que, logo em seguida, explodiu, causando-lhe queimaduras severas e, ao final, um dano estético permanente.

Inconformado, Ademar ajuizou uma ação indenizatória em face da Negativa Eletrônicos Ltda. e das Casas Rio Grande Ltda., em litisconsórcio passivo. A primeira ré permaneceu revel, ao passo que a segunda ré negou, em contestação, a existência de qualquer defeito no produto.

Diante do caso narrado, responda aos itens a seguir.

A) Existe responsabilidade solidária entre as Casas Rio Grande e a Negativa Eletrônicos pelo dever de indenizar o autor?

PRÁTICA CIVIL

B) A defesa apresentada pelas Casas Rio Grande pode beneficiar a primeira ré, a despeito de esta ter permanecido revel?

GABARITO:

A) Embora o Código de Defesa do Consumidor crie um sistema amplo de responsabilidade solidária entre fornecedores pelos danos oriundos de fatos do produto, como no presente caso, a responsabilidade dos comerciantes segue um regime próprio. Quanto a estes, apenas haverá responsabilidade solidária em relação aos demais fornecedores nas hipóteses previstas pelo art. 13 do CDC, o que não ocorreu na hipótese em exame. Portanto, não há solidariedade entre a comerciante (Casas Rio Grande) e a fabricante (Negativa) pelos danos sofridos pelo autor.

B) Nesse caso, em havendo pluralidade de partes, se alguma delas contestar a ação, não produz o efeito da revelia, art. 345, I, do CPC.

(XXXII Exame) José estava caminhando em um parque em uma noite chuvosa, quando o empregado da sociedade empresária contratada para realizar o serviço de jardinagem do local perdeu o controle do cortador de grama e acabou por decepar parte do pé de José. Percebendo-se culpado, o empregado evadiu-se do local.

José foi socorrido por Marcos e Maria, ambos com cerca de 80 anos, únicas testemunhas do ocorrido, que o levaram ao hospital. Em razão da chuva torrencial e do frio que fazia naquela noite, Marcos e Maria contraíram uma forte pneumonia e os médicos consideraram que ambos sofriam grave risco de vida.

Após ter recebido alta médica, José procura seu advogado, desejando obter uma indenização pelos danos experimentados.

Com base em tais fatos, responda, fundamentadamente, às indagações a seguir.

A) A sociedade empresária de jardinagem pode ser civilmente responsabilizada pelos danos praticados pelo seu empregado? Caso afirmativa a resposta, qual seria a natureza da responsabilidade civil da referida sociedade empresária?

B) Considerando o iminente risco de óbito de Marcos e Maria, existe algum mecanismo processual que permita a preservação da prova que poderia ser futuramente produzida por José?

GABARITO:

A) O empregador é responsável pela reparação civil decorrente de atos praticados por seus empregados, no exercício do trabalho que lhes competir ou em razão dele, de acordo com o art. 932, III, do CC. A sociedade empresária responde objetivamente, independentemente de culpa, nos termos do art. 933 do CC ou nos termos do art. 14 do CDC, considerando que a vítima pode ser considerada consumidora por equiparação do serviço prestado, conforme art. 17 do CDC.

B) O art. 381, I, do CPC prevê a admissibilidade da produção antecipada de prova quando houver fundado receio de que venha a tornar-se impossível ou muito difícil a verificação de certos fatos na pendência da ação. Portanto, considerando o risco iminente de óbito das duas únicas testemunhas do episódio, José poderá valer-se da produção antecipada de prova.

(XXXIII Exame) Após áspera discussão, cujo tema central era um assunto banal, Pedro foi agredido por João. A agressão lhe causou lesões graves, o que, embora não tenha caracterizado dano estético, impediu que ele exercesse sua atividade laboral (motorista particular) durante o período de 12 meses, 3 dos quais permaneceu internado em hospital particular.

Pedro, já recuperado, não consegue trabalhar com a mesma eficiência de antes, o que reduziu sua renda mensal. Mas, como ele necessita de medicação de forma habitual, seus gastos aumentaram, e, para agravar sua situação, não há previsão de término do tratamento. Além disso, já tendo gasto todas as suas economias, Pedro precisa quitar a dívida referente à internação, uma vez que não possui plano de saúde.

Diante de tais circunstâncias, Pedro procura um advogado, que o orienta a pleitear judicialmente reparação por danos materiais (que, segundo o causídico, se resumiria ao valor da dívida com o hospital e aos recursos necessários ao tratamento e à compra da medicação habitual pelo autor) e morais em face de João.

Deduzidas as pretensões em Juízo, após o transcurso regular do feito, o pedido relacionado aos danos morais é julgado procedente, fixando-se a título de compensação o valor de R$ 20.000,00 (vinte mil reais). Já o pedido referente aos danos materiais é julgado procedente, mas sem a fixação de valor reparatório (quantia ilíquida), ressaltando o magistrado, na sentença, que o montante devido seria objeto de futura liquidação. Nenhuma das partes recorreu, tendo a sentença transitado em julgado.

Premido pela necessidade imediata, Pedro pergunta a seu patrono se poderia desde logo iniciar a execução do julgado em relação à quantia já fixada (danos morais). Após consultar o Código de Processo Civil, o advogado responde que, sendo a liquidação de sentença uma etapa autônoma e necessária, deveria ser aguardada a definição de todos os valores devidos antes de se iniciar a fase de cumprimento de sentença, que deve ser una.

Diante de tais circunstâncias, responda aos itens a seguir.

A) Em relação ao dano material, além das despesas com internação, tratamento e medicação, poderia ser incluído algum outro valor de reparação na composição da indenização? Qual?

B) A resposta dada pelo advogado à indagação de Pedro está correta, ou haveria alguma medida ou requerimento processual capaz de conferir maior celeridade à cobrança da parcela indenizatória já definida (compensação por danos morais)?

GABARITO:

A) Sim. A indenização, além das despesas do tratamento e dos lucros cessantes até ao fim da convalescença, poderia incluir pensão correspondente à importância do trabalho para o qual o autor se inabilitou, ou da depreciação que ele sofreu, nos termos do art. 950 do Código Civil.

B) A resposta do advogado está incorreta, pois seria possível iniciar desde logo a execução do julgado (fase de cumprimento de sentença) em relação à quantia líquida (compensação por danos morais). A solução do caso está prevista expressamente no art. 509, § 1º, do Código de Processo Civil, *in verbis*: "quando na sentença houver uma parte líquida e outra ilíquida, ao credor é lícito promover simultaneamente a execução daquela e, em autos apartados, a liquidação desta".

(35º Exame) Juliana embarcou em um ônibus da empresa ABC Turismo com destino à cidade de São Paulo. O motorista conduzia o veículo em alta velocidade e, em uma curva mais acentuada, o ônibus capotou, deixando vários passageiros feridos – dentre eles Juliana, que sofreu uma violenta queda, que lhe provocou um trauma no punho direito, além de escoriações e hematomas por todo o corpo.

Após recuperar-se do acidente, Juliana procura você, como advogado(a), para propor uma ação indenizatória por danos morais, considerando se tratar de uma relação de consumo.

Sobre a hipótese narrada, responda aos itens a seguir.

A) A empresa ABC Turismo deve ser responsabilizada pelos danos decorrentes do acidente? Em caso afirmativo, qual seria a natureza da responsabilidade civil da ABC Turismo?

B) Qual o foro competente para processar a ação indenizatória?

GABARITO:

A) Sim. O transportador, na forma do art. 734 do CC ou do art. 14, *caput*, do CDC, responde pelos danos causados às pessoas transportadas. A responsabilidade é objetiva, nos termos do art. 14 do CDC, que determina que o fornecedor de serviços responde, independentemente da existência de culpa, pela reparação dos danos causados aos consumidores por defeitos relativos à prestação dos serviços.

B) Em razão de ser ação que envolva acidente de veículos decorrente de uma relação de consumo, a ação indenizatória poderá ser processada no foro do local do fato ou do domicílio de Juliana, como determina o art. 53, V, do CPC ou art. 101, I, do CDC.

(XXXVII Exame) Adalgisa recebeu atendimento de urgência em um hospital privado, precisando submeter-se a uma cirurgia. Após o procedimento, realizado pelo médico Vitor, ela ficou com uma sequela permanente, consistente na perda parcial de movimento de seu braço esquerdo.

Em decorrência disso, ajuizou ação indenizatória por danos materiais e morais apenas em face do médico. Em contestação, Vitor impugnou especificamente todas as alegações da autora, negando a verificação de quaisquer dos requisitos autorizadores do dever de indenizar.

Instadas as partes a se manifestarem sobre as provas que pretendiam produzir, pugnou Adalgisa pela produção de prova testemunhal e arrolou como testemunhas os membros da equipe médica que participaram da cirurgia, cuja oitiva seria necessária para demonstrar que o réu aparentava ter consumido bebidas alcoólicas pouco antes de ingressar no centro cirúrgico.

Na decisão saneadora, o juiz indeferiu o pedido de prova testemunhal de Adalgisa, por entender que, em se tratando de relação de consumo, a questão fática que a autora pretendia comprovar seria irrelevante para o deslinde da controvérsia.

Nessas circunstâncias, responda aos itens a seguir.

A) A questão que a autora pretendia comprovar por meio da prova testemunhal é relevante para a configuração do dever de indenizar imputado ao réu? Justifique.

B) Restando irrecorrida a decisão que indeferiu o pedido de prova testemunhal de Adalgisa, restará operada a preclusão quanto a essa questão? Justifique.

GABARITO:

A) Sim. A alegação de que Vitor teria realizado o procedimento cirúrgico sob efeito de álcool presta-se à caracterização de conduta culposa por parte do médico. O requisito da culpa mostra-se necessário para a configuração do dever de indenizar no presente caso, porque, embora a relação entre as partes seja de natureza consumerista, a responsabilidade civil dos médicos sujeita-se ao regime subjetivo, que depende da demonstração de culpa, nos termos do art. 951 do CC e do art. 14, § 4º, do CDC. Portanto, trata-se de questão relevante para a demonstração do direito invocado pela autora.

B) Não. A decisão que indefere o pedido de prova testemunhal não é passível de impugnação pela via do agravo de instrumento. Assim, a questão não se sujeita aos efeitos da preclusão, podendo ser alegada como preliminar em eventual recurso de apelação interposto por Adalgisa ou em contrarrazões, segundo o art. 1.009, § 1º, do CPC.

(40º Exame de Ordem) Otávio, no meio da noite, foi acordado por ruidoso estrondo. Imediatamente, levantou-se e conseguiu observar da janela de seu apartamento que dois pesados halteres esportivos haviam caído de outra unidade e atingiram em cheio seu veículo, que estava estacionado no pátio do edifício, resultando no amassamento do teto e no estilhaçamento do vidro frontal.

Na manhã seguinte, ao analisar a cena de destruição e as imagens das câmeras de vigilância do prédio, constatou que a única explicação possível e lógica para o acidente fora a de que os halteres haviam caído de uma unidade residencial do edifício em que mora, e que não era possível identificar a origem. Diante dessa não identificação precisa da unidade, Otávio decidiu, então, ingressar com demanda indenizatória por danos materiais em face do condomínio, a qual foi ajuizada no Juizado Especial Cível do local do imóvel.

A respeito do caso de Otávio, responda aos itens a seguir.

A) Seria o condomínio responsável pelos danos materiais experimentados por Otávio? Em caso afirmativo, qual a natureza dessa responsabilidade? Justifique.

B) Considerando que as partes obtenham a conciliação em audiência e o condomínio isente Otávio do pagamento de três cotas condominiais, qual deverá ser o procedimento judicial adotado pelo juízo? Justifique.

GABARITO:

A) Sim. Considerando que não foi possível determinar com exatidão a unidade de onde os halteres haviam caído, responderá o condomínio, de forma objetiva, conforme o art. 938 do CC.

B) Conforme previsto no art. 22, § 1º, da Lei n. 9.099/95, uma vez obtida a conciliação no curso de audiência, os termos conciliatórios serão reduzidos a escrito e a conciliação será homologada pelo Juiz togado mediante sentença, que será dotada de natureza e eficácia de título executivo.

Acesse o Q*R Code* e consulte mais questões comentadas dos exames anteriores sobre este tema.

> http://uqr.to/1y5r7

IX. Nulidades

(XV Exame) Bruno ajuizou ação revisional em face do Banco ZB S/A, asseverando que o contrato de financiamento com garantia em alienação fiduciária celebrado está eivado de cláusulas abusivas, sendo necessária sua revisão. O banco não apresentou contestação. Em sentença, os pedidos formulados por Bruno foram julgados totalmente procedentes. Em sede de recurso de apelação, o banco compareceu em juízo, alegando nulidade processual por ausência de citação válida, vez que não foram observadas as prescrições legais. Considerando o caso apresentado e as regras previstas no Código de Processo Civil sobre teoria das nulidades, responda aos itens a seguir.

A) A alegação do Banco ZB S/A, de ausência de citação válida, constitui hipótese de nulidade processual relativa ou absoluta? Fundamente.

B) A nulidade da citação está sujeita aos efeitos da preclusão? Fundamente.

GABARITO:

A) Na teoria das nulidades, a inexistência de citação válida gera nulidade absoluta e não relativa. Como sabido, a citação é o ato de comunicação responsável pela transformação da estrutura do processo, até então linear – integrado por apenas dois sujeitos, autor e juiz –, em triangular, constituindo pressuposto de eficácia de formação do processo em relação ao réu, bem como requisito de validade dos atos processuais que lhe seguirem, nos termos dos arts. 239 e 312, ambos do CPC. Assim, ausência de citação ou a citação inválida configuram nulidade absoluta insanável por ausência de pressuposto de existência da relação processual, inteligência do art. 280 do CPC.

B) A nulidade da citação não está sujeita à preclusão, podendo ser reconhecida a qualquer tempo e grau de jurisdição, ultrapassando, inclusive, a barreira da coisa julgada, visto que, sem citação regular e/ou comparecimento espontâneo da parte não se pode sequer cogitar em processo, conforme prescrevem o art. 485, § 3º, e o art. 278, parágrafo único, do CPC.

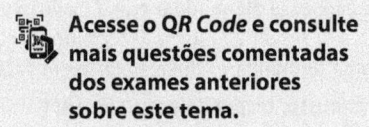

> Acesse o QR Code e consulte mais questões comentadas dos exames anteriores sobre este tema.
> http://uqr.to/1y5r8

X. Processo eletrônico – Lei n. 11.419/2006

(XIII Exame) Marcelo ajuizou ação de cobrança, pelo rito ordinário, em face de Diogo. Os autos foram distribuídos para a 2a Vara Cível da Comarca 'X', do Estado 'Y', tramitando pelo sistema digital. Considerando o caso apresentado e as regras sobre o processo judicial eletrônico, responda aos itens a seguir, apontando o fundamento legal.

A) Caso o patrono de Diogo não consiga enviar sua contestação, no último dia do prazo, por indisponibilidade do sistema devido a motivos técnicos, haverá preclusão temporal? Fundamente.

B) Indique o procedimento que o advogado de Diogo deve adotar, caso os documentos, a serem juntados aos autos, sejam ilegíveis e, por isso, inviável a digitalização. Fundamento.

GABARITO:

A) Não haverá preclusão temporal pelo não envio da contestação no prazo legal, vez que, havendo impossibilidade de ser encaminhada a petição eletrônica no prazo estipulado por motivos técnicos, prorrogar-se-á automaticamente o prazo para o primeiro dia útil seguinte à resolução do problema, nos termos do art. 10, § 2º, da Lei n. 11.419/2006.

B) O patrono de Diogo deverá, por meio de petição eletrônica, informar o fato e apresentar os documentos ao cartório ou à secretaria no prazo de dez dias contados a partir do envio de petição eletrônica, sendo estes devolvidos à parte após o trânsito em julgado, apontando como fundamento legal o art. 11, § 5º, da Lei n. 11.419/2006.

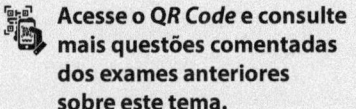

> Acesse o QR Code e consulte mais questões comentadas dos exames anteriores sobre este tema.
> http://uqr.to/1y5r9

XI. Teoria geral dos recursos

(XXV Exame) Ana Flávia dirigia seu carro em direção à sua casa de praia quando, no caminho, envolveu-se em um acidente grave diante da imprudência de outro veículo, dirigido por Sávio, que realizou ultrapassagem proibida. Como consequência do acidente, ela permaneceu no hospital por três dias, ausentando-se de seu consultório médico, além de ter ficado com uma cicatriz no rosto. Como apenas o hospital particular da cidade oferecia o tratamento adequado e ela não possuía plano de saúde, arcou com as despesas hospitalares.

Ciente de que o automóvel de Sávio está segurado junto à seguradora Fique Seguro Ltda., com cobertura de danos materiais, Ana Flávia ajuizou ação em face de ambos. Sávio e a seguradora apresentaram contestação, esta alegando a culpa exclusiva de Ana Flávia e a impossibilidade de figurar no polo passivo. Em seguida, o juízo determinou a exclusão da seguradora do polo passivo e o prosseguimento da demanda exclusivamente em face de Sávio.

Tendo em vista o caso exposto, responda aos itens a seguir.

A) Qual o recurso cabível contra a decisão? Qual o seu fundamento?

B) Além do prejuízo material, quais outros danos Ana Flávia poderia ter pedido para garantir a maior extensão da reparação?

GABARITO:

A) O recurso cabível em face da decisão que determinou a exclusão de litisconsorte é o agravo de instrumento (art. 1.015, VII, do CPC). Conforme entendimento consolidado do STJ, é possível o ajuizamento direto em face do causador do dano e da seguradora. Não é necessário aguardar que o causador do dano denuncie a lide em face da seguradora. O que não se admite é o ajuizamento exclusivamente em face da seguradora, uma vez que não possui legitimidade para figurar no polo passivo isoladamente (Súmula 529 do STJ, REsp 943.440/SP e julgado sob o regime de repetitivo: REsp 962.230/RS).

B) Ana Flávia poderia ter deduzido pedido de indenização por danos morais (art. 186 do Código Civil ou art. 5º, V ou X, da CRFB/88) e dano estético (Súmula 387 do STJ), sendo este em razão da cicatriz.

(XXVI Exame) Jonas, médico dermatologista, atende a seus pacientes em um consultório particular em sua cidade. Ana Maria, após se consultar com Jonas, passou a utilizar uma pomada indicada para o tratamento de micoses, prescrita pelo médico. Em decorrência de uma alergia imprevisível, sequer descrita na literatura médica, a pele de Ana Maria desenvolveu uma grave reação à pomada, o que acarretou uma mancha avermelhada permanente e de grandes proporções em seu antebraço direito. Indignada com a lesão estética permanente que sofreu, Ana Maria decidiu ajuizar ação indenizatória em face de Jonas. Tomando conhecimento, contudo, de que Jonas havia contratado previamente seguro de responsabilidade civil que cobria danos materiais, morais e estéticos causados aos seus pacientes, Ana Maria optou por ajuizar a ação apenas em face da seguradora. A respeito do caso narrado, responda, fundamentadamente, aos itens a seguir.

A) Provada a ausência de culpa de Jonas, poderia Ana Maria ser indenizada?

B) A demanda proposta por Ana Maria em face da seguradora preenche elementos suficientes para ter seu mérito apreciado?

GABARITO:

A) Não. A responsabilidade dos profissionais liberais é subjetiva e, portanto, depende da demonstração de culpa do causador do dano, conforme o art. 951 do CC ou o art. 14, § 4º, do CDC.

B) Não. Está ausente nessa demanda uma das condições/elementos da ação, a saber, a legitimidade passiva, prevista pelo art. 17 do CPC. No seguro de responsabilidade civil facultativo, não pode o terceiro prejudicado ingressar com ação exclusivamente em face da seguradora, nos termos do art. 787 do CC ou do verbete n. 529 da Súmula do STJ.

(XXVII Exame) Marcos, por negligência, colidiu seu carro com o automóvel de Paulo, que é taxista e estava trabalhando no momento. Em razão do acidente, Paulo teve que passar por uma cirurgia para a reconstrução de parte de seu braço, arcando com os custos correlatos. A cirurgia foi bem-sucedida, embora Paulo tenha ficado com algumas cicatrizes.

Após ficar de repouso em casa por quatro meses, por recomendação médica, no período pós-operatório, Paulo resolveu ajuizar ação contra Marcos, com o objetivo de obter indenização por perdas e danos sofridos em razão do acidente.

No curso da ação, Marcos, que tinha contratado seguro contra terceiros para seu veículo, requereu a denunciação da lide da Seguradora X, tendo o juiz, no entanto, indeferido o pedido. Nessa situação hipotética, responda aos itens a seguir.

A) Especifique os danos sofridos por Paulo e indique os fundamentos que justificam sua pretensão.

B) Qual a medida processual cabível para Marcos impugnar a decisão que indeferiu o pedido de denunciação da lide? Esclareça se Marcos poderá exercer futuramente o direito de regresso contra a Seguradora X, caso seja mantida a decisão que indeferiu o pedido de denunciação da lide.

GABARITO:
A) Paulo sofreu danos estéticos, em razão da cicatriz que a cirurgia deixou em seu braço, e danos materiais emergentes, em razão da colisão ocorrida com seu automóvel e dos custos incorridos com a cirurgia. Além disso, Paulo também amargou lucros cessantes, em virtude de ter ficado impossibilitado de trabalhar como taxista por quatro meses. Ademais, Paulo também sofreu danos morais. Como fundamento de sua pretensão, Paulo poderá alegar que Marcos cometeu um ato ilícito e que, portanto, fica responsável por reparar o dano sofrido, na forma do art. 186 e do art. 927, ambos do CC. Poderá argumentar, ademais, que o dever de indenizar abrange não só a reparação do dano estético e do dano material emergente, mas também o pagamento dos lucros cessantes, na forma do art. 402 do Código Civil.

B) Marcos poderá impugnar a decisão que indeferiu o pedido de denunciação da lide através de recurso de agravo de instrumento. Com efeito, o art. 1.015, IX, do CPC estabelece que o agravo de instrumento é cabível contra decisões interlocutórias que versem sobre a admissão ou inadmissão de intervenções de terceiros. Por outro lado, mesmo que seja mantido o indeferimento da denunciação da lide, Marcos poderá exercer futuramente o direito de regresso em face da Seguradora X. Isso porque o art. 125, § 1º, do CPC permite que o direito regressivo seja exercido por ação autônoma quando a denunciação da lide for indeferida. Assim, caso Marcos venha a ser condenado na ação movida por Paulo, poderá ajuizar demanda autônoma contra a Seguradora X para obter o ressarcimento do que pagou.

(XXIX Exame) Augusto dirigia seu automóvel muito acima do limite de velocidade, quando foi surpreendido por Lúcia, que, naquele momento, atravessava a rua. Não conseguindo frear a tempo, Augusto atropelou Lúcia, causando-lhe graves fraturas.

Após meses em recuperação, Lúcia, que não permaneceu com nenhuma sequela física, ingressou com ação indenizatória por danos materiais e morais em face de Augusto. Este, porém, pretende alegar, em sua defesa, que Lúcia também foi responsável pelo acidente, pois atravessou a via pública falando distraidamente ao celular e desrespeitando uma placa que expressamente proibia a travessia de pedestres no local. A partir do caso narrado, responda aos itens a seguir.

A) Augusto poderá eximir-se do dever de indenizar, invocando a conduta negligente de Lúcia?

B) Caso Augusto, em contestação, deixe de alegar os fatos concorrentes da vítima, poderá fazê-lo posteriormente?

GABARITO:

A) Não, pois o fato concorrente da vítima não interrompe a cadeia causal de produção do dano, apenas interferindo na possível redução do montante indenizatório a ser imposto ao autor do dano, nos termos do art. 945 do CC.

B) Não, tendo em vista a verificação de preclusão consumativa, prevista pelo art. 342 e seus incisos do CPC. Não se trata de fatos supervenientes, cognoscíveis de ofício ou cuja alegação posterior seja expressamente autorizada por lei.

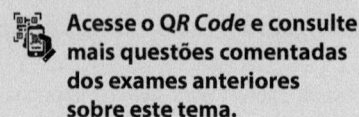

> Acesse o QR Code e consulte mais questões comentadas dos exames anteriores sobre este tema.
>
> > http://uqr.to/1y5ra

XII. Processo de execução

(XXV Exame) A sociedade empresária Madeira Certificada Ltda. firmou com Só Móveis Ltda. um contrato de fornecimento de material, visando ao abastecimento de suas indústrias moveleiras. Depois de dois anos de relação contratual, Só Móveis deixou de pagar as notas fiscais emitidas por Madeira Certificada, alegando dificuldades financeiras, o que levou à rescisão do contrato, restando em aberto os pagamentos do fornecimento de material dos meses de outubro, novembro e dezembro de 2015. Madeira Certificada, de posse do contrato, firmado por duas testemunhas, das notas fiscais e de declaração subscrita pela sociedade reconhecendo a existência da dívida, ajuizou execução de título extrajudicial em 1º-4-2016. Citada, a sociedade empresária Só Móveis não efetuou o pagamento, e a tentativa de penhora *on-line* de dinheiro e de bens imóveis foi infrutífera, não tendo sido localizado patrimônio para satisfação do crédito. Madeira Certificada constatou, contudo, que um dos sócios administradores da Só Móveis havia tido um acréscimo substancial de patrimônio nos últimos dois anos, passando a ser proprietário de imóvel e carros, utilizados, inclusive, pela devedora.

Diante de tal situação, responda aos itens a seguir.

A) O que a sociedade empresária Madeira Certificada deve alegar para fundamentar a extensão da responsabilidade patrimonial e possibilitar a satisfação do crédito?

B) O que a sociedade empresária Madeira Certificada deve alegar para fundamentar a extensão da responsabilidade patrimonial e possibilitar a satisfação do crédito?

GABARITO:

A) Madeira Certificada deve alegar que a ocorrência de confusão patrimonial evidencia abuso da personalidade jurídica, com o objetivo de que seja desconsiderada a personalidade jurídica, e de que os bens do sócio administrador respondam pelas dívidas da sociedade Só Móveis, nos termos do art. 50 do Código Civil.

B) A medida processual para que os bens do responsável fiquem sujeitos à execução, no caso de abuso da personalidade jurídica (art. 790, VII, do CPC), é o incidente de desconsideração da personalidade jurídica (art. 795, § 4º, do CPC), previsto no art. 134 do CPC, aplicável à execução.

(XXV Exame – Reaplicação Porto Alegre) Renato contratou a compra de uma obra de arte de Sebastião, mediante documento particular escrito e assinado pelas partes e duas testemunhas. Do contrato constou cláusula para a efetiva entrega do bem no prazo de um ano contado a partir da assinatura do contrato, em cujo momento Renato pagaria o restante do preço, equivalente a 30% do valor avençado. Passado esse prazo, Renato, embora não tenha quitado a parcela final, notifica Sebastião para que entregue o bem e, diante da resistência do mesmo, moveu ação de execução para entrega de coisa, objetivando haver o bem. Citado regularmente no processo de execução instaurado, Sebastião pretende apresentar resistência, ante a ausência do pagamento do saldo.

Diante de tal situação, responda aos itens a seguir.

A) Qual o instrumento processual adequado para o executado resistir? Fundamente, apresentando os requisitos que devem ser preenchidos para sua admissão.

B) Para defender a resistência descrita, qual fundamento pode ser apresentado?

GABARITO:
A) O executado, para defender seus interesses, poderá se valer dos Embargos à Execução, previstos no art. 914 do CPC. Os embargos têm natureza de ação e, para o seu oferecimento, devem ser preenchidos os requisitos genéricos da petição inicial, previstos no art. 319 e no art. 320, ambos do CPC, instruídos com cópias das peças processuais relevantes da execução, que poderão ser declaradas autênticas pelo advogado (art. 914, § 1º, do CPC), além do requisito da tempestividade previsto no art. 915 do CPC.

B) Sebastião deve fundamentar os Embargos à Execução na exceção do contrato não cumprido, na forma do art. 477 do CC, cuja matéria é própria para o incidente, na forma do art. 917 do CPC.

(XXVII Exame) Marcela firmou com Catarina um contrato de mútuo, obtendo empréstimo de R$ 50.000,00, no qual figurou como fiador seu amigo, Jorge, sem renúncia aos benefícios legais. Todos residem no Município de São Carlos, SP. Vencida a obrigação de pagamento, Marcela não efetuou o depósito do valor devido a Catarina, de modo que Catarina ajuizou execução de título extrajudicial, indicando como executados Marcela e Jorge. Jorge, citado, procurou seu advogado, com o objetivo de proteger seu patrimônio, já que sabe que Marcela possui dois imóveis próprios, situados no Município de São Carlos, suficientes para satisfação do crédito.

Diante de tal situação, responda aos itens a seguir.

A) Jorge tem direito a ver executados primeiramente os bens de Marcela? Apresente o embasamento jurídico pertinente.

B) Poderia Catarina ter incluído Jorge como executado? Uma vez citado, como Jorge deve proceder no âmbito do processo de execução, em defesa de seus bens?

GABARITO:
A) Jorge tem direito a exigir que sejam primeiro executados os bens de Marcela, até que haja satisfação da dívida, conforme dispõem o art. 827 do CC e o art. 794 do CPC. Isso ocorre porque, não tendo ocorrido renúncia ao benefício de ordem (art. 828, I, do CC), a responsabilidade de

Jorge é subsidiária, e seu patrimônio apenas será atingido caso os bens de Marcela sejam insuficientes.

B) Catarina poderia ter incluído Jorge no polo passivo da Execução (art. 779, IV, do CPC). No entanto, uma vez citado, Jorge pode nomear à penhora os bens de Marcela, indicando-os pormenorizadamente (art. 794 do CPC ou art. 827, parágrafo único, do CC), para que seus bens apenas sejam atingidos caso não seja possível satisfazer o crédito pela excussão dos bens de Marcela.

(39º Exame de Ordem) Fernanda é dona da loja Obra Mais que vende material de construção. No mês passado ela fez uma venda de R$ 30.000,00 (trinta mil reais) para José, que pagou o material com cheque. No entanto, ao ser descontado, o cheque não foi pago pelo banco por falta de fundos.

A respeito dessa situação, responda aos itens a seguir.

A) Qual a ação mais célere que Fernanda deve adotar para cobrar o valor devido e qual é seu prazo prescricional? Justifique.

B) Considerando que o único bem localizado para satisfação do débito foi o táxi de José, é possível determinar a penhora do automóvel? Justifique.

GABARITO:

A) Fernanda deve ingressar com uma execução de título extrajudicial, por ser o cheque título executivo extrajudicial, na forma do art. 784, I, do CPC, no prazo prescricional máximo de 6 meses, contados da expiração do prazo de apresentação, como determina o art. 59 da Lei n. 7.357/85.

B) Não, pois o táxi é instrumento de trabalho de José, e, na forma do art. 833, V, do CPC, os bens necessários ao exercício da profissão são impenhoráveis.

Acesse o Q*R Code* e consulte mais questões comentadas dos exames anteriores sobre este tema.

> http://uqr.to/1y5rb

Súmulas selecionadas

Acesse o *QR Code* e veja as Súmulas que foram selecionadas pelos autores para auxiliar seus estudos:

> *http://uqr.to/1y5rc*

Referências

CÂMARA, Alexandre Freitas. *Lições de direito processual civil*. 6. ed. Rio de Janeiro: Lumen Juris, 2002, v. I; Rio de Janeiro: Lumen Juris, 2002, v. II; Rio de Janeiro: Lumen Juris, 2002, v. III.

CAVALIERI FILHO, Sérgio. *Programa de responsabilidade civil*. 10. ed. São Paulo: Atlas, 2012.

GAGLIANO, Pablo Stolze; PAMPLONA FILHO, Rodolfo. *Novo curso de direito civil*. 8. ed. São Paulo: Saraiva, 2006, v. I; 7. ed. São Paulo: Saraiva, 2006, v. II; 4. ed. São Paulo: Saraiva, 2006, v. III; 4. ed. São Paulo: Saraiva, 2006, v. IV; 4. ed. São Paulo: Saraiva, 2006, v. V.

GONÇALVES, Carlos Roberto. *Direito civil brasileiro – Parte Geral*. São Paulo: Saraiva, 2009, v. I a VII.

GONÇALVES, Marcus Vinícius Rios. *Novo curso de direito processual civil*. São Paulo: Saraiva, 2007. v. 1; São Paulo: Saraiva, 2008, v. 2 e 3.

NERY, Rosa Maria de Andrade; NERY JR., Nelson. *Código Civil comentado*. 8. ed. ampl. e atual. São Paulo: Revista dos Tribunais, 2011.

PEREIRA, Caio Mário da Silva. *Instituições de direito civil*. 21. ed. Rio de Janeiro: Forense, 2006, v. 1; 21. ed. Rio de Janeiro: Forense, 2006. v. 2 a 5.

REALE, Miguel. *O projeto do novo Código Civil*. 2. ed. São Paulo: Saraiva, 1999.

REALE, Miguel. *O dano moral no direito brasileiro*. São Paulo: Revista dos Tribunais, 1992.

VENOSA, Silvio de Salvo. *Direito civil, Parte Geral do direito civil*. 8. ed. São Paulo: Atlas, 2008, v. I.

VENOSA, Silvio de Salvo. *Direito civil, teoria geral das obrigações e teoria geral dos contratos*. 8. ed. São Paulo: Atlas, 2008, v. II.

VENOSA, Silvio de Salvo. *Direito civil, responsabilidade civil*. 8. ed. São Paulo: Atlas, 2008, v. IV.

VENOSA, Silvio de Salvo. *Direito civil, direitos reais*. 8. ed. São Paulo: Atlas, 2008, v. V.

VENOSA, Silvio de Salvo. *Direito civil, direito de família*. 8. ed. São Paulo: Atlas, 2008, v. VI.

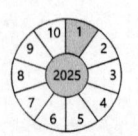